作者简介：

李伯群，福建泉州人，历任福建省泉州市泉港区政府副区长，石狮市委常委、政法委书记，泉州市城市管理行政执法局局长，泉州市古城办主任，泉州市文化广电和旅游局局长，现任泉州医学高等专科学校党委书记。主要研究方向：高等教育管理、闽南传统文化。

千年刺桐情
万里扬帆路

福建省海丝文化创新与发展研究

李伯群 著

图书在版编目（CIP）数据

千年刺桐情　万里扬帆路：福建省海丝文化创新与发展研究 / 李伯群著. -- 厦门：厦门大学出版社，2024.12. -- ISBN 978-7-5615-9572-5

Ⅰ.K295.7

中国国家版本馆 CIP 数据核字第 2024UU7359 号

责任编辑　郑　丹
美术编辑　李嘉彬
技术编辑　许克华

出版发行　厦门大学出版社
社　　址　厦门市软件园二期望海路 39 号
邮政编码　361008
总　　机　0592-2181111　0592-2181406(传真)
营销中心　0592-2184458　0592-2181365
网　　址　http://www.xmupress.com
邮　　箱　xmup@xmupress.com
印　　刷　厦门集大印刷有限公司

开本　720 mm×1 020 mm　1/16
印张　24.25
插页　2
字数　370 千字
版次　2024 年 12 月第 1 版
印次　2024 年 12 月第 1 次印刷
定价　58.00 元

本书如有印装质量问题请直接寄承印厂调换

厦门大学出版社
微信二维码

厦门大学出版社
微博二维码

前　言

　　习近平总书记高度重视文化建设，提出一系列新思想新观点新论断，形成了习近平文化思想，引领新时代文化建设取得历史性成就。特别是习近平总书记在庆祝中国共产党成立100周年大会上首次提出"两个结合"，即"坚持把马克思主义基本原理同中国具体实际相结合、同中华优秀传统文化相结合"①，突出了中华优秀传统文化是与马克思主义基本原理同样具有"灵魂高度"的精神之脉。关于沿海之路的发展，习近平总书记于2017年4月19日在广西考察时的讲话指出，"向海之路是一个国家发展的重要途径，这里围绕古代海上丝绸之路陈列的文物都是历史，是文化。要让文物说话，让历史说话，让文化说话。要加强文物保护和利用，加强历史研究和传承，使中华优秀传统文化不断发扬光大"②。

　　作为古代海上丝绸之路的重要起点之一，福建沿海城市泉州蕴含着丰富的海丝文脉与世界遗产。宋代以来，泉州都是中外贸易和文化交流的中心，在海上丝绸之路文化创新与发展方面具有重要的历史和地理优势。1991年，联合国教科文组织"海上丝绸之路"考察团来到中国，给福建泉州的评价是"泉州整个城市是海上丝绸之路博物馆的完美体现"，是"全球第一个世界多元文化展示中心"。③ 2021年7月，"泉州：宋元

---

　　① 习近平.在庆祝中国共产党成立100周年大会上的讲话[EB/OL].(2021-07-01)[2024-06-30].https://www.gov.cn/xinwen/2021-07-01/content_5625254.htm.

　　② 习近平在广西考察工作时强调　扎实推动经济社会持续健康发展　以优异成绩迎接党的十九大胜利召开[EB/OL].(2017-04-21)[2024-06-30].https://news.12371.cn/2017/04/21/ARTI1492778287691374.shtml.

　　③ 陈智勇.风云激荡40年：1991年联合国考察团到泉考察[EB/OL].(2018-12-27)[2024-06-30].http://4g.ijjnews.com/news/system/2018/12/27/011041700.shtml.

中国的世界海洋商贸中心"成功列入《世界遗产名录》。因此，本书多处以福建海丝文化代表城市——泉州的古城活态博物馆构建为例，聚焦福建省在海上丝绸之路文化中的独特地位和作用，从历史、经济、社会等多角度分析了福建省在海丝沿线的文化交流和融合，强调了文化多样性对海丝文化现代转型的重要性，旨在为福建省及其他沿海地区在海丝文化的保护、创新、发展提供理论支持和实践意见，促进文化遗产的现代化转型与全球传播，赓续文化的传承与创新，并为探索高校大思政教育途径提供参考。

公元13世纪，意大利商人雅各·德安科纳所著《光明之城》对刺桐城的繁荣进行了详细描述[1]，随后有航海家马可·波罗赞誉刺桐港为"东方第一大港"，足见彼时"万国来朝"的盛世，"刺桐"也因此成为当时世界对古代东方的称呼[2]。本书名为《千年刺桐情 万里扬帆路》，"刺桐"不仅代表古称"刺桐城"的泉州，更是指广义上深受海丝文化影响的沿海城市。"千年刺桐情"意指在千年时间维度中产生的厚重文化情怀。"万里扬帆路"代表作者对国家"一带一路"倡议的坚决拥护和坚定信心，意指当新时代来临，古老的海洋商贸航道又将乘风破浪、扬帆万里，再续海丝华章。全书分为八章。第一章研究了海上丝绸之路的相关内容，概述了海上丝绸之路起源，分析了海上丝绸之路的演变，阐述了21世纪海上丝绸之路；第二章研究了海丝文化的相关内容，介绍了海丝文化的理论基础与应用；第三章研究了福建省海丝文化遗产与历史影响，概述了古代海上贸易网络中福建的地位，分析了福州港、泉州港等重要港口与航道的历史演变，介绍了古代海上贸易变迁中的海防文化，探讨了福建省海丝文化交流与传播实例；第四章研究了福建省海丝文化遗产相关内容，介绍了相关物质文化遗产和非物质文化遗产，阐述了福建省海丝文化遗产的保护与传承，分析了福建人在海外的群体与文化影响；第五章研究了福建省海丝文化的现代转型与创新，阐述了福建省海丝文

---

[1] 雅各·德安科纳.光明之城[M].塞尔本,编译,杨民,等译.上海：上海人民出版社,1999：87.

[2] 马可波罗.马可波罗游记[M].肖民,译.西安：陕西人民出版社,2012：145.

化的现代转型，研究了福建省海丝文化遗产的保护与实践探索，分析了"一带一路"倡议下的福建海丝文化发展；第六章以泉州为例研究了福建省海丝文化保护传承与城市文化旅游开发相关内容，介绍了福建省海丝文化保护传承，阐述了福建省海丝文化城市旅游开发，探析了海丝文化城市旅游营销的路径；第七章研究了福建省海丝文化城市品牌建设相关内容，探讨了福建省海丝文化城市品牌建设的价值，以泉州为例分析了福建省海丝文化城市品牌建设现状与问题诊断，介绍了泉州市海丝名城品牌建设的路径；第八章研究了福建省海丝文化创新与发展相关内容，分析了福建省海丝文化创新与发展的背景和意义，阐述了福建省海丝文化创新与发展的资源优势，探析了福建省海丝文化创新与发展的挑战和对策。

  由于作者水平有限，书中出现错误或不妥之处在所难免，敬请各位专家和广大读者批评、指正。

李伯群

2024 年 7 月

目录

第一章 海上丝绸之路 ———————————————————————— 001
  第一节 海上丝绸之路起源 ———————————————————— 001
  第二节 海上丝绸之路演变 ———————————————————— 020
  第三节 21世纪海上丝绸之路 —————————————————— 024

第二章 海丝文化 ———————————————————————————— 049
  第一节 海丝文化概述 ——————————————————————— 049
  第二节 海丝文化的理论基础与应用 ——————————————— 065

第三章 福建省海丝文化遗产与历史影响 ——————————————— 077
  第一节 古代海上贸易网络中福建的地位 ———————————— 077
  第二节 重要港口与航道的历史演变 ——————————————— 088
  第三节 古代海上贸易变迁中的海防文化 ———————————— 114
  第四节 福建省海丝文化交流与传播实例 ———————————— 122

第四章 福建省海丝文化遗产 ————————————————————— 131
  第一节 物质文化遗产 ——————————————————————— 131
  第二节 非物质文化遗产 ————————————————————— 154
  第三节 福建省海丝文化遗产保护及传承 ———————————— 169
  第四节 福建人在海外的群体与文化影响 ———————————— 196

第五章 福建省海丝文化的现代转型与创新 —————————————— 215
  第一节 福建省海丝文化的现代转型 ——————————————— 215

第二节　福建省海丝文化遗产的保护与实践探索 ……… 231
　　第三节　"一带一路"倡议下的福建海丝文化发展研究 …… 266

第六章　福建省海丝文化保护传承与城市文化旅游开发 ……… 289
　　第一节　福建省海丝文化保护传承
　　　　　　——以泉州为例 …………………………………… 289
　　第二节　福建省海丝文化城市旅游开发
　　　　　　——以泉州为例 …………………………………… 295
　　第三节　海丝文化城市旅游营销的路径
　　　　　　——以泉州为例 …………………………………… 318

第七章　福建省海丝文化城市品牌建设 ……………………… 324
　　第一节　福建省海丝文化城市品牌建设的价值 …………… 324
　　第二节　福建省海丝文化城市品牌建设现状与问题诊断
　　　　　　——以泉州为例 …………………………………… 341
　　第三节　泉州市海丝名城品牌建设的路径 ………………… 345

第八章　福建省海丝文化创新与发展 ………………………… 354
　　第一节　福建省海丝文化创新与发展的背景和意义 ……… 354
　　第二节　福建省海丝文化创新与发展的资源优势 ………… 358
　　第三节　福建省海丝文化创新与发展的挑战和对策 ……… 364

参考文献 ………………………………………………………… 371

后　记 …………………………………………………………… 380

第一章 海上丝绸之路

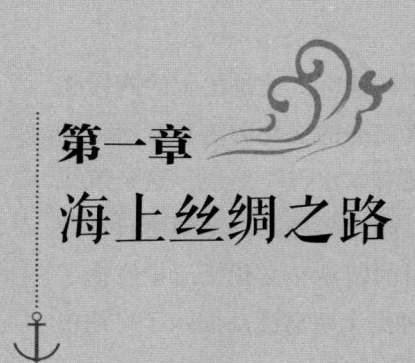

第一节 海上丝绸之路起源

"丝绸之路"这一术语最初是由德国地理学家李希霍芬在 19 世纪末提出的，用来描述古代中亚到地中海沿岸的陆上贸易路线，主要进行以丝绸为代表的商品贸易。后来，随着研究的深入和理解的拓展，学术界逐渐意识到，除了陆上贸易路线外，还有一个重要的海上贸易网络，连接了东亚、东南亚、南亚、中东和非洲东岸。这条海上贸易路线同样涉及丝绸、瓷器、香料等名贵商品的贸易，因此被称为"海上丝绸之路"。沙畹作为法国的汉学家，在 20 世纪初强调了海上丝绸之路的存在和重要性，他的研究和贡献有助于推动人们对这一贸易网络的认识和理解。因此，"海上丝绸之路"这一概念确实在学术界中早有提出和研究，并且反映了古代复杂而多样化的贸易和文化交流网络。

一、海上丝绸之路历史发展阶段

（一）先秦时期——开创期

在新石器时期，岭南地区位于南海和太平洋的交汇处，拥有丰富的海岸线和岛屿资源。岭南的先民利用平底小舟进行海上渔业和贸易活动，这些活动还扩展到周边的岛屿和远至南太平洋地区。通过出土的陶器和其他文物，可以看出他们与印度洋沿岸及其岛屿的文化影响和交流。在春秋战国时期，齐国开辟了一条著名的"循海岸水行"航线。这条航线直接通往胶东半岛，随后延伸至辽东半岛、朝鲜半岛，甚至到达日本列岛，最终抵达东南亚。这一航线因其在当时的贸易和文化交流中发挥了重要作用，被誉为"黄金通道"。齐国的这种海上贸易活动展示了早期中国在海洋贸易和文化交流方面的活跃性和领导力。

（二）秦汉时期——形成期

在秦始皇统一中国后，秦朝实行了中央集权政策，强化了对南方的控制，南海和东海沿岸地区进入了秦朝的统治体系。秦朝开始在南方沿海进行探险和贸易活动，主要通过海上贸易与周边地区进行商品交换，其中包括东南亚的一些地区。南越国（今中国岭南地区及今越南北部）是海上丝绸之路的重要参与者，其主要贸易港口包括番禺（现今的广州）和徐闻（现今的徐闻）[①]，展示了其在海洋贸易和造船技术方面的显著发展。从对出土的文物和古文献的研究来看，南越国通过这些港口与海外进行广泛的贸易交流。南越国输出的主要产品包括漆器、丝织品、陶器和青铜器。这些商品在海外市场上有着很高的需求，特别是丝绸等优质的中国特产。秦始皇统一岭南后，在番禺（今广州）建立了造船工厂。1974年底，在广州中山四路发现了南越国宫署遗址，并在其下方发现了秦代的造船遗址。根据出土的文物和对遗址的勘探，这些造船工厂包括长超过一百米、走向东西、平行排列的木质造船台，以及木料加工厂。这些设施能够制造出宽达 8 米、长达 30 米、载重五六十吨的木船，显示了当时先进的造船技术和生产能力。据古文献记载，南越国从海外输入了珠

---

① 李明山.东南沿海疍民与海上丝绸之路：上[J].广东职业技术教育与研究，2017（5）：76-79.

玑、犀（牛）角、玳瑁、各种珍果和布料等商品[①]。这些高档奢侈品和特产在中国内陆有着很高的市场价值，也体现了南越国在海上丝绸之路中的重要角色和影响力。

汉代以后，尤其是在西汉的中晚期和东汉时期，海上丝绸之路开始逐渐成形并蓬勃发展，成为连接中国与西方世界的重要海上贸易通道。在西汉时期，南越国与印度半岛之间的海上航线已经开通。汉武帝在征服南越国后，借助这条海路显著扩大了海上贸易的规模和影响力，这一发展也为"海上丝绸之路"的兴起奠定了基础。根据《汉书·地理志》记载，西汉时期的海上丝绸之路航线主要从徐闻（今广东徐闻县）和合浦（今广西合浦县）等地出发，经过南海，穿过马来半岛、暹罗湾、孟加拉湾，最终到达印度半岛南部的黄支国（今斯里兰卡）和已程不国（可能指南印度的一部分）等地。

汉代时期的航船已开始使用风帆，中国商人通过海路抵达广州，从那里经由马六甲和苏门答腊直达印度，采购香料、染料等商品。印度商人则将中国商品，比如丝绸、瓷器等商品借助红海运往埃及的亚历山大、加沙等港口，甚至直抵罗马帝国。这一历史阶段，海上丝绸之路发展成为一个真正的海上贸易网络，连接着亚洲、非洲和欧洲。航线从中国的广东地区，尤其是番禺和徐闻等港口出发，向印度洋延伸，并与来自地中海、波斯湾和印度洋沿岸各国的船只再次交汇，实现了跨洲洋的贸易往来和文化交流。

（三）魏晋时期——发展期

在三国时期，特别是孙吴雄踞江东期间，海上丝绸之路经历了重要的发展和转型阶段，这对中国丝绸业和海洋贸易的发展具有深远影响。魏、蜀、吴三国鼎立，孙吴控制江东地区，成为当时中国南方的主要政权之一。在长江流域和东南沿海，吴国积极发展水军，加强海上力量，

---

① 何为"丝绸之路"及"海上丝绸之路"[EB/OL].（2007-09-28）[2024-06-30]. http://www.cctv.com/life/special/C19502/20070928/105769.shtml.

以此满足与魏国和蜀国的陆上作战以及海上贸易的需要。孙吴时期，造船业尤为发达，达到国际领先水平。孙吴所造的船舰主要分为军舰和商船两大类，数量众多，船体较大，采用高质量的龙骨结构。这些进步不仅提升了军事实力，也促进了商业贸易的发展，进一步促进了海上丝绸之路的形成。孙吴时期的丝织业的水平和规模远远超过两汉时期，开始大力推行官营丝绸，促进了中国丝绸业的发展。这不仅促成了经济增长，也为后续的贸易繁荣创造了条件。在孙吴时期，由于其掌握了长江下游和东南沿海的重要港口，以及发达的航海技术和船舶制造能力，形成了东海丝绸之路。这条海上贸易路线连接了中国的江东地区与日本、朝鲜半岛以及东南亚国家，促进了跨海贸易和文化交流的繁荣[①]。

魏晋时期以后，海上丝绸之路经历了进一步的发展和扩展，成为连接中国南方与东南亚、印度洋沿岸国家的重要贸易通道。魏晋时期，广州成为海上丝绸之路的重要起点。广州位于我国南方，具有便利的海港和发达的贸易环境，成为中国与外部世界进行贸易往来的重要枢纽。海上丝绸之路的航线从广州出发，经过海南岛东面海域、西沙群岛、南海诸国，通过马六甲海峡，进入印度洋，最后抵达红海和波斯湾地区。这条航线涉及十五个国家和地区，体现了海上贸易网络的广泛性和复杂性[②]。丝绸作为海路贸易的主要输出品，仍然占据重要地位。中国丝绸以其精美的质量和独特的工艺，远销东南亚、印度洋沿岸国家以及红海和波斯湾地区，成为贸易中的重要商品。魏晋时期的海上丝绸之路是商品贸易的通道，促进了经济、文化和技术的交流。中国的丝绸工艺、陶瓷制造技术等在这一时期得到了广泛传播，同时也从外部国家引入了香料、宝石等奢侈品，丰富了中国社会的物质文化生活。

---

① 何为"丝绸之路"及"海上丝绸之路"[EB/OL].（2007-06-28）[2024-06-30]. http://www.cctv.com/life/special/C19502/20070928/105769.shtml.

② 李明山. 东南沿海疍民与海上丝绸之路：上[J]. 广东职业技术教育与研究，2017（5）：76-79.

（四）隋唐时期——辉煌期

隋唐时期，海上丝绸之路进入辉煌的发展阶段，成为中国对外贸易和文化交流的主要通道。其时，广州成为中国最重要的港口城市之一，也是海上丝绸之路的主要起点。从广州出发，海上丝绸之路通过南海和印度洋，延伸至波斯湾各国，构成了当时世界上最长的远洋航线。在隋唐之前，它只是陆上丝绸之路的补充。然而，随着西域地区战事频发，陆上丝绸之路逐渐遭受阻碍，海上贸易路线因此显得更为重要和安全。根据《新唐书·地理志》记载，唐代的海上丝绸之路主要从广州或泉州出发，经过海南岛，再到越南、印度洋北部国家、红海沿岸、东北非和波斯湾诸国等地，被称为"广州通海夷道"，成为唐代海上贸易的主要通道。出口的主要是丝绸、瓷器、茶叶、铜铁器等商品，进口的主要是香料、珍奇花草等奢侈品，用于供宫廷赏玩和日常生活[1]。海上丝绸之路不仅促进了商品的贸易，也带动了文化的交流与传播。唐代人也开始在海外定居，增进了与外国社会的交流。这种海上贸易的状况一直延续到宋元时期，为中国经济的繁荣和文化的繁荣作出了重要贡献。海上丝绸之路的发展，推动了中国在世界舞台上的影响力和地位的提升。

（五）宋元明时期——鼎盛期

缘于宋代的造船技术和航海技术的进步，以及指南针的广泛应用，宋代成为海上丝绸之路发展的鼎盛时期。这些技术进步使得宋代的海上贸易更为安全和高效。广州、泉州、宁波是宋代海外贸易的主要港口。这些港口的选择不仅取决于地理便利，还反映了不同地区经济发展的快慢和对外贸易的需求。宋代实行重商主义政策，政府鼓励海外贸易。尤其是《元丰市舶条》的实施，标志着中国古代外贸管理制度进入了一个

---

[1] 何为"丝绸之路"及"海上丝绸之路"[EB/OL].（2007-09-28）[2024-06-30]. http://www.cctv.com/life/special/C19502/20070928/105769.shtml.

新的发展阶段，私人海上贸易因此得到显著拓展。为了遏制货币外流，南宋政府在1219年制定政策，允许以丝绸和瓷器作为交换外国的奢侈品的媒介①。这一措施显著增加了中国丝绸和瓷器的外销数量，加强了中国与其他国家之间的交流和互动。泉州因其地理位置的优势，在宋代海上丝绸之路中发挥了重要作用，使得它在宋代后期成为第一大港，超过了明州（今宁波），并在一段时间内超越了广州，成为当时中国最重要的贸易港口之一。元世祖在至元十四年（1277年）重建泉州市舶司后，泉州的海外交通贸易进入了黄金时期。泉州成为一个繁忙的贸易中心，活跃的海上贸易东至日本，西达东南亚、波斯、阿拉伯、非洲等地。宋元时期的海上丝绸之路贸易涉及的商品广泛，中国出口的主要产品包括陶瓷、绸缎、茶叶、金银等，进口的产品则包括香料、胡椒、药材、珍珠等。这些贸易活动不仅促进了中国经济的繁荣，也推动了世界各地经济的发展和文化交流。

宋元时期，海上丝绸之路的主要贸易商品由丝绸转变为瓷器，尤其以青瓷为主，其中以龙泉（今浙江省龙泉市）青瓷最为重要。这一转变反映在沿线国家对中国的称谓变化上，从最早的"Seres"（丝绸之国）演变为"China"（陶瓷之国）②。宋代的《萍洲可谈》描述了海上贸易船只装载的情况，船舱内多为堆满的瓷器，其数量之多甚至让船上的人们晚上只能挤在货物上睡觉。宋代瓷器在海外市场上极具价值，一旦运到外国，其身价立即倍增，甚至比黄金还贵重，被外国人珍藏，成为身份的象征。这种情况促使许多国家的商人、传教士和制瓷工匠前来中国，通过各种途径学习和获取中国的制瓷技艺。历史资料如《欧洲陶瓷史》等也证实，西方及日本、韩国等国家的制瓷业与中国存在密切的师承关系。特别是在日本，13世纪下半叶至14世纪中叶的中国贸易陶瓷中，龙泉青瓷占据了主流地位，成为宋元时期中国贸易陶瓷的典型代表。龙泉青瓷因其独特的美学特点和高质量而在海外市场上受到热捧，对当地文化和经济的

---

① 钟海.古代海上丝绸之路的兴与衰[J].珠江水运,2015(19):66-67.
② 王剑波.宋元及明初海上丝路探源[EB/OL].(2018-10-19)[2024-06-30]. http://world.people.com.cn/n1/2018/1019/c1002-30351654.html.

发展起到了重要推动作用。而泉州德化陶瓷在宋元时期也已经通过海上丝绸之路远销海外。例如，1976 年在朝鲜半岛西南部新安海域发现的中国元代沉船中，就出土了德化窑的产品，这证明了德化陶瓷在当时的海外流通情况。

明朝中期，郑和率领船队进行的七次西洋航行，开启了中国远洋航海的新纪元。这些航行涵盖了亚洲和非洲的 39 个国家和地区，为后来欧洲的航海探险奠定了基础，如达·伽马的印度航线以及麦哲伦的环球航行[1]。永乐三年（1405 年），郑和首次航行，其规模宏大，共计 62 艘船和 2.8 万名船员，从江苏刘家港（今浏河镇）出发，经过海路抵达越南、泰国、柬埔寨、马来半岛、印尼、菲律宾、斯里兰卡、马尔代夫、孟加拉国、印度、伊朗、阿曼、也门、沙特阿拉伯以及东非的索马里和肯尼亚等地，用中国的金银和手工艺品交换回来珍宝、香料和苏木等奢侈品[2]。

（六）清朝时期——低迷期

清代是中国海上丝绸之路发展的一个重要时期，尤其是在海禁政策实施期间。清政府统治时期，实施了海禁政策，以限制海外贸易，导致广州成为中国唯一对外开放的主要贸易港口。在这一阶段，广州的海上丝绸之路迎来空前发展，逐渐形成全球性的贸易网络。与唐宋时期相比，尽管政府实行海禁政策，海上丝绸之路贸易在规模和影响力上实现了更大的跃升。在进口商品中，鸦片逐渐成为主要商品，其地位从走私逐步演变为合法化。1840 年第一次鸦片战争的爆发，标志着中国海权的丧失和西方列强的入侵，中国开始沦为半殖民地半封建社会，沿海口岸被迫开放，成为西方倾销商品的市场[3]。同时，中国的资源遭到掠夺，传统商品如丝绸、瓷器、茶叶的出口贸易也被西方列强垄断。这一阶段的变化

---

[1] 钟海.古代海上丝绸之路的兴与衰[J].珠江水运，2015，(19):66-67.

[2] 苏文菁."海上丝绸之路"：名与实[J].百科探秘（海底世界），2015(Z1):5-9.

[3] 许尔君.海上丝绸之路的历史、现实与未来[J].泰山学院学报，2016，38(5):107-121.

标志着海上丝绸之路的衰退，进入了一个漫长的低迷阶段。从清代到民国时期，中国的海上贸易受到严重影响，直至新中国成立前夕，海上丝绸之路的繁荣再也没有复苏[①]。

二、海上丝绸之路主要港口

（一）泉州

泉州位于中国东南沿海，靠近台湾海峡和南海，地理位置十分优越，是福建省的一个重要港口城市，因此长期以来就扮演着连接中国与东南亚、印度洋沿岸和阿拉伯地区的重要贸易节点的角色。泉州的海上贸易历史可以追溯到唐宋时期，尤其在宋元时期，泉州达到了贸易繁荣的巅峰，被誉为"东方第一大港"。作为中国出口丝绸、瓷器和茶叶等商品的重要港口，泉州也是外来香料、珠宝、药材等商品进入中国的重要通道。

泉州不仅仅是海上丝绸之路的一部分，更是整个海上丝绸之路网络中的重要枢纽。从泉州出发的商船经由南海、印度洋，可以到达东南亚的诸多国家，包括马来西亚、印度尼西亚、菲律宾等，甚至还能进入阿拉伯海，抵达东非海岸线。

作为一个重要的贸易中心，泉州不仅是商品交换的场所，还是文化、宗教和技术传播的重要节点。泉州的商人和船队通过海上丝绸之路，促进了中国与周边地区以及更远的国家之间的文化交流和经济合作，保存了丰富的海上丝绸之路历史遗迹和文化遗产，如崇福寺、清源山、开元寺等，这些古迹见证了泉州在海上贸易中的重要地位和深远影响。

（二）福州

福州位于中国东南沿海，毗邻台湾海峡和东海，地理位置十分优越。

---

① 何为"丝绸之路"及"海上丝绸之路"[EB/OL].(2007-09-28)[2024-06-30]. http://www.cctv.com/life/special/C19502/20070928/105769.shtml.

福州自古以来就是连接中国南方与东南亚、印度洋沿岸国家的重要海上贸易中心。福州港自古以来就是长江下游及东南沿海重要的海上贸易港口。

在唐宋时期，福州作为丝绸之路的重要城市，曾经是中国出口丝绸、瓷器、茶叶等商品的重要集散地。福州港也是外来香料、珠宝、药材等商品进入中国的重要通道。作为整个海上贸易网络中的重要节点，从福州出发的商船可以通过福州港，经由东海、南海，到达东南亚的多个国家和地区，如菲律宾、马来西亚、印度尼西亚等，同时也可进入阿拉伯海，抵达东非海岸线。

福州的商人和船队通过海上丝绸之路，推动了中国与东南亚、南亚、中东和东非的商品交换和文化传播。如今，福州是中国东南沿海地区重要的现代化城市之一，现代建设虽改变了城市样貌，但福州仍有着丰富的海上丝绸之路历史遗产和文化遗迹。例如，福州的三坊七巷、鼓山等历史街区和文化景点，见证了福州在海上贸易中的重要地位和影响力。

（三）漳州

漳州位于福建省东南沿海，它毗邻台湾海峡，地理位置优越，是福建省东南沿海重要的港口城市，也是海上丝绸之路的主要港口城市之一。

漳州自古以来就是中国南方与东南亚、印度洋沿岸国家进行贸易往来的重要枢纽。特别是在唐宋时期，漳州港作为丝绸之路的重要港口，扮演了重要角色，为中国的丝绸、瓷器、茶叶等商品的出口提供了重要通道。漳州港不仅是中国出口商品的重要起点，也是进口外国香料、珠宝、药材等商品的主要通道。商船从漳州出发，可以通过台湾海峡进入东南亚各国的港口，如菲律宾、印度尼西亚、马来西亚等，同时也可向南抵达东非海岸线。

漳州作为海上贸易的重要节点，不仅促进了中国与周边国家的经济合作，也促进了文化的交流与传播。漳州的商人和船队通过海上丝绸之路，将中国的文化、技术和商品传播到东南亚及其他地区。如今，漳州作为福建省的重要城市之一，其经济发展正日益增强。尽管现代化的建设已经改变了漳州的面貌，但其作为历史上海上丝绸之路的重要港口，仍然保留着丰富的历史遗产和文化传统。

（四）其他港口

除以上 3 个港口外，海上丝绸之路的主要港口还有广州和宁波。广州位于珠江入海口，靠近南海，地理位置十分优越。作为中国南方的重要港口城市，广州历史悠久，自古以来就是海上贸易的重要枢纽。这条航线从广州出发，经由南海、印度洋，连接到波斯湾、阿拉伯海以及东非海岸线。

宁波位于中国东南沿海，是浙江省的一个重要港口城市，毗邻杭州湾和东海，地理位置十分优越。宁波长期以来就扮演着连接中国与东南亚、印度洋沿岸和阿拉伯地区的重要贸易枢纽的角色。从宁波出发的商船可以经由东海、南海、印度洋，到达东南亚的诸多国家，如菲律宾、马来西亚、印度尼西亚等，同时还可进入阿拉伯海，抵达东非海岸线。

三、海上丝绸之路特点

（一）广泛的地理覆盖

海上丝绸之路是一条连接亚洲、非洲和欧洲的重要贸易通道，具有广泛的地理覆盖。

1. 中国东南沿海

出发点通常包括中国东南沿海的主要港口城市，如广州、泉州和宁波。这些城市是海上丝绸之路的起点，充满着繁荣的商业气息。

2. 东南亚

从中国出发后，航线经过南海，经过越南、马来西亚、泰国和印度尼西亚等的重要港口。马六甲海峡是这一段航线的关键节点，它是连接南中国海与印度洋的重要通道。

3. 南亚

进入印度洋后，航线经过斯里兰卡、印度的东南和西南海岸，包括重要港口如加尔各答、马德拉斯和孟买。这里的港口是香料、棉织品和其他商品的主要集散地。

4. 中东

航线继续向西，进入阿拉伯海和波斯湾，经过阿曼、也门和伊朗等地。阿拉伯半岛的港口，如马斯喀特和亚丁，是重要的中转站。然后航线进入红海，途经沙特阿拉伯和苏丹等国，最终到达埃及的苏伊士。

5. 非洲东海岸

在航行过程中，部分船只沿非洲东海岸航行，停靠在肯尼亚的马林迪、坦桑尼亚的桑给巴尔等港口。这些港口是非洲和亚洲之间贸易的重要节点。

6. 欧洲

从红海进入地中海后，航线经过希腊、意大利等地的港口，最终到达欧洲的贸易中心，如威尼斯。这些城市是亚洲和欧洲之间商品和文化交流的重要枢纽。

通过这一广泛的航线网络，海上丝绸之路不仅实现了东西方商品的流通，还促进了各地文化、技术和思想的交流与融合。海上丝绸之路的开通和繁荣对沿线各国的经济发展和文化进步起到了重要作用。

（二）多样的贸易商品

海上丝绸之路是一条重要的贸易通道，连接了东亚、东南亚、南亚、中东和欧洲。通过这条航线，来自不同地区的多样商品得以进行广泛的交换，促进了各地的经济和文化交流。

1. 中国的商品

（1）丝绸

中国丝绸因其高质量和精美的设计而闻名于世，是海上丝绸之路上最具代表性的商品之一。

（2）瓷器

中国的青花瓷、白瓷等陶瓷制品在国际市场上非常受欢迎，这些瓷器不仅具有实用价值，还被视为艺术品。在宋元时期，泉州德化陶瓷就已经开始通过海上丝绸之路远销海外。

（3）茶叶

茶叶是中国独特的农产品，通过海上丝绸之路输往各国，成为许多地区日常生活中的重要饮品。在宋元时期或更早，泉州安溪茶叶就已经通过海上丝绸之路进入海外市场。安溪铁观音被海外茶人们视为奇货，并常被用作"镇店之宝"。

2. 东南亚的商品

（1）香料

东南亚出产的香料如丁香、胡椒、肉豆蔻等，是当时国际贸易中的重要商品，被广泛用于食品调味、药物和防腐等用途。

（2）宝石

东南亚地区盛产各种珍贵宝石，如红宝石、蓝宝石和祖母绿，这些宝石在国际市场上有很大的需求。

3. 印度的商品

（1）棉织品

印度的棉织品工艺精湛、质地优良，包括各种纱布、织物和成衣，在市场上广受欢迎。

（2）香料

印度是世界上最大的香料生产地之一，其生产的香料如胡椒、姜黄、香草等被大量出口到世界各地。

4. 阿拉伯地区的商品

（1）香料和香薰

阿拉伯地区以其丰富的香料和香薰产品闻名，这些产品不仅用于日常生活，还在宗教仪式中发挥重要作用。

（2）珍贵金属

阿拉伯地区的黄金、银等贵金属在贸易中占有重要地位，这些金属不仅用于货币铸造,还被制成各种装饰品。

5. 其他商品

（1）象牙和宝石

从非洲和南亚地区输入的象牙和各种珍贵宝石在国际市场上非常受欢迎。

（2）药材和香料

通过海上丝绸之路,药材和香料等商品也得到了广泛交易,不同地区的医学知识和药材种类得以传播和交流。

通过这些商品的贸易,海上丝绸之路不仅促进了经济的繁荣,还推动了技术、文化和思想的交流,成为古代世界不同文明交流与联系的重要纽带。

（三）航海技术的发展

海上丝绸之路的开辟和发展促进了古代航海技术的进步。中国的造船技术、导航仪器（如指南针）的使用,以及航海地图的绘制等,都为当时的航海活动提供了重要支持。

1. 造船技术

（1）中国的先进造船技术

中国在古代发展了许多先进的造船技术,包括大型木船的建造技术。中国的海船,如福船和广船,设计坚固,能够承载大量货物和人员,适合长途航行。

（2）阿拉伯地区和印度的造船技术

阿拉伯地区和印度也拥有精湛的造船技术,其建造的船只适合在印度洋和阿拉伯海的海域航行,这些船只在结构和耐用性上具有优势。

2. 导航仪器

（1）指南针

指南针是中国发明的关键导航工具,它的使用大大提高了航海的准确性和安全性。在没有陆地标志的广大海洋中,指南针帮助航海者确定方向，避免迷失。

（2）星象导航

阿拉伯航海者擅长使用天文导航技术，通过观测星象和使用星盘来确定位置和方向。这种技术在航行过程中起到了重要作用。

3. 航海地图和航路指南

（1）航海地图

随着海上丝绸之路的发展，各地绘制了详细的航海地图。这些地图标注了重要的港口、航道和地标，为航海者提供了重要的参考资料。

（2）航路指南

航海者编写了详细的航路指南，记录了各个航段的航行条件、季风变化、洋流流向以及安全停泊点。这些指南对于长途航行中的安全和顺利至关重要。

4. 季风的利用

（1）季风规律的掌握

海上丝绸之路上的航海者充分利用季风规律进行航行。了解季风的变化规律，船只可以在顺风季节出海，利用风力航行，从而提高航行效率，减少航行时间。

（2）航行计划的制定

根据季风的变化制定航行计划，使得船只能够在适当的时间起航，避开恶劣天气，保障航行的安全。

5. 文化技术交流

通过海上丝绸之路，不同国家的航海技术得以互相交流和借鉴。中国、印度、阿拉伯和欧洲国家的航海者分享了各自的造船和导航经验，促进了技术的进步和创新。

航海技术的进步，不仅保障了海上丝绸之路的畅通和繁荣，也为古代不同文明之间的交流和融合提供了坚实的技术支持。航海技术的发展促进各地的经济、文化和社会联系的发展，从而推动了全球化的早期进程。

（四）港口和城市的繁荣

海上丝绸之路不仅是一条重要的贸易通道，还促成了沿线许多港口城市的繁荣发展。这些城市因其战略地位和商业活动而兴盛，成为贸易、文化和宗教交流的重要中心。

1. 中国的港口城市

（1）广州

作为海上丝绸之路的重要起点，广州自唐代以来就是中国对外贸易的重要港口。它是商品交易的中心，吸引了来自中亚、阿拉伯和欧洲国家的商人。广州繁荣的贸易带动了城市的发展和多元文化的融合。

（2）泉州

泉州是宋元时期中国最繁忙的港口之一，被誉为"东方第一大港"。泉州的繁荣不但带来巨大的经济发展，而且促进了文化和宗教交流融合。泉州拥有众多寺庙、教堂等，体现了多元文化的共存。

2. 印度的港口城市

卡利卡特（今科泽科德）是印度洋贸易的核心港口之一，尤其以香料贸易而闻名。来自阿拉伯、非洲和东南亚国家的商人云集于此，进行香料、丝绸和宝石的交易。卡利卡特的繁荣促进了当地经济和文化的发展。

3. 阿曼的港口城市

马斯喀特是阿曼的重要港口，位于阿拉伯海和印度洋的交汇处。作为重要的海上贸易中转港口，马斯喀特吸引了大量的商船和商人，成为东西方商品和文化交流的桥梁。

4. 非洲的港口城市

马林迪位于肯尼亚沿海，是非洲东海岸的重要港口之一。它是阿拉伯、波斯和印度商人的贸易中心，主要进行象牙、黄金和香料的交易。

5. 其他重要港口城市

（1）马六甲

作为连接南中国海和印度洋的关键节点，马六甲是东南亚最重要的贸易港口之一。重要的战略位置使得马六甲成为香料、丝绸、茶叶和其他商品的主要集散地。马六甲的多元文化融合也成为其独特的魅力。

（2）亚历山大港

位于地中海沿岸的埃及亚历山大港，是东西方贸易的一个重要节点。通过这里，东方的丝绸、香料和瓷器进入地中海地区，而西方的玻璃制品和金属制品则输往东方。历史上，亚历山大港曾被马可·波罗誉为与中国泉州港（刺桐港）齐名的港口。

这些港口城市的繁荣不仅促进了经济发展，还推动了文化和宗教的交流与融合。商人、学者和宗教人士在这些城市汇聚，带来了各自的文化和思想，促进了不同文明之间的互动和理解。海上丝绸之路的繁荣发展，使这些港口城市成为古代世界重要的经济和文化中心，产生了深远的历史影响。

（五）经济和社会影响

海上丝绸之路的贸易活动带来了巨大的经济收益，促进了相关地区的社会发展和繁荣，加速了这些地区的城市化进程和多元文化融合。

1. 经济繁荣与增长

（1）贸易繁荣

海上丝绸之路连接了亚、非、欧等多个大洲，为沿线国家和地区带来了丰富的商品和巨大的贸易收益。丝绸、瓷器、茶叶等中国商品与印度的香料、阿拉伯地区的黄金和珠宝、非洲国家的象牙和奴隶等在这些港口城市之间自由流通，促进了各地的商业繁荣。

（2）财富积累

贸易的繁荣带动了港口城市的经济发展，许多城市因贸易而积累了大量财富，发展了金融和商业设施。例如，广州、泉州等中国港口城市以及印度的卡利卡特，因贸易的繁盛而富裕，成为重要的经济中心。

2. 社会发展与城市化

（1）城市化进程

随着贸易的增加，许多港口城市迅速发展，人口急剧增加，城市基础设施得到改善。新的市场、仓库、船坞和商业街区纷纷建立，使这些城市成为繁忙的商业中心。例如，泉州和广州在宋元时期发展成为繁华的大都市。

（2）人口流动与多元文化

海上丝绸之路促进了人们的迁徙和交流，商人、学者、工匠、僧侣和旅行者的往来，带来了多元的文化和社会元素，提升了城市的文化多样性。例如，马六甲不但是贸易中心，更是文化和宗教多样性的代表，佛教、伊斯兰教、基督教在此和谐共存。

3. 技术与知识的传播

（1）科技与创新

通过海上丝绸之路，许多先进的技术和知识得以传播，如中国的造船技术和指南针、阿拉伯地区的天文和医学知识、印度的纺织技术等。这些技术的传播促进了当地的技术创新，推动了全球文明的进步。

（2）医学和科学

医学知识和药材的交流也极大促进了各地医学的发展。阿拉伯地区的医学典籍传入中国，影响了中国的医学研究和医疗实践；中药材传入阿拉伯地区和印度，成为当地医药的重要组成部分。例如，隋唐时期，鉴真和尚经过广州时，记下了当时海外药物交流的情况："江中有婆罗、婆斯昆仑等舶，不计其数，并载香药、珍宝，积载如山。"因此，海上丝绸之路又被称为"香药之路"。宋代来自阿拉伯地区的药物种类繁多，数量巨大[1]。

4. 环境与生态影响

（1）生态影响

随着贸易的繁荣，沿线各地的自然资源被大量开采和利用，这对生态环境造成了一定影响。香料和木材的开采、矿产资源的开采等，在一定程度上改变了当地的自然生态环境。

---

[1] 张忠安. 广州自古出良药 济世留芳逾千年[N/OL]. 广州日报,（2023-04-12）[2024-06-30]. https://gzdaily.dayoo.com/pc/html/2023-04/12/content_871_822449.htm.

（2）文化遗产与遗址

海上丝绸之路留下了丰富的文化遗产和历史遗址，如广州的陈家祠，马六甲的古城墙和卡利卡特的古港遗址，泉州的九日山祈风石刻、市舶司遗址、德济门遗址、天后宫、草庵摩尼光佛造像、磁灶窑址、石湖码头、六胜塔等古迹，这些遗址至今仍见证着古代贸易的辉煌历史。

（六）环境和气候的影响

海上丝绸之路的航线选择受到季风和洋流的影响。季风的规律性风向使得船只能够在不同季节顺风航行，从而大大提高了航行的效率和安全性。

1. 季风的影响

（1）季风规律

季风是指风向随季节有规律改变的风，主要影响印度洋和南中国海地区。夏季风从南向北吹，冬季风从北向南吹。这种规律性使得船只能够利用顺风航行，极大地提高了航行效率和安全性。

（2）夏季风

从4月至9月，夏季风吹向北部，船只可以从中国和东南亚顺风航行至印度和阿拉伯半岛。这段时间是航行的高峰期，许多商船利用这一季节出海。

（3）冬季风

从10月至次年3月，冬季风吹向南部，船只可以从印度和阿拉伯半岛顺风返回中国和东南亚。这一季节也是航行的重要时段，商船利用冬季风顺利返回。

2. 洋流的影响

（1）洋流规律

洋流是海水的定向流动，受地球自转、风、温度和盐度差异等因素的影响。洋流的规律性流动为航海提供了有利条件，能帮助船只节省燃料和提高航行速度。

（2）印度洋季风洋流

与季风对应的印度洋季风洋流在夏季和冬季有不同的流向，夏季流向西北，冬季流向东南。航海者可以利用这些洋流进行长距离航行，缩短航程时间。

3. 航行安全性

（1）避开恶劣天气

季风的规律性使得航海者能够避开台风和风暴等恶劣天气，选择合适的季节进行航行，提高了航行的安全性和可靠性。

（2）规划航行路线

根据季风和洋流的变化，航海者可以精确规划航行路线和时间表，减少航行中的风险和不确定性。

4. 贸易的时间安排

（1）季节性贸易

由于季风和洋流的规律性，海上丝绸之路上的贸易活动具有明显的季节性特征。商人们根据季风的变化安排出发和返回的时间，形成了固定的贸易周期。

（2）港口活动的高峰期

季风季节的开始和结束往往是港口活动的高峰期，港口城市在这些时段迎来大量商船，进行繁忙的货物装卸和交易。

5. 对航海技术的促进

（1）导航技术的进步

为了更好地利用季风和洋流，航海者不断改进导航技术和工具，如通过指南针的使用和航海图的绘制，提高了航海的精确性和安全性。

（2）造船技术的改进

为了适应季风和洋流的航行需求，造船技术不断在改进，如设计更适合长途航行和承受风浪的船只，提高了船只的稳定性和抗风能力。

通过对季风和洋流的利用，海上丝绸之路的航海活动得以高效、安全地进行。这不仅促进了沿线国家和地区的经济繁荣，也推动了技术和知识的交流与传播，进一步深化了不同文明之间的联系。

第二节　海上丝绸之路演变

一、地理大发现

15世纪末到17世纪初，欧洲探险家们通过航海发现了新大陆和新航路。航海活动不仅扩展了世界的地理认识，也对全球经济、政治、文化产生了重大影响，直接导致了海上丝绸之路的衰落。当时，欧洲社会逐渐从封建制度向资本主义过渡，经济、技术和文化都在发生变革。特别是，随着十字军东征的结束，欧洲人对东方世界的财富和文化产生了浓厚的兴趣。然而，传统的陆上丝绸之路由于奥斯曼帝国的崛起和中亚地区的动荡变得不再安全和畅通。此外，欧洲各国对黄金、香料和其他奢侈品的需求不断增加，而这些商品主要产自亚洲。由于奥斯曼帝国控制了地中海东部的贸易通道，欧洲国家被迫寻找新的贸易路线。正是在这样的背景下，地理大发现拉开了序幕。1488年，巴尔托洛梅乌·迪亚士成功绕过非洲南端的好望角，打通了印度洋的海上通道。1492年，哥伦布在西班牙王室的资助下，试图通过向西航行到达亚洲，结果却发现了美洲大陆。这一发现虽然没有直接开辟通往亚洲的航路，但揭示了一个全新的世界。1498年，瓦斯科·达·伽马抵达印度的卡利卡特，标志着欧洲与亚洲开启海上贸易的开端。1519年，费迪南德·麦哲伦率领的探险队开始了环球航行。尽管麦哲伦本人在菲律宾遇难，但他的船队最终完成了环球航行，证明了地球是圆的，进一步激发了欧洲对全球贸易的兴趣。地理大发现导致了传统贸易路线的重大转移。它打破了各大洲之间的隔离，推动了全球化的早期进程。欧洲各国开辟了绕过非洲和通过美洲到达亚洲的新航路，这导致全球贸易网络重新布局，直接导致了传统海上丝绸之路的重要性下降。随着欧洲国家通过新航路直接与亚洲进行贸易，传统的中介贸易逐渐减少。特别是葡萄牙控制了印度洋的主要贸易通道，打破了阿拉伯人和印度人的垄断地位。与此同时,欧洲的商业中心从地中海沿岸转移到大西洋沿岸,进一步削弱了传统海上丝绸之路的经济地位。

二、政治动荡与政策变化

海上丝绸之路的衰落与我国和其他沿线国家的政治动荡与政策变化有着直接的关系。特别是我国明清两代的海禁政策以及其他沿线地区的政治变动,对传统的海上贸易产生了深远的影响。

(一)明朝的海禁政策

明朝初期,为了恢复和稳定国内经济,朱元璋实行了一系列封闭政策,其中包括限制对外贸易的海禁政策。15世纪中叶,倭寇(日本海盗)在东南沿海地区频繁袭扰,严重影响了海上贸易和沿海地区的安全。明政府为了应对倭寇威胁,决定实施海禁,切断倭寇的补给和贸易渠道,并禁止民间进行海外贸易,仅允许官方使节和贡使进行有限的对外交流。这一政策在明成祖永乐年间(1403—1424)有所松动,郑和七下西洋就是在这一时期进行的。然而,郑和下西洋主要是为了宣扬国威,扩大政治影响,经济贸易并不是主要目的。当时的海禁政策还导致丝绸之路的贸易活动减少,走私和非法贸易仍然存在。许多商人冒险进行走私活动,但规模和安全性都无法与合法贸易相比。沿海地区原本依赖海上贸易的经济活动大幅减少,许多港口城市陷入衰退。

(二)清朝的闭关锁国政策

清朝初期,为了巩固统治,清政府延续并进一步强化了明朝的海禁政策。特别是在康熙、顺治年间,清政府实施了更为严格的封闭政策。为了防范沿海地区的反清复明力量,清政府对沿海居民进行大规模迁徙和限制,进一步强化了海禁政策。在清朝统治初期,面临着来自各方面的威胁,包括内部叛乱和外部侵扰。实施闭关锁国政策是清朝加强对边境和沿海地区的控制的手段之一，目的是巩固统治。康熙年间，清政府在平定台湾郑氏政权后，开始逐步开放海禁，但仍然对对外贸易进行严格控制。仅在广州设立了一个对外贸易口岸，实行"广州一口通商"政策，限制外国商船仅能在广州进行贸易活动。由于对外贸易仅限于广州，导致海上贸易活动集中在一个区域，限制了贸易的多样性和范围。闭关锁国政策导致中国与外部世界的经济联系减少，科技、文化和思想的交流也受到限制。尽管在康熙、乾隆年间，中国经济有所发展，但总体上与世界经济的发展脱节。

（三）其他沿线地区的政治动荡

江户时代，日本实施了严格的锁国政策（锁国令），限制外国人与日本的贸易和交流，仅保留与中国和荷兰在长崎进行有限的贸易。这一政策同样对东亚地区的海上贸易产生了影响。海上丝绸之路沿线的东南亚和南亚地区，在这一时期同样经历了政治变迁和动荡。例如，16世纪中叶，葡萄牙和荷兰在东南亚地区建立殖民据点，控制了重要的香料贸易路线。这些殖民活动不仅改变了当地的政治格局，也对传统的贸易路线构成了挑战。

我国明清两代的海禁和闭关锁国政策，连同其他沿线国家和地区的政治动荡，共同导致了传统海上丝绸之路的衰落。这些政策限制了合法的贸易活动，使得原本繁荣的贸易路线逐渐失去活力。同时，新的贸易路线和殖民势力的崛起，进一步削弱了海上丝绸之路的地位。尽管海禁和闭关锁国政策在一定程度上达到了防范外敌和巩固统治的目的，但从长远来看，这些政策阻碍了经济和文化的交流与发展。

三、海盗活动

海盗活动是海上丝绸之路衰落的重要原因之一，尤其是在亚洲和东非沿海地区。这些海盗不仅对贸易航线和商船构成了直接的威胁，还对当地经济和安全造成了严重影响。

海盗活动在历史上并不局限于某一特定时期，但在海上丝绸之路繁荣时期尤其显著。倭寇主要活跃于日本海和中国东南沿海，影响明清时期的贸易航线和沿海城市。马来人和印度尼西亚的海盗对马六甲海峡和中国南海的贸易造成威胁。阿拉伯海域的海盗控制红海和波斯湾，对印度洋的贸易航线产生影响。这些海盗通过劫掠商船、袭击沿海城市以及收取"保护费"等手段，严重干扰了海上贸易的正常进行，加剧了贸易路线的不安全性。海盗活动直接导致了贸易成本的增加和贸易量的减少。商人和船东为了避免海盗袭击，不得不增加保护费用，这进一步增加了商品的成本。同时，许多商船遭到海盗掠夺，贸易货物损失严重，导致贸易活动的停滞和减少。海盗活动加剧了沿线城市和居民的不安全感。商人和船员担心被海盗袭击，不愿冒险参与海上贸易，这对贸易网络的稳定性和可持续性造成了直接影响。城市和港口也面临被劫掠和破坏的风险，经济和社会的稳定性受到严重威胁。海盗活动的增加促使各国政府采取更加严厉的措施来应对，如增强海军力量、加强沿海城市的防御等。然而，这些措施往往需要大量的资源和人力投入，对国家财政构成压力，同时也限制了海上贸易的自由和发展。尽管各国政府采取了措施来应对海盗问题，但海盗活动仍然在一定程度上影响了海上丝绸之路的稳定和繁荣。贸易活动的停滞和经济成本的增加，使得原本繁荣的海上丝绸之路逐渐衰落。

四、新贸易路线的形成

海上丝绸之路衰落的一个重要原因是新贸易路线的形成，这些新路线直接竞争并逐渐取代了传统的海上丝绸之路。15至17世纪，欧洲航海家开辟了新的海上贸易路线，极大地改变了全球贸易格局。新航路的开辟减少了对传统海上丝绸之路的依赖，使得货物可以更快速、更安全地运输到达目的地，从而削弱了海上丝绸之路在贸易中的地位。欧洲列强通过殖民扩张在东南亚、印度洋和太平洋地区建立了殖民地和贸易站点，这些地区成为新的贸易中心，直接参与和控制了东方的贸易活动。殖民地的建立不仅改变了地区的政治和经济结构，也重新定义了贸易路线的流动和资源分配，削弱了海上丝绸之路的经济重要性。新贸易路线的开辟大大减少了经历中东和中亚的贸易风险和成本。原本繁荣的贸易中心如亚历山大港、威尼斯和热那亚逐渐失去其在东西贸易中的主导地位，而新兴的港口城市如里斯本、阿姆斯特丹和伦敦等逐渐成为新的贸易中心。

五、技术和经济结构的变化

18 至 19 世纪的工业革命是技术变革的重要转折点，从手工生产向机械化生产的转变，极大地提高了生产效率和产品质量。关键技术如蒸汽机、纺织机械、煤炭和钢铁的应用，彻底改变了生产方式和经济结构。随着经济的工业化和商业化，欧洲各国开始通过建立殖民地和贸易站点，直接与东方进行贸易，削弱了海上丝绸之路的地位和影响力。新的交通和运输技术如蒸汽船、铁路等的发展，大大提高了货物运输的速度和效率，加速了全球贸易的流动，使得海上贸易更为便捷和经济。18 世纪以后，欧洲列强通过殖民扩张和政治控制，建立了庞大的殖民帝国，进一步削弱了传统丝绸之路的经济重要性。这些殖民地成了新的贸易中心，直接参与了东方的贸易和资源开发。随着时代的变迁，宗教、文化和社会观念的转变，也影响了贸易路线的选择和发展。欧洲社会的变革和现代化使得人们更倾向于采用新的贸易方式和通道，而不是依赖传统的丝绸之路。

第三节　21世纪海上丝绸之路

一、21 世纪海上丝绸之路的复兴

21 世纪海上丝绸之路是中国政府于 2013 年提出的"一带一路"倡议的重要组成部分，旨在复兴古代丝绸之路的海上路线。它旨在通过加强

与共建国家的合作,促进经济、贸易、文化等方面的交流与合作。

(一)国际背景

1. 全球化与区域经济一体化

在21世纪全球化深入发展的背景下,国际贸易和投资的增加明显推动了全球经济的蓬勃发展。各国之间的经济联系日益紧密,而区域经济一体化的进程也因此得到加速。在这一背景下,21世纪海上丝绸之路作为中国倡导的重要国际合作倡议,通过促进共建国家的互联互通,成为推动区域经济合作的关键力量。共建国家通过共建基础设施、推动贸易和投资自由化,加强经济互补性,共同应对全球性挑战。这种深化合作不仅加速了亚洲及周边国家的经济整合,也为世界经济增长注入了新的活力和动力。共建21世纪海上丝绸之路,进一步巩固了参与国之间的政治互信和经贸合作,促进了地区和平与稳定。同时,它还通过促进清洁技术、绿色能源和环境保护的合作,助力于实现可持续发展目标,展示了全球化时代区域经济一体化的新模式。总之,21世纪海上丝绸之路不仅在经济上推动了全球化进程,也在文化、环境和政治层面上为各国之间的合作与共赢提供了新的机遇和挑战。通过加强区域经济合作,它为构建开放、包容、互利的国际经济秩序贡献了中国的智慧和力量。

2. 新兴市场国家的需求

许多丝绸之路上的沿海国家逐渐成为新兴市场国家,它们在基础设施建设、技术引进和经济发展方面面临着巨大的需求和挑战。21世纪海上丝绸之路为这些国家提供了重要的资金、技术和经验支持,帮助它们实现经济现代化和可持续发展目标。首先,基础设施建设是新兴市场国家发展的关键。21世纪海上丝绸之路通过投资和合作,支持参与国发展现代化的交通、能源、通信等基础设施,提升其国家竞争力和经济韧性。例如,修建港口、铁路、公路等项目,促进了区域内部的互联互通,加强了经济合作与交流。其次,技术引进和转移对新兴市场国家的发展至关重要。21世纪海上丝绸之路通过推动科技合作和人才培养,帮助参与国提升技术水平和创新能力，加速产业升级和转型。例如，共建技术园区、科研机构合作等，促进了高新技术产业的发展与应用。因此，经济发展的可持续性是 21 世纪海上丝绸之路关注的重点之一。倡导绿色发展和环境保护，通过引入清洁能源技术、开展环境保护项目，确保经济增长与生态环境的协调。这不仅有助于提升参与国的生活质量，也为全球可持续发展贡献了力量。总的来说，21 世纪海上丝绸之路为新兴市场国家提供了多维度的支持和合作机会，推动了它们在基础设施建设、技术创新和经济可持续发展方面的进步。通过共同合作，各国在资源共享、互利共赢的基础上实现了共同发展，展示了国际合作的新模式和力量。

3. 文化交流与民心相通

21 世纪海上丝绸之路是经济合作的桥梁，更是文化交流的重要平台。通过推动共建国家的文化交流和民心相通，21 世纪海上丝绸之路促进了各国人民之间的理解与友谊，为国际社会的和谐发展贡献了重要力量。首先，文化交流是 21 世纪海上丝绸之路不可或缺的一部分。沿线各国因历史上的交往，形成了丰富多彩的文化遗产和传统。通过共建文化交流平台、举办文化节庆活动，参与国家可以分享和展示各自独特的文化艺术，增进彼此的文化认知和尊重。其次，21 世纪海上丝绸之路推动了人文交流的深入发展。通过教育合作、学术交流和文化旅游等方式，促进了青年人才的互动与交流，培养了跨文化的理解力和国际视野。这促进了区域内部的和谐与稳定，也为全球文化多样性的保护与发展做出了积极贡献。最后，21 世纪海上丝绸之路倡导的文化交流不仅限于传统艺术和历史遗产，还包括语言、文学、哲学等各个领域的交流与对话。通过促进不同文化之间的互动，加深了各国人民对彼此文化传统的尊重与理解，为建设一个开放、包容的国际社会奠定了文化基础。21 世纪海上丝绸之路通过文化交流和民心相通，强化了各国之间的联系与互信，为实现全球和谐发展提供了重要路径。通过增进文化交流，促进了人类文明的交流互鉴，为构建一个共同繁荣、可持续发展的国际社会贡献了智慧和力量。

4. 国际安全与稳定

随着全球安全形势的复杂化和多样化发展，特别是在海上通道安全面临的挑战日益增多的情况下，21世纪海上丝绸之路的建设成为加强国际合作、共同应对海上安全问题的重要平台。21世纪海上丝绸之路连接着多个共建国家的重要海上通道，其安全与稳定直接影响着全球贸易和地区安全。首先，21世纪海上丝绸之路通过促进共建国家之间的安全合作和信息共享，加强了海上安全。参与国可以通过联合巡逻、情报交流、联合演练等方式，共同对抗海盗、非法活动等安全威胁，保护海上贸易通道的安全。其次，21世纪海上丝绸之路的建设推动了区域内部的和平与稳定。通过加强经济合作、促进共同发展，减少了因资源争夺和经济竞争而可能引发的地缘政治紧张局势。稳定的地区环境有利于各国吸引投资、推动经济增长，为地区和平与繁荣奠定了基础。同时，参与国在共同推动21世纪海上丝绸之路的建设过程中，相互信任和理解，加强了政治互信，为解决地区和全球性安全挑战提供了新的思路和机制。可以说21世纪海上丝绸之路不仅仅是经济合作的平台，更是促进国际安全与稳定的重要途径。通过加强国际合作，共同应对海上安全问题，参与国能够共享和平与发展的红利，推动全球治理体系的进步和完善，为构建和谐稳定的国际秩序作出积极贡献。

（二）国内背景

21世纪海上丝绸之路是中国在全球化背景下提出的，旨在通过加强与共建国家的经济合作和文化交流，推动区域经济一体化和共同发展。其反映了中国经济发展模式转型的需求，面对传统出口驱动型经济模式的挑战，21世纪海上丝绸之路为中国开拓新市场、促进国内外市场良性互动提供了支持。同时，它也是中国推动内部区域协调发展的重要举措，通过优化资源配置和加强基础设施建设，促进沿海地区与内陆地区的互动与协作，实现全国经济的均衡发展和可持续增长。

1. 经济发展需求

中国经济在经历了数十年的高速增长后，面临着产业结构调整和经济增长动力转换的挑战。传统的经济增长模式依赖于大量的投资和出口，但随着全球经济形势的变化，这一模式的可持续性逐渐减弱。因此，中国需要寻找新的经济增长点，推动经济的高质量发展。21世纪海上丝绸之路的提出，正是为了解决这些问题。通过21世纪海上丝绸之路，中国希望开拓新的国际市场，特别是东南亚、南亚、中东、非洲和欧洲等的共建国家的市场。这些地区的发展潜力巨大，需求旺盛，可以为中国的产品和服务提供广阔的市场空间。同时，通过21世纪海上丝绸之路的建设，中国可以促进与共建国家的产能合作，实现互利共赢。例如，通过在共建国家建立产业园区、基础设施项目等，可以有效地转移国内过剩产能，提升产能利用率，优化产业结构。此外，21世纪海上丝绸之路还可以推动中国企业"走出去"，增强其国际竞争力。通过参与国际合作项目，中国企业可以获得更多的国际化经验，提升技术水平和管理能力，从而在全球市场中占据更有利的位置。另一方面，海上丝绸之路的建设也有助于吸引更多的外国投资进入中国，带动国内经济的进一步发展。总之，通过推动21世纪海上丝绸之路建设，中国不仅可以开拓新的国际市场，促进国际产能合作，还能够推动国内经济的持续增长和转型升级。21世纪海上丝绸之路建设是中国应对经济增长动力转换的重要举措，也是实现经济高质量发展的重要途径。

2. 区域平衡发展

21世纪海上丝绸之路的建设不仅着眼于国际合作，也有助于促进中国沿海地区与内陆地区的协调发展。其在推动国内区域平衡发展方面，发挥着重要作用。中国的沿海省份如广东、福建、浙江，凭借其优越的地理位置和发达的经济基础，成为21世纪海上丝绸之路建设的前沿。首先，沿海省份可以通过参与21世纪海上丝绸之路建设，进一步发挥其区位优势。这些地区本来就是中国对外贸易的枢纽，通过加强与共建国家的合作，可以提升港口和物流体系的效率，增强对外贸易的竞争力。广东、福建、浙江等省份可以利用其发达的港口设施，扩大与共建国家的贸易往来，吸引更多的国际投资，提升经济活力。其次，21世纪海上丝绸之路的建设有助于带动相关产业的发展。沿海省份在参与国际产能合作和基础设施建设的过程中，可以促进本地制造业、建筑业、物流业和服务业的发展。通过与共建国家合作建立产业园区，开展基础设施建设项目，这些地区可以吸引更多的高新技术企业和项目落户，推动产业升级和经济转型。最后，21世纪海上丝绸之路的建设还可以辐射带动内陆地区的发展。沿海省份通过加强与内陆地区的交通和物流连接，可以实现资源的优化配置和市场的深度融合。例如，广东可以通过粤港澳大湾区建设，带动周边内陆省份的发展，形成区域经济一体化的格局。浙江和福建也可以通过加强与长江经济带和中西部地区的合作，推动区域经济的协调发展。总之，21世纪海上丝绸之路的建设不但促进了国际合作，而且在推动国内区域平衡发展方面发挥了重要作用。通过21世纪海上丝绸之路，沿海省份可以进一步发挥其区位优势，带动相关产业的发展，同时辐射带动内陆地区，实现区域经济的协调和可持续发展。

3. 提升国际影响力

通过推动21世纪海上丝绸之路建设，中国希望在国际事务中发挥更大的作用，增强在全球治理中的话语权。21世纪海上丝绸之路旨在促进经济合作和贸易发展，还包括文化交流和人文合作，是提升中国软实力和文化影响力的重要途径。首先，21世纪海上丝绸之路有助于中国在国际事务中发挥更大的作用。中国通过21世纪海上丝绸之路能够加强与共建国家的合作，共同应对全球性挑战，如气候变化、环境保护和公共卫生问题。与共建国家的深度合作，不但能够促进地区稳定和发展，而且可以在多边机制中增加中国的影响力。例如，在国际组织和论坛中，中国可以借助21世纪海上丝绸之路的合作伙伴关系，推动更多有利于发展的议题，增强在全球治理中的话语权。其次，21世纪海上丝绸之路也是提升中国软实力的重要手段。通过文化交流和人文合作，中国能够向共建国家展示其丰富的文化和价值观，增加沿线国家对中国文化的认同感。例如，中国可以通过设立孔子学院和开展各种文化交流活动，向共建国家介绍中国的历史、语言和艺术，增强文化影响力。此外，通过教育交流和人才培养计划，中国可以培养更多了解和支持中国的国际人才。最后，21世纪海上丝绸之路促进了中国与共建国家的民心相通。通过人文交流和合作项目，中国能够与共建国家建立更加紧密的关系，增强相互理解和信任。例如,通过开展共同的文化节庆、艺术展览和学术交流活动,可以增进人民之间的友谊和合作。值得一提的是中国通过在共建国家开展基础设施建设、医疗卫生合作和扶贫项目,实实在在地帮助当地发展,赢得共建国家人民的好感和支持。总之,21 世纪海上丝绸之路不仅是经济合作的重要举措,也是提升中国国际影响力、软实力和文化影响力的重要途径。通过推动 21 世纪海上丝绸之路建设,中国能够在国际事务中发挥更大的作用,增强全球治理中的话语权,同时通过文化交流和人文合作,增进与共建国家的民心相通,实现共同发展和繁荣。

4. 能源安全和物流保障

21 世纪海上丝绸之路覆盖了许多重要的能源和贸易通道,中国希望加强与共建国家的合作,确保能源供应的安全,优化物流体系,降低运输成本,提升供应链的稳定性和效率。

首先,能源安全是中国经济发展的关键。中国是世界上最大的能源进口国之一,对石油、天然气等能源的需求量巨大。21 世纪海上丝绸之路经过重要能源供应地区,如中东、非洲和东南亚,这些地区是中国进口能源的主要来源。通过加强与这些国家的合作,中国可以签署长期的能源供应协议,确保能源的稳定供应。同时,通过投资和参与共建国家的能源基础设施建设,如油气管道、储油设施和液化天然气接收站,中国可以进一步增强能源供应链的安全性和稳定性。其次,21 世纪海上丝绸之路有助于优化中国的物流体系。随着全球贸易的发展,物流成本和效率对经济发展至关重要。通过建设和改进港口、航道和物流园区,中国可以提高物流运输的效率,降低运输成本。例如,通过与东南亚和南亚国家的港口合作,建立区域性的物流枢纽,可以实现货物的快速中转和分拨,提升贸易的便利性和效率。此外,通过推进信息化和智能化物流管理系统,中国能够实现物流运输的全程监控和调度优化,从而进一步提升物流效率。最后,海上丝绸之路提升了供应链的稳定性和效率。通过与共建国家的紧密合作,中国可以建立更加稳定和多样化的供应链体系,减少对单一市场和通道的依赖。例如,通过在共建国家建立产业合作区和贸易中心,可以实现生产要素和商品的本地化配置,减少供应链的中断风险。同时，通过加强与共建国家的经济合作和政策协调，可以推动区域内的关税减免和通关便利化措施落地，进一步提升供应链的效率和稳定性。

总之，21世纪海上丝绸之路不但覆盖了许多重要的能源和贸易通道，而且通过加强与共建国家的合作，确保了中国能源供应的安全，优化了物流体系，降低了运输成本，提升了供应链的稳定性和效率。通过21世纪海上丝绸之路，中国能够更好地应对全球经济变化，推动国内经济的持续发展。

5. 外交需求

21世纪海上丝绸之路不仅关乎经济合作，更是中国与全球其他各国建立紧密经济伙伴关系的关键平台。通过这一倡议，中国旨在巩固和扩大其国际盟友和合作伙伴网络，为国家的发展和安全创造有利的外部环境。首先，21世纪海上丝绸之路促进了中国与共建国家之间的经济互动和深度合作。通过共同投资基础设施建设、开发市场和推动贸易，中国与共建国家能够实现利益共享，增进相互依存关系。这种经济合作不仅提升了各国之间的政治信任程度，还为未来更广泛的多边合作奠定了基础，从而巩固了中国在国际事务中的地位和影响力。其次，21世纪海上丝绸之路为中国提供了扩展外交空间的重要平台。通过与多个国家展开合作，中国不仅能够深化与传统盟友的关系，而且能够吸引新的合作伙伴，拓展外交伙伴网络。这种多边和双边合作不仅限于经济领域，还包括政治、安全和文化等多个领域，从而增强了中国在国际社会中的全球治理能力和话语权。最后，21世纪海上丝绸之路还有助于推动地区和全球经济一体化进程。通过促进贸易和投资自由化，减少贸易壁垒和经济隔离主义，中国为建设开放型世界经济贡献力量。这种开放和包容的姿态既有利于中国自身的发展，也有助于推动全球经济的复苏和稳定，增强国际社会对中国的信任和支持。21世纪海上丝绸之路是中国与世界各国建立紧密经济合作伙伴关系的关键平台。通过这一倡议，中国积极扩展其国际盟友和合作伙伴网络，为国家的发展和安全创造了有利的外部环境，同时推动了地区和全球经济一体化的进程。

二、21世纪海上丝绸之路的建设理念与目标

海上丝绸之路，是古代连接东方和西方的重要贸易路线。其中，东海航线起源于春秋战国时期，从胶东半岛出发，沿海岸水路延伸至辽东半岛、朝鲜半岛、日本列岛及东南亚，成为连接东亚及南亚的重要贸易通道[①]。南海航线则起源于西汉时期，起点在广东徐闻港，延伸至东南亚各国，向西连接西亚和欧洲，成为连接东南亚及欧亚大陆的重要海上贸易路线。

而今天的21世纪海上丝绸之路，基于共建原则，重塑了这些古代航线，并扩展至全球范围。主要航线贯穿泉州、福州、广州、海口、北海、河内、吉隆坡、雅加达、科伦坡、加尔各答、内罗毕、雅典和威尼斯。这些城市和港口在推动贸易、文化交流和经济合作方面起到了关键作用，展示了古代海上丝绸之路精神在当今全球化背景下的新生命力和影响力。

（一）21世纪海上丝绸之路的建设理念

1. 开放包容

（1）广泛参与

21世纪海上丝绸之路建设的重要理念之一是开放包容，强调广泛参与，欢迎所有国家和地区的加入。这一理念旨在打破传统的地缘政治和经济壁垒，倡导包容性发展，使不同发展阶段和政治制度的国家都能在海上丝绸之路的建设中找到自己的位置，共享发展机遇。在全球化的今天，经济发展不再是某一国家或地区的独享利益，而是一个相互依存、共同发展的过程。无论是发达国家还是发展中国家，都有其独特的优势和资源，可以在21世纪海上丝绸之路的框架下实现优势互补。例如：发达国家在技术和资金方面具有优势，可以为基础设施建设提供支持；而

---

① 金秋.海上丝绸之路乐舞艺术研究[J].民族艺术研究，2016，29（5）：13-22.

发展中国家则拥有丰富的自然资源和广阔的市场，可以为全球经济的增长提供新的动力。实现广泛参与，需要各国通过平等对话和合作，建立互信机制，减少误解和矛盾。同时，需要建立透明、公平的国际规则，确保各国在合作中享有平等的权利和机会。

（2）多元文化交流

开放包容的另一重要方面是多元文化交流，强调尊重和包容不同文化，推动多样性和相互理解，加强文明间的对话与合作。文化交流是各国人民增进理解和友谊的重要途径，也是21世纪海上丝绸之路建设的软实力的体现。在历史上，古代海上丝绸之路不仅是贸易的通道，也是文化交流的桥梁。不同文明在这里交汇、碰撞和融合，形成了丰富多彩的文化景观。21世纪海上丝绸之路的建设，应继承这一传统，通过文化交流增进各国人民的理解和信任，夯实合作的社会基础。具体来说，多元文化交流可以通过多种形式实现。各国可以加强文化交流，如举办文化节、艺术展览、电影节等，展示各自的文化特色，促进文化互鉴。此外，教育合作也是重要途径，各国可以通过留学生交流、学术合作等方式，培养国际化人才，使青年一代增进理解和友谊。媒体和新技术也可以在多元文化交流中发挥重要作用。多元文化交流不仅有助于各国人民增进理解和友谊，而且为全球治理提供了新思路。通过文明间的对话与合作，各国可以在文化多样性的基础上，找到解决全球性问题的共同价值和原则，旨在通过包容性的发展模式和丰富多彩的文化互动，构建一个更加开放、包容、合作共赢的世界，为21世纪海上丝绸之路的建设注入持久动力。

2. 互学互鉴

（1）经验共享

互学互鉴是21世纪海上丝绸之路建设中的重要理念，强调各国通过相互学习和借鉴，分享经济发展、管理模式等方面的成功经验，推动共同进步。全球化进程中，各国在发展道路上积累了丰富的经验和教训，这些都可以成为互学互鉴的宝贵资源。在经济发展方面，不同国家和地区拥有各自独特的优势和发展模式。一些国家在工业化过程中积累了丰富的制造业经验，可以为其他国家提供参考；而另一些国家则在服务业和数字经济方面有着先进的做法，这些经验也可以被广泛借鉴。通过经验共享，各国可以避免重复错误，加快自身的发展进程。管理模式的分享也是互学互鉴的重要内容。现代管理理念和方法在全球范围内得到了广泛应用，如日本的精益生产方式、德国的双元制职业教育模式等，都为其他国家提供了宝贵的参考。在公共管理方面，一些国家在城市规划、环保治理、公共卫生等方面的成功案例，也可以为其他国家提供有效的解决方案。经验共享的实现，需要各国通过多种渠道和平台进行交流与合作。国际会议、研讨会、论坛等为各国提供了经验分享的重要平台。同时，各国可以通过双边和多边合作机制，加强政策沟通和协调，实现经验交流和推广。此外，产业界、研究机构和学术界也可以发挥重要作用，通过研究报告、出版物等形式，系统总结和传播各国的成功经验。

（2）技术合作

技术合作是互学互鉴的另一个重要方面，强调在科技、教育等领域加强合作，推动技术交流和创新，提升整体发展水平。现代科技的发展已经成为推动全球经济和社会进步的核心动力，各国之间的技术合作对于实现共同发展具有重要意义。在科技领域，各国可以通过联合研发、技术转让、合作生产等方式，推动技术进步和创新。在新兴技术领域，如人工智能、物联网、新能源等，国际合作可以加快技术突破和应用推广，提升整体技术水平。各国还可以通过建立科技园区、创新中心等平台，促进科技企业和科研机构的合作与交流，推动技术成果的转化和产业化。教育合作是技术合作的重要组成部分。各国可以通过留学生交流、教师互访、联合办学等方式，提升教育质量和水平，培养更多国际化人才。例如，一些国家可以借鉴德国的双元制职业教育模式，推动职业教育与企业需求的对接，提升技能人才的培养质量。大学和科研机构之间的合作，可以通过联合科研项目、学术交流等形式，推动知识创新和学术进步。技术合作的实现，需要各国政府、企业和科研机构的共同努力。政府可以通过政策支持和引导，营造良好的合作环境，如提供科研资金、减免税收等。企业和科研机构则需要积极参与国际合作，拓展合作渠道，提升自身的技术水平和竞争力。通过制定国际标准、保护知识产权等措施，保障各国在技术合作中的合法权益，推动全球技术的公平和可持续发展，旨在推动各国共同进步和繁荣。通过相互学习和借鉴，各国可以实现优势互补，提升整体发展水平，为21世纪海上丝绸之路的建设注入新的动力。

3. 互利共赢
（1）经济合作

互利共赢是21世纪海上丝绸之路建设的重要理念，强调通过加强经济联系，推动贸易和投资自由化，促进各国经济的互补和融合，实现在更高层次上的互利共赢。全球化背景下，各国经济相互依存，经济合作成为推动共同发展的关键。加强经济联系是实现互利共赢的重要途径。通过21世纪海上丝绸之路的建设，共建国家和地区可以在基础设施、贸易、投资等领域开展深度合作。例如，通过港口建设、航道整治等基础设施项目，提升物流效率，降低运输成本，促进贸易便利化。同时，各国可以在贸易政策上进行协调，减少关税壁垒和非关税壁垒，推动贸易自由化。投资自由化也是经济合作的重要内容。各国可以通过双边和多边投资协议，保护投资者权益，吸引外资，促进资本流动。比如，在中国的"一带一路"倡议下，许多参与共建的国家得到了大量基础设施建设和工业园区投资，提升了当地的经济发展水平。通过这样的投资合作，各国可以实现资源互补和产业链整合，提升整体经济竞争力。经济合作不仅限于传统的贸易和投资，更包括新兴经济领域的合作。各国可以在数字经济、绿色经济等领域开展合作，推动技术创新和产业升级。在数字经济领域，通过跨境电商平台、金融科技等新兴模式，促进跨国贸易和金融合作；在绿色经济领域，各国可以在新能源、环保技术等方面加强合作，共同应对气候变化和环境挑战。

（2）共同繁荣

共同繁荣是互利共赢的最终目标，强调通过合作实现各方共同繁荣，缩小发展差距，提升整体福祉。全球经济发展的不平衡性，导致不同国家和地区在发展水平上存在显著差距，通过海上丝绸之路的建设，各国可以携手合作，实现共同进步。实现共同繁荣需要关注各国的特殊需求和发展阶段。共建国家和地区的发展水平不一，有些国家需要基础设施建设的支持，有些国家则需要产业升级和技术创新的推动。通过针对性的合作项目，各国可以在不同领域实现互利共赢。例如，发达国家可以通过技术转让和资金支持，帮助发展中国家提升基础设施和产业水平；发展中国家则可以利用资源和市场优势，为发达国家提供新的增长空间。缩小发展差距是实现共同繁荣的重要内容。通过21世纪海上丝绸之路的建设，各国可以通过教育、医疗、扶贫等领域的合作，提升社会发展水平。例如：通过教育合作，提升共建国家的教育质量，培养更多的技能人才；通过医疗合作，改善公共卫生条件，提升居民健康水平；通过扶贫项目，帮助贫困地区摆脱贫困，实现全面小康。共同繁荣还需要注重可持续发展。经济增长不能以牺牲环境为代价，各国应通过绿色合作，实现经济、社会、环境的协调发展。例如：在新能源领域，各国可以共同开发和推广清洁能源技术，减少碳排放，实现绿色发展；在环保领域，各国通过联合治理，保护海洋生态环境，确保21世纪海上丝绸之路的可持续发展。

通过加强经济联系，推动贸易和投资自由化，各国可以实现经济的互补和融合；通过合作实现共同繁荣，缩小发展差距，提升整体福祉，21世纪海上丝绸之路将成为一条连接世界、促进和平与繁荣的友谊之路。

4. 市场导向

（1）市场主导

21世纪海上丝绸之路的建设强调市场导向，坚持市场主导作用，充分发挥企业的主体地位，推动市场化运作，实现资源的优化配置。市场主导的理念认为市场在资源配置中起决定性作用，各国的经济发展应主要依靠市场力量。企业作为市场经济的主体，在21世纪海上丝绸之路的建设中扮演着关键角色。通过市场化运作，企业可以根据市场需求灵活调整生产和经营策略，提高效率和竞争力。例如，在国际贸易中，企业可以通过市场调查和分析，了解共建国家的市场需求，制定相应的产品和服务策略，开拓新的市场。同时，通过市场竞争，企业可以不断创新和提升技术水平，推动产业升级和经济发展。市场主导还强调通过市场机制实现资源的优化配置。在全球化背景下，资源的跨国流动成为推动经济发展的重要动力。

（2）政府引导

尽管市场在资源配置中起决定性作用，但政府在提供政策支持、基础设施建设和营商环境改善方面也发挥着重要的引导作用。政府引导的作用在于为市场和企业的发展创造良好的环境和条件，弥补市场机制的不足，实现经济的协调发展。首先，政府可以通过政策支持，促进市场和企业的发展。例如：借用税收优惠、财政补贴等政策，支持企业的技术创新、产业升级；通过贸易政策和投资政策，推动国际贸易和投资的自由化和便利化，提升企业的国际竞争力。此外，政府还可以通过制定和实施宏观经济政策，保持经济的稳定和可持续发展，减少市场的不确定性和波动性，为企业的发展提供稳定的宏观环境。其次，基础设施建设是政府引导的重要内容。基础设施是经济发展的基础，政府主导的基础设施建设，可以改善交通、通信、能源等基础设施条件，降低物流成本，提升经济效益。在21世纪海上丝绸之路的建设中，政府可以投资建设港口、航道等基础设施，提升海上运输能力，促进贸易和投资的便利化。最后，政府在改善营商环境方面也发挥着重要作用。良好的营商环境是企业发展的重要保障，通过简化行政审批、加强法治建设、保护知识产权等措施，政府可以提升营商环境的透明度和公平性，增强企业的信心和投资意愿。例如：通过电子政务和信息化建设，政府可以提升行政效率，减少企业的行政成本；通过法治建设，政府可以保障企业的合法权益，提升市场的公正性和透明度。

政府引导通过政策支持、基础设施建设和营商环境改善，为市场和企业的发展提供良好的环境和条件，推动21世纪海上丝绸之路的可持续发展。通过市场和政府的共同作用，21世纪海上丝绸之路将成为推动全球经济合作和发展的重要平台。

5. 可持续发展

（1）生态环保

可持续发展是 21 世纪海上丝绸之路建设的核心理念之一，其中生态环保是可持续发展的重要组成部分。当前，全球环境问题日益突出，21 世纪海上丝绸之路的建设必须高度重视生态环境保护，倡导绿色、低碳发展，推动绿色丝绸之路的建设。首先，绿色丝绸之路建设强调减少碳排放和资源消耗。通过采用清洁能源、推广节能技术和提升能效水平，减少对环境的负面影响。例如，通过开发和利用太阳能、风能等可再生能源，降低对化石能源的依赖，减少温室气体排放。同时，推广节能技术和高效能源利用方式，提升能源利用效率，减少资源消耗和环境污染。其次，绿色丝绸之路建设注重生态保护和生物多样性保护。共建国家和地区拥有丰富的自然资源和优越的生态环境，通过保护和恢复生态系统功能，保护珍稀濒危物种和生物多样性，确保生态环境的可持续发展。例如，通过建立自然保护区、生态补偿机制等措施，保护重要的生态功能区域和生态廊道，减少人类活动对生态系统的破坏。最后，绿色丝绸之路建设倡导循环经济和可持续消费生产模式。通过推动资源回收利用和废弃物减量化，实现资源的有效利用和再生利用。例如，通过建立清洁生产机制和循环经济产业链，促进资源循环利用，减少资源浪费和环境污染。同时，鼓励企业和社会采取绿色消费和生产方式，推动可持续消费模式的普及和应用。

（2）社会责任

除了生态环保，可持续发展还强调在经济发展的同时，关注社会发展和民生改善，提升共建国家和地区人民的生活质量。社会责任是可持续发展的重要内容，涉及经济、社会和环境的均衡发展。首先，社会责任体现在促进社会公平和社会包容。通过推动教育、卫生、就业等领域的发展，提升社会基础设施和公共服务水平，实现经济增长与社会进步的良性循环。例如，通过支持基础教育项目和医疗卫生改善计划，提升共建国家和地区居民的教育水平和健康状况，促进社会公平和社会包容。其次，社会责任还包括文化遗产保护和传承。21 世纪海上丝绸之路共建国家和地区拥有丰富的历史文化遗产和多样的文化传统，通过保护和传承这些文化遗产，促进文明交流，保护文化多样性。最后，社会责任还涉及民生改善和贫困减少。通过实施扶贫计划和社会保障政策，改善贫困地区和贫困群众的生活条件，实现共同繁荣和可持续发展。

（二）21世纪海上丝绸之路的建设目标

1. 促进经济增长和区域发展

促进经济增长和区域发展是21世纪海上丝绸之路建设的核心目标之一。通过加强基础设施建设，包括港口、道路、铁路和通信网络等，提升共建国家和地区的互联互通水平，降低物流成本，促进交流和合作。这有助于加快货物和服务的流动，为企业创造更广阔的市场和投资机会，推动整体经济增长。促进贸易投资自由化是实现经济一体化发展的重要途径。通过降低关税壁垒、简化贸易程序、促进投资便利化，各国可以更加自由地开展跨境贸易和投资活动，增强经济活力和竞争力。这种自由化政策推动了商品和服务的交换，还促进了技术、资金和人才的跨境流动，加速了经济结构优化和产业升级。通过这些措施，21世纪海上丝绸之路共建国家和地区将实现经济的互利共赢，共同应对全球经济挑战。这种经济一体化不仅能够促进单个国家的经济发展，还能够增强整个区域的经济韧性和抗风险能力，为可持续发展奠定坚实基础。

2. 推动全球贸易和投资便利化

推动全球贸易和投资便利化是21世纪海上丝绸之路建设的重要目标之一。通过建设高效的物流和运输网络，可以显著降低贸易成本和时间，促进跨境贸易和投资的便利化，进而推动全球贸易发展。首先，建设高效的物流和运输网络是实现贸易便利化的关键。21世纪海上丝绸之路共建国家和地区通过扩建现代化港口、改善航道和航运设施、提升公路和铁路运输网络等措施，优化物流环境，缩短货物运输时间，降低运输成本。这些举措提升了货物运输效率，提高了供应链的整体可靠性和透明度，促进了全球贸易的畅通。其次，减少贸易成本是促进全球贸易的重要手段之一。通过简化贸易程序、降低关税壁垒、优化海关检查和审批流程等措施，可以降低企业的进出口成本，增强其竞争力。这不仅有利于中小型企业的国际市场拓展，而且促进了大型企业的全球供应链优化和成本控制。21世纪海上丝绸之路共建国家和地区通过建立开放、透明和稳定的投资环境，吸引国际投资者参与到地区发展中来。通过简化投资审批程序、加强知识产权保护、提供法律和政策支持等措施，为跨境投资提供便利化的条件，推动了跨国公司在区域内的投资活动，促进了资本、技术和管理经验的跨境流动。总之，通过建设高效的物流和运输网络、减少贸易成本和时间、促进跨境投资便利化等措施，21世纪海上丝绸之路将为全球贸易和投资的便利化贡献中国智慧和中国方案，推动全球经济的共同繁荣和可持续发展。

3. 加强文化交流和人文互鉴

加强文化交流和人文互鉴是21世纪海上丝绸之路建设的重要目标之一，旨在通过文化遗产保护、文化交流活动等方式，加深共建国家和地区之间的文明交流和文化互鉴。首先，文化遗产保护是促进文化交流的基础。21世纪海上丝绸之路共建国家和地区拥有丰富的历史文化遗产，包括古代建筑、艺术品、手工艺品等。通过联合保护、修复和展示这些文化遗产，不仅能够保护和传承历史文化的精髓，还能够为各国人民提供了解和尊重彼此文化传统的平台。其次，文化交流活动是加强人文互鉴的重要途径。各国通过举办文化展览、艺术表演等活动，不仅能展示其独特的文化特色，还能促进相互之间的理解和尊重。这些活动不仅丰富了人们的文化生活，还促进了文化创新和艺术交流，为各国文化的多样性和繁荣作出贡献。再次，加强教育和学术交流也是推动人文互鉴的重要手段。通过建立学术合作机制、支持学生和学者的交流访问，促进知识和经验的分享和传播。这种跨文化的学术交流不仅有助于推动科技创新和人才培养，还能够加深各国人民对彼此社会制度、价值观念和发展路径的理解和尊重。因此，加强文化交流和人文互鉴不仅有利于增进共建国家和地区之间的友谊和合作，也是推动全球文明的重要保障。通过深化文化交流和人文互鉴，21世纪海上丝绸之路将成为促进和平、合作与发展的重要桥梁，为构建人类命运共同体贡献中国智慧和中国方案。

4. 推动绿色可持续发展

推动绿色可持续发展是21世纪海上丝绸之路建设的重要使命，旨在通过采用清洁能源、环保技术等手段，减少资源消耗和环境污染，实现经济增长与环境保护的双赢局面。首先，推广清洁能源是实现绿色可持续发展的关键。21世纪海上丝绸之路共建国家和地区在能源利用上具有广泛选择的优势，可通过大力发展太阳能、风能等可再生能源，减少对化石燃料的依赖，降低碳排放和其他环境污染物的排放。这有助于缓解全球气候变化的影响，更能促进能源安全和可持续发展的实现。其次，采用环保技术和绿色生产方式是推动绿色发展的重要手段。通过引进和应用先进的环保技术，如清洁生产技术、循环经济模式等，优化资源利用效率，减少生产过程中的废弃物和污染物排放，实现资源的有效利用和再生利用。再次，加强环境保护和生态恢复是推动绿色可持续发展的重要保障。21世纪海上丝绸之路共建国家和地区拥有丰富的生态资源和生物多样性，通过加强生态保护和恢复工作、建立自然保护区、推动生态补偿机制等措施，能有效保护生态系统功能，减少人类活动对环境的负面影响，确保生态环境的可持续发展。最后，教育和宣传是推动绿色可持续发展的重要手段之一。通过开展环境教育、宣传环保理念和实践经验，提升社会公众对绿色生活方式的认识和接受度，激励个人和组织积极参与到环境保护和可持续发展的行动中来。通过采用清洁能源、环保技术等手段，21世纪海上丝绸之路将实现绿色可持续发展的目标，为地区和全球的环境健康和经济发展注入新的动力和活力。

5. 促进社会公平和包容发展

促进社会公平和包容发展是21世纪海上丝绸之路建设的重要目标之一。通过改善基础教育、规范卫生保健工作、创造就业机会等，提升社会公共服务水平，能够有效促进社会公平和包容发展，提高共建国家和地区人民的生活质量。首先，改善基础教育是实现社会公平和包容发展的基础。通过投资建设学校、培训教师、提供教育资源等措施，提升共建国家和地区的教育质量和普及率，确保每个孩子都能接受良好的教育。教育的普及不仅有助于消除贫困和社会不公，还能培养未来的创新人才，推动经济和社会的可持续发展。其次，提升卫生保健水平是促进社会公平的重要方面。通过建设医疗设施、培训医务人员、提供基本医疗服务，改善共建国家和地区的卫生保健条件，可以有效降低疾病发生率，提升居民的健康水平。特别是在偏远和贫困地区，加强卫生保健服务能够显著提高当地居民的生活质量，促进社会公平。再次，就业机会的增加也是促进社会包容发展的关键。通过推动经济发展、支持创业和中小企业发展，创造更多的就业机会，能够有效减少失业率，提高居民收入水平。尤其是通过技能培训和职业教育，提升劳动者的就业能力和竞争力，使他们能够在经济发展中获得公平的机会和收益，增强社会的包容性。最后，提升社会公共服务水平是促进社会公平和包容发展的重要保障。通过优化公共服务体系，提升交通、住房、水电等基础设施的覆盖率和服务质量，改善居民的生活环境，确保每个人都能享受到基本的公共服务和社会保障。这样不但能提升居民的生活质量，而且能增强社会的凝聚力和稳定性。总之，通过改善基础教育、规范卫生保健工作、创造就业机会等措施，21世纪海上丝绸之路将有效提升社会公共服务水平，促进社会公平和包容发展，提高共建国家和地区人民的生活质量，为构建和谐、包容、可持续发展的社会奠定坚实基础。

三、共建21世纪海上丝绸之路的积极意义

（一）构建和平稳定周边环境

在全球化加速和国际形势日益复杂的背景下，中国积极寻求通过合作与对话来维护区域和平与稳定，促进共同发展。在这一背景下，共建21世纪海上丝绸之路的构想应运而生，成为中国推动自身经济发展的重

要举措，也是维护世界和平、促进共同发展的选择。在共建 21 世纪海上丝绸之路的过程中，中国与东盟国家找到了新的合作领域。例如，在海洋经济、海洋环保和海洋科技等方面展开合作，通过共享技术和经验，共同应对海洋污染、气候变化等全球性挑战。这种合作不仅提升了各国的应对能力，也增进了彼此之间的理解和信任，消除了误解和隔阂。在这一过程中，各方可以通过建立双边和多边合作机制，深化在贸易、投资和金融等领域的合作，例如：通过建立自由贸易区，降低关税和非关税壁垒，促进商品、服务和资本的自由流动；通过金融合作，推动人民币国际化，为区域内的贸易和投资提供更多便利。这些合作不仅有助于推动区域经济一体化进程，也为各国实现共同繁荣提供了重要保障。通过合作搁置争议、增进共识，是实现合作共赢的关键。历史上，中国与东盟部分国家在南海问题上存在一定争议，这些争议曾一度影响到双边和多边关系的正常发展。然而，通过对话和谈判，各方逐渐意识到，和平与发展是共同利益所在，争议应通过合作和协商来解决。在这一过程中，共建 21 世纪海上丝绸之路成为各方搁置争议、聚焦合作的有力抓手。通过在经济、文化、科技等领域的广泛合作，各方不仅在利益上实现了互补和共享，也在政治上达成了更多共识，为区域和平稳定奠定了坚实基础。总而言之，构建和平稳定的周边环境是中国外交政策的重要目标，而共建 21 世纪海上丝绸之路的构想，为这一目标的实现提供了重要路径。通过加强与东盟国家的合作，中国不仅推动了自身的发展，也为区域和全球的和平与繁荣贡献了力量。在未来的合作中，各方应继续秉持和平、发展、合作、共赢的理念，共同努力，推动构建更加美好、更加和谐的国际秩序。

（二）深化改革开放

深化改革开放是中国应对当前国内外复杂局面的关键举措。当前，中国的改革已进入攻坚阶段，面临前所未有的挑战和阻力。在世界范围内，市场、技术、资源等方面的竞争愈加激烈，部分发达国家试图通过制定新的国际区域经贸安排继续主导世界经济。在这样的背景下，共建21世纪海上丝绸之路成为中国应对挑战、推动改革的重要途径。首先，全球化背景下的经济竞争日趋白热化，技术进步和资源获取成为各国争夺的焦点。发达国家利用其在国际规则制定中的优势地位，通过签订自由贸易协定、区域全面经济伙伴关系协定等方式，构建新的经济合作框架，巩固其在全球经济中的主导地位。这给包括中国在内的发展中国家带来了新的挑战和压力。然而，正是这种外部压力，促使中国加快改革步伐，推进经济转型升级，提高竞争力。其次，共建21世纪海上丝绸之路，体现了中国以开放促改革的策略思维。海上丝绸之路不仅是古代中国与世界交流的象征，更是现代中国实现经济全球化、提升国际影响力的重要平台。通过共建21世纪海上丝绸之路，中国可以与共建国家在贸易、投资、基础设施建设等方面开展广泛合作，实现互利共赢。这不仅有助于促进中国经济的进一步开放，也为国内改革注入新的动力和活力。总之，深化改革开放是中国在新形势下应对挑战的必然选择，而共建21世纪海上丝绸之路，则是实现这一目标的重要途径。通过21世纪海上丝绸之路的建设，中国可以在更高水平、更广范围内推进改革开放，增强经济竞争力，实现高质量发展，同时也为全球经济的繁荣稳定作出积极贡献。

（三）拓展经济发展空间

拓展经济发展空间是中国在新起点上科学谋划经济发展，促进经济持续健康发展的重要举措。作为世界第二大经济体，中国需要在全球经济格局中寻找新的增长点和发展机遇。共建21世纪海上丝绸之路，不仅为中国与共建国家提供了全方位合作的平台，还对促进区域繁荣和推动全球经济发展具有重要意义。这一倡议将大大拓展中国经济发展的战略空间，为中国经济的持续稳定发展提供有力支撑。

首先，共建21世纪海上丝绸之路将加强中国与共建国家在港口航运领域的合作。21世纪海上丝绸之路共建国家大多位于重要的国际航运通道，通过共同建设和完善港口基础设施，可以提高货物运输效率，降低物流成本，促进贸易便利化。中国的港口企业可以在海外投资建设港口，参与港口运营管理，提升国际竞争力。这有助于推动中国的航运业发展，也将为共建国家的经济增长注入新的活力。

其次，21世纪海上丝绸之路促进中国与共建国家在海洋能源领域的合作。共建国家海洋资源丰富，合作开发海洋石油、天然气、风能等资源，可以有效缓解中国能源供应的压力，保障能源安全。中国的能源企业可以通过技术合作、投资开发等方式，参与海洋能源项目建设，推动能源结构优化，提升能源利用效率。同时，这种合作也将为共建国家提供新的经济增长点，促进其经济发展。

在经济贸易方面，21世纪海上丝绸之路促进中国与共建国家建立更为紧密的经贸联系。通过签订自由贸易协定、推进贸易便利化措施，中国与共建国家的贸易额将大幅增长。中国的产品和服务可以更便捷地进入国际市场，同时也能引进共建国家的优质商品，满足国内市场需求。这样的贸易互动，不仅提升了中国的对外贸易水平，而且带动了共建国家的经济发展，实现了互利共赢。

科技创新是经济发展的重要驱动力，共建21世纪海上丝绸之路为中国与共建国家在科技领域的合作创造了条件。通过合作研发、技术转移、人才交流等方式，中国可以引进和吸收共建国家的先进技术，提升自主创新能力。同时，中国的科技成果也可以在共建国家得到应用和推广，带动其科技进步。这样的合作，有助于提升中国和共建国家的科技竞争力，为经济发展注入新的动力。

在生态环境方面，共建21世纪海上丝绸之路强调绿色发展理念，推动中国与共建国家在环保领域的合作。通过共同应对海洋污染、气候变化等环境问题，实施生态修复工程，可以促进区域环境的改善，实现可持续发展。中国的环保企业可以参与共建国家的环保项目建设，提供技术支持，推动绿色产业发展，提升国际影响力。

人文交流是促进经济发展的重要纽带。通过共建21世纪海上丝绸之路，中国与共建国家在文化、教育、旅游等领域的交流将更加频繁。

文化和旅游产业的发展，将带动相关服务业的增长，促进经济多元化发展。

（四）促进共建国家共同繁荣

自秦汉以来，海上丝绸之路一直是联通东西方的重要交通通道，历来是促进商业贸易繁荣的黄金路线。中国和东盟在这一历史传承中不断深化合作，已建成全球最大的发展中国家自由贸易区。且中国连续四年成为东盟的第一大贸易伙伴，而东盟则是中国的第三大贸易伙伴。这种紧密的经济联系，为21世纪海上丝绸之路的共建奠定了坚实的基础，也为共建国家的共同繁荣提供了广阔的空间。

首先，借用共建21世纪海上丝绸之路，大力推动自贸区升级版的建设。现有的中国—东盟自贸区为双方的经济合作提供了强有力的支持，未来的升级版自贸区将进一步扩大开放领域，提升贸易和投资的自由化和便利化水平。升级版自贸区将包括更多的服务贸易和投资协议，覆盖数字经济、绿色经济等新兴领域，促进区域经济一体化进程。这不仅有助于中国和东盟的经济发展，也将为其他共建国家提供示范效应，带动整个区域的共同繁荣。

其次，共建21世纪海上丝绸之路强调政策沟通的重要性。政策沟通是推动区域合作的基础，通过定期的政府间交流与合作机制，各国可以在宏观经济政策、贸易政策、投资政策等方面加强协调，形成更加紧密的合作关系。这有助于消除贸易壁垒，减少投资风险，提升区域经济的稳定性和可预见性。通过政策沟通，共建国家可以在共同利益的基础上制定更加合理和有效的合作策略，实现互利共赢。

道路连通是共建21世纪海上丝绸之路的关键环节。通过加强港口、航道、铁路、公路等基础设施建设，改善交通运输条件，可以显著提高货物和人员的流动效率，降低物流成本，促进区域内外的贸易往来。中国在基础设施建设方面具有丰富的经验和技术优势，可以与共建国家分享，帮助其提升基础设施水平，推动经济发展。

贸易畅通是海上丝绸之路的重要目标之一。通过削减关税、消除非关税壁垒、简化通关手续等措施，可以大幅度提升贸易便利化水平，促进商品和服务的自由流动。中国与东盟的贸易合作已经取得了显著成效，未来可以在更大范围内推广这种成功经验，推动共建国家之间的贸易增长，增强区域经济的活力。

货币流通是促进经济合作的重要保障。通过建立多边和双边货币互换协议，推动本币结算，可以减少汇率风险，降低交易成本，提升金融服务的效率。中国和东盟已经在这方面展开了一系列合作，未来可以进一步深化，扩大货币流通的范围和规模，为区域经济的稳定发展提供有力支持。

共建21世纪海上丝绸之路不仅有助于中国和东盟的共同繁荣，也为其他共建国家提供了发展的新机遇。通过携手合作，共同努力，21世纪海上丝绸之路将成为共建国家经济腾飞的重要引擎，推动区域乃至全球经济的可持续发展。

中国经济和外交的拓展方向涵盖了陆地和海洋两个主要方面。在陆地上，中国通过丝绸之路经济带的建设，致力于向西拓展，以促进中亚、外高加索和中东、西亚地区的经济发展，并最终实现与欧洲的全面连接。共建21世纪海上丝绸之路不仅仅是经济上的合作与发展，更是文化、人文和政治交流的重要平台。丝绸之路经济带的概念源于古代的丝绸之路，但在现代的实施中，它不仅仅关乎贸易和物流，还涉及基础设施建设、能源合作、信息技术等多领域的合作。通过扩展陆上丝绸之路，中国与共建国家在经济上的联系将更加紧密，为各方带来了共同发展的机遇。

在海洋上，中国推动的海上丝绸之路建设则主要向南拓展，以东盟国家为重点，进而连接南亚和中东地区。其通过港口建设、航运合作和海洋资源开发，加强了中国与共建国家的经济互动和政治合作。21世纪海上丝绸之路的目标是实现非洲、拉美和欧洲的连接，形成全球经济一体化的新格局。"21世纪海上丝绸之路"的命名不仅仅意味着经济贸易的发展，更是一条和平、安全、合作与共荣的道路。中国倡导通过经济合作来推动共建国家的全面合作，促进区域和谐与稳定，从而为全球治理提供新的模式和经验。通过开放包容的合作倡议，中国积极促进区域内部的经济融合和政治互信，为全球和平与发展贡献力量。总而言之，中国的经济与外交拓展策略以丝绸之路经济带和21世纪海上丝绸之路为核心，旨在推动区域和全球经济的互联互通，促进各国间的合作与共赢，以共同迈向更加繁荣与稳定的未来。

第二章
海丝文化

第一节　海丝文化概述

一、海丝文化的基本内涵

（一）海丝文化概述

文化是人类活动的观念形态，其概念界定涉及时间、空间、主体和活动四个层面。通过对这四个层面的分析，我们可以更全面地理解古代海上丝绸之路的文化内涵和重要意义。

从时间层面看，海丝文化的形成和发展有着深远的历史渊源。海上丝绸之路贸易活动可以追溯到秦汉时期，历经数个朝代的发展和演变，直到鸦片战争前夕。这个漫长的历史时期见证了中国与海上丝绸之路沿线国家和地区之间持续不断的商贸往来和文化交流，积淀了丰富的历史经验和文化遗产。

从空间层面看，海上丝绸之路贸易活动覆盖了广阔的地理区域。海上丝绸之路起于中国东南沿海，东至朝鲜、日本和琉球等地，向西经过中南半岛、南海诸岛，穿过印度洋，进入红海，直抵欧洲与东非。这条海上交通线不仅连接了亚欧非三大洲的陆地，还横跨了太平洋、印度洋和地中海，展现出超越地域性的特点。如此广阔的空间范围内，海丝文化在不同地区之间流动和传播，促进了各地文化的相互影响和融合。

从主体层面看，海上丝绸之路贸易活动的参与者既包括中国人民，还包括沿线各国家和地区的人民。这种多主体的参与模式使得海丝文化具有国际性和多样性的特质。不同民族、不同文化背景的人通过海上丝绸之路进行商贸活动和文化交流，共同促进了海丝文化的繁荣与发展。

从活动层面看，海上丝绸之路贸易不但涉及商品贸易，而且涉及广泛的人文交流活动。通过海上丝绸之路，丝绸、陶瓷、茶叶等中国商品流向世界各地，同时，来自海外的香料、宝石、药材等也进入中国。此外，随着商品的流通，技术、艺术、宗教、思想等也在不同文化之间传播和交流，极大地丰富了各地人民的文化生活和精神世界。

海丝文化不仅是中国历史和文化的重要组成部分，更是世界文化遗产的一部分。它体现了不同民族、不同文化之间的交流与合作，展现了人类追求和平与发展的共同愿望。通过对海丝文化的深入研究和理解，我们可以更好地传承这一宝贵的文化遗产，推动当今世界的和平与繁荣。

（二）海丝文化内涵

海丝文化是一个多维度的文化综合体，包括物质形态、非物质形态和精神文化形态三个层面。每个层面都展现了海丝文化独特的魅力和丰富的内涵。

就物质形态而言，海丝文化主要体现为我国与沿线国家之间交易的物质产品。这些产品包括丝绸、陶瓷、茶叶等，展示了中国古代卓越的工艺技术和商业贸易的繁荣。与此同时，海丝沿线的历史文物古迹，如六胜塔、江口码头、伊斯兰教圣墓和安平桥等，都是重要的历史遗存，见证了古代海上丝绸之路的辉煌和繁忙。这些文物不仅是历史的见证，更是文化交流的象征，承载了丰富的历史记忆和文化信息。

从非物质形态来看，海丝文化主要指包含了丰富的技艺性、民俗性和艺术性的非物质文化成果，如丝绸制作技术、陶瓷烧制技艺、造船航海技术、地方特色服饰和梨园戏等。这些技艺和艺术形式不仅反映了古代商业文明的高度发达，也展现了古人丰富的生活方式和深厚的精神文化积淀。它们代表了中华民族的智慧和创造力，同时展示了中国古代社会的多样性和包容性。

从精神文化形态来看，海丝文化不仅体现了以和平合作、开放包容、互学互鉴和互利共赢为核心的"丝路精神"，还蕴含着爱拼敢赢、与时俱进的进取精神和爱国爱乡的家国情怀。这些精神内涵是海上丝绸之路能够延续千年的重要原因，促进了古代中国与海外国家之间的和平交流和文明互鉴，展现了国际多元文化的融合与包容发展。海丝文化中的精神理念，彰显了"各美其美、美美与共"的美好愿景，是中国人民践行和平发展理念和构建人类命运共同体的重要历史见证。[1]

海丝文化不仅是物质财富的积累，更是精神财富的传承。它体现了中国人民与世界各国人民之间的和平合作、文明互鉴和平等交流，展示了人类命运共同体的实践成果。在当今全球化的背景下，海丝文化的开放包容、多元融合理念，对于构建更加美好的未来，仍具有重要的现实意义和深远的历史价值。通过对海丝文化的深入了解和研究，我们可以更好地理解和传承这一宝贵的文化遗产，促进世界和平与发展。

二、海丝文化特征概念

（一）经济交流

海上丝绸之路作为古代世界重要的海上贸易通道，不仅是商品流通的渠道，更是经济文化交流的重要纽带。它连接了东亚、东南亚、南亚、中东、非洲和欧洲的众多国家和地区，极大地促进了沿线国家之间的经济交流，推动了全球经济的发展与繁荣。

1. 经济交流的具体形式

（1）市场与港口的发展

海上丝绸之路上的贸易促进了沿线港口城市的兴起和繁荣。例如，

---

[1] 卢允庆.社会变迁语境下海丝文化的历史嬗变、生成逻辑与时代价值[J].东南学术,2024(1):73-80.

泉州、广州、马六甲和卡利卡特等城市，因其优越的地理位置和繁忙的贸易活动，成为重要的国际贸易中心。这些港口城市不仅是商品集散地，也是文化交流的纽带，吸引了来自世界各地的商人和旅客，形成了多元文化交融的繁荣景象。

（2）商业网络的形成

海上丝绸之路促进了广泛的商业网络的形成，这些网络通过贸易活动将不同地区的市场紧密联系在一起。商人们通过这些网络进行商品的采购、运输和销售，形成了复杂的贸易体系。中国、印度、阿拉伯国家和欧洲国家的商人通过这些网络进行频繁的经济交流，推动了全球经济的一体化进程。

（3）货币和金融的发展

随着海上贸易的繁荣，沿线国家的货币和金融制度也得到发展。例如，中国的铜钱和银两、阿拉伯国家的金币和银币，成为国际贸易的重要支付工具。金融机构的建立和发展，如货币兑换商、借贷机构等，促进了贸易活动的顺利进行，增强了不同地区经济的联系。

（4）技术和知识的传播

经济交流不仅限于商品的交换，还包括技术和知识的传播。例如，中国的制瓷技术、印度的航海技术和阿拉伯国家的天文学知识，通过海上丝绸之路得以传播和共享。这些技术和知识的传播，促进了沿线国家的经济发展和技术进步。

2. 经济交流的历史影响

海上丝绸之路的经济交流对古代世界的经济发展产生了深远影响。它不仅促进了沿线国家和地区的经济繁荣，还推动了全球经济的一体化进程。

（1）促进沿线国家的经济繁荣

通过海上贸易，沿线国家和地区获得了丰富的商品和资源，促进了经济的发展和繁荣。特别是中国、印度、阿拉伯国家和东南亚国家，通过海上丝绸之路的贸易活动，积累了大量的财富和物质资源。

（2）推动全球经济一体化

海上丝绸之路将东亚、东南亚、南亚、中东、非洲和欧洲的经济紧密联系在一起，形成了全球性的经济网络。通过这种网络，不同地区的市场相互依存，商品、技术和知识得以广泛传播，推动了全球经济的一体化进程。

（3）影响现代经济合作

古代海上丝绸之路的经济交流经验对现代国际经济合作具有重要启示意义。通过借鉴古代海上贸易的成功经验，现代社会可以更好地推动国际经济合作与发展，实现共赢和共同繁荣。

海上丝绸之路的经济交流不仅是古代世界经济发展的重要动力，也是现代国际经济合作的宝贵经验。通过深入了解和研究海丝文化的经济交流特点，我们可以更好地推动现代社会的经济发展和全球化进程。

（二）艺术交流

通过海上丝绸之路，不同地区的艺术形式、风格和技艺得以相互传播和融合，形成了丰富多彩的艺术文化。这种艺术交流不仅推动了各地艺术的发展与创新，也为后世留下了宝贵的文化遗产。

1. 艺术交流的主要形式

（1）建筑艺术的交流与融合

①中国与中东的建筑风格融合。

在海上丝绸之路沿线的港口城市，如中国的泉州和广州，保存着许多融合了阿拉伯、波斯等民族风格的建筑。例如，泉州的清净寺的建筑风格具有明显的阿拉伯特色，体现了中国与中东之间的文化交流。

②东南亚的多元建筑。

东南亚地区的建筑风格深受印度、中国和阿拉伯国家等地的影响，形成了独特的多元化建筑风格。例如，从泰国的佛教寺庙中可以看到印度和中国建筑元素的融合，而马来西亚的清真寺融合了阿拉伯和印度民族的建筑风格。

（2）雕塑艺术的传播与影响

①佛教雕塑的传播。

佛教通过海上丝绸之路从印度传入中国和东南亚地区，对这些地区的雕塑艺术产生了深远影响。中国的佛教石窟，如敦煌石窟和云冈石窟，亦有受印度佛教雕塑风格的影响。东南亚的佛教寺庙，如泰国的阿育王塔和印尼的婆罗浮屠，也深受印度佛教艺术的影响。

②中国雕塑的传播。

中国的雕塑技艺通过海上丝绸之路传播到其他国家，如朝鲜和日本。这些国家的佛教雕塑在吸收中国技艺的基础上，发展出了具有本国特色的艺术风格。

（3）绘画艺术的交流与创新

①中国绘画的影响。

中国的绘画艺术通过海上丝绸之路传播到东南亚地区和日本，对这些地区的绘画风格产生了深远影响。特别是水墨画和山水画，通过海上贸易和文化交流，成为东亚地区的重要艺术形式。

②异域风格的融合。

在海上丝绸之路的影响下，中国的绘画艺术也吸收了中亚、波斯等地的艺术元素，形成了独特的风格。例如，唐代的绘画中，可以看到来自波斯和中亚的艺术元素。

（4）音乐和舞蹈的交流

①音乐器材的传播。

通过海上丝绸之路，不同地区的音乐器材得以相互传播。例如，中国的笛子、琴瑟等乐器也通过海上丝绸之路传播到东南亚和中亚地区。

②舞蹈艺术的交流。

海上丝绸之路促进了不同地区舞蹈艺术的交流和融合。印度和中亚地区的舞蹈形式传入中国，对唐代的宫廷舞蹈产生了影响。而中国的舞蹈形式也传入东南亚地区和日本，影响了当地的传统舞蹈。

（5）工艺美术的传播与创新

①瓷器工艺的传播。

中国的瓷器工艺通过海上丝绸之路传播到世界各地，特别是东南亚和中东。中国瓷器的精美技艺和艺术风格，对这些地区的陶瓷工艺产生了深远影响。例如，越南和泰国的陶瓷工艺在吸收中国技艺的基础上，形成了独具特色的风格。

②刺绣和织锦的交流。

中国的刺绣和织锦工艺通过海上丝绸之路传入东南亚和中亚,对这些地区的纺织艺术产生了重要影响。同时,东南亚和中亚地区的纺织技艺也传入中国,丰富了中国的纺织艺术。

2. 艺术交流的历史影响

海上丝绸之路上的艺术交流对古代世界的文化发展产生了深远影响。它不仅促进了各地艺术的繁荣和创新,也为后世留下了丰富的文化遗产。

(1)促进艺术繁荣与创新

通过海上丝绸之路,不同地区的艺术形式、风格和技艺得以相互传播和融合,促进了艺术的繁荣与创新。各地艺术家在吸收外来艺术元素的基础上,结合本地文化,创作出了具有独特风格的艺术作品。

(2)丰富文化遗产

海上丝绸之路的艺术交流为后世留下了丰富的文化遗产。共建国家和地区的许多艺术珍品和文化遗址,见证了古代艺术交流的辉煌历史。例如,泉州的清净寺、敦煌的壁画、印尼的婆罗浮屠浮雕等,都是海丝文化艺术交流的珍贵遗产。

(3)影响现代艺术与文化

海上丝绸之路的艺术交流经验对现代艺术与文化的发展具有重要启示意义。通过借鉴古代艺术交流的成功经验,现代社会可以更好地推动国际文化交流与合作,促进不同文明之间的理解与尊重。

总之,海上丝绸之路的艺术交流不但是古代世界文化发展的重要动力,而且是现代国际文化交流的宝贵经验。通过深入了解和研究海丝文化的艺术交流特点,我们可以更好地推动现代社会的文化发展与繁荣。

(三)技术传播

在这条古老的海上丝绸之路的航线上,沿线国家和地区通过贸易和交流，互相学习和借鉴技术和工艺，从而促进了科技进步和生产力的提高。技术传播涵盖了农业、手工业、建筑、航海等多个领域，对古代世界的发展产生了深远影响。

1. 技术传播的主要形式

（1）农业技术的传播与交流

①农作物的传播。

A. 水稻和小麦的传播。

通过海上丝绸之路，水稻从中国传入东南亚和南亚地区，而小麦从中东和欧洲地区传入中国。不同地区的农作物品种在交流中得到传播和种植，极大地丰富了当地的农业生产。

B. 香料和药材的传播。

东南亚和南亚地区的香料，如胡椒、肉桂和丁香，通过海上丝绸之路传入中国和中东地区，而中国的药材和茶叶也通过海上丝绸之路传播到其他地区。这些农作物方面的交流不仅促进了农业技术的传播，也推动了医药和食品加工业的发展。

②农业技术和工具的传播。

A. 灌溉技术。

中东地区的先进灌溉技术，如拱形渠和水车，通过海上丝绸之路传入中国，促进了中国农业生产力的提高。同时，中国的梯田灌溉技术也传播到东南亚地区，推动了当地水稻种植的发展。

B. 农业工具。

中国的铁制农具，如犁、锄和镰刀，通过海上丝绸之路传播到东南亚和中亚地区，极大地提高了这些地区的农业生产效率。

（2）手工业技术的传播与交流

①制瓷技术。

A. 中国瓷器的传播。

中国的制瓷技术在唐代达到高峰，通过海上丝绸之路传播到东南亚、中东和欧洲地区。中国瓷器的精湛工艺和独特风格对这些地区的陶瓷生产产生了深远影响，促进了当地制瓷业的发展。

B.技术互补与创新。

在吸收中国制瓷技术的基础上，东南亚和中东地区结合本地材料和工艺，创造出了具有地方特色的陶瓷制品。例如，越南和泰国的陶瓷工艺在借鉴中国技艺的同时，发展出独特的釉彩和装饰风格。

②纺织技术。

A.丝绸生产。

中国的养蚕缫丝和织造技术通过海上丝绸之路传播到东南亚和南亚地区。这些地区在吸收中国技术的基础上，发展出独具特色的纺织品，如印度的纱丽和泰国的泰丝。

B.染织工艺。

东南亚和南亚地区的染织工艺，如印度的扎染和蜡染，通过海上丝绸之路传入中国，丰富了中国的纺织技术和艺术风格。

（3）建筑技术的传播与交流

①建筑材料和工艺。

A.砖瓦和混凝土技术。

中国的砖瓦建筑技术通过海上丝绸之路传播到东南亚和中东地区，促进了这些地区建筑技术的进步。同时，中东地区的混凝土技术也传入中国，推动了中国建筑材料和建筑技术的发展。

B.木结构建筑技术。

中国的木结构建筑技术通过海上丝路传入日本和朝鲜，影响了这些国家的传统建筑风格。例如，日本的神社和寺庙建筑在结构和装饰上都受到中国唐代建筑的影响。

②宗教建筑的融合。

A.佛教寺庙。

佛教通过海上丝绸之路传播，促进了佛教建筑风格的交流。中国的佛教寺庙逐渐受到印度和中亚地区建筑风格的影响，而东南亚地区的佛教建筑则融合了中国与印度的元素，形成了独特的风格。

B.清真寺和教堂。

伊斯兰教和基督教的传播带来了清真寺和教堂建筑风格的交流。中国的清真寺建筑融合了阿拉伯和波斯民族的建筑元素，而东南亚的教堂建筑则受到欧洲建筑风格的影响。

（4）航海技术的传播与交流

①航海技术。

A. 造船技术。

中国的造船技术通过海上丝绸之路传播到东南亚地区和印度。这些地区在吸收中国造船技术的基础上，发展出了适合本地海洋环境的船舶类型。例如，东南亚地区和印度的帆船都受到中国造船技术的影响。

B. 导航技术。

中国的指南针和航海图通过海上丝绸之路传入阿拉伯和欧洲国家，提高了这些地区的航海能力。同时，阿拉伯国家的天文学知识和航海技术也传入中国，推动了中国航海技术的发展。

②航线与海图。

A. 海上航线的开辟。

通过海上丝绸之路，沿线国家开辟了多条重要的海上航线，形成了全球性的航运网络。这些航线的开辟和使用，促进了航海技术的发展和交流。

B. 海图的制作与传播

各地的航海家在航行中绘制和使用海图，通过海上丝绸之路进行传播和交流。中国的《郑和航海图》、欧洲的《卡塔兰地图》都是这一时期重要的航海图，体现了航海技术的进步和交流。

2. 技术传播的历史影响

海上丝绸之路上的技术传播对古代世界的发展产生了深远影响。它不仅促进了沿线国家的科技进步和经济发展，也为现代科技交流提供了宝贵的经验。

（1）促进科技进步

通过海上丝绸之路，不同国家和地区的技术和工艺得以相互传播和融合，促进了科技进步和生产力提高。各地在吸收外来技术的基础上，结合本地实际进行创新，推动了技术的发展。

（2）推动经济发展

技术传播促进了生产技术的进步，提高了农业、手工业和建筑业的生产效率，推动了沿线国家和地区的经济发展。通过技术交流，沿线国家不仅获得了先进的生产技术，也推动了经济结构的多样化和产业的升级。

（3）加强国际合作

海上丝绸之路的技术传播经验对现代国际科技合作具有重要启示意义。通过借鉴古代技术传播的成功经验，现代社会可以更好地推动国际科技合作与交流，实现科技创新和共同发展。

总之，海上丝绸之路的技术传播不仅是古代世界科技进步的重要动力，也是现代科技交流与合作的宝贵经验。通过深入了解和研究海丝文化的技术传播特点，我们可以更好地推动现代社会的科技发展和全球化进程。

（四）语言传播

在这条古老的海上丝绸之路的航线上，不同民族、国家和文化通过贸易、宗教、移民等多种方式进行交流，语言作为沟通和交流的工具，在这一过程中得到了广泛的传播和发展。这种语言传播不仅促进了各地文化的融合和理解，也为现代语言学研究提供了宝贵的资料。

1. 语言传播的主要形式

（1）贸易语言的形成

①商业用语和通用语言。

在海上丝绸之路的繁忙贸易活动中，使用不同语言的商人、航海家和旅行者需要一个共同的交流工具，这促进了商业用语和通用语言的发展。例如，阿拉伯语在中世纪成为海上丝绸之路沿线的重要商业用语，因其广泛使用和传播，被许多国家和地区的商人掌握和使用。

②多语言环境中的交流。

在一些重要的港口城市，如广州、泉州和马六甲，不同语言和文化背景的商人汇聚一堂，这些城市因此形成了多语言环境。为了促进贸易和交流，商人们通常会学习多种语言，形成了一个多语言交流的商业圈。

（2）宗教传播与语言

①佛教经典的翻译。

佛教通过海上丝绸之路从印度传入中国和东南亚地区，带来了大量的佛教经典。这些经典需要被翻译成当地语言，以便传播佛教思想和教义。例如，唐代高僧玄奘和义净等人前往印度取经，并将佛经翻译成汉语，为中国佛教的发展作出了巨大贡献。

②伊斯兰教的传播。

伊斯兰教通过阿拉伯商人和传教士在海上丝绸之路上传播，带来了阿拉伯语和伊斯兰文化。阿拉伯语不仅作为宗教语言传播，也成为沿线国家和地区学习和使用的重要语言。

（3）移民与语言传播

①移民的语言影响。

通过海上丝绸之路，许多国家和地区的人们迁徙到他乡，这种移民活动带来了语言的传播和交流。例如，一些中国人移居东南亚，使得汉语在东南亚国家中得到了广泛传播。在华人在东南亚的聚居区，如新加坡和马来西亚，汉语成为当地重要的交流语言之一。

②语言的融合与发展。

移民带来的语言交流和融合，促进了新语言和方言的产生。例如，在东南亚的马来西亚和印度尼西亚，受华人移民影响，形成了带有汉语词汇和语法特点的马来语和印尼语方言。这些方言在当地成为重要的交流工具，体现了语言的融合与发展。

（4）文化交流与语言传播

①文学作品的翻译和传播。

通过海上丝绸之路，不同国家和地区的文学作品得以相互传播和翻译。例如，中国的《西游记》、印度的《摩诃婆罗多》和阿拉伯的《一千零一夜》等经典文学作品，被翻译成多种语言，通过海上丝绸之路传播到世界各地，促进了文化和语言的交流。

②语言教育和交流。

随着文化交流的深入，沿线国家和地区的学者和知识分子通过学习和研究外国语言，促进了语言教育的发展。例如，唐代的中外学者在长安的书院中共同学习和交流，促进了汉语和外国语言的传播与发展。

2. 语言传播的历史影响

海上丝绸之路的语言传播对古代世界的文化和社会发展产生了深远影响。它不仅促进了各地文化的融合与理解，也为现代语言学和文化研究提供了宝贵的资料。

（1）促进文化交流与融合

通过语言传播，不同国家和地区的人们能够更好地理解和交流彼此的文化，促进了文化的融合与发展。例如，佛教经典的翻译和传播，使得中国人能够深入理解印度文化和宗教，推动了中印文化的交流与融合。

（2）推动语言学研究

海上丝绸之路上的语言传播为现代语言学研究提供了丰富的资料。通过研究古代文献和翻译作品，语言学家能够了解不同语言之间相互影响和发展的过程，揭示了语言传播和变化的规律。

（3）影响现代语言政策

海上丝绸之路的语言传播经验对现代语言政策具有重要启示意义。通过借鉴古代语言传播的成功经验，现代国家可以更好地制定语言政策，促进语言环境的发展和对语言文化的保护。例如，新加坡通过推广双语教育，既保护了华语文化，又促进了英语的使用，取得了良好的社会效果。

（4）丰富世界语言文化

海上丝绸之路上的语言传播丰富了世界语言文化，使得不同语言在交流中得以保存和发展。例如，汉语、阿拉伯语、梵语等通过海上丝绸之路传播到世界各地，对世界语言文化的丰富性和多样性作出了重要贡献。

总之，海上丝绸之路上的语言传播是古代世界文化交流的重要内容，也是现代语言文化研究的宝贵遗产。通过深入了解和研究海丝文化的语言传播特点，我们可以更好地推动现代社会的文化交流与理解，促进世界语言文化的多样性和丰富性。

（五）宗教传播

海上丝绸之路不仅是商品流通和技术交流的重要通道，也是宗教传播的主要途径之一。通过这条古老的航线，佛教、伊斯兰教、基督教等宗教得以广泛传播，不同文化和信仰在交流中相互碰撞、融合，为沿线国家和地区带来了深远的影响。

1. 宗教传播的具体形式

（1）佛教的传播

①佛教从印度传入中国和东南亚地区。

A. 传入中国。

佛教起源于古印度，通过海上丝绸之路传入中国南方沿海地区。东汉时期，佛教开始在中国南方的广州、泉州等地传播，随后逐渐扩展到全国。佛教经典的翻译、寺庙的建设和佛教艺术的传播，对中国文化产生了深远影响。

B. 在东南亚的传播。

佛教在东南亚的传播主要通过商人和僧侣。中南半岛的各国，如泰国、柬埔寨和越南，都在海上丝绸之路的影响下接受了佛教。特别是大乘佛教和小乘佛教，通过不同的路线传入这些地区，形成了各具特色的佛教文化。

②佛教经典的翻译和传播。

A. 翻译活动。

大量的佛教经典通过海上丝绸之路从印度传入中国。东汉末年和唐代是佛教经典翻译的两个高峰时期，如唐代高僧玄奘前往印度取经，并带回大量梵文经典，这些经典在长安的译经院被翻译成汉语，对中国佛教的发展产生了深远影响。

B. 传播途径。

佛教经典不仅在中国被广泛传播，还通过海上丝绸之路传入朝鲜、日本等东亚国家。这些经典在当地被翻译成本国语言，推动了佛教在这些地区的发展。

（2）伊斯兰教的传播

①伊斯兰教的传入。

A. 中国的伊斯兰教。

伊斯兰教在唐代通过阿拉伯商人和波斯商人传入中国南方沿海城市，如广州和泉州。这些商人在当地定居，建立了穆斯林社区，兴建清真寺，并传播伊斯兰教教义。元代，伊斯兰教在中国的影响力进一步扩大，出现了许多著名的伊斯兰学者和宗教领袖。

B. 东南亚的伊斯兰教。

伊斯兰教通过阿拉伯和印度穆斯林商人传入东南亚，尤其是在马来群岛和印尼。①13世纪，苏门答腊的帕赛成为第一个接受伊斯兰教的东南亚地区，随后伊斯兰教在马来半岛和爪哇岛广泛传播，形成了浓厚的伊斯兰文化氛围。

②宗教建筑和教育。

A. 清真寺的建设。

随着伊斯兰教的传播，沿线城市建起了许多清真寺。这些清真寺不仅是宗教活动的中心，也是文化和教育的重要场所。例如，泉州的清净寺是中国现存最古老的伊斯兰教建筑之一，其建筑风格融合了中国和阿拉伯传统建筑的元素。

B. 伊斯兰教育。

伊斯兰教传入后，当地的穆斯林社区建立了许多经学院，教授阿拉伯语和伊斯兰经典。这些经学院成为伊斯兰文化传播的重要基地，培养了大量的宗教学者和领袖。

（3）基督教的传播

①早期传播。

A. 景教的传入。

唐代，基督教的聂斯脱里派（景教）通过海上丝绸之路传入中国，并在长安建立了教堂。景教在唐代一度兴盛，并留下了"大秦景教流行中国碑"等历史文物。

---

① 梁志明. 论东南亚的相对统一性与多样性[J]. 社会科学家, 2000(5): 4-8.

B. 天主教的传播。

元代，天主教传教士通过陆上和海上丝绸之路进入中国，并在元大都（今北京）建立了天主教堂。明代，天主教通过葡萄牙传教士再次传入中国，并在澳门建立了传教基地。

②近代传播。

A. 新教的传播。

19世纪，随着西方殖民扩张，新教传教士通过海上丝绸之路进入中国和东南亚地区，建立了许多教会和学校，推动了基督教在这些地区的传播。例如，广州和上海成为新教传教士的主要活动基地，他们在这里创办了许多教会学校和医院。

B. 在东南亚的基督教。

在东南亚，基督教随着西方殖民者的到来而传播。菲律宾成为天主教的主要传播地，而新加坡、马来西亚和印度尼西亚也有大量的基督教徒，形成了多元化的宗教格局。

2. 宗教传播的历史影响

（1）文化融合与发展

①宗教与本土文化的融合。

不同宗教在传播过程中，与当地的文化和信仰相融合，形成了独具特色的宗教文化。例如，佛教与中国的儒家和道教相结合，形成了具有中国特色的佛教文化。东南亚的伊斯兰教也吸收了当地的传统文化，形成了独特的伊斯兰文化风格。

②宗教艺术的发展。

宗教传播带来了丰富的艺术形式，如佛教的壁画和雕塑、伊斯兰教的建筑和书法、基督教的绘画和音乐。这些宗教艺术在传播过程中，吸收了当地的艺术元素，形成了独具特色的宗教艺术风格。

（2）社会结构与教育

①宗教对社会结构的影响。

宗教传播在一定程度上影响了沿线国家和地区的社会结构和制度。例如，伊斯兰教的传入使得东南亚一些国家的社会结构发生了变化，穆斯林社区的形成和发展，带来了新的社会组织形式和法律制度。

②宗教教育的推广。

宗教传播促进了沿线国家和地区的教育发展。佛教、伊斯兰教和基督教在传播过程中，建立了许多佛教寺庙、伊斯兰教清真寺和基督教教堂，这些宗教场所不仅是宗教活动的中心，也是文化教育的重要基地。

（3）跨文化交流与理解

①促进跨文化交流。

通过海上丝绸之路，不同宗教和文化得以相互传播和交流，促进了沿线国家和地区的跨文化理解与合作。宗教作为一种文化传播的载体，推动了不同文明之间的对话与交流。

②增进相互理解与尊重。

不同宗教在交流过程中，增进了人们对其他文化和信仰的理解与尊重。例如，基督教的传播，使得中国和东南亚国家的人民对西方文化有了更深入的了解，促进了不同文明之间的相互理解与尊重。

总之，海上丝绸之路上的宗教传播不仅是古代世界文化交流的重要组成部分，也是现代宗教研究和跨文化交流的重要资料。通过深入了解和研究海丝文化的宗教传播特点，我们可以更好地推动现代社会的宗教交流与理解，促进不同文化和宗教的和谐共存。

第二节　海丝文化的理论基础与应用

一、文化适应理论

（一）文化适应理论概述

文化适应是指个体在跨越或接触不同文化时，调整自己的行为、价值观和认知方式，以适应新文化环境的过程。文化适应理论是一个重要的理论框架，用来解释个体在不同文化背景中的适应过程及其影响。这一理论涵盖了个体在面对新文化时如何调整其行为、价值观和认知方式，以及在适应过程中可能出现的各种策略和结果。约翰·贝利是跨文化心理学领域的知名学者，他对文化适应理论的发展作出了重要贡献。他的研究强调了文化适应的多维度特性，包括文化保持、文化变迁、文化冲突和文化整合等方面的理论构建和实证研究。

（二）文化适应理论基本内容

1. 文化适应的维度

（1）文化保持

个体保持和维持自己原有文化的传统、价值观和行为方式。

（2）文化变迁

个体接受和采纳新文化的特质、价值观和行为方式。

（3）文化冲突

不同文化之间可能产生冲突和矛盾，导致个体适应困难或者身份认同问题。

（4）文化整合

在不同文化之间寻找平衡和整合的机会，建构新的文化身份和文化认同。

2. 适应策略

（1）同化

完全融入新文化，放弃或减少原有文化特征。

（2）隔离

保持原有文化特征，与新文化保持距离。

（3）整合

同时保持原有文化特征和接受新文化价值观和行为方式。

（4）拒绝

放弃原有文化特征但未能融入新文化，导致文化冲突和身份认同问题。

3. 影响因素

（1）个人的文化认同

个体对自身所属文化的认同程度会影响其在新文化中的适应策略。文化认同强的个体可能更倾向于保持原有文化特征，而认同感较低的个体则可能更容易接受新文化的价值观和行为方式。

（2）社会支持系统

社会支持系统包括家庭、朋友、社区和组织等在内的社会网络和支持结构。良好的社会支持可以提供情感上的支持、信息和资源，有助于个体在新文化中感到安全和被支持，从而更好地适应。

（3）语言能力

语言是文化传播和交流的核心工具，个体的语言能力对于其在新文化中的社交、工作和日常生活中的适应程度至关重要。语言能力不足可能成为文化适应的障碍。

（4）经济地位

个体的经济状况可以影响其在新文化中的社会地位和生活质量，进而影响其适应策略和心理状态。经济稳定和资源丰富的个体可能更容易获得社会认可和融入感。

（5）与新文化接触和交流的频率和方式

个体与新文化的接触和交流频率及方式，直接影响其对新文化的了解和接受程度。密集的文化交流可以帮助个体更快地适应新文化，而孤立或有限的交流则可能延缓适应过程。

（三）文化适应理论在海丝文化中的具体应用

1. 文化整合与交流

海丝文化的形成和发展依赖于各种文化之间的交流和整合。文化适应理论强调，在接触不同文化的过程中，个体和社群通过整合各种文化元素，创造出新的文化形态和身份认同。海丝文化中的商业、宗教、艺术等领域的交流，促进了文化适应和融合的过程。

2. 适应策略的选择

海上丝绸之路上的商人、旅行者和移民在面对多样的文化环境时，可能采取了文化适应理论中提到的不同策略，如同化、隔离、整合或拒绝。例如，一些商人可能选择被当地文化同化，学习当地语言和习俗，以促进贸易和生活的便利。

3. 文化保持和传承

同时，海丝文化也强调了文化保持的重要性。在长期的跨文化交流中，一些文化元素和价值观可能通过商业、宗教或艺术渠道得到保持和传承，保持了文化的多样性和丰富性。

4. 文化冲突与解决

在海丝文化的发展过程中，也不可避免地出现了文化冲突和矛盾。文化适应理论提供了理解和解决文化冲突的框架，强调通过对话、互动和妥协等方式，促进不同文化之间的和谐共存和合作。

二、文化互动理论

（一）文化互动理论概述

文化互动理论是一种研究文化如何在不同社会群体、个体之间交流、互动和影响的理论框架。它强调了文化的动态性、开放性以及文化元素之间的复杂关系。文化互动理论的主要发展者和代表者是俄罗斯学者尤里·洛特曼（Yuri Lotman，1922—1993），他是 20 世纪著名的文化学者和语言学家，以对符号学和文化研究的贡献而闻名。洛特曼提出的文化互动理论强调了文化系统内部各元素之间的相互作用和外部文化系统的影响，深刻影响了后来的文化研究和符号学领域的发展。

（二）文化互动理论基本内容

1. 文化的动态性和开放性

文化不是静止不变的，而是在不断演变中的动态系统。一种文化在与其他文化接触和交流时，可以吸收新的元素、观念和实践，从而进行自我更新。文化互动理论认为，文化系统是开放的，与外部环境和其他文化系统有持续的互动和联系。

2. 文化元素之间的相互作用

在文化互动过程中，不同的文化元素（如符号、价值观、意识形态等）之间相互作用和影响。这种相互作用不仅限于表面的信息交流，还包括深层次的意义构建和文化认同的形成。文化互动理论探讨了文化元素如何在互动中相互影响、融合或对抗，从而塑造个体和群体的行为模式和社会结构。

3. 文化的非均衡性和权力关系

不同文化元素之间存在着不对称性和权力关系。某些文化元素可能在互动中占据主导地位，影响其他文化元素的接受和传播。这种非均衡性既体现在文化内部，也可以在跨文化互动中观察到。

4. 文化变异和创新

文化互动促进了文化的变异和创新，同时也是新文化形式和实践的来源。文化的变异和创新往往源自不同文化系统之间的相互融合、冲突和再创造。

5. 文化传播的复杂性

文化互动理论强调文化传播的多层次和复杂性。文化的传播不仅仅是信息的传递，还包括符号的重新解释、文化意义的再构建和社会实践的转变等过程。

（三）文化互动理论在海丝文化中的具体应用

1. 符号和意义的交流

通过海上丝绸之路，东西方在贸易和文化交流中通过符号和语言进行了广泛的交流。文化互动理论可以帮助分析不同文化背景下的符号如何被重新解释和传播，以及这些符号如何影响文化认同和社会实践。

2. 文化元素的融合与创新

通过海上丝绸之路，东西方的艺术、建筑、宗教信仰等文化元素在交流中产生了融合与创新。文化互动理论可以帮助理解这些新形式是如何在文化接触的过程中发展和演变的,以及它们如何影响了跨文化的艺术和建筑风格。

3. 权力和影响的动态

海丝文化中,不同地区和文化之间存在着权力和影响的动态关系。文化互动理论可以揭示在这些互动中,哪些文化元素或实践拥有主导地位,以及如何通过文化交流实现权力和影响的转移或均衡。

4. 文化传播的路径和方式

海丝文化传播路径多样,涵盖了陆上和海上贸易路线以及沿线城市的交流活动。文化互动理论可以帮助分析文化传播的不同路径和方式如何影响文化接受和转变,以及这些传播路径如何塑造了各地社会和文化的特征。

三、认同协商理论

(一)认同协商理论概述

认同协商理论是一种社会心理学理论,主要探讨个体在社会互动中如何形塑、维护和调整自己的认同。这一理论强调个体在多样文化和社会背景下,面对不同身份的需求和挑战时,如何进行认同的协商和调整。史特拉·汀-托米(Stella Ting-Toomey)在文化和身份认同方面的研究成果广泛影响了认同协商理论的发展。美国社会心理学家霍华德·盖尔斯(Howard Giles)在《面向人际适应的言语理论:基于加拿大的数据》一文中提出了沟通的适应性理论,探讨了个体在社会交往中如何调整语言和行为以适应他人,并将其理论延伸到认同的协商和表达方面。威廉·古迪孔斯特(William B. Gudykunst)在《交际与身份:跨文化情境中的交流与身份建构》这本书中探讨了个体在跨文化交流中的身份建构和社会适应策略。上述学者在认同协商理论的发展中起到了重要作用,他们的研究成果和理论贡献帮助深化了对个体在多重认同情境下的认同处理和互动策略的理解。

（二）认同协商理论基本内容

1. 多重认同的概念

认同协商理论认为，个体通常具有多重认同，包括但不限于文化、族裔、性别、性取向、职业等多个方面。这些认同可以在不同情境和社会互动中显现出来，并且可能会相互交织和影响。

2. 认同协商的过程

个体在面对多重认同需求时，需要进行认同协商的过程。这包括评估自身认同的重要性和优先级，以及在不同情境中如何选择和表达合适的认同。

3. 社会互动和交流的作用

认同协商理论强调，认同的形成和调整是通过与他人的互动和交流来实现的。个体通过与家人、朋友、同事等的交流，以及参与群体和社区的活动，来塑造和确认自己的认同。

4. 认同危机和转变

个体可能会面临认同危机，即在特定情境下，不同认同之间产生冲突或不一致的情况。认同危机可以促使个体进行认同的重新评估和调整，以更好地适应新的社会和个人要求。

5. 文化背景和社会结构的影响

认同协商理论指出，个体的认同受到文化背景和社会结构的显著影响。不同文化和社会环境对个体认同的接受度、表达方式和发展路径都可能产生重要影响。

6. 跨文化和跨群体的适应

认同协商理论也关注个体在跨文化和跨群体交流中如何协商和适应自己的认同。这包括在多元文化社会中，个体如何处理来自不同文化群体的认同要求和期望。

（三）认同协商理论在海丝文化中的具体应用

在研究海丝文化（指古代丝绸之路上的贸易和文化交流）时，认同协商理论可以提供深入的理解和分析，特别是关于不同文化群体如何在交流和接触中协商和表达自己的认同的过程方面。

1. 跨文化认同的协商

东西方文化通过海上丝绸之路进行了广泛的交流和互动。认同协商理论可以帮助分析不同文化群体如何在交流中协商并调整自己的文化认同。例如，商人、旅行者和居民可能面对多重文化身份，需要在跨文化接触中寻找平衡。

2. 文化元素的交融与创新

通过海上丝绸之路，东西方文化在经济和文化交流中产生了许多文化元素的交融与创新。认同协商理论可以帮助理解这些新文化形式如何在跨文化互动中形成，以及个体如何在此过程中重新构建和表达自己的文化认同。

3. 语言和交流策略

认同协商理论关注个体如何通过语言和交流策略来表达自己的身份认同。在海丝文化中，语言是文化交流的重要媒介，不同语言使用者如何在交流中选择和调整语言和表达方式，反映了他们的文化认同协商过程。

4. 社会角色和身份的演变

在海上丝绸之路进行贸易和文化交流时，个体可能在不同社会角色和身份（如商人、学者、宗教领袖等）间穿梭。认同协商理论可以帮助理解个体如何在不同社会角色和身份中进行身份认同的协商和调整，以适应多元化的社会和文化环境。

5. 文化冲突与整合

认同协商理论也可以分析在海丝文化交流中可能出现的文化冲突与整合过程。个体如何通过对话、互动和妥协来解决文化差异和冲突，促进跨文化理解和整合，是理解海丝文化中文化交流的重要视角之一。

四、文化相对主义理论

（一）文化相对主义理论概述

文化相对主义是一种人类学理论，该理论认为每个文化都有其独特的价值观、习俗和社会规范，这些都应该在其自身的历史和社会背景下加以理解和评价，而不是通过其他文化的标准来进行判断。这种理论强调理解和尊重文化的多样性，避免以自己的文化视角去评判他人的文化。

文化相对主义的理论基础源于 19 世纪末和 20 世纪初的人类学研究，特别是由弗朗茨·博厄斯（Franz Boas）及其学生所开创的文化人类学传统。弗朗茨·博厄斯被誉为现代人类学之父，他在文化相对主义的奠基过程中起到了至关重要的作用。博厄斯反对 19 世纪末盛行的进化论和种族优越论，这些理论通常认为人类社会可以按照某种固定的进化阶段进行排列，西方文明被视为最高级的文化形态。博厄斯通过详细的田野调查，展示了各个文化的独特性和复杂性，强调每一种文化都有其内在的逻辑和价值体系。博厄斯的研究方法包括深入的实地工作、详细的文化记载和比较分析。他的工作展示了文化的相对性，即每一种文化现象都应在其特定的社会和历史背景下理解。例如，某些习俗在一种文化中可能被视为正常和合乎道德的，但在另一种文化中却可能被认为是不合适的。博厄斯强调，研究者应该摒弃自身的文化偏见，客观地研究和理解不同文化的内在逻辑。

（二）文化相对主义理论基本内容

1. 文化多样性

文化相对主义强调每种文化都拥有独特的价值体系和行为规范，这些反映了该文化的历史、环境和社会背景。这种多样性不仅令人类社会更加丰富和复杂，也为人们提供了多元选择的空间。每种文化都通过其独特的价值观、信仰体系、道德规范和社会习俗来组织和引导人们的生活。这些价值体系和规范不仅反映了文化内部的认同和凝聚力，也是其生存和发展的基础。文化多样性使得世界上不同地区和社群能够保持独特性。世界各地的语言、文学、艺术形式、宗教仪式和传统知识等，都是文化多样性的重要表现。尊重和保护文化多样性有助于促进跨文化交流和相互理解。通过理解和包容不同文化之间的差异，我们可以更好地实现文化交流与合作，促进世界各地人民之间的互动与理解。

2. 文化理解

文化相对主义强调理解一种文化的深层意义和背景确实需要从该文化的内部视角出发，这意味着尊重和考虑其独特的历史、社会结构和环境因素，避免以外部文化标准对其进行评判。文化的发展和演变受其历史背景的深刻影响。理解一种文化，需要考虑其过去的重大事件、传统习俗的形成过程以及历史上的重要转折点。这些历史因素塑造了文化的价值观、社会组织形式和集体记忆，是理解文化现状的重要基础。每种文化都有其特定的社会结构，包括家庭组织、政治体制、社会等级和经济体系等。这些结构决定了个体在社会中的地位和角色，同时也影响了行为规范、权力分配和社会互动模式。因此，理解文化的社会结构对于解释其行为和信仰具有重要意义。

3. 文化平等

文化平等是文化相对主义的重要观点之一，它强调各种文化在其自身的内在逻辑和价值体系下是平等的，不存在一种文化可以被普遍视为优越于其他文化。文化相对主义认为每种文化都有其独特的历史、传统、价值观和生活方式，这些因素构成了该文化的内在合理性和价值。因此，不同文化的行为、信仰和习俗应该在其自身的文化背景下被理解和尊重。文化相对主义反对将某种文化的标准强加于其他文化之上，不认同文化优越性的观念。相反，它主张各种文化在价值上是平等的，没有一种文化的生活方式或价值观应被默认为比其他文化更加优越或正统。基于文化平等的原则，文化相对主义主张在跨文化交流和互动中，各种文化应该以平等和相互尊重的态度进行交流。这种平等的交流不仅能够促进文化多样性的保护和发展，还有助于增进各种文化之间的理解和友好关系。文化相对主义强调在文化交流和对话中避免文化冲突和歧视。通过平等对话和尊重，可以减少误解和偏见，从而促进全球范围内的文化交流与合作。

4. 反对文化霸权

文化相对主义对文化霸权和文化帝国主义持反对态度，强调各种文化之间应该相互尊重和平等相待，不应强制推行某种文化的价值观和生活方式。文化相对主义认为世界上存在着丰富多样的文化，每种文化都有其独特的价值体系、道德观念和社会习俗。因此，任何一种文化都不应被视为普世的、优越的标准，而应被视为一个独特而重要的元素。文化相对主义反对通过政治、经济或文化手段强制推行特定文化的价值观和生活方式。这种强加可能导致文化同质化和文化多样性的丧失，使得一些较弱的文化逐渐失去其独特性和生存空间。每种文化应该有权利自主选择其发展方向和价值取向，而不受外部文化势力的影响或控制。文化相对主义主张尊重每种文化的自主性，鼓励其自由表达和自由发展。

（三）文化相对主义理论在海丝文化中的具体应用

1. 尊重和保护文化多样性

文化相对主义强调每种文化都有其独特的历史、价值观和生活方式。海丝文化是指古代东西方之间通过海上贸易联系形成的文化网络。在海丝文化中，不同国家和地区拥有不同的语言、宗教信仰、艺术形式和社会习俗，这些元素相互交融，形成了丰富多样的文化景观。文化相对主义的应用意味着在研究和保护海丝文化遗产时，应当尊重和保护各种参与文化的独特性，避免以单一标准来评判和解释文化现象。

2. 从内部视角理解文化现象

理解海丝文化的发展和影响，需要从各种参与文化的内部视角出发。中国、印度、阿拉伯地区和东南亚地区等的文化在海丝贸易中扮演了重要角色，每个地区都有其独特的贸易习俗、艺术传统和宗教仪式。文化相对主义要求研究者避免以自己的文化背景来评判这些文化现象，而是要以参与文化自身的观点和价值体系来理解其历史和发展。

3. 促进跨文化交流和对话

海丝文化的形成和繁荣离不开不同文化之间的交流和互动。文化相对主义倡导在跨文化交流中避免文化冲突和文化霸权，强调在平等和相互尊重的基础上进行文化对话。通过深入理解各参与文化的特点和互动模式，可以促进跨文化交流的持续发展，从而推动共同繁荣和文化创新。

4. 保护文化遗产和传统知识

海丝文化遗产包括建筑、艺术品、手工艺品、文学作品等丰富的物质和非物质文化遗产。文化相对主义强调保护和传承这些遗产的重要性，不仅是为了保护每种文化的独特性，更是为了促进全球文化交流。

第三章
福建省海丝文化遗产与历史影响

第一节 古代海上贸易网络中福建的地位

一、福建在海上丝绸之路中地位变迁历程

（一）第一阶段（西汉至元末）

在汉代，远洋航行的出发点主要集中在广东的徐闻和广西的合浦。随着时间的推移，福建逐渐显露出其重要性。东吴时期，如今的浙江温州、平阳及福建连江（古称温麻）等地设立了船屯，专门营造海船，而福州的闽侯则设有典船校尉，负责管理造船事务。隋唐之前，福建的经济已取得了显著发展，为其后成为海上丝绸之路的重要枢纽奠定了坚实的基础。

到了唐代，福州、泉州因其卓越的造船业而在全国享有盛誉。这个时期，福州和泉州设立了市舶机构，进一步推动了海上贸易的发展。唐末和五代时期，王审知家族控制福建，实施"保境息民"政策，使得福建的农业和商业蓬勃发展，为海上贸易繁荣创造了良好的经济环境。同时，推行"尽去繁苛捐，纵其交易"的开放政策，为海上贸易的发展提供了良好的政治环境。在基础设施建设方面，福州海口开辟了甘棠港，并扩建泉州港,为福州和泉州的海上贸易发展奠定了坚实基础。①

在这一时期,东亚、东南亚和南亚的多个国家通过福州港和泉州港展开海上贸易,福建在海上丝绸之路中的地位不断提升。北宋时期,泉州港逐渐演变为东海航线和南海航线的交汇点,1087年,泉州设立了市舶司,使其在海上丝绸之路中的重要性迅速提升。南宋初期,泉州港的实力与广州港相当,到了南宋末年,泉州港已超越广州港,成为全国最大的港口,这一地位一直维持到元末。因此,福建在海上丝绸之路中的地位也随之快速提升。

然而,元末的1353年,泉州地区经历了一次严重的饥荒,这场灾难对当地的经济和社会造成了巨大冲击。度过这场饥荒后,泉州地区又遭受了长达9年(1357—1366年)的战乱,其间泉州港受到严重破坏,这一系列的变故导致福建的经济和贸易受到了严重影响,泉州港的辉煌不再,促使泉州乃至福建在海上丝绸之路的地位迅速下降。尽管如此,福建凭借其优越的地理位置和繁荣的造船业,一度成为海上丝绸之路的重要枢纽。福州和泉州作为两大主要港口,推动了东亚、东南亚和南亚的海上贸易,为福建的经济繁荣和文化交流作出了巨大贡献。虽然经历了饥荒和战乱,福建在海上丝绸之路中的历史地位依然不可忽视。这段历史不仅展示了福建在古代海上贸易中的辉煌,也为后世研究提供了宝贵的资料和启示。

(二)第二阶段(明初至1567年)

明初实行海禁政策期间,为了有效管理和控制朝贡贸易,明政府在浙江、福建和广东设立了市舶司。市舶司是专门负责管理海上贸易的机构。在这一时期,琉球和吕宋等国的贡道设于福建,日本的贡道设于浙江宁波,而真腊、占城、满剌加和暹罗等国的贡道设于广东。这种安排表明,尽管福建的地位不及广东,但它在海上丝绸之路中仍占有重要地位。

---

① 王少泉,谢国财.福建在海上丝绸之路中地位变迁研究[J].福建论坛(人文社会科学版),2016(10):222-228.

明朝永乐年间，政府进一步巩固了福建的地位，在浙江、福建、广东、云南和交趾设置五个市舶司，后两者虽然存在时间较短，但这显示了政府对多个港口的重视。

1500年前后，朝贡贸易开始逐渐衰落，明朝的海禁政策也逐渐放松。在此期间，福建的漳州港逐渐成为私营海外贸易的重要港口。值得注意的是，这一时期浙江、福建和广东的市舶司同时存在，这表明福建在中国的海路贸易中面临着来自浙江和广东两个强劲的竞争对手。福建未能取得明显优势，这是这一时期福建在海上丝绸之路的地位降低的关键原因。

1523年，"争贡之役"发生后，明王朝颁布了更加严厉的海禁政策，撤销了福建和浙江的市舶司，仅保留广东市舶司。这一决策导致福建在海上丝绸之路中的地位有所下降。尽管福建市舶司于1560年恢复，但其在海上丝绸之路中的地位并未显著上升。

虽然福建在这一阶段面临诸多挑战和竞争，其在海上丝绸之路中的地位依然不可忽视。福建凭借其优越的地理位置和港口优势，在明代初期和中期的海上贸易中依旧发挥了重要作用。这段历史不仅展示了福建在海上丝绸之路中的辉煌，也为后世研究提供了宝贵的资料和启示。这一时期，福建通过与东亚、东南亚以及更远地区的交流，促进了文化、经济和技术的传播，彰显了其在海上丝绸之路上的重要性和影响力。

（三）第三阶段（1567—1842年）

1567年，明朝开放海禁，准许民间商人从福建漳州港出海贸易，这一举措极大地促进了福建的海外贸易，改变了长期以来封闭的贸易政策。1580年，福建市舶司再次被撤销，这一变化短暂地影响了福建的贸易地位。然而，到了1599年，明朝重新恢复了福建和浙江的市舶司，这一举措显著提升了福建在海上丝绸之路中的重要地位。此时，福建成为中国对外贸易的重要枢纽之一，其繁荣的贸易活动不仅带动了本地经济的发展，也促进了中外文化的交流。

清王朝建立初期，尽管颁布并执行了多项禁海令，但这些政策对江浙地区的影响较为显著，对福建的影响则相对较轻。因此，福建在海上丝绸之路地位得以持续攀升。福建受海禁政策影响较小的原因主要有以下两点：首先，郑成功家族在厦门建立了强大的贸易船队，与日本及东南亚国家进行贸易往来，保持了对外贸易的畅通。其次，福建地方政权（由"靖南王"耿精忠控制的区域）为了增强军事力量和增加财政收入，积极支持和促进海外贸易。这些因素共同促进了福建在海上丝绸之路中的地位的提升，巩固了其作为贸易中心的地位。

这一时期中国的海路贸易主要由福建和广东两省主导，两省的贸易实力相当，甚至福建略有优势。

1685年，清政府宣布将江苏松江、浙江宁波、福建厦门和广东广州设为对外贸易港口。1717年，清政府禁止与南洋贸易，1718年又特许广东同南洋贸易，这一决定进一步削弱了福建在海上丝绸之路中的地位。尽管1727年清政府取消了福建同南洋贸易的限制，但广东在贸易中的优势使福建未能恢复元气。1729年，浙江同南洋贸易的禁令被解除，进一步改变了福建在海上丝绸之路中的地位。

1757年，清政府实行了"一口通商"的政策，关闭了松江、宁波和厦门的海关，仅留下广州作为对外贸易的港口。这项政策的出台，使福建的贸易地位进一步降低。虽然在某些时期厦门还能与来自吕宋的西班牙商船进行贸易，但随着福建在海上丝绸之路中的影响力日益淡化，福建的贸易地位开始走向衰落。

（四）第四阶段（1842—1979年）

1842年，根据《南京条约》的规定，清政府开放了广州、厦门、福州、宁波和上海五个通商口岸。随着厦门、福州两个通商口岸的开放，福建在海上丝绸之路中的地位得到了提升。然而，福建在海路贸易中的竞争对手增加到三个，且这些口岸的实力十分强劲。因此，在这一时期，福建在海上丝绸之路中的地位不如前三个阶段的巅峰时刻。

在随后的《天津条约》(1858年)和《北京条约》(1860年)中,台南、琼州、潮州、登州、南京、汉口和九江等更多城市相继被设为通商口岸。这一系列变化导致福建的相对优势明显减弱。随着越来越多的城市成为通商口岸,福建在中国对外贸易中的独特地位逐渐被削弱。面对更强劲的竞争对手,福建在海上丝绸之路中的重要性显著下降。

这些新的通商口岸分散了贸易流量,使得福建难以继续保持其在海上丝绸之路中的领先地位。尽管厦门和福州曾在早期开放后一度繁荣,但随着更多口岸的开放,福建的贸易份额逐渐被其他地区分流。此外,清政府的政策调整和内外环境的变化也对福建的贸易地位产生了不利影响。这一时期,福建虽然在海上丝绸之路中占有一席之地,但其影响力和重要性已无法与此前的高峰时期相媲美。

(五)第五阶段(1979—2009年)

1979年7月,国务院批准在深圳、珠海、汕头和厦门设立出口特区,这一政策使福建在海上丝绸之路中的地位有所提升。然而,在此期间,沿海各地纷纷发展,福建面临着来自江苏、上海和广东等省、直辖市的诸多竞争对手,竞争力相对较弱。因此,福建在海上丝绸之路中的地位低于前四个阶段的巅峰。

20世纪80年代末至90年代初,随着经济特区的增设(如1988年设立海南经济特区)、一些国家级新区的涌现以及开放城市的迅速增加,福建在海上丝绸之路中的地位再次受到影响,出现了下降的趋势。尽管福建在这一阶段通过设立经济特区和改革开放政策获得了一定的发展机遇,但面对更强劲的竞争对手和更多的开放城市,福建在海上丝绸之路中的重要性逐渐被削弱。

尽管福建在这一阶段面临激烈的竞争和挑战,但其通过不断创新和努力,依然保持了一定的竞争力。厦门作为经济特区,利用其独特的地理位置和政策优势,在国际贸易中发挥了重要作用。同时,福建其他城市也积极推进对外开放和经济改革,不断寻求新的发展机遇和突破点。

（六）第六阶段（2009年至今）

福建在近年来通过一系列政策举措，逐渐加强了在全球贸易中的竞争力和影响力。

2009年7月，福州（平潭）综合实验区正式设立，为福建开展经济和贸易实验提供了重要平台。这一实验区的设立不仅提升了福建在对外开放中的地位，还促进了区域经济一体化和贸易便利化。

更进一步推动福建在海上丝绸之路上的发展的是2014年12月中国（福建）自由贸易试验区的设立。作为国家级自由贸易试验区之一，福建自贸试验区在推动贸易便利化、投资自由化和金融创新方面发挥了重要作用。这些政策优势为福建企业拓展国际市场提供了更多机会，同时也吸引了更多外资和国际贸易。

虽然福建在这一阶段面临着全球经济不确定性和竞争激烈的环境的影响，但通过政策创新和经济体制改革，福建在海上丝绸之路上的地位逐步上升。福建的战略地理位置、发达的港口设施和持续优化的营商环境，为其在全球贸易中占据重要位置奠定了坚实基础。

因此，未来随着福建继续推进开放战略和深化改革，其在海上丝绸之路中的地位有望进一步提升，有望为地区经济发展和全球贸易合作作出更大贡献。

二、福建在海上丝绸之路中地位变迁的特征

（一）地位变迁具有长期性

受政策变化和地缘局势等多重因素的影响，福建在海上丝绸之路中的地位历经长期变迁。自西汉至今，福建在这条贸易路线上的角色不断演变，其地位变化的速度和幅度也随着时代背景和具体条件有所不同。这种长期性的地位变迁直接反映了福建在海上丝绸之路上的动态适应能

力和战略调整。

福建的地位在历史上曾经历过多次显著变化。从古代至今，福建凭借其优越的地理位置和发达的海运贸易网络，一直是中国对外贸易的重要枢纽之一。然而，随着时代的变迁和国家政策的调整，福建的地位也随之调整和变化。例如，在明清时期，福建因其临近东南亚及海上丝绸之路的主要贸易路线而蓬勃发展，但后来随着清朝的海禁政策以及近代的殖民压力，其地位逐渐受到影响。

近代以来，随着改革开放政策的实施和经济特区的设立，福建再次成为中国对外开放的重要窗口之一。特别是自 20 世纪末至 21 世纪初，随着经济特区和自由贸易试验区的建设，福建在海上丝绸之路上的地位再度得到提升，成为连接东南亚和全球其他市场的重要桥梁。

福建在海上丝绸之路中的地位变迁是个漫长的历史过程，其地位随着时代的发展和现实情况的变化而不断调整。这种变迁不仅体现了福建作为贸易枢纽的灵活性和适应能力，也反映了地缘政治和经济格局对福建地位影响的复杂性和多样性。

（二）地位变迁具有现实性

福建在海上丝绸之路中地位的变迁，直接受现实情况的影响，不同的历史时期和特定情境展现出影响力变化和变迁速度的差异。首先，在南宋末期，福建的地位达到历史的顶峰，主要原因是其他主要港口，尤其是浙江和广东，在战乱中受到严重破坏，福建因此成为重要的贸易枢纽。然而，元末期间，泉州地区经历了饥荒和战乱，这导致福建在海上丝绸之路中的地位显著下滑，失去了以往的贸易优势。进入 16 世纪，明朝海禁政策的放宽，加之漳州月港的崛起，为福建在海上丝绸之路中地位的恢复提供了机会，使其重新成为一个重要的贸易中心。

然而，历经数百年通商口岸的数量不断变化和竞争对手的挑战，福建在海上丝绸之路的地位受到影响，并逐渐走下坡路，直至改革开放初期，厦门经济特区的建立使福建的地位有所提升，但随着对外开放区域的扩大，这一上升趋势逐渐减缓，福建在 20 世纪 80 年代末再次经历地位的下降。近年来，随着"福州（平潭）综合实验区"和"中国（福建）自由贸易试验区"的设立，福建在海上丝绸之路的地位开始缓慢回升，这些政策措施为福建重新赢得贸易竞争优势提供了新的机遇。总体而言，福建在海上丝绸之路中地位的变迁历程，充分展现了其在不同历史背景和政策环境下的适应能力和挑战应对能力。

（三）地位变迁幅度差异较为明显

1842 年，清政府将广州、厦门、福州、宁波和上海开放为通商口岸，这使得福建在海上丝绸之路中的地位迅速提升。然而，随着越来越多的城市陆续成为通商口岸，福建的贸易优势快速降低，其在海上丝绸之路中的地位显著下滑。在改革开放初期，福建的地位略有回升，但伴随改革进程的发展，其地位再次下滑，尽管这种变化幅度较小。

总体来看，持续实行开放或海禁政策的时期，福建在海上丝绸之路中的地位的变动较为缓慢。相对而言，明政府放弃海禁政策等进行重大对外政策调整的时期，福建的地位变动幅度较大。福建在海上丝绸之路中的地位变迁的原因主要是受到国内外环境的影响。尽管国际环境对福建的影响也很重要，但相对而言，国内环境因素对其地位变迁的影响更为深远和显著。

三、福建在海上丝绸之路中地位变迁的原因

（一）政策的影响

1. 国家政策的影响

政府实施海禁或开放政策对福建在海上丝绸之路中的地位产生了深远的影响，可以分为几种情形：一是当中央政府在其他省份采取海禁政

策,而允许福建保留对外贸易港口时,福建的地位往往相对较高。明初实施海禁政策期间,政府在浙江、福建和广东设立了市舶司,这一举措减少了福建在海上丝绸之路上的竞争者,从而提升了其地位。二是当福建处于中央政府海禁的限制之内时,其地位通常会较低。例如,1523年之后的"争贡之役"导致福建和浙江的市舶司被撤销,从而使福建在海上丝绸之路的地位下滑。三是在某些时期,即便福建在中央政府的海禁范围内,但地方的反抗海禁的政策可能仍会使其地位不降反升。例如,清初,"靖南王"耿精忠在福建抵制海禁政策,为福建地位提升创造了有利条件。四是当中央政府实施适度的对外开放政策,并且该政策对福建有利时,福建的地位通常会得到提升。在改革开放初期,福建在对外贸易中面临的竞争对手较少,因此其在海上丝绸之路中的地位随之上升。五是中央政府采取较为开放的对外政策,导致竞争对手增多时,福建的地位可能会下降。总体来看,中央政府的海禁和开放政策对福建在海上丝绸之路中的地位影响深远,直接决定了福建在贸易竞争中的优劣势及其地位的上升或下降。

2. 省内政策的影响

从宏观角度看,福建省内的政策对海上丝绸之路中福建地位的影响可以分为三大类。第一类,顺应中央政府的政策,这类政策通常在中央政府采取海禁或开放政策时出现。例如:在明代,福建的地位受到了多次海禁政策的显著影响;改革开放的推行也在很大程度上改变了福建在海上丝绸之路中的角色。第二类,违背中央政府的政策,这种现象通常出现在中央政府实施海禁政策和地方割据势力较强的时期。以清初为例,尽管政府实施海禁政策,但控制福建大部分地区的"靖南王"耿精忠依然热衷于开展对外贸易,从而使福建在海上丝绸之路中的地位大幅提升。第三类,中央政府未明确发布政策但福建省内部积极实施对外开放的政策,这种情况一般发生在中央政策模糊和地方势力强盛的时期。如唐末至五代十国时期,"开闽三王"的政策,促进福州和泉州的基础设施迅速优化,为福建在海上丝绸之路上的地位的快速提升提供了良好的基础。这些省内政策的不同实施方式直接影响了福建在海上丝绸之路中的地位变迁，反映出地方政府在国家政策框架内的灵活应对及对福建在国际贸易中竞争力的影响。

（二）发展状况的影响

发展状况对福建在海上丝绸之路中的地位影响显著，可以从宏观层面分为两部分：一是福建以外的沿海地区的发展状况。这些地区在各领域迅速崛起，成为福建的强劲竞争对手，从而影响了福建在海上丝绸之路的相对地位。例如，自20世纪80年代末期至今，江苏、上海、浙江和广东等省、直辖市经历了快速的经济增长，逐渐成为福建在海上丝绸之路上的主要竞争对手，这导致福建的地位有所下滑。二是福建自身的发展状况。福建在经济、科技和文化等领域的进步，对于福建在海上丝绸之路中的地位至关重要。换句话说，福建在海上丝绸之路的地位的提升主要依赖福建自身的发展，而不是依赖于其他地区的经济、科技和文化的停滞或衰退。南宋时，福建的商品经济发展迅猛，不仅推动了泉州港的崛起，也为福建在海上丝绸之路的地位的显著提升奠定了坚实的基础。

（三）战乱和灾荒的影响

战乱和自然灾害会对一地区的政治、经济、社会和文化发展产生严重的负面影响。根据影响发生地的不同，可以将战乱和灾害的影响划分为三大类：第一类是战乱和灾害发生在福建以外的地区。这种情况严重削弱了福建的竞争对手，为福建在海上丝绸之路中地位上升创造了有利条件。例如，唐末五代时期北方各港口因战乱和灾荒而衰落，而两宋之交时期江苏和浙江各港口也遭受战火破坏。第二类是战乱和灾荒出现于包括福建在内的部分沿海地区。这种情况会对这些受影响的沿海地区造成破坏，导致这些地区的海外贸易减少甚至中断，其在海上丝绸之路的地位随之下滑。17世纪中期，清与南明之间的战争对江苏、浙江、福建、广东和广西等地造成严重破坏，而山东、河北和台湾等地受影响较小，情况相对较好。因此，江苏及东南各省（包括福建）在海上丝绸之路中的地位有所下降。第三类是战乱和灾荒仅出现于福建地区。这种情况使得福建的实力明显下降，在与其他实力得以保存的地区的竞争中处于劣势。元末时期，战争和自然灾害导致泉州地区遭受严重破坏，而广东和广西等地相对安定，这使得福建在海上丝绸之路中的竞争力明显下降。这些不同类别的影响显示了战乱和灾荒如何在地区间的竞争中发挥重要作用，直接影响了各地在海上贸易路线中的地位和竞争力。

（四）战略位置变化的影响

在没有战乱和灾荒影响的时期，福建在海上丝绸之路中地位的升降情况受到是否处于军事或经济战略的前沿的影响。这种影响可细分为三大类：一是处于军事战略前沿而不在经济战略前沿的时期。这种情况相对少见，例如在新中国成立初期，福建虽处于军事战略前沿，但并未成为经济发展的重点区域。军事需求制约了福建经济建设，这也是导致福建在海上丝绸之路中地位下降的重要原因之一。二是处于经济战略前沿而不在军事战略前沿的时期。这种情况相对常见。例如两宋时期的较长时间内，福建虽然位于军事战略的后方，却是经济战略的前沿省份。相对稳定的省内环境为福建在海上丝绸之路中地位的上升创造了有利条件。宋室南迁及中央政府出台的某些支持经济战略前沿的政策，也助力了福建在海上丝绸之路中地位的提升。三是同时处于军事战略前沿和经济战略前沿的时期。这种情况非常罕见。例如清朝初期，福建被中央政府视为攻克台湾的军事战略要地，并且也是经济战略的前沿地区。在这种情况下，尽管面临军事战略上的压力，但郑氏在厦门地区的经营以及耿精忠对海外贸易的支持，使得福建在海上丝绸之路的地位有所上升。军事战略对福建的负面影响相较于经济战略的正面影响较小，因此福建的地位在此时期得以提升。因此，福建在军事和经济战略布局中的位置如何影响了其地区竞争力和对外贸易的表现。

(五)国际环境的影响

国际环境对福建在海上丝绸之路中的地位的变迁也起着重要作用。当东亚局势相对缓和时,福建能够有效开展对外贸易,而其他省份则可能遇到困难,福建在海上丝绸之路的地位会得以提升;相反,当东亚局势紧张时,福建对外贸易活动受到限制,其在海上丝绸之路中的地位就会下降。例如,在冷战时期,东西方的对抗使得中国大部分省份与西方国家的贸易往来减少,但广东通过与港澳的联系,依然保持了与某些西方国家的贸易关系,因此在海上丝绸之路中的地位得到再次提升,而福建的地位则相对下降。这种分类展示了福建在国际环境变化中的地位变迁机制,强调了地区间贸易条件和地缘政治关系对福建在海上丝绸之路中的地位的重要影响。

第二节 重要港口与航道的历史演变

一、福州港

福州地处滨江临海,河道纵横交错,交通便利,地理位置优越。得天独厚的自然环境和发达的造船及航海技术,孕育了福州古代灿烂的海洋文明。勤劳勇敢的福州先民早在古代就开始了造船航海和外出探险的活动。他们利用福州丰富的木材资源和先进的造船技术,制造出坚固耐用的船只,勇敢地航行于茫茫大海之上。随着时间的推移,福州的航海技术不断进步,逐渐开辟了多条海上航道与航线。这些海上航线不仅促进了福州与国内其他地区的贸易往来,还大大增进了与海外国家和地区的经贸、文化和人员交流。福州的商船频繁往返于东南亚、南亚乃至更远的地方,带回了丰富的物产和异域的文化。这些交流活动不仅推动了福州经济的繁荣,还使福州成为一个多元文化交汇的地方。

(一)汉代时期

闽越族的先祖是越王勾践。在战国中后期,越国被楚国所灭。到了汉代,福州的陆地仍然狭窄,闽越王在越王山东侧的一座小丘(冶山)前建立了城郭,称为"越王城"(冶城)。闽越王和他的臣民居住在大泽之中,四面环海,生活条件艰苦但也充满了冒险与机遇。

在汉代,福州的海湾和岛屿逐渐显现,大片沼泽地出现,形成了独特的半岛地形。这些新土地不断向东南扩展,使得福州靠近江海,形成了宽广的港湾——东冶古港。闽越人利用其精湛的造船和航海技术,积极进行海上航行,并从事一定的海外贸易活动,这些活动为福州带来了繁荣和发展。

在汉高帝五年(公元前202年),朝廷重新立无诸为闽越王,他的都城设在东冶(今福州),并建立了东冶港。当时,福州市南部仍然是未成陆的闽江口海域。政权的建立、城市的兴起和手工业的发展,极大地促进了海上交通运输业的繁荣。福州位于东南沿海,闽越国加强了海防建设,成立了水军,海运成为经济活动的重要组成部分。

从公元前2世纪的西汉时期起,东冶港与中南半岛建立了定期的航线,这使得东冶港迅速崛起为东南海运的枢纽和对外贸易的重要港口。中南半岛的海外商品在此地集散转运,丰富了福州的市场。东汉时期,福州港被称为东冶港,是中原洛阳和华南地区的重要中转港口。在东汉前期,福州因其地理位置优越,成为东南海运的枢纽,形成了以福州为中心的南北航线,北至山东半岛,南至交趾。南方七郡向洛阳朝廷进贡的贡物,都要先运到东冶港,再通过海路北上。

虽然在东汉章帝建初以后,福州东冶港的地位下滑,不过它仍然是东南沿海的重要港口,海上贸易仍然活跃。东冶与中南半岛之间的航线持续畅通，福州港成为南海航路与东海航路之间贸易的重要中转枢纽。尽管海上运输极其艰险，这条航线在桂阳、零陵陆路开通后仍然没有停止。东汉末年，东冶港与中南半岛的航运路线依然畅通无阻，继续为福州的经济和文化交流发挥重要作用。

福州在这段历史时期，因其优越的地理位置和战略地位，不仅成为一个重要的港口城市，还成为中国东南海运和对外贸易的重要枢纽。其繁荣的港口贸易和丰富的文化交流，为后来的发展奠定了坚实的基础。

（二）魏晋南北朝时期

三国时期，东冶（福州）人已经开始从事海外贸易活动。从会稽到东冶，再从东冶到交州（中国古代行政区划，今越南北部）的海上交通非常便捷。当时，福州港至日本九州的直航航路已经开辟，这条航线极大地促进了中日间的航海贸易。日本多次派遣使节进贡，双方的商品交流日益频繁。福州商人不仅与日本贸易，还开辟了从魏国海岸线到朝鲜半岛南端，再过海登陆九州岛的航线。此外，东冶的商人甚至远赴亶洲（今菲律宾），而亶洲的商人也到会稽（福建属会稽郡）来进行商业贸易。

在汉晋时期，台湾被称为夷洲。孙吴黄龙二年（230年），孙权派将军卫温和诸葛直率领甲士万人，渡海寻找夷洲和亶洲。虽然未能找到传说中的亶洲，却成功登上了夷洲（台湾岛），开创了大陆与台湾的海路交通。这次航行不仅体现了当时先进的航海技术，也标志着大陆与台湾之间交流的开端。

自晋末到六朝，是福州历史发展的重要时期。中原战乱频繁，而东南沿海地区所受影响较小。南朝时期，福建晋安郡（福州）与扶桑（日本）之间已经建立了海上交通联系。六朝时期，福州与东南方向的多个国家展开了广泛的贸易。从福州东冶港出发的航线覆盖了近海和远洋。近海航线可达林邑、扶南，中程航线通往东南亚的狼牙修、丹丹（今马来西亚吉兰丹）、阇婆、诃罗单（今爪哇岛）、干陀利（今苏门答腊岛巨港）、婆利（今巴厘岛）等地；远洋航线则延伸至印度、斯里兰卡，并进一步通往沙特阿拉伯、也门、索马里、埃塞俄比亚，甚至罗马帝国。这些航线反映了中国与海上丝绸之路沿岸国家的友好贸易往来，推动了经济和文化的交流与繁荣。

南北朝时期，从东冶港到台湾的海上通道也更加便捷。晋代至六朝时期，"永嘉南渡"和"八姓入闽"带来了北方先进的文化和技术，极大地促进了福州土地开发和经济发展。尽管北方战乱频繁，福州却保持了相对稳定的社会环境，福州港与南海的交通也更加频繁。这一时期，福州逐渐发展成为一个重要的港口城市，海上贸易和文化交流蓬勃发展，为后来的繁荣奠定了坚实的基础。福州港的繁荣不仅提升了当地经济，也使福州成为东南沿海的重要商贸中心，为中国海上丝绸之路的兴盛作出了重要贡献。

（三）唐代时期

隋唐之际，随着社会经济的稳步发展和对外经济文化交流的扩大，以及航海技术的不断提升，福州港在南北海运中的核心地位日益凸显，推动了海上交通事业的蓬勃发展。我国与朝鲜、日本、东南亚及西亚诸国，包括波斯等地的海上交通联系，相比前代有了显著的进步。

初唐时，福州成为重要的商贸中心。尤其刚刚崛起的阿拉伯国家对海上贸易充满好奇与热情。福州港成为阿拉伯和波斯商船的重要港口，阿拉伯和波斯的商船满载货物抵达福州，与当地商人交易后，货物沿闽江被分销至全国各地。福建的许多土特产，如瓷器、丝织品等通过福州港远销海外，进一步推动了国际贸易的发展。

唐开元二十一年（733年），唐朝在福建设立经略使，之后又设立福建观察使。福州地处闽江下游，具有优越的通海条件，这使其迅速成为全闽主要的交通枢纽和商品集散地，为"东闽盛府，百货所聚"。福州港的兴盛也促使鉴真和尚于唐天宝三年（744年）选择从福州第四次东渡日本，这一事件体现了福州制作的船只已具备横渡东洋的能力，福州的造船技术早已享誉海内外。

唐朝中期，怛罗斯战役（751年）的挫败与"安史之乱"（755—763年）的爆发，导致陆上丝绸之路中断。这一时期，中国经济的焦点和文化影响力逐渐从黄河中上游地区转向东南沿海地带。福州作为东南沿海的重要港口，进一步进入海外国家和中原地区视野。大和八年（834年），唐文宗进一步推动对外贸易，发布诏令称："岭南、福建及扬州蕃客，宜委节度观察使常加存问。除舶脚、收市、进奉外，任其来往，自为交易，不得重加率税。"[①] 这一政策大力鼓励了海外贸易，使福州等地的海外贸易成为地方经济和国家财政的重要来源。

唐朝中期之后，福州发展为海上丝绸之路的重要港口城市，甘棠港的开凿与兴起为福州带来了新的发展机遇。甘棠港即福州港，也称东冶港。由于闽江口外海运要道因礁石险阻，常有舟楫覆没，商贾深受其害，于是当时政府开辟甘棠港以保障航路安全。甘棠港的开凿大大便利了船只往来，促进了贸易的发展，吸引了大量商人特别是蕃商的到来。福建对外贸易的发展带来了极大的财富，使甘棠港成为国际贸易的繁忙港口。

从唐末天祐元年到南唐交泰元年（904—958年），福州的海上交通非常畅达。东南亚强国三佛齐（现代的印度尼西亚、马来西亚、文莱）经常借助福州向唐朝进贡，福州港因此成为当时三大贸易港口之一，与广州和扬州齐名。外国商船通常选择福州作为首个停靠点，随后沿闽江而上，或通过水路，或通过陆路，翻越武夷山脉，最终抵达江西，再顺赣江而下，将舶货贩销全国各地。[②]

福州的海洋贸易路线沿着今天的越南沿岸、马六甲海峡、苏门答腊、印度、斯里兰卡、波斯湾、伊朗、伊拉克等地，特别是东南亚一带及日本、朝鲜半岛。唐末五代福州港兴盛时，商船从福州港出发，跨越南海，横穿印度洋，直抵东南亚，甚至远达非洲。国内特产如丝、瓷、茶、果及铅、锡、杂色帛布等，通过海上贸易，换取象牙、犀角、珍珠、琥珀、

---

① 赵君尧. 古代福州造船航海及海外文化交流史探[J]. 闽都文化研究, 2006（1）: 335-357.

② 赵君尧. 福建古代海洋文化历史轨迹探微[J]. 职大学报, 2009（1）: 59-65.

香料等珍贵舶来品。这些物品被用作闽国向中原朝廷进献的贡品。[1]这一时期,福州港不仅成为中国重要的对外贸易港口,也在世界海洋贸易网络中占据了重要位置。

(四)宋代时期

宋代,福州已经成为丝绸的重要产地之一,为海外贸易提供了充足的供应,这为福州经济的繁荣奠定了坚实的基础。宋朝政府对海洋商业的重视标志着中国经济从传统的农耕向海洋经济的转型,这是中国历史上的一个重要转折点。福州的海上丝绸之路贸易在这一时期达到了繁荣的顶峰,为明清及近代福建的海上交通格局奠定了坚实的基础。

福州的海外航线网络覆盖广泛,东至高丽和日本,南至中南半岛、马来半岛、马来群岛、菲律宾群岛,西抵南亚诸国、西亚以及非洲,西南甚至到达古里佛、大食和马达加斯加等地。这些扩展显著促进了福州的海外贸易,推动了区域经济的繁荣。为了方便船舶进出,福州城南设有水门,船舶可以直接进出城。为了迎宾送客、方便观光者欣赏闽江风光,还在钓台上修建了临津馆,该馆成为接待外商和展示福州风光的重要场所。

北宋中期之前,福州被誉为"七闽之冠",是福建省海上交易的中心。当时福州的繁荣程度用"舶舵相衔,岁小俭,谷价海涌,南北舰困载,欤至城外,其诸货宝回往,不可名记"来形容。诗句"百货随潮船入市""海舶千艘浪"生动描绘了福州港口繁忙的海上贸易景象。[2]

宋代福州港的海外贸易更加发达,特别是在宋室南迁之后,福州港的地位得到了大幅提升,吸引了大量外国商人,其中包括许多阿拉伯和波斯商人。福州港呈现出繁忙和热闹的景象。福州不仅开辟了多条海外航线,还在航海技术上取得了显著进展。福州知州蔡襄在《蔡忠惠公法书》卷三《荔枝谱》中记载,福州的海船已经能够东行至新罗和日本等

---

[1] 赵君尧.福建古代海洋文化历史轨迹探微[J].职大学报,2009(1):59-65.
[2] 谢在华.论福州在古代"海上丝绸之路"中的重要地位[J].福建史志,2015(2):17-21.

地,且以东行居多。[①] 福州港的海上航线布局显示了其作为重要海上丝绸之路节点的繁荣。

在航线方面,福州的北上航线主要穿越东海海域,抵达日本、新罗、高丽等国家,南下航线经台湾海峡,进入南海海域,抵达东南亚的占城、三佛齐等国,再经马六甲海峡进入印度洋,到达印度、大食等国。[②] 这些航线反映了宋代海上贸易的广泛和深远。

自元祐二年(1087年),宋朝在泉州设立市舶司后,泉州港异军突起,取代了福州港的主导地位。[③] 加之金人入主中原,宋室南迁,以及南宋朝廷为了防备金兵南侵而禁止海船过长江,南北海上交通中断,福州港的海上贸易逐渐衰退。

两宋时期,福州的海上贸易航路比以往更为广泛,作为福建路的首府和东南港口大都市,福州的商人频繁从港口出海。这些航线不仅为福建带来了丰富的外贸资源,还促进了区域经济的进一步发展和繁荣。福州的商业繁荣和航线的广泛网络标志着其作为海上丝绸之路重要节点的辉煌历史。

(五)元代时期

元代,福州的海上运输业达到了前所未有的发展水平。官府在福州设立了专门的"万户府",负责统筹和管理海外贸易及交通事宜,主要目标是为朝廷及辽东地区的官兵提供粮食和补给。元朝积极推动与世界各国的贸易往来,并大力发展航海业,从福州港出发,可以直接通达南北洋,形成了活跃的海上交通网络。

著名旅行家马可·波罗曾在护送公主出嫁波斯的过程中经过福州。他的行程从浙江入闽,经建州(今建瓯),沿闽江而下,最终抵达福州港,

---

① 赵君尧. 福建古代海洋文化历史轨迹探微[J]. 职大学报,2009(1):59-65.

② 谢在华. 论福州在古代"海上丝绸之路"中的重要地位[J]. 福建史志,2015(2):17-21.

③ 谢在华. 论福州在古代"海上丝绸之路"中的重要地位[J]. 福建史志,2015(2):17-21.

再转至泉州港。马可·波罗在他的著作《马可·波罗游记》中详细描绘了福州等地的海洋贸易繁荣景象。他写道："有一条大江（即闽江）穿城而过。江面宽1.6公里，两岸矗立着庞大、精美的建筑物。在这些建筑物前面停泊着大量的商船，船只满载着商品，特别是糖，因为这里也生产大量的食糖。许多商船从印度驶达这个港口，印度商人带来了各种珍珠宝石，在这里出售并获得丰厚利润。"[1]

元代的福州港不仅是一个重要的贸易枢纽，更进一步促进了丝绸、瓷器、茶叶等产品的生产和出口，显示了福州海外贸易的兴盛。在宋元时期，福州的海上丝绸之路涵盖了广泛的航线网络。这些航线继承并扩展了唐五代时期的通商路线，使出口货物的种类和数量都显著增加。

福州的海上丝绸之路网络形成了一系列贸易线路，包括从长乐港到占城，从占城到满剌加、爪哇，再到锡兰山，从锡兰山到古里，从古里到忽鲁谟斯、阿丹、天方、米息（埃及）的贸易路线，甚至延伸到木骨都束、麻林地、慢八撒（蒙巴萨）等地。到今天，这些航路至少已有1000年的历史，标志着中国民间航海贸易在宋元时代达到了巅峰，显示了福州作为海上丝绸之路重要节点的繁荣与辉煌。

（六）明代时期

明朝初期，为了防范倭寇和海盗的威胁，政府实施了严格的海禁政策，这一政策对中国商品经济和造船航海业产生了严重的制约。尽管海禁政策限制了正规贸易的发展，福州沿海的百姓依然勇敢地突破这些障碍，通过私造海舟开展"下番"贸易，海洋贸易成为他们生计的重要来源和致富途径。

福州的海商在海禁政策下，从福州港出发，到达安南、占城、交趾、暹罗、满剌加、琉球、日本和高丽等地。[2] 尽管朱元璋的海禁政策严格限

---

[1] 赵君尧. 福建古代海洋文化历史轨迹探微[J]. 职大学报，2009（1）：59-65.
[2] 赵君尧. 古代福州造船航海及海外文化交流史探[J]. 闽都文化研究，2006（1）：335-357.

制了海洋贸易，但经济压力促使闽粤一带的民众冒险私造违禁船只，有的甚至投身海盗活动以维持生计。这一时期，海盗猖獗，朝贡船只频繁遭遇抢劫，海疆动荡不安，航道受阻，严重影响了海上交通。明成祖朱棣即位后，决定改变洪武时期的封闭政策，试图建立一个以中国为中心的和平稳定的朝贡贸易体系。这一政策的实施，也为郑和七下西洋的伟大航海壮举铺平了道路。

在明朝永乐年间，福建市舶司设立在泉州城。然而，由于琉球贡船直达福州更加便利，加之琉球贡使从泉州到京城的贡道需经闽江北上，而福州港则能直接进入闽江，因此琉球贡船多数停泊在福州河口一带。还有一个原因是许多从事琉球朝贡贸易的人员是明洪武、永乐年间移居琉球的福州河口人，他们选择在福州停泊。[①]

郑和自永乐三年（1405年）开始，至宣德八年（1433年），先后七次出使西洋，途经30多个国家。[②] 郑和所率领的庞大舰队每次都在福州长乐的太平港驻泊，等待冬季的北风，补充给养和招募水手后再继续出航。福州地处东南沿海，具有明显的亚热带海洋性季风气候，每年十月至翌年正月刮东北风，四月至七月吹东南风，这为船队的往返提供了良好的气候条件。宣德六年（1431年），郑和在福州组织第七次下西洋时，特地在长乐立下《天妃灵应之记》碑，以记录历次下西洋的主要事迹。

郑和舰队在太平港的停留时间从两三个月到八九个月不等，这使福州长乐太平港成为郑和下西洋的关键航海基地。在船队停留期间，福建货物被装船转运海外，而各种外国货物运抵福州，这大大促进了福州与南洋、西洋各国的交流。成化年间，福建市舶司由泉州迁至福州，这一时期福建与琉球的贸易非常活跃，福州港因此一度成为明代海外贸易的中心。这一时期的福州不仅在国内经济中扮演了重要角色，也在国际贸易中发挥了关键作用，为明代的海上丝绸之路贡献了重要力量。

---

① 谢必震.明清时期中国与琉球贸易之研究[D].厦门：厦门大学，1998.
② 赵君尧.福建古代海洋文化历史轨迹探微[J].职大学报，2009（1）：59-65.

（七）清代时期

顺治十三年（1656年），清朝政府颁布了一项严厉的"禁海令"，该法令禁止商人或普通民众的船只私自运输粮食和其他货物出海，违反者将被处以斩刑。顺治十八年（1661年），为进一步封锁反清势力，如郑成功等人的活动，清朝实施了更为严格的"禁海迁界"的政策，由户部尚书苏纳海负责执行。这一政策对福州的对外贸易造成了严重影响，贸易活动显著减少。

康熙二十三年（1684年），清朝宣布停止海禁，这一时期洪塘港已经被淤泥填满，闽江上下游的船只逐渐转向南台港，南台的商业因此日益繁荣。为了管理这一变动，清朝同年设立了闽海关，分驻于福州南台和厦门两个地点。闽海关的衙署设在福州，监督衙署则位于福州府城外的南台中洲，福州由此成为中国第一个海关的诞生地。这一政策极大地推动了福州经济的对外开放，并加强了清朝对福建海外贸易的管理。

从1684年到1722年的38年里，福州商船频繁往返于日本长崎港，共计212艘。同时，西方商船也开始到访福州。1686年，4艘荷兰商船抵达福州，随后英国商人也带来了大量白银，并在福州购买了大量的丝织品。1695年，一艘英国船只抵达福州琅岐港申请贸易。然而，康熙五十六年（1717年）重新实施的部分海禁政策，再次阻碍了东南沿海的经济发展。沿海官员纷纷上奏，主张开放海贸。康熙五十九年（1720年），清朝准许外商设立"公行"，各地商人于是在福州设立会馆。雍正七年（1729年），清朝全面解除海禁，福州的对外贸易逐步恢复并繁荣。此时，福州出现了与琉球贸易的"十家帮"球商，这些球商实际上是"官许牙行"。

乾隆五十七年（1792年），清朝开放台湾淡水厅的八里坌与五虎门对渡，这进一步促进了福州与台湾之间的贸易发展。鸦片战争后，福州为五个通商口岸之一，成为大宗进出口货物的集散地。福建省内地和浙东的茶叶、木材、竹材、纸张等土特产从这里源源输出，布匹、呢绒、颜料、五金、洋油、烟草、西药等洋货也由此输入省内。

清朝前期，福州作为沿海城市，其开海设关和对外贸易密切相关。海禁解除后，福建的海外贸易迅速发展，福州的城市面貌因此发生了显著变化。闽江沿岸兴起了大量商业码头和货栈，南台商行云集，商帮林立，街市繁华，形成了商品齐全、辐射全省的商业网络。南台成为福州最繁荣的商业区，使福州成为省内商品的集散地和福建海上贸易的重要港口。

清道光二十二年（1842年），中英《南京条约》签订后，福州成为最早的通商口岸之一。福州，彼时作为闽浙总督的驻地，也是闽浙两省的政治和军事重镇，清政府对开放福州为通商口岸持保留态度。道光皇帝曾数次提议以泉州替代福州，但均被英国政府否决。[1]

作为对外通商口岸，福州迅速成为国内外商品的集散中心。19世纪，英国商船不断进入福建，寻找新的茶叶贸易港口。福州成为武夷山茶叶的最佳出口港口。武夷茶叶从闽江顺流而下，最短仅4天就能抵达福州，最长也不超过10天，大大降低了茶叶的运输成本。这促使英国人极力迫使清朝开放福州港，以获取闽江上游的武夷茶叶。

二、泉州港

（一）西晋时期

三国时期，孙吴在南安设立东安县，反映了南安作为早期聚落中心的重要性。随着晋朝的南迁和"八姓入闽"，晋江两岸迅速得到开发，晋江因此得名。南安作为南安郡的治所，标志着这一地区的繁荣。泉州市区地处晋江下游，随着时间的推移，其地位日益提升，最终取代南安成为区域中心。

西晋短暂统一后，由于王朝内部的权力斗争和"八王之乱"，中原地

---

[1] 谢彪.海丝路上运茶忙：19世纪末福州茶港的兴衰变迁与当代思考[C]//上海中国航海博物馆."丝路的延伸：亚洲海洋历史与文化"国际学术研讨会论文集.上海：中西书局,2015：173-185.

区遭受重创。大量百姓和士族地主逃离家园,形成历史上著名的民族大迁徙。福建因相对安定,成为许多南迁者的理想之地。据《福建通志》记载,永嘉二年(308年),中原动荡,八族入闽,包括林、黄、陈、郑、詹、邱、何、胡等。[①]移民使福建人口从太康三年(282年)的3800余户增加到4300户,许多移民选择在晋江沿岸定居。

大规模的移民是泉州港发展史上的重要事件,移民带来了先进的生产技术和文化,促进了地方开发。在接下来的几个世纪中,随着社会经济的发展和生产力的提高,泉州港逐渐崭露头角,成为重要的港口和文化中心。

最早踏上泉州港土地的外国人是名叫拘那罗陀(中名真谛)的印度僧人。他通过海道前来中国传教,在梁中大同元年(546年),他抵达南海(今广州),并在沿途停留了两年多。到了太清二年(548年),他抵达京城(今南京)。陈永定二年(558年),他途经豫章(今南昌)和临川(今抚州),最终返回泉州,并从泉州出发前往棱加修国(今马来半岛),途中在南越停留。[②]陈天嘉六年(565年),他再次乘坐小船抵达泉州,随后换乘大船回国。这是史书上首次明确记载的泉州港对外交通的记录。这位著名的印度高僧在中国传教期间三次来到泉州,并通过泉州港南航,这不仅表明泉州港在当时已经登上历史舞台,而且广为人知。拘那罗陀最后一次抵达泉州是为了改乘大船回国,这显示出泉州港的海外交通已经兴起,并且与南海诸国有密切往来。可以认为,位于晋江下游、江道深阔的丰州是泉州港早期的海外交通口岸之一。

(二)唐代时期

入唐以来,泉州迅速发展,首先经历了迁治建城的重大变化。自梁天监年间(502—519年)析晋安郡置南安郡以来的200多年间,丰州一直作为郡治治所,是福建南部的政治中心,也是泉州港早期的口岸之一。丰州濒临深阔的晋江,距海较远,背连群山,地势略高,这些优越的地

---

① 陈清.论泉州传统建筑装饰的多元化特征[D].苏州:苏州大学,2006.
② 陈丽华.略论中世纪泉州港的文化现象[J].东南文化,1999(4):49-52.

理条件为人们的聚居创造了良好的环境。然而，当时的泉州市区濒临东海，地势低洼，常遭洪水泛滥和海潮侵蚀。随着晋江的不断冲积和人们的日益垦殖，该地区逐渐发展起来。

原来作为内河港口的丰州，已不适应日益频繁的舟楫往来，特别是同晋江南部港口的联系较为不便。为适应海外交通发展的需要，开元六年（718年），州治从丰州东迁至现今泉州市区。

州治迁移后，数年间建起了一座周长3里的四方形城垣，称为子城。子城背倚清源山，面临晋江，是泉州历史上第一座城。城内布局北面为官衙"六曹新都堂署"，设有录事、司功、司户、司田、司兵、司士等机构。衙前后来被称为"双门前头"的地方，是城中心。城南则为繁华的工商业集中区。迁址建城成为泉州港发展史上的里程碑，体现着泉州作为港口贸易城市的崭新面貌。

7世纪中叶，伊斯兰的阿拉伯帝国在海上丝绸之路的西端崛起，阿拔斯王朝建立后，阿拉伯商人活跃于海外贸易，足迹遍及亚洲、非洲和欧洲。这些穆斯林商人遵循伊斯兰教祖穆罕默德"要寻求学问，即使远在中国"的教导，向往中国的华丽丝绸和精美陶瓷，开始远征东方，几乎垄断了丝绸、香料等东西方海上贸易。这种贸易大大刺激了中国东南海港的进一步繁荣。

沿着海上丝绸之路，满载货物的船舶由中国东南海港出发，经越南东海岸，过新加坡海峡，到苏门答腊岛，再穿越马六甲海峡，横渡印度洋，抵达斯里兰卡，随后沿印度西海岸进入波斯湾，或穿过霍尔木兹海峡，驶向非洲东岸。这时，中国海船已出现在红海岸和波斯湾的阿曼、西拉夫、奥波拉和巴士拉等港口。

沿着这条丝绸之路，阿拉伯、波斯、印度、东南亚诸国的使节、商人、僧侣和传教士们陆续乘船来到美丽而神秘的东方国土。公元八九世纪间，在阿拉伯的巴格达城中，已出现销售丝绸、瓷器等中国商品的"中国市场"[①]。如今，亚非不少地区残留下来的遗址和出土的大量遗物，

---

① 薛平."新丝绸之路经济带"上的扬州定位：扬州普哈丁墓园研究的微视角[J].中国穆斯林，2014（6）：40-42.

为我们描绘了一幅丝绸之路上"舟舶继路,商使交属"的历史真实画面。

在不断发展的东西方海洋贸易中,泉州港扮演了关键角色。公元9世纪中叶,阿拉伯知名地理学家伊本·郭大贝在其作品《道程和郡国志》中,将泉州与交州、广州、扬州一同列为中国的四大贸易港。①

这一时期,泉州港的贸易范围逐渐扩大。中南半岛的占城(今越南南部)、扶南、真腊(今柬埔寨)和印度尼西亚群岛的渤泥(今加里曼丹岛)等国家,都是泉州商船经常进出的地方。②《新唐书·地理志》中还记载了前往琉球的航线和日程。

由于海外贸易带来的巨大经济利益,"晋海舟人竞相率航海"的风气历数百年而不衰。海外商人,尤其是穆斯林商人和传教士纷至沓来,在泉州港进行商业或宗教活动。据记载,唐天授年间(690—692年),侨居广州、扬州、泉州港的阿拉伯人已数以万计。南海蕃舶也常到泉州港贸易。唐开元八年(720年),晋江南部东石港的海商林銮曾航海到渤泥国,并引来"蕃舟蛮人"。天祐元年(904年),马来半岛的三佛齐国派遣使节蒲阿栗取海道前来福建进奉并从事商业活动,分析认为蒲阿栗应是从泉州港登岸的。

大批海外商人、传教士和使者的到来,使这个繁华的东方都市呈现出"船到城添外国人""市井十洲人"的盛况。当时,从南部安海、东石港通往州城的陆路上设有店铺和驿馆,用来招待过往旅客。如今的新店是唐开元时设立的售货场地,池店是蕃商的馆驿,五店市(后改名青阳)和畲店则是蕃商集行陆路中站与集市之所。③商旅往返,络绎不绝,呈现出一派车马辐辏的热闹情景。

日益重要的泉州港对外贸易,引起了唐王朝的重视。朝廷在泉州设立参军事四人,以"掌出使导赞"管理海外往来的使节和商人。④会昌年

---

① 李柏槐.古代印度洋的交通与贸易[J].南亚研究季刊,1998(2):10.
② 高黎.宋元时期泉州地区海神信仰的变迁:以通远王、妈祖为例[D].泉州:华侨大学,2011.
③ 郭晔旻.泉州的兴起:从"荒服"到"刺桐"[J].国家人文历史,2021(20):36-41.
④ 刘文波.唐五代泉州海外贸易管理刍议[J].泉州师范学院学报,2005(3):48-53.

间（841—846年），泉州郑季芳便是一位"俾市利，以充府库"的官吏，可见唐代泉州港的市舶之利已成为封建政府财政收入的重要来源。

（三）五代时期

唐朝末年，腐败的封建统治和极端残酷的经济剥削激起了全国性的农民革命战争。乾符元年（874年），黄巢大起义爆发，经过十年征战，唐王朝最终崩溃。然而，分裂取代了统一，藩镇割据形成了五代十国，中国陷入了兵连祸结的大动荡时期。

南唐保大四年（946年），留从效控制泉州后，加强了对海外贸易的管理，并在唐子城内修建了一座坚固的衙城，作为府衙所在地。随后，他开始了拓展泉州城的伟大工程。周长仅3里的子城已经太狭窄，无法适应海外贸易带来的商业繁荣。除衙城和子城外，留从效又扩建了罗城，但仍未形成完整规模。留从效新建的罗城周长达到20里83步，高1丈8尺，共设7门。城外有碧水环绕的护城河，水流蜿蜒，景色宏伟壮阔。

在拓建过程中，留从效特别重视面向港口的城东"仁风门"和城东南"通淮门"的建设，使港城联系更加便捷。城内的街道被加宽，客栈、库房也相继兴建，这些都大大有利于货物运输和商旅活动。拓城建城的同时，留从效命人沿城环植唐时泉州的著名风景树刺桐，火红的刺桐花与高大的城墙相映成趣，极富诗意。刺桐从此成为泉州美丽的象征，并常以其代称城市和港口。随着中外商人的足迹，"刺桐港"开始蜚声海外，"刺桐"因此成为当时世界对古老东方的称呼。

（四）两宋时期

宋代的福建一路，多以海商为业，泉州尤为突出。大批商人来自各个阶层，这不仅是商品经济活跃和海外贸易发展的结果，也与北宋前期人多地寡的现状密切相关，促使更多人加入以海为生的行列。

在尚未设置市舶司的北宋中前期，泉州港的海外贸易已经相当活跃。

这一时期,泉州与高丽的贸易频繁。《高丽史》记载,从真宗大中祥符八年(1015年)至哲宗元祐二年(1087年),泉州商人到高丽国贸易的有15起,计400多人,比同期两浙路明州港对高丽的贸易还要频繁。

这一时期,大批海外商客云集于泉州港。雍熙年间(984—987年),一位名叫罗护那的天竺僧人由海道来到泉州,番商们纷纷持金缯珍宝资助他在城南建了一座宝林院佛刹。值得一提的是,神宗元丰五年(1082年),渤泥国派遣使节前来中国进贡,使者请求从泉州乘坐海船归国。一般而言,外国使节的往来需要经过已设市舶司的港口进出,而渤泥使者的这一请求获得朝廷特别批准,显示了泉州港与南海地区贸易地位的日益重要。

北宋时期,泉州港的对外贸易额显著增加,这可以从北宋朝廷颁布的许多诏令中看出。太平兴国初年,宋廷下令禁止私下交易藩国香药宝货,并对泉州做了限制规定。之后,北宋政府的一系列打击贩舶商旅、藏隐违禁和征榷专卖蕃货的诏令中,都将泉州与广州、两浙等重要港口相提并论。

随着泉州港的迅速发展,地方官吏多次上书请求设市舶司,使北宋政府不得不重视这一问题。哲宗登位后的第二年,即元祐二年(1087年),终于批准了户部尚书李常的提议,正式在泉州增设市舶司。这一举措标志着泉州在对外贸易中的重要地位已经确立。从此,无论泉州商人前往海外,还是外国商船来到泉州,都不必再经过广州,可以直接通航,这为泉州港的持续发展铺平了道路。

宋代,通过海路与泉州港贸易往来的国家和地区非常广泛。据成书于宋宁宗开禧年间的《云麓漫钞》记载,南宋中期常到泉州贸易的海外国家有30多个。曾于嘉定至宝庆年间任泉州市舶司提举的赵汝适,在其编撰的《诸蕃志》中详细记录了当时泉州港的海外贸易繁荣情况。这部重要著作列举的国家多达60余个,包括东亚、东南亚、南亚、西南亚和非洲的广大地区。

东亚:泉州与高丽、日本的贸易往来十分频繁。从泉州到高丽,船舶乘夏季南风北上,先至四明(今宁波),再续航一般5至20日可达。即使在宋辽对峙时期，泉州商人仍私下到高丽贸易。宋时，高丽王城有华人数百，其中多为闽人，尤以泉州商人为多。

东南亚：印度尼西亚群岛和中南半岛上的国家早已与泉州通商。宋代主要贸易国包括三佛齐、渤泥、阇婆、蓝无理、凌牙斯加、佛啰安、新拖、监篦、苏吉丹、单马令、登流眉、麻逸、三屿、交趾、占城、真腊、罗斛等。三佛齐是该地区强国，由于地理位置优越，成为商品集散地。泉州与这些国家间的航程记录表明，当时泉州与这些国家之间已有较为固定的航线。泉州商人在这一带活动频繁，不仅从事买卖，还成为东南亚诸国对宋朝进贡的媒介，许多商人通晓番汉两种文字，备受当地重用，甚至长期居留并娶妻育子。

南亚：宋代称印度次大陆地区为"西天诸国"。与泉州通商的国家包括南毗、故临、胡茶辣、注辇、鹏茄啰、细兰等。故临是泉州与阿拉伯等西方国家往来的中转站。自泉州至故临，一般于十一二月乘北风出航，次年过马六甲海峡，横渡印度洋，顺风月余到达。许多南亚商人直接到泉州贸易，僧侣也相继来泉州活动。

西南亚：宋代称阿拉伯地区的伊斯兰教诸国为"大食"。国家包括麻嘉、瓮蛮、记施、白达、弼斯啰、吉慈尼、勿斯离等。自泉州到大食，需先抵故临，换小船再航行一个月越过阿拉伯海，抵达波斯湾沿岸。大食离泉州甚远，但穆斯林商人和伊斯兰教传教士沿海路前来泉州者甚多，并大批定居，城南便是他们的聚居地。

非洲：北非的易斯里、遏根陀、默伽猎，东非的层拔、弼琶啰、昆仑层期，以及远在西欧的斯加里野等国家，也通过海道与泉州发生贸易关系。

通过这些贸易，泉州港在宋代成了一个世界性的港口，连接了广阔的海上贸易网络，奠定了其作为重要国际商贸中心的地位。

（五）元代时期

统治者在元初以泉州港为中心，积极展开招致诸蕃活动，同时采取各种措施恢复和发展泉州的社会经济，促进港口贸易的进一步兴盛。西方游历家笔下的刺桐港在元世祖至元末年以后，进入鼎盛时期，以其空前的繁荣和多彩的都市风貌，为世人所注目。

根据《岛夷志略》记载，元代与泉州发生海道贸易关系的国家和地区多达98个，比宋代《诸番志》记载的增加了三四十个。[①] 这些新增的通商口岸主要集中于东南亚及印度、马来群岛，如灵山（今越南东端华列拉岬）、昆仑（今越南南部昆仑岛）、八都马（今缅甸马达班）、罗婆斯（今尼科巴群岛）、乌爹（今缅甸乌土）、高郎步（今斯里兰卡科伦坡）等。

这些新增通商口岸的出现，说明泉州港与东南亚及印度、马来群岛的贸易往来有了较大发展。从中外史书上，可以看到泉州商人与东南亚、南亚商人的密切关系。南亚方面，印度船只满载香料及其他珍贵货物抵达泉州港，这里是国外商人经常光顾的港口，因此各种商品、宝石和珍珠输入数量之多令人惊叹，再由此转贩各地。东南亚方面，吕宋群岛的三屿，虽然居民不到200户，但常有居民到泉州经商。元惠宗至正初年（1341年），爪哇国王爱时察黑耳派商船来泉州贸易，泉州商人从爪哇岛输入大量黄金和香料，运销世界各地。小巽他群岛东部的古里地闷，曾有泉州吴宅乡百余人到此贸易，香料之岛文古老也是泉州商人获利之地。

元代泉州港对外贸易范围的扩大及进出口商品的增多，使其成为元代最大的集散港口，带来了空前的繁荣。然而，元末最后10年的亦思巴奚战乱，导致了泉州港的衰落。发动这场战乱的是侨居此地的色目穆斯林，其基本队伍是驻泉的波斯戍军及所谓的"义兵"，他们拥有一支叫"亦思巴奚"的精锐骑旅，因此这次战乱被称为"波斯戍兵之乱"或"亦思巴奚战乱"。战乱始于至正十七年（1357年），止于至正二十六年（1366年），战火波及泉州、惠安、仙游、莆田、福清、福州等广大地区，实为一场浩劫。

战乱对泉州港的影响极其严重，直接导致了泉州港的衰落。十年战乱破坏了泉州港的经济基础，人民生活极端痛苦。泉州作为战乱的发源

---

① 巫大健. 海上丝绸之路时期泉州多宗教文化共存现象的原因及特征探析[D]. 乌鲁木齐：新疆师范大学，2013.

地，所受灾难最深。更为严重的是，战乱破坏了泉州港与亚非国家的贸易关系，泉州港的极盛时代从此一去不复返，元气大伤，再也无法恢复昔日繁华。15世纪以后，随着世界交通形势的变化，泉州港进入了以私商贸易和移民运动为主要特征的新时期，官商贸易逐渐衰落。

（六）明清时期

明朝统治者对海外贸易实行了严格限制，与琉球的勘合贸易就是一个例子。明初，明太祖担心海道通外邦会导致反对势力卷土重来，或诱使蛮夷为盗，造成海疆不靖。因此，他一方面禁止沿海民众私自出海与诸番互市，另一方面为了示怀柔之意，宣布17个邻近国家为"不征之国"，与其建立朝贡关系。这种海禁政策贯穿了整个明朝，并为清代所沿袭。朝贡关系实际上是专制政权严格控制下的海外贸易。

这种海禁政策对泉州港的影响显而易见。然而，在统治者眼中，泉州港仍是一个重要港口。洪武三年（1370年），泉州复设市舶司，但被限定只通琉球，对贡期、贡品、随从人数等作了明确规定。

明成祖即位后，虽未完全背弃"祖训"，但对海禁政策的执行有所放宽。他改变了洪武时期朝贡贸易有来无往的消极态度，主动派太监出使海外，政府对海外贸易的限制开始放宽。永乐三年至宣德八年（1405—1433年），郑和奉命统领近3万舟师，先后七次下西洋，出使亚非30余国，扩大和加强了与海外的联系，使明代的官方贸易进入了一个新阶段。

郑和下西洋这一航海壮举，与泉州港关系密切。据记载，郑和第五次下西洋的起锚地就在泉州，而且多次途经泉州。虽然泉州港被限定只通琉球，但明政府多次遣使海外也多从这里出发。洪武三年（1370年），御史张敬之和福建行省都事沈秩出使渤泥，便是从泉州起航。永乐十三年（1415年），少监张谦奉使渤泥，亦从泉州出发。明廷遣使海外，多用泉州人为使。洪武九年（1376年）和十七年（1384年），泉州林驽两次"奉舶西洋"。

明廷使节频繁经由泉州港前往海外，特别是郑和在此进行的一系列活动，给泉州港带来了一定的繁荣。当时，随明使节前来朝贡的蕃舶越来越多，泉州水手常"导之入泉"，使泉州港扩大了对外贸易的范围，出现了复兴局面。

然而，这种繁荣局面是短暂的。随着郑和下西洋的停止，泉州港的繁盛很快消失。明成化八年（1472年），泉州市舶司迁至福州，这一掌管政府海外贸易的官方机构结束了其自北宋元祐二年（1087年）以来持续了近四个世纪的历史，这是泉州港史上的重大变化。市舶司的迁移，标志着泉州港官方贸易的衰落和终结。这种衰落的根本原因是明政府实行的海禁政策。

此外，泉州港的地理变迁也影响了其命运。泉州港沿岸属于快速沉积区，每年平均沉积速度约4.6毫米，后渚港逐渐淤浅。晋江由于历代植被被破坏，水土流失严重，每年大量泥沙往下游输送，平均含沙量等于闽江的2.6倍、九龙江的4.8倍。宋代的晋江要比明代宽、深得多。这些原因使泉州港逐渐失去了作为优良港口的自然条件。

三、漳州月港

漳州的月港位于九龙江的入海口，因其独特的地形特征而得名。在九龙江的海澄月溪至海门岛的江道段，两岸山峦环绕，江水在中间蜿蜒而行，宛如一弯新月，因而得名"月港"。这一地理位置得天独厚，位于河海交汇之处，不仅交通便利，而且港内几乎没有风浪，是一个天然的优良港口，早在古代就成为海上丝绸之路的重要节点。随着时间的推移，月港的影响力逐渐扩大，最终不仅仅指代单一港口，而是泛指整个九龙江流域。九龙江流域因其河网密布、水运发达而成为古代商贸往来的一条重要通道。许多外国文献也将九龙江称为"漳州河"，表明这一水系在国际贸易中的重要地位。九龙江作为福建省的第二大河流，由北溪、西溪和南溪三部分组成，发源于龙岩市新罗区，贯穿福建的多个县市区，包括漳平、华安、芗城、长泰、龙文、龙海等地。九龙江的水系不仅为当地的农业和经济发展提供了丰沛的水源，还通过一系列港口将内陆与海洋连接起来。在九龙江的入海口处，月港与漳浦、云霄、东山等县的多个港口共同形成了一个绵延的港口链，构成了明代海上丝绸之路的重要起点之一。

（一）漳州月港历史演变

明代以后，东南沿海地区频繁遭受倭寇侵扰，战乱不止，加之刺桐港逐渐淤积，严重影响了其对外贸易的繁荣。明成化八年（1472年），明朝政府决定将福建市舶司从泉州迁至福州，古刺桐港昔日商贾云集、文化兴盛的景象逐渐消退，走向衰落。与此同时，明朝实行的严厉海禁政策，进一步限制了对外贸易的时间和地点。然而，随着新航路的开辟，世界经济联系日益紧密，中西文化的交流也愈加频繁。随着中国社会经济的发展，朝野内外要求恢复对外贸易的呼声日益高涨。许多私商不愿被禁令束缚，纷纷发起反抗海禁的行动，希望重启贸易。因此，早在成化、弘治年间，沿海数省的一些官员已"默许民间私商私自出海"，不再严格执行禁令[1]。

在商品经济的推动下，对外贸易的恢复和发展成为大势所趋。此时，一个能够替代刺桐港的新港口变得尤为必要，以方便闽南人出洋从事私人贸易。漳州的月港，凭借其远离省府、偏处海隅的地理优势，成为最佳选择。作为一个内河港口，月港不仅拥有良好的自然条件，还能避开严格的海禁监管，迅速崛起为明代后期闽南地区对外贸易的重要枢纽。

海外贸易的空前繁荣引起了明朝政府的高度重视，最终在隆庆元年（1567年）取消了长达数十年的海禁政策，允许船只通往东西二洋。这一决定使得以民间商人贸易为主的月港从非法逐步走向合法，迅速崛起为中外交流和海外贸易的重要中心。通过专门的贸易航线，月港不仅推

---

[1] 陈杰中.明代漳州月港兴衰考[C]//福建省历史学会厦门分会.月港研究论文集.漳州：中共龙溪地委宣传部，1983：78.

动了经济交流,还加强了中国福建、菲律宾、美洲等地之间的联系。传统的中国手工艺品,如丝织品、瓷器和砂糖,通过海商和华侨被带到南洋,而诸如胡椒、烟草、槟榔等稀有的外国物品则经由菲律宾传入福建。

许多闽南人通过月港下南洋谋生,他们的足迹遍布吕宋岛、爪哇、日本等地,不仅传播了技术、语言和文化,还将闽南的影响扩展至多个国家。然而,月港的繁荣并未持续太久,到了17世纪上半叶,月港开始走向衰落。外部原因包括荷兰殖民者多次侵扰东南沿海,甚至侵占台湾等地,阻断交通,焚毁商船,以及明末清初时期郑氏抗清部队与清军的战事,这些都对月港的贸易造成了严重破坏。

然而,月港衰落的根本原因在于其地理劣势。作为一个内河港口,月港的船只必须经过厦门港才能出海,因此,月港逐渐被天然良港的厦门港所取代[①]。月港自身狭窄的腹地和短浅的水道,加之厦门港对其出海通道的控制,最终使得月港不得不退出历史舞台,结束了它作为重要贸易港口的辉煌时代。

(二)漳州月港与外国的交流

月港在那短暂而辉煌的时期,与日本、东南亚等40多个国家和地区保持了密切的直接贸易联系,并通过菲律宾群岛等中转站,间接与西班牙、荷兰等欧洲国家进行贸易往来。

1. 直接交流

海禁解除后,大批商船从月港出发,前往地理位置较近的菲律宾马尼拉进行贸易。这一繁荣的贸易活动还推动了大量东南沿海民众通过月港这一通商口岸移民菲律宾。中菲两地的直接交流,主要体现为华侨将中国先进的农业和手工业技术与工具引入菲律宾,并通过语言、文字、饮食、风俗、服饰、建筑等多种形式,将中国文化传播到当地,进而促进了中菲在商业、农业、手工业和文化等多方面的往来与合作。

---

① 陈自强.漳州古代海外交通与海洋文化[M].福州:福建人民出版社,2014:19.

商业方面，赴菲华商对当地社会经济生活产生了深远的影响。最初，他们通过小本经营来活跃市场，随着经营规模的扩大，逐渐形成了覆盖菲律宾群岛各城市和乡村的网状贸易网络。华商的岛际贸易促进了菲律宾各岛屿之间的物产流通，使货物流通顺畅，丰富了各岛居民的物质生活，并加强了岛屿之间的经济联系，成为物资交流的关键纽带①。在农业方面，华人农民不仅引入了特色作物和先进的生产工具，还向当地人传授了精细耕作的方法，并通过教授水果嫁接技术，提升了菲律宾的园艺水平。在手工业方面，华侨手工艺者将大量生丝、绸缎、陶瓷、铁罐等中国产品带到菲律宾，并传播了相关的生产技能。他们建立并运营手工业生产部门，填补了菲律宾在纺织、印刷、打铁、雕刻等手工业领域的空白。闽南人凭借其吃苦耐劳和坚韧不拔的精神，为早期菲律宾的发展作出了重要贡献。

最后就语言和饮食两点来谈中菲文化的直接交流。闽南方言对菲律宾语产生深刻影响，"菲律宾大学语言学家马努厄尔在《他加禄语中的汉语成分》一书中，曾列出381个来源于汉语（主要是闽南方言）的他加禄语词汇"。②典型的日常生活用词诸如susi（锁匙）、sangey（生意）、tinghoy（灯火）、lawlaw（宽松）等都可作为例证，它们的读音与闽南方言极为相似。饮食上主要表现为中华传统食物在菲律宾的传播，源于闽南语的他加禄语词汇中，常见诸如chaipo（菜脯）、siamey（烧卖）、tauyu（豆油）等闽南话借词的食品用语，同时在马尼拉涌现出许多闽南人兴建并掌管的小吃店和饭馆。无论是闽南方言还是中华饮食，可以肯定这些大多是由闽南沿海的民众从月港出海谋生进而传至菲律宾的。

2. 间接交流

"福建月港—菲律宾马尼拉—墨西哥阿卡普尔科的太平洋航线"③是月港海商与菲律宾、欧洲及美洲之间贸易往来的重要见证。史料记载，

---

① 邹云保.十七世纪初中菲贸易的发展与文化交流[D].厦门：厦门大学，2002.
② 张莲英.明清时期福建华侨对中菲经济文化交流的作用[J].福建论坛（文史哲版），1984（3）：75.
③ 王小甫，范恩实，宁永娟.古代中外文化交流史[M].北京：高等教育出版社，2006.

这条航线是在嘉靖四十四年（1565年）西班牙殖民者占领菲律宾后，为维护其在菲律宾和拉美的殖民统治并加强马尼拉与美洲的联系而开辟的"大帆船贸易航路"。因此，月港的海商通过菲律宾这一中转站，促进了大量跨太平洋的中外经济和文化交流，推动了中国融入全球贸易体系的进程。

通过这条航线，月港与欧洲、美洲实现了广泛的物质文明交流。私人贸易逐渐取代了官方经营，输入的货物主要是为了满足平民的日常需求，包括农产品、手工业品、手工业原料、矿产品及各种皮货[①]。例如，来自拉美的甘薯、烟草、玉米、南瓜和可可等作物通过菲律宾华侨被引入中国种植。此外，番薯、番纸、草席和西洋布等手工业品也改善了当地百姓的生活条件。

在海外贸易中，中国通过月港出口的主要商品是丝绸、瓷器和糖。这些商品依托于中国当时强大的丝织业、陶瓷业和制糖业，具有很强的国际市场竞争力。例如，漳州生产的优质天鹅绒和畅销的纱绢绸缎被大量运送到马尼拉，然后通过西班牙的大帆船转运到南美，或通过巴达维亚（今雅加达）和台湾等地经荷兰殖民者运送到欧洲[②]。这些丝绸产品对西班牙丝织业造成了直接冲击，同时拓展了欧美市场。商人们用墨西哥银圆购买丝绸，这些银圆通过月港大量流入中国，带来了丰厚的盈利，并对漳州的货币流通及明代中国传统社会经济结构产生了深远影响。

因此，"月港—马尼拉—阿卡普尔科"这一新"海上丝绸之路"在中外商品流通与经济交流中发挥了关键作用。马尼拉凭借其独特的地理位置，成为连接中国与欧洲、美洲的主要中继站。此外，这条航线还促进了福建与美洲之间的文化交流，其中西班牙的多明我会和方济各会传教士作为文化沟通者，推动了中西礼仪的碰撞，并吸引了大量西方人了解中国的历史与文化[③]。

---

① 陈自强.漳州古代海外交通与海洋文化[M].福州：福建人民出版社，2014.
② 陈微.月港开放与世界贸易网络的形成[D].福州：福建师范大学，2006.
③ 林金水，谢必震.福建对外文化交流史[M].福州：福建教育出版社，1997.

（三）漳州月港的枢纽作用

1. 加强与外界交流

在明代海禁政策放宽的情况下，月港经历了前所未有的民间贸易繁荣，迅速崛起为闽南的重要都市中心。这一崛起极大地推动了漳州地区的商品经济和社会生活的变革，使东南亚、日本及全球各地的商贸、文化和思想汇聚于月港，使其成为国人了解异域风物的主要窗口。同时，月港凭借其经济实力对周边地区产生了显著的辐射效应，推动了海澄、梅岭、安海等城镇的兴起，并促进了福建资本的原始积累。

大量海外商品的涌入，使漳州的风俗和生活方式逐渐变得奢华。引进的外来农作物如玉米、马铃薯和西红柿，改变了传统的农业结构和饮食习惯，而烟草传入后则成为人们生活中的一种奢侈消遣。月港引进的各种手工业品丰富了漳州人的物质生活，并刺激了工商业的快速发展。例如，漳州人开始仿制自鸣钟等海外商品，并逐渐掌握了相关技术，逐步不再依赖外来物资。城市手工业品的生产不仅在实用性上有所提升，也满足了精致化的需求，《漳州府志·风土志》中提到的雕花轿和漆器的生产水平都明显提高。

月港作为中外交流的"枢纽"，不仅为漳州带来了前所未见的商品，更重要的是拓宽了沿海居民的世界观和海洋意识。在频繁的海外贸易中，月港的海商对南洋诸岛及西方的认识早于其他地区，他们深入了解自然规律和海路形势，通过实践积累了丰富的航海经验，也学会了珍惜海洋带来的物质文明。这些先进的思想在很大程度上超越了内陆地区，推动了漳州及其周边区域的全面发展。

2. 融入世界贸易网络

月港在中外联通中的枢纽作用尤为突出，不夸张地说，它是大航海时代中国参与全球贸易网络的一个重要节点。作为连接"福建—菲律宾—美洲"海上丝绸之路的关键枢纽，月港实际上成为中国与海外之间紧密联系的桥梁。根据漳州地方史志记载，从15世纪末至17世纪中期的近200年间，月港与世界47个国家和地区建立了航道联系，维持了海上丝绸之路的经济贸易关系，其航线最远延伸至欧美海域，形成了一个覆盖全球的航线网络[①]。

在朝贡体系衰退和海禁逐渐放开的背景下，中国传统的封闭贸易格局受到了显著冲击。月港融入全球贸易体系不仅提升了其国际地位，还使漳州海商在其短暂繁荣的时期内主导了东亚的贸易圈。这一变化使中国在地理大发现的新时代能够更紧密地融入全球贸易网络，避免了在国际经贸潮流中落后。月港的枢纽地位和菲律宾的中转作用，共同促进了明代中后期东西方文明的深度融合。

3. 闽南文化传播的起点

月港，作为大规模华商和华侨出海的起点，其独特地理位置使其成为古代航海谋生的重要港口[②]。漳州月港的海商和华侨不仅移民东南亚，还将闽南方言和饮食文化带到了那片土地。作为华人南洋移民的主要港口，月港同样是闽南文化进入东南亚的起点。闽南方言的传播对东南亚各地语言产生了深远影响[③]。方言不仅是民族语言的基本形式和具体表现，也是地方文化的重要载体。例如，闽南方言所承载的戏曲、音乐和饮食文化也随着移民传播到菲律宾、印度尼西亚、马来西亚和新加坡等地。17世纪，闽南移民将木偶戏带入印尼，在雅加达的节日和庙会上演出布袋戏等中国南方戏剧，戏文和对话通常被翻译成当地语言[④]。南音，作为闽南地区历史悠久的音乐形式，也随华人移民传播到马来半岛等地。这种音乐形式使用闽南方言演唱，带有浓厚的地方特色，并寄托了乡情。南音在东南亚华侨社区中广泛传播，菲律宾和新加坡等地纷纷成立南音组织和社团。在饮食方面，南洋群岛的词汇中常见如 miswa（面线）、hopia（薄饼）、pansit（扁食）等极具闽南特色的地方风味小吃用词，这些食物大多是福建移民自月港传播到当地的。

---

① 卢承圣.辉煌灿烂的福建海丝文化[M].福州：海峡文艺出版社，2016.
② 林仁川.世界大航海时代的月港[J].闽台文化交流，2011（4）：40.
③ 朱建颂.方言与文化[M].武汉：华中师范大学出版社，2008.
④ 李未醉.中外文化交流与华侨华人研究[M].成都：电子科技大学出版社，2014.

第三节 古代海上贸易变迁中的海防文化

一、中国古代军事制度与海防体系

中国古代的军事制度与海防体系发展随着王朝更替和国土疆域的扩展而不断演变。从早期的部落联盟到中央集权的封建帝国,军事制度经历了从粗放到精细、从地方武装到全国统一调配的转变。同时,随着外部威胁的变化和海洋意识的增强,海防体系也逐渐形成并完善。下面从不同时期简要总结中国古代军事制度和海防体系的发展。

(一)先秦时期的军事制度

在先秦时期,中国的军事制度较为原始,主要以氏族部落的武装力量为主。夏商时期,军队由贵族阶层领导,士兵多为服从世袭领主的平民或奴隶。周代实行"分封制",王室分封诸侯,各诸侯国拥有独立的军事力量。军队的动员多依靠贵族的武力和农民兵制,战时由天子或诸侯领军,士兵平时为农,战时为兵。

(二)秦汉时期的军事制度

秦朝的建立标志着中国军事制度的转型。秦始皇通过郡县制的推行,将军事权力集中于中央,建立了常备军。秦朝军队实行严格的"编户齐民"制度,兵役制度较为完善,普通百姓须履行兵役义务,军队的组织和动员效率显著提高。秦军凭借其高效的组织结构和武器装备统一了六国,奠定了中央集权的军制模式。

汉代继承了秦朝的军事制度,但同时也有所创新。"屯田制"是汉代的重要军事政策，尤其是在边疆地区，驻军与农业生产结合，形成"兵农合一"的模式。这不仅维持了边疆的经济运转，也减轻了中央政府的负担。汉代还设立了专门的边防将领，如西汉的"边郡长官"，负责防御匈奴等北方游牧民族的侵袭。

（三）魏晋南北朝至隋唐的军事发展

魏晋南北朝时期，政权更替频繁，军事制度相对混乱，但这一时期也出现了新的军事管理模式。例如，南北朝时地方豪强控制下的私兵制度等，都是特殊时期的军事应对方式。此时，骑兵作为主要兵种得到大力发展，弓箭、马镫等军事技术的应用也更加广泛。

隋唐时期，军事制度更加完善，"府兵制"成为唐朝前期的核心军事制度。府兵制结合了屯田制与民兵制度，府兵平时在地方务农，战时按军府的规定出征，军民合一的模式在初期取得了极大的成功。此外，唐朝还设有"折冲府"，作为训练府兵的机构，保证了军队战斗力和人数的稳定。

唐代中后期，府兵制逐渐瓦解，取而代之的是"募兵制"，即通过征募职业军人来维持军队的常规运作。募兵制的出现提高了军队的战斗专业化水平，但也带来了军阀割据、军费负担增加等问题。

（四）宋元时期的军事制度和海防

宋代由于外敌强大，如面临辽、西夏和金的威胁，军事制度进一步调整。宋朝设立了"禁军"和"厢军"，禁军为中央直辖的正规军，厢军则负责地方防务。此外，宋朝还设立了专门的水军编制，用于抵御来自海上的威胁，如对抗南方的海盗以及为海上商贸护航。

元代军事制度采用了"千户制"，将军队分为千户、百户等单位进行编制，军队的机动性和战斗力都很强。元代的海军建设也有所进步，元朝通过强大的海军发动了对日本、东南亚等地的远征。

（五）明清时期的军事制度和海防体系

明朝的军事制度在宋元基础上进一步发展，建立了"卫所制"，这是继府兵制之后又一种兵农合一的军事制度。卫所制规定士兵世袭，由中央直接控制，但由于世袭制度的僵化，战斗力逐渐下降。与此同时，明朝还加强了长城等北方边防设施的建设，抵御蒙古势力的南侵。

在海防方面，明朝对海盗和倭寇的威胁尤为重视，设立了水师，并在沿海地区建立了海防体系。特别是在嘉靖年间，戚继光等将领大力整顿水师，加强了沿海防卫。明朝的水师不仅抵御了倭寇，还为维护南方的海上贸易提供了保障。

清代的军事制度较为复杂，继承了满洲八旗制度，同时也吸收了明代的绿营兵。清朝在统一全国后，采取了"八旗兵""绿营兵"双轨制。八旗兵主要负责守卫京师和满洲地区，绿营兵则负责全国的地方防务。在海防方面，清朝的前期对海防较为忽视，但随着鸦片战争的爆发，海防问题逐渐暴露，清政府开始重视现代化海军的建设。

（六）海防体系的演变

中国古代的海防体系经历了从无到有、从松散到系统化的过程。在早期，中国的军事重心多集中在陆地边防，直到宋元时期，海防的重要性才逐渐提升。随着宋代海上贸易的繁荣，朝廷开始设立水军，并在沿海地区设立海防要塞。

到了明代，海防体系逐渐完备，尤其是在抵御倭寇的过程中，沿海设立了多个水师基地，并通过地方卫所制度加强了沿海的防卫力量。清代初期对海防的重视程度不高，但鸦片战争后，清政府痛感海防薄弱，开始建设现代化海军，并设立专门的海防机构，如北洋水师、南洋水师等，旨在应对西方列强的海上威胁。

二、福建海防历史演变过程

（一）福建海防的地理背景与早期海防萌芽

福建地处中国东南沿海，东临东海，西接武夷山脉，海岸线曲折绵长。福建的海防历史起源于其独特的地理环境，由于临海，福建不仅面临海上贸易与经济发展机遇，也长期受到外敌的侵扰，如倭寇、海盗及外来势力的威胁。福建的海防发展与其军事战略地位息息相关。

在秦汉时期，福建地处偏远，中央政府对福建的管辖较为松散，海防问题尚未得到重视。由于当时海上交通和航海技术的发展尚不成熟，外敌的威胁主要来自陆上，福建的海防体系仍处于萌芽阶段。

（二）唐宋时期福建海防的初步发展

福建的海防在唐代逐渐受到重视，尤其是随着唐朝对外开放政策的实施，海上贸易繁荣，福建沿海逐渐成为重要的港口和对外贸易枢纽，如泉州港等。与此同时，福建沿海也开始面临来自海上的外敌威胁。唐朝设立了地方军政机构，负责管理沿海地区的防务，但此时的海防仍然以防御海盗为主，规模和制度尚未完善。

宋代是福建海防发展的重要时期。由于北方游牧民族的威胁，宋朝在军事防御上更加依赖南方的海上力量。福建成为宋朝重要的战略防线之一，尤其是在对抗南方海盗及外来侵略时，福建的海防逐渐形成了较为完整的体系。宋代建立了专门的水军，并在福建沿海设立了水军基地，水军的主要任务包括巡逻海域、抵御海盗及护航商船。泉州成为当时世界知名的港口，福建在宋朝的海防和经济贸易中占据了重要地位。

（三）元代福建海防的强化

元朝时期，海防的重要性进一步提高。福建沿海成为元朝向外扩张的海上基地之一。元朝在福建设立了水军指挥机构，并加强了对沿海的防御。尤其是元朝时两次远征日本，福建的泉州和福州成为重要的军港和物资集散地。

在元代，福建的水军不仅承担了防御任务，还积极参与了元朝的对外远征。然而，由于元朝的海防体系缺乏长远规划，且受到朝廷腐败和内部分裂的影响，福建的海防在元末变得较为松散，海盗问题也再次泛滥。

（四）明朝福建海防的完善与倭寇之患

明朝是福建海防历史上发展的重要阶段，尤其是在嘉靖年间，福建成为抵御倭寇的重要前线。明初实行的卫所制强化了沿海的防御力量，明朝设立了多个沿海卫所，负责指挥和管理地方水军。然而，随着明朝统治的稳固，海防一度被忽视，导致倭寇问题愈演愈烈，尤其是在16世纪中期，倭寇频繁侵扰福建沿海，严重威胁当地的安全和经济。

面对倭寇的威胁，明朝加强了福建的海防建设，戚继光、俞大猷等著名将领在福建沿海进行了多次军事行动，最终有效遏制了倭寇的猖獗。戚继光整编水军，加强沿海防御工事建设，使得福建海防体系更加完善。福建沿海设立了多处水师基地，并构筑了多个防御工事，如沿海的城堡、炮台等，福建的海防体系在明朝后期达到了新的高度。

（五）清朝福建海防的进一步发展

清朝初期，福建的海防仍然面临许多挑战。尤其是明末清初，郑成功据守台湾并多次对福建沿海发起进攻，福建成为清朝海防的前沿阵地。清朝初期对海防采取了较为保守的政策，甚至实行了海禁政策，禁止沿海居民出海，以减少海上威胁。

然而，随着清朝逐渐稳定，海禁政策的弊端也逐渐显现，福建的经济受到极大影响。康熙时期，清政府逐步放宽海禁，福建的海防也随之得到加强。清朝在福建设立了多个海防机构，尤其是在台湾被纳入清朝版图后，福建与台湾之间的海防成为清政府的重点。福建的水师逐步得到加强，水军规模扩大，并在沿海设立了多个军港和防御设施。

（六）鸦片战争与福建海防的危机

进入 19 世纪，福建的海防体系面临了前所未有的挑战。鸦片战争爆发后，福建沿海成为英军的攻击目标。由于清朝的海防体系长期停滞不前，海军装备落后，军舰和炮台无法与英国的先进战舰相抗衡。鸦片战争期间，厦门、福州等福建沿海城市相继被英军攻陷，福建的海防体系面临严重危机。

鸦片战争的失败暴露了清朝海防的薄弱，尤其是福建这样的沿海省份，长期的海禁政策导致了其海防力量的衰退。战后，清政府意识到海防的重要性，开始进行一定的改革，尝试建立现代化的海军。福建成为清政府海防改革的重要基地之一，福州船政局设立后，引入西方的造船技术和海军培训模式，福建的海防体系开始现代化转型。

（七）近代福建海防的现代化与抗战时期的海防

清末至民国时期，福建的海防继续进行现代化改革。福州船政局培养了一大批现代海军人才，并建造了多艘现代化军舰，福建的海防力量在近代得到了显著提升。然而，由于清政府的腐败和财政困窘，福建的海防改革依然困难重重，海防现代化进程未能持续。

抗日战争期间，福建的海防再次面临巨大挑战。日本的海军力量强大，福建沿海成为日军进攻的重要目标。尽管福建的海防力量相对薄弱，但当地军民在战争中进行了顽强的抵抗，沿海的水师和炮台多次与日军展开激烈战斗，阻止了日军进一步深入内陆。

福建的海防发展历程是中国古代、近代海防史的缩影。从早期的防御海盗到抵御外敌入侵，福建的海防体系经历了不断完善和调整。无论是在宋元时期的水军建设，还是明清时期的海防改革，福建始终在中国的海防体系中占据重要地位。特别是鸦片战争后，福建作为海防现代化的试验田，引入了西方先进的造船和军事技术，为中国近代海军的建设作出了重要贡献。

随着时代的变迁，福建的海防不仅是防御外敌的屏障，也逐渐成为沟通世界的桥梁。如今，福建的海防体系早已超越了单纯的军事防御意义，而是融入了现代国家安全、经济发展和对外开放的战略体系中。

三、福建海上丝绸之路与海防之间的影响

（一）海上贸易的兴盛推动海防体系的建立

1. 唐宋时期的海防初步形成

唐代福建已经开始重视海防问题。随着海上丝绸之路的兴盛，福建沿海面临越来越多的海盗和外敌威胁。唐朝设立了地方军政机构来管理沿海防务，但当时的海防体系尚不完善。宋代，福建在海上贸易的带动下，海防建设逐步加强。宋朝设立了专门的水军，负责保护海上贸易线路，维护贸易安全。

2. 明清时期海防的强化

明朝时期，海上丝绸之路的繁荣与倭寇问题紧密相关。明朝政府在面对倭寇频繁侵扰时，加强了福建的海防建设。嘉靖年间，著名将领戚继光在福建沿海实施了多次军事行动，重建了海防体系，修建了沿海防

御工事，保护了海上贸易活动。

清朝初期，为了隔绝郑成功军队与大陆的联系，施行严厉的海禁政策。康熙时期，随着海禁政策的放宽，福建的海防体系得到进一步强化，海上贸易恢复繁荣，海防与海上贸易的相互促进再次显现。

（二）海防体系对海上丝绸之路的保护作用

1. 强化海防保障海上贸易安全

福建的海防建设不仅保护了沿海居民的安全，也确保了海上丝绸之路的畅通。明朝时期，福建的海防工事如城堡、炮台的建设，大大提高了对抗海盗和外敌的能力，保障了商船的安全和贸易的稳定。

2. 近代海防改革与国际贸易

鸦片战争后，清政府认识到海防现代化的重要性，开始进行海防改革。福建作为重要的海防改革基地之一，引入了西方先进的造船技术和海军训练模式。虽然清代海防改革面临许多挑战，但这些努力为保障福建的海上丝绸之路的安全稳定提供了基础。

（三）海防变迁对海上丝绸之路的影响

1. 海防体系的不足对海上丝绸之路的威胁

在海防体系存在不足或松散的时期，海盗、外敌侵扰等威胁会对海上丝绸之路造成严重影响。例如，清初的海禁政策和鸦片战争期间的海防失利，直接影响了福建的海上贸易安全，迫使海上丝绸之路遭遇困境。

2. 海防强化促进海上丝绸之路的复苏

当福建海防得到有效强化时，海上丝绸之路的繁荣得以恢复。例如，明清时期海防的强化和海禁政策的调整，有效遏制了海盗活动，恢复了海上贸易的稳定和繁荣。

（四）海上丝绸之路与海防的互动关系

福建作为海上丝绸之路的重要节点，其海防体系的发展与海上贸易的繁荣紧密相连。海上丝绸之路的兴起推动了福建海防体系的初步建立和强化，而海防的完善又为海上贸易的安全提供了保障。福建的海防建设在不同历史时期均对海上贸易的畅通产生了深远影响，海防和海上丝绸之路相互促进，共同推动了福建地区的经济和战略地位的发展。

第四节　福建省海丝文化交流与传播实例

一、航海、造船、印刷和火药等技术

福建是我国最早产生海洋文明的地区之一，早在春秋战国时期，福建先民就"以船为车，以楫为马"，驰骋于波涛汹涌的台湾海峡。唐宋时期，福建的造船业迅速发展，特别是指南针应用于航海，大大提高了福建航海水平。《诸蕃志》记载："渺茫无际，天水一色，舟舶往来，惟以指南针为则，昼夜守视唯谨，毫厘之差，生死系焉。"[1] 指南针的使用、四十八分向法的罗盘导航技术，通过到福建经商的阿拉伯人的传播，到达阿拉伯世界，并通过阿拉伯世界，传播到西方各国，对后来西方人了解东方以及"地理大发现"起了很大的作用。

福建人所造的海船首部尖、底部尖、尾部宽，两头上翘，又称"福船"。宋元时期的福船为单龙骨，根据宋代《宣和奉使高丽图经》记载，

---

[1] 赵汝适.诸蕃志[M].上海：上海古籍出版社，1993.

当时的海船"上平如衡,下侧如刀,贵其可以破浪而行"。福船稳定性好,在海上航行较平稳,遇上大风浪也不会轻易翻覆,适合于远洋和在气候恶劣的海域航行。明嘉靖年间胡宗宪所著《筹海图编》称这种船"高大如楼,其底尖,其上阔,其首昂"。福建人还将这种造船技术输往日本。16世纪时,日本的造船技术比较落后,所造海船船底扁平,布帆挂在樯的正中,樯还要经常转动,只适合于顺风中航行。一旦遇上无风或逆风,就只得把樯拉倒,摇橹前行。福建人根据福船的构造,改造这种日本船,"把樯固定起来,船底改作二重,尖形,这样就不拘斜风、逆风,都能航行了"。[①]改造前的日本船到中国要"月余",改造后只要"数日"即可到达。

16世纪后半叶开始的福建—菲律宾—墨西哥的"大帆船贸易",要建造坚固、抗狂风巨浪、性能优越的帆船,这些帆船一般是在菲律宾建造,而在菲律宾的福建人,则在建造帆船方面发挥了重要的作用。所造大帆船船体巨大,载重量达2000吨,抗风浪能力强,能在风险浪恶的太平洋两岸往来穿梭。印度尼西亚、暹罗等东南亚各国也经常请福建人前往造船,也有的请福建人前往驾驶船舶。

宋时,福建是中国四大刻书出版中心之一。南宋嘉定十年(1217年)曾在福建的日本僧人庆政上人回国时,带回福州版的《大藏经》[②],福建建阳书坊所刻的"建本"书籍大量输往朝鲜、日本,以至于到元初,还有"书籍高丽日本通"的说法。明清时期,福建书籍仍是输往日本的重要物品。至今在日本还保存有大量的宋元明清时期福建版的书籍。

随着福建版的书籍传播海外,福建的刻印技术也传到海外。元时,日本常到福建招聘优秀刻印工人。元至正二十七年(1367年),福州南台桥人陈孟千和陈伯寿二人到日本从事刻字印刷,他们在嵯峨居留20年,自刻或与他人合刻印佛经和中国典籍数十部,刻本精良,被称为"博多

[①] 木宫泰彦.日中文化交流史[M].胡锡年,译.北京:商务印书馆,1980.
[②] 林家恒.古代福建对日交往及其影响[J].福建论坛(文史哲版),1997(4):68-72.

版",在日本享有盛誉。

福建莆田籍刻工俞良甫于元末到日本,在京都天龙寺雕刻佛教书籍,同时也自己刻书出版,他手刻的有《宗镜录》《碧山堂集》,李善注《文选》《般若心经疏》等8部书。俞良甫在日本将近30年,刻苦雕刻,精益求精,有时还自己出资制版印行,并将自己的精湛技术传授给日本的徒弟。日本中日文化交流史学者木宫泰彦是这样评价他的:"一个亡命异域的人,牺牲自己的财物,辛勤劳瘁,从事刻版事业,为日本文化的发展作出贡献,他的功绩是永远值得纪念的。"[①]

宋代由于战争不断,火药的研究和生产有了长足的进步,福建晋江人曾公亮主纂的《武经总要》详细记载了三种火药的配方和制造工艺。中国的火药是经印度由阿拉伯世界传入西方的。宋元时期,福建与阿拉伯世界的商路畅通,很多阿拉伯商人到福建做生意,甚至定居、当官、繁衍子孙。在福建的这些阿拉伯人通过海路将中国的火药经印度传播过去,福建与阿拉伯的海路成为传播火药的途径[②]。

由于传进了火药,13世纪时伊斯兰国家已学会用硝配置火药,阿拉伯兵书《马术和军械》记载了火药的配方以及"中国铁"(火炮的铁渣末)的用量[③]。希腊人通过翻译阿拉伯人的书籍知道了火药。在长期的战争中,不仅阿拉伯人使用了火药兵器,欧洲人也逐步掌握了制造火药和使用火药兵器的技术。

恩格斯对中国火药的发明有高度评价。他说:"现在已经毫无疑义地证实了,火药是从中国经过印度传给阿拉伯人,又由阿拉伯人和火药武器一道经过西班牙传入欧洲。"[④]火药的发明在政治上动摇了西欧的封建统治,促进了世界历史的发展和进步。

[①] 木宫泰彦.日中文化交流史[M].胡锡年,译.北京:商务印书馆,1980.
[②] 冯家升.火药的火明和西传[M].上海:上海人民出版社,1978.
[③] 沈立新.中外文化交流史话[M].上海:华东师范大学出版社,1991.
[④] 胡耀辉.浅论马克思眼中的阿拉伯人[J].渭南师范学院学报,2013,28(5):36-41.

二、农业手工业生产技术在海外的传播

我国是个传统的农业大国，农业生产技术比较先进，不少福建人通过海上丝绸之路移居海外，也传播了这些生产技术。

东南亚一带，水稻生产技术比较原始，产量很低。福建移民则将比较精细的耕作技术如育秧、除草、施肥等传播过去。元末明初，大批福建人移居印度尼西亚巨港，他们从事农业生产，并将技术传授给当地人民，很快巨港一带便成为"地土肥美，谚谓'一季种谷，三季收稻'"的农业生产发达区域[①]。

明清时期，琉球通过海上丝绸之路，从福建引进了粮食、蔬菜品种，还仿制了中国的农具犁、耙等，大大提高了生产力水平。在手工业生产技术方面，福建先进的制瓷业也传播海外。南宋嘉定十六年（1223年），日本陶工加藤四郎到福建建阳学习建盏的烧制技术，其于绍定元年（1228年）回日本后在山田郡的濑户村（今爱知县濑户市）建窑，烧制出精美的黑釉瓷器"濑户烧"，被尊称为日本的"陶祖"。

福建的织缎技术也传往海外。清顺治十六年（1659年），琉球人国吉跟随贡使"入闽学缎之法"，开创了琉球的织造业。以后，琉球的纺织技术不断进步，出现机织，以至于"家家有机，无女不能织者"。

福建先进的种蔗、制糖技术也传到东南亚。17世纪，大量漳州人在爪哇种植甘蔗，并设立制糖作坊，利用牛拖或水力推动石磨来压榨甘蔗。这种以水牛为动力的榨蔗制糖法后来又传入马来半岛，大大促进了东南亚制糖技术的提高。

福建先进的建筑技术也传播到周边国家。福州华林寺大殿于北宋乾德二年（964年）肇建，当时福州归五代吴越国统治。大殿为五代木构，是长江以南现存最古老的木构建筑。大殿有18根木柱，柱子以上全由斗拱支撑，其建筑式样和技术对12世纪末日本镰仓时期的"大佛样""天

---

① 巩珍.西洋番国志[M].上海：中华书局，1982.

丝样"建筑风格影响很大。

三、福建文化在海外的传播

唐宋以后，福建随着经济发展，海外贸易繁荣，文化也迅速崛起。福建书院林立，重教尊师蔚然成风，被誉为"海滨邹鲁"。福建理学兴盛，佛学发达，佛教徒不断向海外传经弘法。福建刻书业发达，大量福建版的儒学、史学、文学著作传播海外。福建的戏曲、音乐、语言也随着华侨的增多和定居而在海外传播开来。

（一）朱子理学

朱熹是理学集大成者。朱熹生于福建，长期在福建生活、为官和讲学，其宏硕的著述对宋以后社会影响巨大。他的著作也通过海上丝绸之路等渠道传到世界各国，在东北亚的日本、朝鲜和东南亚的越南、新加坡影响尤为广泛。元至元二十五年（1288年），高丽人安裕自元大都（今北京）带着《朱子全书》回到朝鲜，开始宣传朱子学说，经过多代的师徒传授，朱子理学在朝鲜传播日盛，出现了许多著名的学者和影响广泛的学术著作。

越南的李朝创立者李公蕴和陈朝创立者陈煚都是福建人，他们在越南传播福建文化。他们都尊崇理学，仿照中国体制设立国子监，学习中国儒家经典。后来的越南历朝统治者继续尊崇儒学，把朱熹的《四书集注》列为科举教材，朱子理学进一步深入传播到越南社会各阶层。越南李朝、陈朝的国家行政组织、教育和科举制度均仿照中国，沿用中国历法夏历（农历），过春节等中国传统节日，在法国殖民者入侵以前长期使用汉字，以汉文为官方及文学著作的通用文字。在越南南北统一以前，由于闽籍华侨华人众多，在越南南方建有不少华文学校，发行华文报刊。

（二）福建佛学

唐宋元明清时期，福建佛教兴盛，佛学著作丰富。福建的佛学著作派系众多，各立门户，各有一套自己的体系和主张，并纷纷向朝鲜、日本等国传播。以五代时期泉州招庆寺僧人释静、释筠所编纂的《祖堂集》传播至朝鲜为例，可以看出当时福建文化对朝鲜的影响。

五代南唐保大十年（952年），福建泉州招庆寺僧人释静、释筠二禅师编纂了禅宗最早的史书——《祖堂集》[①]，该书记载了南禅宗在闽粤一带发达的详况，且多有新罗人来华学习的记载，是中外佛学交流史的重要著作。《祖堂集》出自泉州五代名刹招庆寺，问世后的近百年间，其书尚在国内流传，此后就杳无音信，不见踪影。然而，经过300年，此书却出现在南宋淳祐十一年（1251年）刻成的《高丽大藏经》中，作为《大藏经》的附刻本，同时被刻成木版，为高丽分司大藏都监雕造。《高丽大藏经》是高丽王与重臣为祈求打退入侵高丽的蒙古军，重兴雕版之业，自端平三年（1236年）起历时16年雕刻而成，卷帙浩瀚，举世闻名。《高丽大藏经》收录有泉州僧人编纂的《祖堂集》，说明早在南宋淳祐十一年（1251年）以前，《祖堂集》就已流传至朝鲜，而且作为重要经典被朝鲜王室收藏、保存、雕刻。此书版本历经沧桑，保存于韩国庆尚南道陕川郡伽耶山海印寺。20世纪初，日本佛学家去韩国伽耶山海印寺调研高丽版大藏经的版本时，才意外地发现了《祖堂集》的这一高丽翻刻本。这一发现，为福建与朝鲜的佛学交流提供了重要佐证。

17世纪初，中日海上贸易兴盛，福建、浙江等地华侨先后在日本长崎兴建了兴福寺、崇福寺和福济寺三座中国式寺院。清顺治六年（1649年），崇福寺二代住持圆寂，寺院邀请福建福清黄檗山万福寺隐元禅师的弟子也懒前去住持，不幸也懒一行死于海难。隐元禅师感于兴福寺逸然禅师的四次盛情邀请，为了弘扬佛法，决定"子债父还"，将黄檗山的法

[①] 释静，释筠.祖堂集[M].香港：香港天地图书有限公司，2003.

席让给弟子慧门，东渡日本。

隐元东渡极大地影响日本佛教。他将中国的建筑、雕刻、书法、绘画、刻印、茶饮等文化传到日本。宇治的黄檗山万福寺以及各地修建的黄檗山寺院，由明清僧人设计监工，采用纯粹的中国式样，很多雕刻配件是在中国由当地工匠雕镂后运到日本装配。隐元一行带去了大批中国书画，同时隐元及其弟子木庵、独立等人无一不善于书法。他们将自己的技能代代相传，对日本的书法绘画艺术产生重大的影响。由于隐元一行的日常生活完全保持着中国的方式，平常讲话用汉语，讽诵经典也用唐音，这对日本流传中国文化和日本人的生活方式也有影响。隐元带至日本的扁豆、莲花和馒头，至今被称为"隐元豆"、"黄檗莲"和"黄檗馒头"。他们所建造的黄檗山万福寺，依旧矗立在京都南郊宇治市，成为中日友好交往的见证。1673年（清康熙十二年，日本宽文十三年），隐元禅师辞世前夕，日本后水尾天皇特赐他"大光普照国师"的尊号，之后日本历代天皇相继追赠他为"佛慈广鉴国师""径山首出国师""真空大师"等称号，这表明隐元禅师在日本人民中享有崇高的声望，影响深远。

佛教也随着福建人下南洋逐渐传播至东南亚各国。在菲律宾，旅菲侨界中信佛的有识之士为了弘传佛教，凝聚侨胞，于1931年组织成立"旅菲中华佛学会"。成员们经常聚会切磋佛学义理，并发起集资兴建佛寺。为募资建寺，中国泉州云果、妙月和尚，福州净然和尚等曾应邀短期到菲教化。1936年，在各界的支持下，菲律宾第一座正统佛寺大乘信愿寺在马尼拉市那拉街建成。1937年，中华佛学会礼请闽南大德性愿法师到菲住持信愿寺，塑佛请经，宣扬佛理，领众薰修，寺院初具规模。可以说，从这时开始，佛法僧（即佛像、像经、僧人）三宝具足，正统佛教通过福建僧人、福建华侨传入菲律宾。

佛教的传播、佛寺的兴建，随着华侨和华人的定居和迁徙，由马尼拉华人区逐渐扩向郊外，并向菲律宾各地延伸，佛教也随之传播到菲岛各地。据不完全统计，全菲计有佛寺四五十座，其中较著名的有：马尼拉的信愿寺、华藏寺、普陀寺、普济禅寺、崇福寺、宿燕寺、观音寺、宝藏寺、圆通寺、海印寺、佛光山和金沙寺；宿务市的佛光寺、普贤寺和慈恩寺；碧瑶市的普陀寺；三宝颜市的福泉寺和三宝寺；等等[①]。其中马尼拉的信愿寺是全菲佛教的中心。信愿寺开山祖师性愿法师（1889—1962）为福建南安人，第二任住持瑞金法师（1905—2005）为福建晋江人。

（三）文学艺术语言

唐宋元明清时期，大量中国福建版的文学、哲学、艺术等书籍通过海上丝绸之路被贩运到朝鲜、日本。福建建阳麻沙版书籍至今有许多还保存在朝鲜。

在日本，福建版的书籍也备受欢迎，大量中国儒学、史学、文学以及艺术书籍传到日本，对日本文化产生不同程度的影响。日本还追根溯源，从福建请去刻工，翻刻中国的文化典籍，更广泛地传播中国文化。

在东南亚，福建的戏曲、音乐、语言也随着华侨的增多和定居而逐渐传播。在印度尼西亚、马来西亚等国，闽南的高甲戏、梨园戏、布袋戏流行；在泰国，莆仙戏很受欢迎；在新加坡，福建的各种地方戏曲如福州戏、高甲戏、梨园戏、布袋戏、莆仙戏等都有自己的市场和特定观众；在菲律宾等国，南音传播很广泛且深入人心，有长和郎君社（南音）、丝竹桑林各团体联合会等各种南音社团组织，每逢迎神赛会、节庆活动或闲暇时日，则经常要演唱南音，以抒发思乡之情。

福建的语言也随着华侨的定居而影响当地。宋元以后，福建人大量迁移东南亚，在当地经济生活中占有极为重要的地位，他们大多讲闽南话，因此，以闽南话为主的福建话对东南亚各国影响很大。在华人聚居地和华人家庭中，很多坚持使用福建话，华人称为"咱人话"，意即"咱们中国福建人使用的话"。他加禄语是菲律宾的主要语言，吸收了许多来自福建的闽南方言，甚至连家庭亲属关系的称谓也直接照搬闽南语。同时，闽南方言中也吸收了不少外来语，显然是双方交流密切的证明。福

---

① 胡沧泽.菲律宾的佛教与华侨华人[J].世界宗教文化，2011（1）：63-67.

建人在海外积极传承和推广福建的多种方言，并通过建立中文学校和教育机构，促进了华人子女的中文教育和文化传承。福建人在海外的语言和教育工作中，还注重与当地社区的融合和互动。他们积极参与当地的教育合作项目和文化交流活动，促进了福建文化与当地文化的相互理解和融合。通过这种方式，福建人不仅传承了自己的语言和文化，也促进了跨文化交流与合作的发展。

第四章
福建省海丝文化遗产

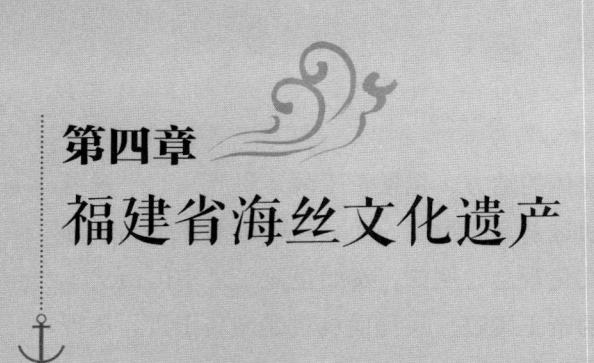

第一节 物质文化遗产

一、物质文化遗产概述

物质文化遗产是指具有历史、艺术和科学价值的文物,包括不可移动文物和可移动文物。其中,不可移动文物包括古遗址、古墓葬、古建筑、石窟寺、石刻、壁画、近代现代重要史迹及代表性建筑等,可移动文物包括历史上各时代的重要实物、艺术品、文献、手稿、图书资料等,以及在建筑式样分布或与环境景色结合方面具有突出价值的历史文化名城(街区、村镇)。

(一)物质文化遗产的类别

1. 不可移动文物

(1)古遗址

古遗址指古人类活动遗留下来的遗迹,包括城市、村落、建筑遗址等。古遗址具有历史的厚重感,能够反映特定时期人类的生活方式、生产技术和社会组织形式。例如,河姆渡遗址是中国南方早期新石器时代遗址,出土了大量的稻谷、陶器、骨器等文物,为研究中国史前文化提供了重要依据。

（2）古墓葬

古墓葬指古代人类埋葬遗体的地方，包括帝王陵、贵族墓、平民墓等，蕴含丰富的历史信息。通过墓葬的形制、随葬品等可以了解当时的社会等级制度、丧葬习俗和文化观念。例如，秦始皇陵，是中国历史上第一个规模庞大、设计完善的帝王陵寝，兵马俑坑更是闻名于世，展现了秦朝强大的军事力量和高超的雕塑艺术。

（3）古建筑

古建筑指具有历史、艺术和科学价值的古代建筑，包括宫殿、庙宇、民居、桥梁等。古建筑体现了不同历史时期的建筑风格和技术水平，具有较高的艺术和历史价值。北京故宫，是中国明清两代的皇家宫殿，其建筑规模宏大，布局严谨，装饰精美，是中国古代宫殿建筑的杰出代表。

（4）石窟寺

石窟寺指开凿在山崖上的佛教寺庙和石窟，包括佛像、壁画等。石窟寺融合了佛教艺术、建筑艺术和绘画艺术，具有极高的艺术价值和历史价值。例如，敦煌莫高窟，是世界上现存规模最大、内容最丰富的佛教艺术圣地，其壁画和彩塑精美绝伦，反映了古代丝绸之路的文化交流和艺术成就。

（5）石刻

石刻指刻在石头上的文字以及图案，包括碑刻、摩崖石刻等。石刻记录了历史事件、人物事迹、文学作品等，是研究历史、文学、书法等方面的重要资料。例如，西安碑林收藏了大量的历代碑刻，是中国古代书法艺术的宝库。

（6）壁画

壁画指绘制在墙壁上的绘画作品，包括石窟壁画、寺庙壁画、墓室壁画等。壁画具有较高的艺术价值和历史价值，能够反映当时的社会风貌、宗教信仰和艺术风格。例如，永乐宫壁画是中国古代壁画的杰出代表，其画面宏伟、色彩绚丽、人物形象生动，反映了元代的社会生活和宗教信仰。

（7）近代现代重要史迹及代表性建筑

近代和现代历史上具有重要意义的遗迹和建筑，包括革命遗址、名人故居、重要历史事件发生地等。其见证了近代和现代历史的重大事件，具有重要的历史价值和教育意义。例如，上海中共一大会址，是中国共产党的诞生地，具有重要的历史意义和纪念价值。

2. 可移动文物

（1）历史上各时代的重要实物

历史上各个时代具有重要价值的物品，包括生产工具、生活用品、武器等，反映了不同历史时期的生产技术、生活方式和文化特色。例如，越王勾践剑是春秋时期越国的青铜器，其制作精美、锋利无比，体现了当时高超的冶金技术。

（2）艺术品

艺术品指具有艺术价值的作品，包括绘画、雕塑、书法、工艺品等，具有较高的艺术价值和审美价值，是人类艺术创造力的体现。例如，《蒙娜丽莎》是意大利文艺复兴时期画家达·芬奇的杰作，其以画中主人公神秘的微笑和细腻的绘画技巧而闻名于世。

（3）文献

文献指具有历史价值的书籍、手稿、档案等，记录了历史事件、人物事迹、文学作品等，是研究历史、文学、哲学等方面的重要资料。例如，《永乐大典》是中国古代最大的一部类书，收录了大量的古代文献，对研究中国古代文化具有重要价值。

（4）手稿

作者亲手书写的文稿，包括文学作品、学术著作、日记等。具有较高的历史价值和文学价值，是研究作家创作和思想的重要资料。例如，鲁迅手稿是中国现代文学的珍贵文物，反映了鲁迅的创作过程和创作状态。

（5）图书资料

图书资料包括具有历史、文化、科学价值的书籍、报刊、地图等。记录了人类的知识和思想，是传承文化的重要载体。例如，《四库全书》是中国古代最大的一部丛书，收录了丰富的古代文献，对研究中国古代文化具有重要价值。

3. 历史文化名城（街区、村镇）

（1）历史文化名城

历史文化名城指保存文物特别丰富，具有重大历史价值或者纪念意义，且能较完整地反映一些历史时期传统风貌和地方民族特色的城市。这些城市具有悠久的历史、丰富的文化遗产和独特的城市风貌，是中国历史文化的重要代表。例如：泉州这座被誉为"宋元中国的世界海洋商贸中心"的城市，成功列入了《世界遗产名录》，不仅展现了它深厚的历史文化底蕴，更凸显了其在10—14世纪作为亚洲海洋贸易网络东端商贸中心的核心地位，以及作为宋元时期中国杰出的对外经济与文化交流窗口的重要角色，泉州丰富的历史文化遗产见证了其作为海上丝绸之路起点的辉煌历史，同时也保留了传统的城市格局和独特的闽南文化风貌。

（2）历史文化街区

历史文化街区指保存文物特别丰富，历史建筑集中成片，能够较完整和真实地体现传统格局和历史风貌，并具有一定规模的区域。保留了传统的建筑风格、街巷格局和生活方式，是城市历史文化的重要组成部分。例如，福州三坊七巷历史文化街区保存了众多明清时期的古建筑和传统街巷，如林则徐故居、严复故居等，展现了福州古城的历史文化底蕴和独特的闽都风情。

（3）历史文化名镇、名村

历史文化名镇、名村指保存文物特别丰富且具有重大历史价值或纪念意义的镇和村。其具有独特的历史文化价值和乡村风貌，是中国传统文化的重要载体。例如，晋江市安海镇这座位于福建西北部的历史文化名镇，保存了大量的古建筑、传统街巷和民俗文化，以其优美的环境和丰富的文化底蕴吸引了游客前来参观游览。

（二）物质文化遗产的特点

1. 物质性

物质文化遗产是具体存在的实物，包括建筑、纪念碑、遗址、文物、手工艺品等。这些实物具有物质形态，可以触摸、观察和测量。它们以直观的形式展现人类的创造力和历史进程，例如宏伟的古建筑让人感受到古代的建筑技艺和审美追求，精美的文物和手工艺品则体现了当时的工艺水平和艺术风格。

2. 历史性

物质文化遗产具有历史价值，反映了特定时期的社会、经济、文化和技术状况。古遗址和古墓葬揭示了古代人类的生活方式与社会组织；古建筑体现了不同历史时期的建筑风格和社会文化；文物则承载着丰富的历史信息，为后人研究历史提供了重要的实物资料。

3. 独特性

物质文化遗产往往具有独特的风格和特征，在形式、工艺、设计等方面展现出与众不同之处。每一处建筑、每一件文物、每一个手工艺品都可能是独一无二的存在。其独特性源于当时的创作背景、特定的地域文化、历史传统以及创作者的个人风格。例如：埃菲尔铁塔以独特钢铁结构和宏伟造型成为巴黎的标志；秦始皇兵马俑每个陶俑都各具特色，展现了极高的艺术价值。

4. 不可再生性

物质文化遗产一旦遭到破坏，就难以恢复到原来的状态。许多物质文化遗产历经漫长历史时期保存下来，其制作工艺和材料可能已经失传或难以复制。古老建筑技艺被现代技术取代后，受损古建筑很难完全按照传统工艺修复；文物损坏或丢失，其承载的历史信息和艺术价值也会遭受不可挽回的损失。

5. 文化传承性

物质文化遗产是文化传承的重要载体，承载着特定民族、地区或群体的历史记忆、价值观和传统技艺。通过物质文化遗产，后人可以了解先辈们的生活方式、审美观念和创造力。中国的传统手工艺品，例如剪纸、刺绣、陶瓷等，不仅是艺术品，更是传承中华民族传统文化的重要形式，其制作工艺和图案设计蕴含丰富文化内涵，通过代代相传延续传统文化。

6. 艺术审美性

物质文化遗产通常具有较高的艺术审美价值，无论是建筑的宏伟壮丽、文物的精美细腻，还是手工艺品的巧夺天工，都能给人带来美的享受。其艺术风格多样，反映了不同历史时期和地域的审美观念和艺术追求。古希腊雕塑展现了古典艺术魅力，中国山水画则以意境深远、笔墨韵味独特成为世界艺术瑰宝。

7. 地域性

物质文化遗产通常具有鲜明的地域特色，反映特定地区的自然环境、历史文化、民族风情和生活方式。不同地区的物质文化遗产在建筑风格、手工艺品制作、文物特色等方面存在显著差异。江南水乡古镇以白墙黑瓦、小桥流水展现地域韵味，西北地区窑洞建筑适应干旱少雨的气候和黄土高原的地形。各地传统手工艺品也因地域不同各具特色，如苏州苏绣细腻精美，贵州苗族刺绣色彩鲜艳、图案丰富。

8. 科学价值性

物质文化遗产中蕴含着丰富的科学知识和技术成就，对于研究古代科学技术的发展具有重要意义。古建筑体现当时先进的建筑工程技术，例如赵州桥的拱形设计展现了高超桥梁建造技术；古遗址中的水利工程设施反映了古代水利科学成就；文物中的青铜器、瓷器等制作工艺涉及冶金、陶瓷等领域科学技术。

9. 脆弱性

物质文化遗产由于年代久远、自然侵蚀和人为破坏等，往往处于脆弱的状态。自然因素如风化、腐蚀、地震、洪水等会对其造成损害，长期暴露在自然环境中的石刻、壁画易受风化和侵蚀影响，地震等自然灾害可能使古建筑和遗址遭受严重破坏。人为因素如战争、不合理的开发建设、盗窃等也会给物质文化遗产带来巨大威胁。

10. 教育性

物质文化遗产具有重要的教育价值，可以作为生动的教材，帮助人们了解历史、文化、艺术和科学。参观物质文化遗产能让人们直观感受历史变迁和人类文明发展，学校可组织学生参观博物馆以及古迹遗址，从而激发学生的学习兴趣和爱国情怀。物质文化遗产也为学术研究提供了丰富素材，促进历史学、考古学、艺术学等学科发展，同时还可通过展览、讲座、出版物等形式向公众传播知识，提高人们的文化素养。

（三）保护物质文化遗产的重要性与意义

保护物质文化遗产的重要性与意义，不仅在于其作为文化多样性的基石、民族记忆的载体，更在于其对经济社会发展的推动作用、教育研究的价值，以及促进可持续发展与环境保护的潜力。同时，物质文化遗产的保护还促进了文化交流与融合，为构建人类命运共同体贡献了力量。这些重要性超越了物质文化遗产本身的特点，体现了其对人类社会全面进步和长远发展的深远影响。

1. 维系文化多样性

在全球文化趋同的背景下，物质文化遗产作为各民族独特文化身份的象征，对其的保护工作对于维护全球文化生态的平衡至关重要。它确保不同文化的声音不被淹没，促进文化间的相互理解和尊重，为世界文化的丰富多彩贡献力量。

2. 传承民族记忆

物质文化遗产是民族历史的实物见证，记录着民族的兴衰变迁、生活方式、思想观念和艺术成就。保护这些遗产，就是保存民族的文化基因，让后代能够直观感受先辈的智慧与创造，增强民族认同感和自豪感。

3. 促进社会经济发展

物质文化遗产往往与旅游、文化创意产业等紧密相连，其合理保护与利用能带动地区经济发展，创造就业机会，提升城市或地区的文化品牌价值。同时，文化遗产的保护也促进了相关技术和知识的传承与创新，为经济社会发展注入新活力。

4. 教育与研究价值

物质文化遗产为教育提供了丰富的实物资源，通过学习和研究，人们可以深入了解历史、艺术、科学等多个领域的知识，培养审美情趣和批判性思维能力。对于学术研究而言，它们是不可或缺的第一手资料，有助于推动相关领域的发展。

5. 可持续发展与环境保护

物质文化遗产的保护往往与环境保护相辅相成，许多遗产地也是自然美景或生态敏感区。通过实施可持续的保护策略，不仅能保护文化遗产本身，还能促进周边环境的改善，实现人与自然和谐共生的目标。

6. 促进文化交流与融合

物质文化遗产不仅是民族文化的瑰宝，也是国际文化交流的重要桥梁。通过展示和交流物质文化遗产，可以增进不同国家和地区人民之间的了解和友谊，促进文化的相互借鉴和融合。这种交流与融合有助于推动全球文化的繁荣发展，构建人类命运共同体。

二、福建省海丝物质文化遗产

海丝物质文化遗产是指与海上丝绸之路直接相关的，具有历史、艺术、科学价值的不可移动文物和可移动文物。这些遗产不仅包括了古代港口、码头、航标、古建筑、寺庙、古城墙、海防遗址等不可移动的历史遗迹，也涵盖了陶瓷器、金属制品、书画、文献等可以移动的文化遗物。这些物质文化遗产是海上丝绸之路贸易和文化交流的重要见证，承载了丰富的历史信息和文化内涵，是中华民族悠久历史和灿烂文化的重要组成部分，也是继承和弘扬中华优秀传统文化的重要载体。在海上丝绸之路的发展过程中，福建扮演着极其重要的角色，是海上丝绸之路的重要起点和核心区，拥有丰富的海丝物质文化遗产，这些遗产见证了古代海上丝绸之路的繁荣与辉煌，是福建乃至中国与世界文化交流的重要桥梁。福建省海丝物质文化遗产主要分布在泉州、福州、漳州和莆田。

（一）泉州

泉州的海丝物质文化遗产不仅数量众多，而且类型丰富，它们共同构成了泉州作为海上丝绸之路重要节点的独特历史风貌，特别是"泉州：宋元中国的世界海洋商贸中心"成功列入《世界遗产名录》，不仅展现了这座城市深厚的历史文化底蕴，更凸显了它在宋元时期国际贸易与文化交流中的核心地位。

1."泉州：宋元中国的世界海洋商贸中心"

坐落于中国东南沿海的泉州，曾是 10—14 世纪繁荣的亚洲海洋贸易网络东端的商贸中心，宋元中国杰出的对外经济与文化交流窗口。泉州的物质文化遗产由 22 处代表性古迹遗址（见表 4-1）及其关联环境和空间构成。这些遗产组成部分在功能上相互关联，空间上连为一体，系统地涵括了宋元泉州海外贸易经济体系中的管理、生产、运输、交易、消费、服务等核心环节，覆盖了从港口经城市到腹地的地理和经济区域空间。这些遗产组成部分在社会与文化方面相互关联，全面地展现了支撑宋元泉州世界海洋贸易中心的职能运行所具有的多元社会结构，以及世界性社群间显著的文化交流。

22 处代表性古迹遗址组成部分具有功能、空间、社会、文化上的紧密关联，它们所构成的整体共同反映出泉州区域经济和社会系统在海外贸易热潮的塑造下，所形成的以下关键特征：

制度保障：体现共同保障贸易运行的官方与民间制度的建筑与场所。

多元社群：体现独特社会结构的世界性多元社群的公共建筑及宗教场所。

城市结构：承担贸易运行中枢职能的城市功能布局与空间结构。

生产基地：体现强大的出口商品制造能力的手工业生产基地。

运输网络：体现强大运输能力的海陆复合的交通网络。

区域布局：产—运—销功能高度整合的区域一体化空间结构与复合景观。

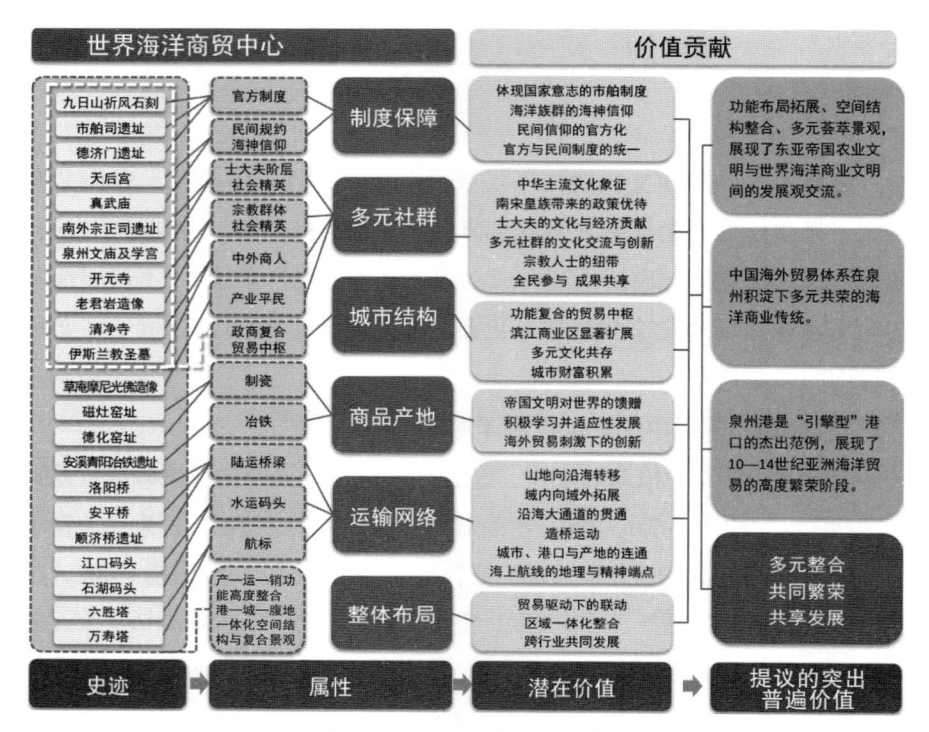

22处代表性古迹遗址的价值贡献

（图片来源：泉州市文旅局）

表4-1　22处代表性古迹遗址

序号	遗址	简介
1	九日山祈风石刻	九日山祈风石刻是一组记载了宋代在泉州负责海外贸易管理的国家专员、地方官以及皇室成员等为海外贸易商舶举行祈风仪式的摩崖石刻
2	市舶司遗址	市舶司遗址位于泉州古城南部晋江沿岸，是宋元国家政权设置在泉州管理海洋贸易事务的行政机构
3	德济门遗址	德济门遗址是宋元泉州城的南门遗址，位于泉州古城南端的天后宫外，遥对晋江及顺济桥遗址，是进入城市南部商业区的交通要道
4	天后宫	天后宫位于泉州古城南端，南临晋江及沿岸港口，是宋元时期起源于泉州本地的海神妈祖的祭祀建筑，也是世界范围妈祖信仰的重要传播中心
5	真武庙	真武庙位于泉州城东部石头山麓的晋江北岸，是宋元时期祭祀真武大帝的道教庙宇，也是古法石港的重要地标
6	南外宗正司遗址	南外宗正司遗址位于开元寺以南的古城西南部，是1130年以来迁居泉州的宋代皇族群体的管理机构

续表

序号	遗址	简介
7	泉州文庙及学宫	泉州文庙及学宫位于10世纪泉州城的东南部,是儒家祭祀场所和泉州最高等级的教育机构,由西侧的文庙和东侧的学宫两组关于中轴对称的建筑院落构成
8	开元寺	开元寺位于泉州古城西北部,是宋元泉州规模最大、官方地位最突出的佛教寺院,由中路主体建筑群、东西石塔及其他附属建筑等组成
9	老君岩造像	老君岩造像位于泉州城北3公里的清源山南麓,是道家学说创始人老子的巨型石雕像,也是中国现存最大的道教石雕造像,开凿时间不晚于南宋
10	清净寺	清净寺是泉州最早建立的伊斯兰教寺,是宋元时期跨越重洋来泉州营商的波斯、阿拉伯等地穆斯林商人及其族群的珍稀物证
11	伊斯兰教圣墓	伊斯兰教圣墓位于泉州城东门外2公里的灵山南麓,相传是7世纪来到泉州的两位伊斯兰教圣徒的墓地。墓地由一圈半月形的回廊环抱两座石墓组成,于1322年进行了修缮
12	草庵摩尼光佛造像	草庵位于泉州城以南15公里的华表山东麓,是宋元时期泉州城远郊的一处摩尼教(又称明教)寺院。它至晚创建于10—11世纪,初为草构,1339年改为石构,并于石室内岩壁上雕凿摩尼光佛造像
13	磁灶窑址	磁灶窑址位于泉州城西南16公里的磁灶镇,是宋元时期泉州城郊外销瓷窑址的杰出代表,其产品经晋江支流九十九溪通往泉州港口外销
14	德化窑址(尾林—内坂窑址、屈斗宫窑址)	德化窑位于泉州城西北约70公里的德化县,是宋元时期泉州内陆地区外销瓷窑址的杰出代表,其产品经陆路和晋江水系联运至泉州港口外销。尾林—内坂窑址和屈斗宫窑址分别创烧于宋代和元代,发现有多处龙窑、作坊遗迹以及大量窑具和瓷器
15	安溪青阳冶铁遗址	安溪青阳冶铁遗址位于泉州西北约70公里的戴云山区,其所在的青阳村曾是宋代官方设立的专职铁场之一,其冶铁业在11世纪时极为兴盛,产品经晋江支流西溪运往泉州港口
16	洛阳桥	洛阳桥位于泉州城东北约10公里的洛阳江入海口,建于1053—1059年,长约731米,是泉州北上福州乃至内陆腹地的交通枢纽,在泉州运输网络的发展中具有开拓性的里程碑意义
17	安平桥	安平桥位于泉州城西南30公里的晋江安海镇与南安水头镇交界的海湾上,是泉州与广阔的南部沿海地区的陆运节点,体现出海洋贸易推动下泉州水陆转运系统的发展
18	顺济桥遗址	顺济桥遗址位于泉州古城南门德济门外,横跨晋江两岸,以近顺济宫(天后宫)而得名,是泉州古城与晋江南岸的陆运节点

续表

序号	遗址	简介
19	江口码头	江口码头位于泉州古城东南的晋江北岸，现保存有文兴、美山两处宋元时期的码头及一处宋代古船遗址
20	石湖码头	石湖码头位于泉州城东南17公里的石湖半岛西岸，是一处利用天然礁石建造的码头，其主体由一组近岸礁石和通济栈桥组成
21	六胜塔	六胜塔位于泉州湾中部石湖半岛北端的金钗山上，是一座仿木楼阁式石塔。它始建于1111—1118年，重建于1336—1339年。六胜塔是石湖港的重要历史遗存，是商舶由泉州湾主航道驶向内河港口的地标，并有护佑商旅的作用
22	万寿塔	万寿塔位于泉州城东南方向20公里的宝盖山巅，是一座仿木楼阁式石塔，由僧人介殊建造于泉州海洋贸易鼎盛的南宋绍兴年间（1131—1162年）

2. 可移动文物

（1）陶瓷器

泉州德化窑以生产白瓷闻名于世。德化白瓷制作工艺精湛，采用优质高岭土为原料，经粉碎、淘洗、沉淀、制坯、烧制等多道工序制成。烧制时独特的窑炉结构和先进技术使其质地细腻如脂、色泽洁白似玉。德化白瓷造型丰富多样，以佛像和人物塑像最为著名，优美逼真且具高艺术价值，装饰以刻花、印花、堆贴等技法为主，图案简洁大方富有装饰性。德化白瓷通过海上丝绸之路大量出口，成为泉州海丝贸易重要商品，在海外市场备受欢迎，极大促进中外文化交流融合，对世界陶瓷艺术发展影响深远。

泉州磁灶窑也是重要的陶瓷产地，在宋元时期是泉州重要的陶瓷生产基地之一。其产品种类丰富，包括碗、盘、罐、壶等，不仅在国内销售，还通过海上丝绸之路远销海外。

（2）金属制品

在古代，泉州的冶铁技术相当发达，早在宋代就成为中国重要的冶铁中心之一。泉州冶铁采用先进的高炉炼铁法，生产出的铁制品质量优良，不仅有实用的铁锅、铁钉等，还包括许多精美的金属工艺品，如铜器、金银器等。铜器主要有铜镜、铜香炉、铜佛像等，金银器主要包括首饰、器皿、佛像等，这些金属工艺品制作工艺精湛、造型精美、装饰华丽，充分体现了泉州高超的金属加工工艺和艺术水平。泉州的金属制品在海上贸易中占据重要地位，其不仅是商品，更是文化交流的载体。通过海上丝绸之路，泉州的金属制品传播到海外，同时也吸收了海外的文化元素，有力地促进了中外文化的交流与融合。

（3）文献

碑刻：泉州保留了大量与海上丝绸之路相关的碑刻，内容丰富多样，包括寺庙碑记、墓志铭、功德碑等。其中一些碑刻记录了泉州的海外贸易、文化交流、社会变迁等方面的信息，为研究泉州的海丝历史提供了重要资料。例如，泉州九日山的祈风石刻，详细记录了宋代泉州官员在九日山举行祈风仪式的情况，生动反映了当时泉州海外贸易的繁荣景象。

方志：泉州的方志是研究海丝历史的重要资料。这些方志记载了泉州的历史沿革、地理环境、政治经济、文化教育、人物事迹等内容。部分方志对泉州的海外贸易和文化交流进行了详细记载，为我们了解泉州的海丝历史提供了重要线索。像《泉州府志》《晋江县志》等方志，对泉州的海上丝绸之路历史进行了系统梳理和记载。

族谱：泉州的一些家族族谱中也记载了与海上丝绸之路相关的信息。这些族谱记录了家族的迁徙历史、海外贸易活动、家族成员与海外的联系等方面的内容。通过对族谱的研究，可以了解泉州的家族在海上丝绸之路中的作用和贡献，以及中外文化交流在家族层面的体现。例如，一些泉州的家族族谱中记载了家族成员在海外经商、定居的情况，充分反映了泉州与海外的紧密联系。

（二）福州

福州在海上丝绸之路中占据着重要地位。其地处中国东南沿海、闽江入海口，优越的地理位置使其成为连接中国内陆与海外的关键枢纽。悠久的贸易历史可追溯至唐代，丰富多样的商品如茶叶、丝绸、陶瓷等通过福州港外销，闽王王审知开辟甘棠港进一步推动了贸易发展。在文化交流方面，宗教文化广泛传播，圣寿宝塔等见证了佛教文化交流；艺术文化如书画、陶瓷、金属制品与海外交流融合，建筑风格也融合了中原文化、地方特色与海外元素。众多丰富的历史遗迹，包括恩赐琅琊郡王德政碑（闽王祠）、怀安窑址及接官道码头、迥龙桥（邢港码头）、东岐古码头、圣寿宝塔、《天妃灵应之记》碑等，见证了福州在海上丝绸之路中的重要地位。

1. 不可移动文物

（1）恩赐琅琊郡王德政碑（闽王祠）

其位于福州鼓楼区，碑文中详细记载了闽王王审知积极开拓海外贸易的事迹，为研究福州海上丝绸之路的发展提供了珍贵的文字资料。闽王祠建筑保存完整，其建筑风格巧妙融合了中原与福州特色，门楼气势恢宏、雕梁画栋、色彩斑斓；殿堂内供奉的闽王王审知塑像栩栩如生，展现出一代王者的威严风范。后殿则存放着众多与闽王王审知及福州海上丝绸之路相关的文物，如碑刻、匾额、楹联等，这些文物不仅具有较高的历史价值，还为后人研究福州海丝历史提供了重要依据。闽王祠作为福州海上丝绸之路的重要历史见证，承载着丰富的历史记忆和文化内涵。

（2）怀安窑址及接官道码头

仓山区的怀安窑址是福州地区重要的古窑之一。这里出土的瓷器以青瓷、黑瓷为主，造型多样且纹饰独特。青瓷色泽青绿，釉面光滑细腻；黑瓷乌黑发亮，釉面如漆。瓷器的造型有碗、盘、罐、壶等，其中一些带有双耳的罐、刻有花纹的碗等造型独具特色。纹饰丰富多样，花卉、动物、人物等图案线条流畅、生动逼真。接官道码头作为怀安窑瓷器外运的重要通道，连接着怀安窑址与福州港。码头的建筑风格和布局反映了当时的航运和贸易情况，其附设装卸货物的平台、仓库、拴缆桩等设施，方便了瓷器的装卸和储存。对怀安窑址及接官道码头的考古发掘，为研究福州海上丝绸之路提供了重要的实物资料，充分见证了福州陶瓷产业的繁荣以及其与海上贸易的紧密联系。

（3）迥龙桥（邢港码头）

位于马尾区闽安镇的迥龙桥造型优美、结构坚固，是福州古代桥梁建筑的杰出代表。桥身采用石梁桥结构，桥墩采用花岗岩石砌筑，形状为船形，有效减少了水流对桥墩的冲击力。桥台则由条石砌筑，与桥墩紧密相连。石梁横跨在桥墩上，梁面平整，便于行人、车辆通行。桥的两侧栏杆雕刻着精美的花卉、动物、人物等图案。邢港码头曾是福州与海外交通的重要口岸，在古代，这里商船云集，货物装卸频繁，是福州贸易历史的重要见证。如今，虽然其贸易功能逐渐减弱，但仍以厚重的历史文化吸引着众多游客前来参观，成为福州海上丝绸之路的重要见证。迥龙桥和邢港码头不仅具有重要的历史价值，还具有较高的文化意义和旅游价值，它们见证了福州与海外的交流，游客可以在这里欣赏到古代桥梁建筑的艺术之美，了解福州的历史和文化。

（4）东岐古码头

东岐古码头位于马尾亭江镇东岐村，始建于唐代，宋元明清历代沿用。码头依岩壁而建，台阶独具匠心，做工精细。码头可能设有码头平台、仓库、拴缆桩等设施。码头平台采用花岗岩石铺设，坚固耐用；仓库用于存放货物，可能采用木质结构或石质结构。拴缆桩分布在码头前沿，为商船停靠提供了便利。东岐古码头作为福州对外贸易的重要港口，其建筑风格和布局充分反映了当时的航运与贸易状况。这里曾见证了商船往来、贸易繁荣的辉煌历史，也曾经历过海盗袭击、战争破坏等艰难时期，留下了许多历史故事和传说，为码头增添了神秘色彩，吸引着人们前来探寻历史的足迹。

（5）圣寿宝塔

圣寿宝塔位于长乐城区郑和公园内，始建于北宋，为宋徽宗祝寿而建。圣寿宝塔是一座八角七层的楼阁式石塔，造型庄重，雕刻精美。塔的每层都有飞檐挑出，檐角悬挂着风铃，微风吹过，铃声悠扬。塔身上雕刻着各种图案，如佛像、花卉、动物等，图案线条流畅，栩栩如生。圣寿宝塔在海上丝绸之路中具有重要的导航作用，其高耸的塔身和独特的造型在远处即可望见，为过往船只指引方向。同时，塔内可能保存着一些与海上丝绸之路相关的文物，如佛像、经卷、碑刻等，见证了福州与海外的文化交流。圣寿宝塔作为福州海丝遗址的重要见证，具有重要的历史、文化和艺术价值。

（6）《天妃灵应之记》碑

《天妃灵应之记》碑位于长乐区郑和史迹陈列馆内，立于明宣德六年（1431年）。碑文中详细记载了郑和船队的航行内容，包括船队的规模、航线、贸易活动等，为研究福州海上丝绸之路提供了重要的历史资料。《天妃灵应之记》碑反映了妈祖信仰在福州地区的广泛传播以及对海上航行的庇佑。妈祖作为海上保护神，深受福州人民的崇拜和敬仰。碑刻的字体风格、雕刻工艺也体现了当时的书法艺术和石刻技艺水平。《天妃灵应之记》碑作为研究妈祖文化和福州海上丝绸之路的重要文物，具有重要的历史价值和文化意义。

（7）登文道码头

登文道码头位于长乐区潭头镇，修建于明万历二十年（1592年）。登文道码头是闽江口岸重要的船舶停靠点和对外通航港口，也是古代长乐商客出远洋的始发地。这里不仅是商业贸易的重要场所，还是文人墨客乘船出海交流文化的地方。码头的建筑风格具有浓郁的文化氛围，周边有亭台楼阁、花园绿地等景观，为文人墨客提供了优美的交流环境。码头的建筑采用传统的中式建筑风格，古色古香。登文道码头见证了福州与海外的文化交流，留下了许多历史故事。通过文化活动、展览展示等方式进行文化传承，可以让更多的人了解福州的历史和文化。

（8）罗星塔

罗星塔位于马尾区罗星塔公园，始建于宋代，明天启四年（1624年）重建为石砌楼阁式结构。罗星塔是国际公认的重要航标，也是闽江门户的标志，外国船员称之为"China Tower"。罗星塔造型独特，高耸入云，在海上丝绸之路中发挥了重要的导航作用。从远处望去，罗星塔犹如一座灯塔，为过往船只指引着方向。塔的建筑风格融合了福州的地方特色和海洋文化元素，具有较高的艺术价值。罗星塔周边的自然景观也十分优美，与塔相互映衬，成为福州的一道亮丽风景线。

（9）定海白礁水下沉船遗址

定海白礁水下沉船遗址位于连江县筱埕镇定海村黄岐半岛沿海，是古代中国海上交通的重要历史见证。这里曾有渔民打捞出大批古代沉船遗物，经水下考古队调查发掘，出土了陶瓷器等文物。这些文物反映了福州在海丝贸易中的重要地位，也为研究古代海上丝绸之路的贸易活动提供了实物资料。定海白礁水下沉船遗址的发现，让人们更加深入地了解了古代福州的海上贸易情况和航海技术水平。

（10）海坛海峡水下遗址

海坛海峡水下遗址位于平潭县，是全国重点文物保护单位。作为古代海上丝绸之路的重要通道，海坛海峡水下遗址留下了丰富的水下文化遗存。这些遗存的时代序列完整，从五代一直延续到清代，出水器物以陶瓷器为主，还有部分铜钱、漆器等。海坛海峡水下遗址见证了福州海丝贸易的繁荣，为研究古代海上丝绸之路的历史提供了重要的考古依据。

2. 可移动文物

（1）陶瓷器

福州地区出土的陶瓷器以青瓷和黑瓷为主，展现出浓郁的地方特色。其造型简洁大方，将实用性与美观性完美结合。如常见的碗、盘、罐等器皿，线条流畅，比例协调。在纹饰方面，花卉、动物、人物等图案丰富多彩，纹饰线条细腻流畅，生动逼真，仿佛在诉说着福州的历史故事。制作工艺上，既采用传统手工制作方法如拉坯、刻花、印花等，又结合先进的烧制技术和釉料配方。工匠们精心挑选优质原料，经过多道工序的打磨，使得福州陶瓷器具有较高的质量和艺术价值。通过福州港远销海外的陶瓷器，备受欢迎。它们不仅以精美的工艺和独特的造型吸引着海外消费者，更成为福州地区文化和艺术风格的代表，在海上丝绸之路的贸易中发挥了重要作用，促进了福州与海外国家的文化交流与融合。

（2）金属制品

福州的金属制品主要有铁器、铜器等，种类丰富，涵盖生活用具、装饰品、宗教用品等多个领域。其中，精美的金属工艺品如铜镜、铜香炉等具有极高的艺术价值。铁器采用先进的铸造技术，表面光滑，质地坚硬，展现出实用与美观的统一。铜器则运用雕刻、镶嵌等工艺，装饰图案精美，富有艺术感。在制作过程中，既传承了传统手工制作方法如锻造、铸造、雕刻等，又融合了先进技术如电镀、镀金等，使得金属制品具有较高的质量和艺术价值。艺术风格上，福州金属制品融合了中原文化与福州地方特色，体现了福州在海上丝绸之路中的文化交流与融合作用。在海上贸易中，福州的金属制品占据重要地位，它们不仅是商品，更是文化交流的载体，传播到海外的同时也吸收海外文化元素，促进了中外文化的交流与融合。

（3）书画

在漫长的历史进程中，福州涌现出众多著名的书画家，他们的作品具有较高的艺术价值，成为福州文化的重要组成部分。福州书画风格多样，涵盖山水、花鸟、人物等多个题材。书画家们运用笔墨、色彩、构图等艺术手法，生动地展现出福州的自然风光、人文景观和历史文化。其风格清新自然、古朴典雅，注重意境的表达和情感的传递。在海上丝绸之路的影响下，福州书画与海外书画艺术进行交流和融合，吸收海外艺术元素，丰富了自身的艺术内涵。一些与海上丝绸之路相关的书画作品，反映了当时福州的社会风貌和文化交流情况。这些作品通过海上丝绸之路传播到海外，成为福州与海外文化交流的重要载体，同时海外书画艺术也对福州书画的创新和发展起到了积极的推动作用。

（三）漳州

漳州在海上丝绸之路中占据重要地位，特别是明朝以后，月港码头成为福建最为重要的外贸港口，海澄古街见证商业繁荣，平和南胜窑址的陶瓷远销海外，漳州古城融合多元风格，留存诸多海丝遗迹，圣杯屿元代沉船遗址等新发现的遗迹，进一步丰富了漳州海上丝绸之路的历史内涵。

1. 不可移动文物

（1）月港码头

月港码头坐落于月港古镇，隶属漳州市，在海上丝绸之路中占据重要地位。作为古老贸易路线的关键港口，月港古镇承载着厚重的历史与多元的文化，是海丝物质文化遗产的杰出代表。古镇留存大量极具历史价值的建筑，明清时期的民居、寺庙和商铺林立。这些建筑既展现了传统福建民居风貌，又凸显了当时中西文化交流的痕迹。古镇内的传统商铺和市场，生动反映了古代贸易的繁荣盛景。其街道布局别具特色，呈现古代港口城市格局。古建筑的砖雕、木雕和石刻工艺精湛，彰显当时工匠的高超技艺。除建筑外，月港古镇还保存丰富的传统工艺和地方特色。手工艺品如漆器、陶瓷和织布品展现了福建传统工艺魅力，美食如新鲜海鲜和地方小吃则反映了海丝文化对当地饮食的深刻影响。作为海上丝绸之路的历史见证，月港古镇对理解古代贸易和文化交流意义重大，也为当代文化遗产保护与传承提供重要参考。保护和发掘月港古镇文化价值，有助于更好传承海丝文化精髓。

（2）海澄豆巷、帆巷古街

海澄豆巷、帆巷古街位于漳州市。作为月港繁荣时期的商业中心，这里承载着丰富的历史与文化内涵，是海丝物质文化遗产的重要组成部分。古街保存着众多明清时期的建筑，店铺、民居和庙宇各具特色。店铺展现了传统的闽南风格，木质门窗与雕花梁柱体现了当时工艺的精湛，反映出商业的繁荣。民居以独特布局体现当时人们的生活方式，庭院深深，充满生活气息。庙宇建筑宏伟壮观，飞檐斗拱与雕梁画栋展现人们的宗教信仰和精神追求。古街的街道布局独具特色，呈现出古代商业中心的格局。这里的砖雕、木雕等工艺精湛，保留众多历史遗迹。除建筑外，古街还保留着丰富的传统工艺和地方特色，为研究古代商业文化和社会生活提供重要依据。

（3）平和南胜窑址

平和南胜窑址地处漳州市，是海上丝绸之路的重要遗迹。这里曾是重要的陶瓷生产基地，承载着丰富的历史文化价值，是海丝物质文化遗产的关键代表。窑址留存的古老的窑炉和堆积的瓷片，见证了昔日辉煌。南胜窑生产的陶瓷以独特风格和精湛工艺闻名，造型多样的瓷器如碗、盘、罐、壶等，满足不同使用需求和审美要求。纹饰丰富多彩，花卉、动物、人物等图案栩栩如生，展现工匠高超技艺。其街道布局反映了当时生产与贸易格局。窑址周边保留着一些历史遗迹，如传统建筑等，体现了当时的生活风貌。这里的工艺技术如制瓷工艺等，展示了当时的手工业水平。作为海丝贸易的重要见证，平和南胜窑址对研究古代陶瓷制作和海上贸易意义重大，为传承文化遗产提供重要支撑。

（4）漳州古城

漳州古城位于漳州市，是海上丝绸之路的重要见证。古城保存着许多明清时期的建筑，如古街、古宅、古庙宇等，承载着丰富的历史与文化，是海丝物质文化遗产的重要体现。这些建筑风格独特，融合闽南传统建筑特色与南洋风格，展现漳州在海上贸易中与海外文化交流融合的历史。古街两旁店铺林立，反映曾经的商业繁荣。古宅布局精巧，体现出当时人们生活的情趣和审美追求。古庙宇建筑宏伟，雕梁画栋见证人们的宗教信仰和精神寄托。古城街道布局独具特色，呈现古代城市格局。古建筑的工艺精湛，保留众多历史遗迹。古城还保留了丰富的传统工艺和地方特色，为研究古代社会生活提供生动样本。作为海丝历史见证，漳州古城对理解古代贸易和文化交流至关重要，为传承文化遗产提供重要参考。漳州古城不仅是历史的见证，也是文化的瑰宝。

（5）圣杯屿元代沉船遗址[1]

圣杯屿位于漳州市海域，这里的元代沉船遗址是海上丝绸之路的重要历史见证，承载着丰富的历史文化价值，是海丝物质文化遗产的珍贵代表。沉船遗址船体部分结构保存较好，为研究元代造船工艺提供了难得样本。从遗址中出土大量文物，包括精美的陶瓷器、金属器和玉石器等，反映了元代贸易与文化交流情况。遗址的街道布局（可理解为水下遗迹分布等情况）呈现特定格局，保留众多历史信息。这里的文物工艺精湛，如陶瓷器的纹饰细腻、金属器的制作精良等，体现了当时的工艺水

---

[1] 漳州市文化和旅游局.漳州圣杯屿元代沉船遗址考古最新进展［J/OL］.（2023-10-19）［2024-09-27］.http://wlj.zhangzhou.gov.cn/cms/html/zzslyfzwyh/2023-10-19/1870503751.html.

平。作为海丝贸易的重要见证，圣杯屿元代沉船遗址对研究元代海上丝绸之路意义重大。

（6）镇海卫

镇海卫位于中国福建省漳州市，是海上丝绸之路的重要历史遗址之一。作为古代海防重镇，镇海卫不仅是福建沿海防御系统的核心部分，还在海丝贸易中扮演了重要角色。镇海卫始建于明朝，作为一个战略要地，其城墙、城门及相关设施设计独特，体现了明清时期的军事建筑风格。城墙采用坚固的石材建造，周围设置了防御工事和炮台，以抵御海盗和敌对势力的侵扰。这些防御设施不仅展现了当时建筑技艺的高超，也反映了古代海防的战略考量。镇海卫内还有许多保存完好的历史建筑和遗迹，包括古城门、炮台和烽火台等。这些遗址不仅记录了镇海卫的历史变迁，也反映了海上丝绸之路时期的贸易活动和军事防御。特别是一些历史文献和碑刻，提供了宝贵的资料，有助于研究当时的社会经济状况和文化交流。此外，镇海卫还保留了一些传统的手工艺和地方特色，如古代的制瓷工艺和传统的海上运输工具。这些手工艺品和工具，不仅体现了福建地区的工艺传统，也展示了海丝贸易对地方经济的影响。作为海丝物质文化遗产的重要组成部分，对镇海卫的保护和研究对于理解海上丝绸之路的历史及其对区域发展的影响具有重要意义。同时，它也为现代社会提供了丰富的历史和文化资源，有助于传承和弘扬海丝文化的精髓。

（7）林氏义庄

林氏义庄位于福建省漳州市，是海上丝绸之路物质文化遗产的重要组成部分。作为林氏家族创建的慈善机构，林氏义庄不仅是地方文化的象征，也反映了"海上丝绸之路"时期的社会风貌和家族传统。林氏义庄建于清朝，旨在为穷困潦倒的乡民提供救济和帮助。其建筑风格典雅，融合了福建地方特色的传统建筑技艺，包括精美的木雕和砖雕。这些雕刻工艺不仅展示了高超的工艺水平，还体现了中国传统文化的审美观和社会价值观。义庄内设有义学、义铺和义医等设施，体现了林氏家族对社会公益事业的重视。义学为贫困家庭的孩子提供教育机会，义铺和义医则为大众提供生活必需品和医疗服务。这些设施的存在，不仅满足了当时社会的实际需求，也反映了海丝贸易带来的财富如何转化为社会公益。林氏义庄的建筑和设施展示了海丝时期商贾家族的社会责任感。它们不仅是家族荣誉的体现，也是海上丝绸之路文化交流的重要见证。义庄内保存的一些档案和历史文献，为研究"海上丝绸之路"时期的社会结构和家族文化提供了宝贵资料。

2. 可移动文物

（1）漳绣

漳绣起源于明代，在中国织造史上占据重要地位。它与漳纱、漳绒并称为漳州织造史上的三大工艺瑰宝。漳绣以精巧新颖的构图令人瞩目，画面布局巧妙，充满艺术感。其形象优美逼真，无论是花鸟鱼虫还是人物风景，都绣制得栩栩如生。色彩斑斓瑰丽，丰富的色彩搭配展现出独特的魅力。漳绣不仅是漳州重要的文化遗产，而且在海上丝绸之路的贸易中发挥了重要作用，成为漳州与海外交流的重要商品之一，见证了漳州在海上贸易中的辉煌历史。

（2）陶瓷器

漳州地区的陶瓷器生产历史源远流长。南胜窑、五寨窑等古窑址出土的瓷器造型独特，展现出或古朴典雅或精巧别致的漳州地区独特审美。纹饰方面，有花卉、动物、几何图案等，线条流畅，富有艺术感。这些瓷器通过海上丝绸之路远销海外，备受欢迎。它们不仅体现了漳州高超的制瓷工艺，也反映了漳州在海上贸易中的重要地位，成为中外文化交流的重要载体。

（四）莆田

莆田，一座在海上丝绸之路熠熠生辉的城市，承载着丰富的历史文化遗产。这里的物质文化遗产，无论是不可移动文物还是可移动文物，都见证了莆田在古代贸易和文化交流中的重要地位。

1. 不可移动文物

（1）湄洲妈祖祖庙

莆田的湄洲妈祖祖庙，在海上丝绸之路中占据独特地位。作为妈祖文化的起源地和世界妈祖信仰的中心，它承载着深厚的历史底蕴与多元的文化内涵，是海丝物质文化遗产的璀璨代表。祖庙建筑群规模宏大，融合了闽南建筑的灵动与宫廷建筑的庄重。庙宇飞檐如展翅之鸟，脊饰精美，色彩绚丽。古建筑的工艺精湛，砖雕、木雕和石刻尽显工匠高超技艺。作为海上丝绸之路的历史见证，湄洲妈祖祖庙对理解古代贸易和文化交流意义重大，为当代文化遗产保护与传承提供了重要参考。

（2）古码头

莆田的古码头遗址，如涵江区的三江口码头等，是海上丝绸之路的重要见证。这些古码头曾是繁忙的贸易枢纽，商船频繁停靠，货物装卸转运，人员往来穿梭。码头建筑坚实古朴，石砌堤岸历经岁月洗礼依然屹立，木质栈桥虽显斑驳却能让人想象当年的热闹景象。它们连接着莆田与世界各地，为海上贸易提供了坚实支撑。古码头周边留存着许多历史遗迹，见证了莆田海外通商贸易的辉煌历史。

（3）古建筑

莆田的广化寺、玄妙观等古建筑与海上丝绸之路文化交流紧密相连。广化寺建筑风格古朴典雅，红墙黄瓦，殿宇巍峨。寺内佛像雕刻精美，法相庄严，彰显佛教文化的博大精深。玄妙观充满神秘气息，建筑布局严谨，亭台楼阁错落有致。这些古建筑在风格上吸收了海外文化元素，又保留了莆田本地特色。它们成为中外文化交流的重要平台，促进了不同文化间的相互理解和融合。

（4）祥应庙记碑

位于玄妙观三清殿碑园的祥应庙记碑是莆田海上丝绸之路的重要文化遗产。它是福建省迄今为止发现的最早记录海上贸易的石碑，反映了古时莆田海外贸易远至三佛齐国。此碑对于研究莆田的海上贸易历史具有极其重要的价值，见证了莆田在海上丝绸之路中的活跃地位。

2. 可移动文物

（1）与妈祖文化相关的文物

妈祖神像造型端庄，面容慈祥，凝聚着莆田人民对妈祖的敬仰与爱戴之情。妈祖经卷记载着妈祖的传说、神迹和教义，是研究妈祖文化的珍贵文献。妈祖传说的相关书籍则以生动的文字讲述着妈祖的故事，传播着妈祖的精神。这些与妈祖文化相关的文物，是妈祖文化的重要载体，也是莆田海丝文化的重要组成部分。它们随着信众的传播，走向世界各地，成为莆田与海外文化交流的使者，为促进中外文化交流发挥了积极的作用。

（2）陶瓷器

莆田的陶瓷器生产有着悠久的历史。出土的陶瓷器在工艺上独具匠心，从选土、制坯到烧制，每一道工序都凝聚着莆田工匠的智慧和汗水。在风格上，具有浓郁的地方特色，有的陶瓷器以简洁大方的造型取胜，有的则以精美的纹饰引人注目。这些陶瓷器曾经是莆田海上贸易的重要商品之一，通过海上丝绸之路远销海外，既展示了莆田的文化魅力，又促进了中外文化的交流与融合。

（3）《设色星图》

涵江霞徐码头天后宫内的《设色星图》创作于明朝。以北极星为中心，以三垣、二十八宿为主体，画有众多星宫和星星，以及方位罗盘。它是研究中国航海和天文的重要文物，也印证了妈祖文化以莆田为中心，随着商贸、航运等传播发展，是莆田海上丝绸之路的独特见证。

第二节　非物质文化遗产

一、非物质文化遗产概述

非物质文化遗产，又称无形文化遗产，是指以口头传承或其他形式保存在特定群体、社区和个人中的各种社会习俗、表演艺术、节庆活动、传统工艺、民间传说、语言等。它不仅仅是文化表现形式的集合，更是文化认同和社会凝聚力的重要源泉。对非物质文化遗产的保护和传承不仅关系到文化多样性和人类创造力的发展，也有助于促进社会的可持续发展。

（一）非物质文化遗产分类

1. 口头传统和表达

这类遗产包括语言、方言、谚语、故事、传说、诗歌等口头表达形式。这些传统往往通过口耳相传的方式，在家庭、社区或特定团体中代代相传。例如，泉州的南音作为古老的音乐和故事传唱形式，不仅是泉州地区的文化瑰宝，还被列入为联合国非物质文化遗产名录。

2. 表演艺术

这类遗产涵盖音乐、舞蹈、戏剧、传统戏曲等表演形式。这些艺术形式通常通过表演的方式进行传承，具有很强的社会互动性。例如，福建的梨园戏作为中国最古老的戏曲之一，起源于泉州地区，现已成为泉州文化的重要组成部分，并在海内外广泛传播。

3. 社会习俗、仪式和节庆活动

这些遗产包括婚礼、葬礼、节日庆典、传统习俗等。这些活动不仅具有社会和文化意义，还在一定程度上反映了特定群体的价值观、世界观和生活方式。例如，泉州的端午节与中元节具有独特的祭祀和庆祝形式，反映了泉州地区海洋文化与宗族文化的深厚底蕴。

4. 传统工艺

传统手工艺技术和技艺也是非物质文化遗产的重要组成部分。这类遗产包括纺织、刺绣、陶艺、木雕、金属加工等传统工艺。它们反映了历史上的科技发展和社会经济状况。例如，泉州德化的白瓷制作技艺以其精湛的手工和独特的烧制工艺闻名，德化素有"世界白瓷之都"之称，白瓷工艺也成为泉州文化的重要象征。

5. 自然界和宇宙的知识和实践

这类遗产包括传统的农业知识、医药知识、天文学知识等。例如，福建的永春白鹤拳融合了对自然界的观察，既是一种武术形式，也是养生和强身健体的实践，体现了闽南地区独特的自然观与身体锻炼方法。

（二）非物质文化遗产的特点

1. 传承性
非物质文化遗产通过口头和行为的方式在家庭、社区、学校等场所传承下来。它们往往没有固定的形式和载体，而是通过不断地实践和互动得以保存和发展。

2. 活态性
非物质文化遗产不是静止不变的，而是随着社会和环境的变化不断演变和更新。这种活态性使得它们能够适应不同的时代需求，保持生命力。

3. 地域性
非物质文化遗产往往具有明显的地域特色，反映了当地的历史、文化、自然环境和生活方式。例如，中国的京剧、印度的瑜伽等都具有浓厚的地域文化特征。

4. 社区性
非物质文化遗产的存在和传承离不开社区的参与和支持。社区是非物质文化遗产的主要传承者和保护者，通过日常生活中的实践活动，这些文化传统得以延续。

（三）非物质文化遗产的重要性

非物质文化遗产不仅是文化多样性的重要组成部分，也是人类历史和文化的宝贵财富。它们承载着丰富的历史记忆、知识和技能，对社会和文化的发展具有重要意义。

1. 文化认同
非物质文化遗产是社区和个体身份的重要标志，它们帮助人们建立文化认同和归属感。例如，通过传统节日和仪式，人们可以加强家庭和社区的凝聚力。

2. 社会和谐

非物质文化遗产通过传承和分享，促进了不同文化之间的理解和尊重，增强了社会的和谐和包容性。

3. 经济价值

非物质文化遗产可以促进旅游业和文化产业的发展，带动经济增长。例如，许多国家通过推广传统手工艺品、传统表演艺术等，吸引了大量游客和投资者。

4. 环境可持续性

许多非物质文化遗产中蕴含着丰富的生态智慧和环境保护知识，这些传统知识有助于现代社会应对环境和气候变化的挑战。

二、福建省非物质文化遗产

截至2024年9月，福建省有9个项目列入联合国教科文组织非物质文化遗产名录（名册），有145个国家级非物质文化遗产代表性项目、705个省级非物质文化遗产代表性项目，有143名国家级非物质文化遗产代表性传承人、912名省级非物质文化遗产代表性传承人，并设立了国家级闽南文化生态保护实验区和省级湄洲妈祖文化生态保护实验区。以下所列福建省各地市的非物质文化遗产数量信息，均源自福建省艺术馆官网的"福建省非物质文化遗产保护中心"页面的实时数据。[1]

（一）泉州

泉州共有6个项目列入联合国教科文组织非物质文化遗产名录（名册），有36个国家级非物质文化遗产代表性项目以及128个省级非物质文化遗产代表性项目。下面列举部分与海上丝绸之路相关的项目。

---

[1] 福建省艺术馆.福建省非物质文化遗产保护中心"非遗名录"[EB/OL]．[2024-09-30]. https://www.fjysg.net/portal/feiyi/index?nid=28.

1. 南音

南音于 2009 年入选联合国教科文组织《人类非物质文化遗产代表作名录》。南音也称"南曲""南管""南乐""弦管",是中国现存最古老的乐种之一,起源于唐,形成于宋,主要流行于闽南及台湾、南洋群岛华侨居住地区。南音以其悠久的历史和多元的文化特征,被音乐界认为是"中国音乐历史的活化石"。南音的表演形式独特而古朴,演唱者手执拍板居中而歌,琵琶、三弦演奏者居右,洞箫、二弦演奏者居左,这与汉代《相和歌》中"丝竹更相和,执节者歌"的表现形式如出一辙。其乐器更是保留了诸多古乐器遗制:横抱的曲项琵琶与敦煌壁画、泉州开元寺木雕及五代南唐《韩熙载夜宴图》所绘相同;三弦由秦汉时代的"鼗"演变而来;拍板与敦煌壁画中伎乐图上的别无二致;二弦保留了魏晋奚琴的基本样式;洞箫沿用唐代"尺八"遗制。南音不仅在闽南地区、港澳台地区广泛流传,还传播至菲律宾、印尼、新加坡、马来西亚、泰国、缅甸、越南等国家,成为连接台湾同胞和海外侨胞乡情的重要精神纽带,对增强民族认同感发挥着积极作用。

2. 中国水密隔舱福船制造技艺

中国水密隔舱福船制造技艺于 2010 年入选联合国教科文组织《急需保护的非物质文化遗产名录》。它是泉州沿海广泛使用的传统造船工艺,大约发明于唐代,宋以后被普遍采用。其以樟木等材料手工打造,通过隔舱板实现船体密封,增强抗沉性。这一技艺不仅承载了古代中国航海技术的辉煌,更是海洋文化与海丝文化的重要体现。作为海上丝绸之路的重要交通工具,福船见证了古代中国与外国的贸易与文化交流,其精湛工艺和远航能力,对古代海洋探索与航行具有重要意义。同时,它也反映了中外文化的交流与融合,成为连接古代中国与世界的桥梁,是人类共同的文化遗产。

3. 泉州高甲戏、梨园戏

泉州高甲戏于 2006 年入选国家级非物质文化遗产名录。高甲戏以丑角表演为特色,幽默诙谐,富有生活气息。它融合了多种艺术形式,在表演风格上大胆夸张,服饰精美。高甲戏的剧目题材广泛,常常反映泉州的社会生活、历史故事以及海洋文化。梨园戏是古老的戏曲剧种之一，梨园戏同样于 2006 年入选国家级非物质文化遗产名录。保存了许多宋元时期的南戏剧目和表演形式。梨园戏的传统剧目题材广泛，其中不乏与海洋有关的故事。在历史上，泉州作为海上丝绸之路的重要起点，高甲戏以及梨园戏随着商贸活动和人员往来传播到周边地区及海外，其独特的表演风格和丰富的剧情，深受观众喜爱，成为泉州文化的重要代表。

4. 德化瓷制作技艺

德化瓷烧制技艺于 2006 年入选国家级非物质文化遗产名录。德化瓷始于宋代，自明代后得到巨大发展。产品以瓶、罐、杯、盘等日用瓷器为主，兼有雕塑艺术的陈设瓷器，多用贴花、印花、堆花作装饰，畅销国外。造型则以精巧捏塑和逼真著称，其白瓷尤为独特，色泽温润如脂。德化瓷与丝绸、茶叶齐名，享"东方艺术珍宝"美誉，沿海上丝绸之路远销全球，成为中外文化交流的桥梁，也丰富了丝绸之路的文化底蕴。

5. 惠安女服饰

惠安女服饰于 2006 年入选国家级非物质文化遗产名录。惠安女的服饰鲜艳夺目，具有独特的风格。上衣短小，露出肚脐，裤子宽大，头戴花头巾和黄斗笠。惠安女服饰体现了海洋文化的特色，既适应了海边的生活环境，又展现了惠安女的勤劳和美丽。惠安女以渔业和农业为生，在与海洋的长期相处中，形成了独特的服饰文化。惠安女服饰不仅是一种传统的服饰，更是泉州海洋文化的重要象征。

6. 蟳埔女习俗

蟳埔女习俗于 2008 年入选国家级非物质文化遗产名录。蟳埔女是泉州沿海的一个特殊群体，她们保留着独特的服饰和生活习俗。蟳埔女的服饰鲜艳夺目，头戴"簪花围"，身着大裾衫、宽脚裤，体现了海洋文化的特色。她们以渔业和海产养殖为生，在与海洋的长期相处中，形成了独特的信仰和习俗。蟳埔女常常参与海洋祭祀活动，祈求海神保佑渔业丰收和家人平安。她们的生活习俗和文化传统，是泉州海洋文化的生动体现。

7. 灵源万应茶、老范志神粬

灵源万应茶于 2008 年入选国家级非物质文化遗产名录。灵源万应茶是一种具有悠久历史的传统中药茶剂，起源于泉州灵源山。它以多种中药材为原料，经过精心炮制而成，具有清热解毒、理气和胃、解表散寒等功效。老范志神粬于 2009 年 5 月入选福建省第三批省级非物质文化遗产代表性项目名录，是一款由 52 味精选中药精妙配伍而成的传统医药。其制作过程繁复而精细，需经拌和、浸泡发酵等多道工序，最终成就其淡灰褐色、气香味甘淡的独特品质，其具有疏风解表、消积化湿、醒脾开胃、祛痰止咳等功效。由于泉州地处沿海，气候潮湿，人们在长期的生活中积累了丰富的中医养生经验。传统的中医药文化不仅是祖国医药文化中不可多得的瑰宝，更是人民的福祉。传统中医药将在保护与传承中焕发新的生机与活力，继续为人类的健康事业贡献自己的力量。

（二）福州

福州共有 1 个项目列入联合国教科文组织非物质文化遗产名录（名册），有 16 个国家级非物质文化遗产代表性项目以及 94 个省级非物质文化遗产代表性项目。下面列举部分与海上丝绸之路相关的项目。

1. 脱胎漆器髹饰技艺

脱胎漆器髹饰技艺于 2006 年入选国家级非物质文化遗产名录。福州脱胎漆器以其轻巧、坚固、美观而著称。制作过程复杂，包括制胎、髹漆、装饰等多道工序。在装饰方面，艺术家们常常运用各种技法，绘制出精美的图案，有的作品中会出现海洋元素，如海浪、帆船等，体现了福州与海洋的联系。

2. 福州传统闽剧

闽剧于 2006 年入选国家级非物质文化遗产名录。闽剧是福州地区的主要戏曲剧种，表演风格细腻、优美，音乐唱腔独特。闽剧的传统剧目题材丰富，有历史故事、民间传说等，部分剧目与海洋文化相关，如反映海上贸易、渔民生活等内容。闽剧在福州及周边地区广泛流传，是福州文化的重要代表之一。其优美的唱腔和精彩的表演，不仅吸引着本地观众，也在对外文化交流中展现出福州的独特魅力。

3. 软木画

软木画于2008年入选国家级非物质文化遗产名录。软木画以栓皮栎树的树皮为材料，采用浮雕、圆雕、透雕等技法，制作出精美的山水、花鸟、亭台楼阁等作品。软木画中有的作品会展现福州的港口风光、海景等，体现了福州的海洋文化特色。软木画作为福州的传统工艺品，具有很高的艺术价值和收藏价值。

4. 陈靖姑信俗

陈靖姑信俗于2008年入选国家级非物质文化遗产名录。陈靖姑被视为妇女儿童的保护神。在福州的民间信仰中，陈靖姑信俗与海洋也有一定的联系。福州地处沿海，渔民们在出海前常常会祈求陈靖姑保佑平安。陈靖姑信俗在福州及周边地区广泛流传，反映了福州人民的信仰文化和对美好生活的向往。

5. 福州评话

福州评话于2006年入选国家级非物质文化遗产名录。它以福州方言讲述故事，语言生动幽默，表演形式独特。评话艺人通过说、表、吟、唱等多种方式，将历史故事、民间传说以及社会百态生动地展现出来。在福州的历史发展中，福州评话不仅是民众娱乐的重要方式，也在一定程度上传承了福州的历史文化和价值观。其故事题材广泛，有的与海洋贸易、航海传奇等相关，反映了福州与海洋的紧密联系。

6. 福州茉莉花茶窨制工艺

福州茉莉花茶窨制工艺于2014年入选国家级非物质文化遗产名录。福州茉莉花茶以其独特的香气和口感而闻名。制作过程中，需要将茉莉花与茶叶进行多次窨制，使茶叶充分吸收茉莉花的香气。福州茉莉花茶在历史上通过海上贸易远销海外，成为福州与世界交流的重要商品之一，体现了福州的海洋文化特色。

7. 罗源畲族医药

罗源畲族医药于2008年入选省级非物质文化遗产名录。畲族医药是畲族人民在长期的生活实践中积累的宝贵财富。在福州罗源等地，畲族医药有着独特的疗法和草药知识。由于福州地处沿海，畲族医药中也有一些针对因海洋气候和环境而产生的疾病的治疗方法，体现了畲族人民与自然环境的和谐相处。

（三）漳州

漳州共有 2 个项目列入联合国教科文组织非物质文化遗产名录（名册），有 17 个国家级非物质文化遗产代表性项目以及 86 个省级非物质文化遗产代表性项目。下面列举部分与海上丝绸之路等历史文化相关的项目。

1. 漳州布袋木偶戏

漳州布袋木偶戏于 2006 年入选国家级非物质文化遗产名录。布袋木偶戏又被称为"布袋戏"，其名字来源于木偶的制作材料和形式。木偶以木材为主要材料，经过精细雕刻和绘制，通常具有灵活的关节，可以通过操控线绳来演绎生动的故事。漳州布袋木偶戏起源于明清时期，早期主要由地方艺人传承和演绎。与其他地区的布袋木偶戏相比，漳州的布袋木偶戏具有独特的地方风格。漳州布袋木偶的造型多样，常见的角色包括神话人物、历史名将以及民间传说中的各类角色，部分故事的题材也与海洋文化息息相关。每个木偶都经过精心制作，展现了细腻的工艺和生动的表情。漳州布袋木偶戏不仅是地方文化的象征，也是海上丝绸之路文化交流的重要载体。它在传播传统文化、促进地区文化交流方面发挥了重要作用。

2. 漳州芗剧

漳州芗剧于 2006 年入选国家级非物质文化遗产名录。芗剧是漳州地区极具特色的戏曲剧种，表演风格质朴自然，音乐唱腔优美动人。其传统剧目题材丰富，包括反映民间生活的故事、历史传奇以及爱情佳话等。部分芗剧剧目涉及海洋文化，如展现渔民生活的酸甜苦辣、海上贸易的波澜起伏等内容。芗剧在漳州及周边地区广泛流传，深受百姓喜爱。它以独特的艺术魅力，展现了漳州的地域文化特色和人民的生活风貌。在对外文化交流中，芗剧也发挥着重要作用，让更多人了解漳州的海洋文化和历史传承。

3. 漳州木版年画

漳州木版年画于 2006 年入选国家级非物质文化遗产名录。木版年画具有古朴的艺术风格和丰富多样的题材内容。年画的制作采用传统的木版雕刻和印刷技术，画面线条流畅，色彩鲜艳。部分年画作品中会出现海洋元素，如渔船、海浪等，生动地体现了漳州的海洋文化特色。漳州木版年画在民间广泛流传，不仅是一种艺术形式，更是漳州历史文化的珍贵见证。它反映了漳州人民的生活场景、信仰观念和审美情趣，承载着漳州的历史记忆和文化传承。

4. 漳州蔡福美传统制鼓技艺

漳州蔡福美传统制鼓技艺于 2008 年入选国家级非物质文化遗产名录。经过蔡氏家族世代传承与发展，逐渐形成了独特的制鼓工艺。蔡福美传统制鼓以精湛的工艺和严格的选材著称。从木材的切割、打磨到牛皮的处理、蒙鼓，每一个环节都需要工匠的精湛技艺和丰富经验，制作出的鼓音色浑厚、音质优美，适用于各种音乐演奏和民间活动。蔡福美传统制鼓技艺在材料选择上，特别注重海洋资源的利用。鼓面通常采用具有韧性的南方水牛皮制成，这种水牛皮因其独特的质地和韧性，成为制作高质量鼓面的理想材料。

5. 漳州八宝印泥制作技艺

漳州八宝印泥制作技艺于 2008 年入选国家级非物质文化遗产名录。八宝印泥以其色泽鲜艳、质地细腻、冬不凝固、夏不渗油等卓越品质而闻名遐迩。制作过程极为精细，需要选用多种珍贵材料，经过多道复杂工序精心调制而成。在历史上，八宝印泥通过海上贸易传播到其他地区，成为漳州与外界文化交流的重要载体之一。虽然它与海洋没有直接联系，但作为漳州的特色文化产品，它见证了漳州在文化交流和贸易往来中的重要地位，体现了漳州人民的精湛技艺和对品质的追求。

6. 东山关帝信俗

东山关帝信俗于 2008 年入选国家级非物质文化遗产名录。东山关帝在漳州地区被视为重要的保护神,深受民众敬仰。由于东山地处沿海,关帝信俗与海洋有着密切的联系。渔民们在出海前常常会祈求关帝保佑平安,在遇到困难和危险时也会向关帝求助。东山关帝信俗在漳州及周边地区广泛流传,不仅体现了漳州人民的信仰文化,更反映了他们对海洋的敬畏之情。信俗活动包括祭祀、庙会等,丰富多彩的活动形式吸引了众多民众参与,成为凝聚社区、传承文化的重要力量。

7. 漳绣(漳州刺绣)

漳绣技艺于2009年入选省级非物质文化遗产名录。漳绣起源于唐末,与漳缎、漳纱、漳绒同为漳州织造史上著名的四大工艺,在中国织造史上地位仅次于苏绣、蜀绣、湘绣、粤绣四大名绣,被誉为"中国第五大名绣"。漳绣以精湛技艺和独特艺术风格著称,绣娘们运用平绣、凸绣、金葱绣等多种针法,在丝绸等面料上绣出花鸟鱼虫、人物故事、山水风景等精美的图案,作品色彩鲜艳、层次丰富、立体感强,具有极高的艺术价值。漳绣技艺不仅在国内享有盛誉,其精美的绣品还通过海上丝绸之路,随着古代海上贸易的繁荣,远销海外,成为展示中国海洋文化及高超手工艺水平的重要载体。

8. 漳州片仔癀制作技艺

漳州片仔癀制作技艺于2011年入选国家级非物质文化遗产名录。片仔癀是一种名贵的中成药,以其独特的疗效和珍贵的药材配方而闻名。制作过程严格遵循传统工艺,精选多种天然药材,经过精细的炮制和加工而成。在历史上,漳州片仔癀制作技艺体现了漳州的传统医药文化和精湛的制药技艺,反映了漳州在对外交流中的重要地位。

(四)莆田

莆田共有1个项目列入联合国教科文组织非物质文化遗产名录(名册),有10个国家级非物质文化遗产代表性项目以及63个省级非物质文化遗产代表性项目。下面列举部分与海上丝绸之路相关的项目。

1. 妈祖信俗

妈祖信俗于2009年入选联合国教科文组织《人类非物质文化遗产代表作名录》。妈祖，原名林默，生于北宋建隆元年（960年）农历三月二十三日。她自幼聪颖，识天文、通医理、善舟楫，乐善好施，长大后矢志行善济难；精研医理为人治病，教人防疫消灾；熟习水性，传说能"乘席渡海"拯溺济难，深受人们爱戴。宋太宗雍熙四年（987年）农历九月初九，因救助海难遇险人员不幸遇难，年仅28岁。为纪念她，乡亲们建庙奉祀，湄洲妈祖祖庙屡经扩建，至清代形成规模。妈祖信俗是一种以崇奉和颂扬妈祖的立德、行善、大爱精神为核心，以妈祖宫庙为主要活动场所，以习俗和庙会等为表现形式的民俗文化。如今，妈祖信俗传播到世界20多个国家和地区，为两亿多民众所崇拜并传承至今。

2. 莆仙戏

莆仙戏于2006年入选国家级非物质文化遗产名录，是在古代"百戏"的基础上发展形成的。莆仙戏源于唐，成于宋，盛于明清，闪光于现代，流行于古称兴化的莆田、仙游二县及闽中、闽南的兴化方言地区。作为"宋元南戏的活化石"，莆仙戏不仅保留了宋元南戏的音乐元素，也见证了古代海上丝绸之路沿线地区文化艺术的交融与传承。莆仙戏表演古朴优雅，不少动作深受木偶戏影响，脸谱等也富有独特的艺术风格；其唱腔丰富，综合了莆仙的民间歌谣俚曲、十音八乐、佛曲法曲、宋元词曲和大曲歌舞的艺术特点，用方言演唱，具有浓厚的地方色彩。

3. 灯舞（莆田九鲤灯舞）

灯舞（莆田九鲤灯舞）于2008年入选国家级非物质文化遗产名录。莆田九鲤灯舞流传于福建省莆田市荔城区黄石镇沟边村，九鲤灯舞是福建民间舞蹈苑囿中的一朵奇葩，它源于元宵节千姿百态的灯舞表演，经民间艺人世代沿袭传承，逐渐形成一套完整的舞蹈表演形式，明清时期达到鼎盛。舞者手持鲤鱼灯具，通过舞蹈动作和队列变化，模拟鲤鱼游动、嬉戏、跃龙门等姿态。灯具制作精美，色彩鲜艳。在夜晚表演时灯光闪烁，美轮美奂。它是莆田地区人民祈求风调雨顺、吉祥如意的民间艺术形式，承载着美好愿望和传统文化传承。九鲤灯舞以九种精致的鱼灯为道具作舞而得名，这九种鱼灯分别代表龙（蛟）、鳌、鳜、鲈、鲴、鲤、鲫、花鱼、金鱼等九种水族。这些水族元素不仅体现了人们对海洋自然的敬畏与尊重，也寓意着吉祥、丰收和祈福。

4. 错金银

错金银于2014年入选国家级非物质文化遗产名录。错金银工艺是中国古代金属装饰的精工技法之一，是源自中国青铜时代的一项精细工艺，在莆田有着独特的传承。其起源可追溯至商周，春秋中晚期兴盛，战国时极为流行，两汉又有新发展。制作时先在铜胎铸出浅凹图案或铭文，凿糙面后嵌入预制金银片或线，再经错磨、抛光等工序。它让青铜器绚丽多彩，装饰题材丰富，铭文熠熠生辉。错金银这一精湛工艺展现了古代工匠的高超智慧和审美追求。在古代海上丝绸之路的贸易往来中，错金银工艺品作为重要的文化商品之一，通过海上航线传播到世界各地。这不仅促进了中外文化的交流与融合，也提升了中国古代工艺品在国际市场上的影响力。

5. 仙游枫髓香制作技艺

仙游枫髓香制作技艺于2022年入选省级非物质文化遗产代表性项目名录。仙游枫髓香制作技艺承载着悠久的历史传承，是仙游地区独具魅力的传统手工艺之一。其以枫香树树脂为主要原料，历经采集、精心筛选、仔细清洗、充分晾晒、精准熬制以及精细成型等多道严谨工序。在熬制过程中，工匠们需凭借丰富的经验精准掌握火候与时间，方能成就高品质的枫髓香。枫髓香散发着清新淡雅的香味，这种独特的香气持久不散，具有多种用途：既可以在庄重的祭祀场合中使用，增添神圣氛围；又能作为熏香，为生活空间带来宁静与雅致；还可发挥驱蚊的实用功效。仙游枫髓香制作技艺不仅体现了仙游地区传统手工艺的精湛，更是当地文化与生活智慧的结晶，其产品远销海内外，为后人研究传统工艺和民俗文化提供了珍贵的样本。

（五）厦门

厦门共有 2 个项目列入联合国教科文组织非物质文化遗产名录（名册），有 15 个国家级非物质文化遗产代表性项目以及 47 个省级非物质文化遗产代表性项目。

1. 厦门珠绣

厦门珠绣于 2021 年入选国家级非物质文化遗产名录。厦门珠绣起源于唐朝，鼎盛于明清时期，中华人民共和国成立后相关工艺逐渐失传。其设计精美，色彩对比强烈，由专业绣工将多种色彩的珠粒经手工缝制而成，具有独特的装饰手法和艺术风格，其晶莹华丽、新颖别致、色彩明快，经光线折射有浮雕效果。通过海上丝绸之路，厦门珠绣不仅在国内的闽南地区、广东潮汕一带广泛传播，还传播至东南亚等地的国家和地区。这种跨地域的传播，不仅促进了技艺的交流与融合，也加深了各国人民对厦门珠绣的认识和了解。

2. 厦门疍民习俗

厦门疍民习俗于 2007 年入选省级非物质文化遗产名录。疍民是以舟为家、以渔为业的社会群体，随着潮汐的涨落而迁徙，广泛分布于中国东部沿海及沿江地区，特别是浙江、福建、广东、海南等省份的水域。厦门港，位于厦门岛西南一隅，简称厦港，正是这一独特群体的重要聚居地之一。追溯其历史渊源，厦港疍民的主要聚居形态形成于明末清初，彼时，大批疍民自九龙江流域迁徙至此，或投身捕鱼行业，或专注于造船技艺，共同在这片海域上繁衍生息。他们保留传统习俗，与厦门及各地渔民交融互鉴，形成海洋社会独特民俗风情。

3. 厦门青草药、八宝丹传统制作技艺

"厦门青草药"于 2007 年入选市级非物质文化遗产名录，并于 2022 年入选省级非物质文化遗产名录（以"闽台青草药"进行申报）。厦门青草药是厦门本地新鲜植物药材总称，是厦门人民经过长期实践积累而形成的一个具有完整理论和闽南特色的青草医药学体系。它在厦门地区尤

其是在农村群众的防病、治病中起了较大的作用，治好了不少疑难杂症患者。八宝丹传统制作技艺于 2022 年入选厦门市第六批非物质文化遗产代表性项目名录。八宝丹是一种中药制剂，具有清热解毒、活血止痛、去黄退疸等功效，常用于治疗湿热蕴结所致的发热、黄疸、小便黄赤、恶心呕吐、纳呆、胁痛腹胀等症状。海上丝绸之路为中医药的传播提供了重要渠道，中医药通过海路传播到东南亚、南亚、西亚等地，成为当地人民医疗保健的重要组成部分。

（六）结语

在福建众多非物质文化遗产代表性项目中，传统中医药类项目具有独特的价值与意义，是福建人民智慧的结晶，以泉州传统中医药为例，其历经百年实践已深入百姓生活，并通过海上丝绸之路传播海外，展现了中医药文化的广泛影响力。新一代泉州人，继续把对非物质文化遗产的挖掘、整理与保护传承为己任，各级政府、学校积极参与其中，如 2024 年 9 月，泉州中药传统炮制技术（泉州医学高等专科学校作为保护单位）、泉州正骨活络油（泉州市正骨医院作为保护单位）等项目列入第七批市级非物质文化遗产代表性项目名录，这代表着当代传承人在传统中医药项目的传承与创新中勇于担责、不辱使命，继续为人民健康事业做贡献。

对非物质文化遗产项目的保护与传承，也是推动海丝文化创新发展的重要支柱。这些文化瑰宝在全球多元文化中独树一帜，展现出深厚的历史积淀与强大的生命力。通过社会各界的共同努力，福建省的非物质文化遗产将更加焕发出时代的光彩，为文化创新与全球文化交流贡献更加持久的力量。

第三节　福建省海丝文化遗产保护及传承

一、福建省海丝文化遗产保护及传承价值

福建省海丝文化遗产不仅见证了古代中外贸易的繁荣与文化的交流，更承载了福建人民的智慧与创造力，是中华民族文化的重要组成部分。保护和传承这些遗产，不仅有助于深入了解和研究海上丝绸之路的历史影响，还能促进文化多样性的交流，为全球文化遗产的保护与传播提供宝贵的实物依据和文化背景。

（一）历史价值

海丝文化遗产在福建省具有深厚的历史价值，作为中国海上丝绸之路的重要起点之一，这些遗产见证了古代中外经济文化交流的辉煌历史。首先，福建省的海丝文化遗产包括众多古港口、宗教建筑和商贸遗址，这些遗产不仅是古代贸易的重要节点，更是东西方文明交流的见证者。其次，海丝文化遗产反映了不同文明之间的互动与融合。例如，泉州作为富有活力的港口城市，吸引了来自世界各地的商人、宗教人士和文化使者，促进了宗教、艺术、建筑等多领域的跨文化交流。最后，这些文化遗产不仅见证了古代中国与世界的经济联系和文化交流，还反映了福建省在海上丝绸之路中的重要角色和影响力。通过保护和研究这些遗产，可以深入了解古代贸易路线、商品交换及其文化影响，为研究海上丝绸之路的历史及其在全球文化交流中的作用提供了重要的实物依据和文化背景。

（二）文化价值

保护和传承福建省的海丝文化遗产，不仅有助于弘扬中华文化，还能促进不同文化之间的理解与交流，体现福建人民的智慧和创造力。首先，海丝文化遗产承载了丰富的历史与文化内涵。这些遗产不仅是古代海上丝绸之路的见证者，更是中华文化的重要代表。它们在建筑艺术、雕刻工艺、宗教信仰等多方面展示了福建人民在文化发展中的智慧和创造力，反映了中国古代文化与世界各地文明的交流与融合。其次，保护这些文化遗产，可以有效地传承和弘扬中华文化的核心价值和精神。最后，对海丝文化遗产的保护还能促进不同文化之间的理解与交流。这些遗产承载了中外贸易往来、宗教交流和艺术创新的历史记忆，为今日的跨文化对话提供了重要的历史背景和文化资源。通过国际合作和文化交流活动，可以进一步推动全球对文化多样性的认知与尊重，促进世界各国的和谐共处和共同发展。

（三）经济价值

海丝文化遗产在福建省具有重要的经济价值，主要体现在旅游业的发展和文化创意产业的推动两个方面。首先，福建省丰富的海丝文化遗产不仅展示了古代贸易和文化交流的历史，还为游客提供了丰富的旅游体验，如参观历史建筑、观赏文化表演、购买传统手工艺品等，为当地旅游业的发展注入了新的活力。其次，对海丝文化遗产的保护和开发也促进了文化创意产业的繁荣。以海丝文化为主题的文化创意产品，如文化衍生品、演艺活动、文化节庆等，不仅吸引了更多游客，还为当地居民提供了就业和创业的机会。例如，泉州的石雕艺术、福州的传统手工艺等，通过现代设计和营销手段，成为当地文化创意产业的重要支柱，为地方经济增加了新的增长点和收入来源。

(四）社会价值

保护和传承海丝文化遗产在福建省具有重要的社会价值，对增强地方和民族认同感、促进社会和谐与进步起到了关键作用。首先，海丝文化遗产作为福建省重要的文化遗产，承载了丰富的历史和文化记忆。通过保护和传承这些遗产，可以深化当地居民对自身文化根源的认同感和自豪感。对这些遗产的保护，让人们能够更好地理解和珍视自己的文化遗产，从而形成共同的文化认同和社会凝聚力。其次，开展相关的教育和宣传活动，是提升公众文化素养和历史意识的重要途径。通过学校课程、文化活动、展览讲座等形式，向社会大众传播海丝文化的历史背景、文化价值和影响。这不仅有助于年轻一代了解和尊重传统文化，也能够引导公众更加关注和参与文化遗产的保护工作。最后，海丝文化遗产的传承与发展，促进了社会和谐与进步。文化的传承不仅仅是历史的延续，更是社会发展的动力源泉。通过保护这些遗产，福建省不仅弘扬了中华民族的传统文化，还为多元文化的融合与共生提供了重要平台。不同文化的交流与包容，促进了社会各界的理解与合作，推动了社会的和谐与进步。

（五）生态价值

保护海丝文化遗产不仅能够维护历史文化的连续性，还能在推动生态环境保护和可持续发展方面发挥重要作用，特别是在福建省这样拥有丰富自然资源和重要文化遗产的省份。首先，许多海丝文化遗产与自然环境息息相关，如位于沿海地区的古港口、宗教建筑和历史遗址。这些文化遗产往往依赖于健康的自然生态系统，如清洁的水资源、稳定的气候条件等。通过保护这些文化遗产，可以间接促进对周边生态环境的改善。其次，对文化遗产的保护可以促进生态旅游的发展，从而实现文化与生态的双重保护。通过开发生态旅游线路和环保项目，吸引游客以可持续的方式参观和享受这些遗产。例如，在保护世界文化遗产时，可通过生态旅游和低碳旅游措施，保护遗产的同时也保护周边环境。最后，对文化遗产的保护可以促进社区的可持续发展和环境教育。通过开展环境保护和文化遗产保护的教育活动，提高当地居民和游客对环境保护重要性的认识，激发社区参与保护和可持续发展的积极性。例如，在泉州的保护项目中，可以通过与当地社区和学校合作，开展生态教育和文化遗产保护意识的培训，增强社区的环境意识和自豪感。

二、福建省海丝文化遗产保护及传承基本原则

福建省作为海上丝绸之路的重要起点，拥有丰富的海丝文化遗产。这些文化遗产不仅是海上丝绸之路的历史见证，更是多元文化合作交流的结果，同时也是促进经济发展、文化交流互鉴，以及促进社会进步的重要载体。保护和传承海丝文化遗产，是弘扬中华优秀传统文化、促进中外文化交流的重要举措。为此，福建省在保护和传承海丝文化遗产过程中，坚持完善制度与规划引领并重，夯实筑牢保护屏障；坚持原真保护与整体保护并重，呵护古城、古镇、古村传统风貌；坚持老城改造与人居改善并重，推动历史文化遗产与现代生活有机交融；坚持保护修缮与探源开发并重，彰显文物遗存活态价值；坚持保护物质文化遗产与保护非物质文化遗产并重，促进优秀传统文化创新发展；坚持人文融通与经济浸润并重，激活历史文化遗产的经济社会价值。

（一）物质文化遗产保护及传承基本原则

严格遵循"保护第一、加强管理、挖掘价值、有效利用、让文物活起来"的工作方针，强化整体保护理念，按照科学规划、"最小干预"、可持续发展和统筹协调的原则，坚持公益属性，坚持服务大局，坚持改革创新，坚持依法管理，坚持以人为本，维护物质文化遗产的真实性、完整性和延续性。同时，坚持党对文物工作的领导，坚持依法保护利用，

坚持问题导向，坚持创造性转化和创新性发展，坚持整体推进和重点突破的基本工作原则。

1. 严格遵循工作方针

"保护第一"：始终将保护置于首位，树立正确的保护理念，避免过度开发和不合理利用对物质文化遗产造成破坏。对于面临损坏、破坏威胁的物质文化遗产，优先进行抢救性保护，尽可能保留其原有的形态、结构和历史信息。加大保护资金投入，确保物质文化遗产得到及时有效的保护。政府应设立专项保护资金，并积极引导社会资金参与物质文化遗产保护。例如，在泉州古港遗址的保护中，优先对受损的码头遗迹进行加固和修复，防止其进一步损毁。

"加强管理"：建立健全的管理体制和机制，明确各部门、各单位的职责和权限，加强对物质文化遗产保护和利用的管理。成立专门的海丝文化遗产保护管理机构，负责协调、指导和监督全省海丝物质文化遗产保护工作。加强对物质文化遗产保护管理人员的培训和考核，提高其业务水平和管理能力。建立完善的考核评价机制，对开展保护工作不力的单位和个人进行问责。如福州成立海丝文化遗产管理办公室，明确各部门在三坊七巷等古街区保护中的具体职责。

"挖掘价值"：深入挖掘海丝物质文化遗产的历史价值、文化价值、艺术价值和科学价值，为保护和利用提供依据。组织专家学者对海丝物质文化遗产进行系统的研究和评估，出版相关研究成果，提高公众对海丝文化遗产的认识和理解。将海丝物质文化遗产的价值挖掘与文化旅游、教育等产业相结合，发挥其在经济、文化和社会发展中的积极作用。例如，漳州组织专家对月港遗址进行深入研究，开发海丝文化旅游线路，举办海丝文化主题展览和讲座等。

"有效利用"：在保护的基础上，对物质文化遗产进行合理的开发和利用，发挥其文化价值、经济价值和社会价值，但利用不能以损害遗产为代价。创新利用方式，将物质文化遗产与现代科技、文化创意等相结合，开发具有海丝文化特色的文化产品和旅游产品。如厦门利用虚拟现实技术展示海丝古港口遗址，开发海丝文化主题的文创产品等。

"让文物活起来"：加强对物质文化遗产的展示和宣传，让更多的人了解和认识海丝文化遗产。通过举办展览、讲座、文化活动等形式，提高公众对物质文化遗产的关注度和参与度。推动物质文化遗产与现代生活相融合，让文物走进百姓生活。例如，将海丝文化遗产元素融入城市景观设计、公共设施建设等方面，使人们在日常生活中感受到海丝文化的魅力。

2. 强化整体保护原则

整体保护原则是海丝文化遗产保护的重要指导思想，强调在保护过程中要对遗产进行系统性和整体性的考虑和处理，以确保遗产的完整性和连贯性。对文化遗产进行全面调查和研究，了解遗产的历史背景、现状及其面临的威胁，为制定科学合理的保护方案提供基础。例如，对莆田湄洲岛的海丝遗迹进行全面普查，包括古建筑、古码头、传统民俗等，制定整体保护规划。

强调系统性保护措施，从多个方面入手，例如：保护古建筑时，不仅修复建筑本身，还保护周边自然环境和人文景观；保护考古遗址时，除遗址本身外，还保护周围地形地貌和植被。对于福州的海丝古街区，不仅保护古建筑群，还保护周边的传统街区、水系等，保持历史街区的完整性。

考虑与物质文化遗产相关的非物质文化遗产相结合，如传统手工艺、民俗活动等，形成系统的保护网络。在泉州，将南音等非物质文化遗产与古建筑保护相结合，举办南音演出等活动，丰富文化遗产的内涵。

3. 遵循科学规划原则

制定科学合理的保护规划，将海丝物质文化遗产保护纳入城市发展总体规划、土地利用规划等相关规划体系中。如在厦门的城市规划中，充分考虑海丝文化遗产的分布和特点，合理划定保护范围，明确保护措施和发展方向。邀请专业的文物保护机构、规划设计单位参与规划编制，确保规划的科学性、前瞻性和可操作性。

坚持统一规划，制定全省海丝物质文化遗产保护总体规划，明确保护目标、任务和措施。各地市根据总体规划，制定本地区的保护规划，确保全省海丝物质文化遗产保护工作的整体性和协调性。例如，福建省制定海丝文化遗产保护总体规划，泉州、漳州等地根据总体规划制定具体的保护规划。

4. 坚持"最小干预"原则

科学修复原则要求在修复过程中应遵循科学、严谨的态度，使用最小干预的方法，保留原有的历史信息和文化价值，避免过度修复和人为改造。修复前进行详细的调查和研究，对文化遗产进行全面的现状评估，包括历史背景、现存状况、损坏原因和程度等，为制定科学修复方案提供基础。例如，对于古建筑的修复，应先进行建筑测绘、材料分析、结构检测等工作，以全面掌握其历史信息和现存问题。

强调使用最小干预的方法，优先使用传统材料和工艺，保持遗产的历史风貌。对于古建筑的修复，应尽量使用原有的建筑材料，如传统砖石、木材等，而不是现代材料；对于壁画、雕塑等艺术品的修复，应使用与原作相同或相近的颜料和技法，以保持其原有的艺术风格。在泉州开元寺的修缮过程中，施工方邀请传统工匠采用传统工艺和材料，确保寺庙的建筑风格和历史风貌得以保留。

5. 贯彻可持续发展原则

可持续发展原则在文化遗产保护中扮演着至关重要的角色，强调在保护文化遗产的同时，必须考虑遗产与周边社区和环境的和谐发展，通过合理利用文化遗产资源，促进当地经济和社会的可持续发展。充分考虑海丝文化遗产与周边社区的关系，结合社区发展进行整体规划。例如，可以将遗产保护与社区旅游开发相结合，通过发展文化旅游产业，带动当地经济，增加就业机会，改善居民生活水平。同时，社区居民可以参与到遗产保护和旅游服务中来，增强他们的文化自豪感和保护意识。

合理利用文化遗产资源，将历史建筑改造成文化展示中心、博物馆或特色酒店，在保护其历史风貌的同时，增加其利用价值和经济效益。此外，可以通过举办文化节、艺术展览、传统工艺体验等活动，活化文化遗产，吸引游客和文化爱好者，促进文化交流和经济发展。在厦门，一些海丝古建筑被改造成特色咖啡馆和书店，既保留了历史风貌，又为游客提供了休闲场所。

注重遗产与自然环境的和谐发展，在开发文化旅游项目时，应充分考虑环境承载能力，避免过度开发和游客过度集中造成的环境压力。在遗产保护过程中，应采取环保措施，减少对环境的影响，如使用环保材料和技术进行修复，建设绿色基础设施等。例如，在武夷山的海丝文化遗产保护中，注重生态环境保护，建设生态步道和环保设施。

6. 坚持统筹协调原则

实行统一管理，建立全省海丝物质文化遗产保护管理信息平台，实现对物质文化遗产的动态管理和监测。加强对保护工作的监督检查，确保各项保护措施落实到位。例如：通过信息平台，对全省海丝文物的保护状况进行实时监测，及时发现问题并督促整改；定期组织对各地市的保护工作进行检查和评估，确保保护工作的质量和效果。

落实分组负责制，明确各部门、各单位在海丝物质文化遗产保护工作中的职责和任务。文物部门负责文物的保护、修缮和管理，旅游部门负责文化旅游开发，建设部门负责遗产周边环境整治，交通运输部门负责遗产周边交通规划等。通过签订责任书等方式，将任务分解到具体部门和单位，确保责任落实到人。例如，在对漳州古城的保护中，各部门协同合作，文物部门负责古建筑的修缮，旅游部门开发旅游线路，建设部门整治周边环境。

强化统筹协调，建立健全部门间协调机制，加强沟通与合作，形成工作合力。定期召开联席会议，研究解决海丝物质文化遗产保护工作中的重大问题。例如，针对海丝文化遗产保护与城市建设之间的矛盾，通过联席会议协调各部门，制定合理的解决方案，既保护了文物，又促进了城市的发展。

7. 坚持公益属性

物质文化遗产保护应坚持公益属性，确保文化遗产为公众所共享，为社会服务。免费开放海丝文化遗产景点，举办公益讲座、展览等活动，让更多的人了解和认识海丝文化遗产。例如，福州的一些海丝文化古街区免费向公众开放，定期举办海丝文化讲座和展览。

鼓励社会力量参与公益保护，通过捐赠、志愿服务等方式，为物质文化遗产保护贡献力量。例如，泉州成立海丝文化遗产保护志愿者协会，吸引社会各界人士参与文物保护巡查、宣传等活动。

8. 坚持服务大局

将物质文化遗产保护与国家发展战略相结合，服务于经济建设、文化建设和社会建设。例如，积极参与"一带一路"建设，加强与共建国家的文化交流和合作，促进贸易往来和经济发展。

为地方经济发展服务，通过发展文化旅游、创意产业等，带动当地经济增长。例如，莆田利用海丝文化遗产资源，发展文化旅游产业，促进当地经济发展。

9. 坚持改革创新

在物质文化遗产保护和利用中，不断创新管理体制、保护技术和利用方式。探索建立多元化的保护模式，如政府主导、社会参与、市场运作等。例如，厦门尝试引入社会资本参与海丝文化遗产的保护和开发，创新保护利用模式。

利用现代科技手段，如大数据、云计算、人工智能等，提高物质文化遗产保护的效率和水平。例如，利用无人机巡查、传感器监测等技术，对海丝文物进行实时监测和保护。

10. 坚持依法管理

严格遵循国家文物保护法律法规以及福建省相关地方性法规，确保海丝物质文化遗产保护工作在法律框架内进行。依据《中华人民共和国文物保护法》《福建省文物保护管理条例》等，对福州、泉州等地的海丝古港口遗址、古建筑等进行严格的保护和管理。加大执法力度，严厉打击破坏物质文化遗产的违法行为，为海丝物质文化遗产提供坚实的法律保障。

制定和完善相关地方性法规和政策，结合福建实际情况，加强对海丝物质文化遗产的保护和管理。例如，福建省出台《福建省海丝文化遗产保护条例》，明确保护范围、措施和法律责任。

11. 坚持以人为本

在物质文化遗产保护和利用中，充分考虑人的需求和利益，注重提高公众的生活质量和幸福感。例如，在对海丝古街区的保护和改造中，增加公共设施和休闲场所，为居民和游客提供便利。

鼓励公众参与物质文化遗产保护，增强公众的保护意识和责任感。通过举办文化活动、志愿者服务等形式，让公众参与到物质文化遗产保护中来。例如，漳州举办海丝文化遗产保护宣传活动，吸引市民参与文物保护。

12. 坚持党对文物工作的领导

加强党对物质文化遗产保护工作的领导，确保文物保护工作的正确方向。各级党委和政府要高度重视文物保护工作，将其纳入重要议事日程，加强组织领导和协调。例如，福建省委召开专题会议，研究部署海丝文化遗产保护工作。

发挥党员干部的先锋模范作用，党员应带头参与文物保护工作。例如，在海丝文化遗产保护一线，党员干部积极参与文物巡查、保护宣传等工作。

13. 坚持依法保护利用

严格执行文物保护法律法规，依法保护海丝物质文化遗产。加强对文物保护法律法规的宣传教育，提高公众的法律意识。例如，通过举办法律讲座、发放宣传资料等形式，向公众普及文物保护法律法规。

依法合理利用物质文化遗产，在保护的前提下，开发文化旅游、创意产业等，实现文化遗产的经济价值和社会价值。例如，泉州依法对海丝古街区进行旅游开发，既保护了文物，又促进了经济发展。

14. 坚持问题导向

针对物质文化遗产保护中存在的问题，如资金不足、人才短缺、保护技术落后等，采取有效措施加以解决。例如，加大资金投入，培养专业人才，引进先进保护技术等。

加强对物质文化遗产保护的研究，深入分析问题产生的原因，提出科学合理的解决方案。例如，组织专家学者对海丝文化遗产保护中的问题进行研究，提出有针对性的建议。

15. 坚持创造性转化和创新性发展

在保护物质文化遗产的基础上，对其进行创造性转化和创新性发展，使其适应现代社会的需求和发展。例如：将海丝文化遗产与现代设计相结合，开发具有时尚感的文化产品；利用互联网、大数据等技术，拓展物质文化遗产的传播渠道和市场空间。

创新物质文化遗产的展示和宣传方式，利用多媒体、虚拟现实等技术，让公众更加直观地了解和感受海丝文化遗产的魅力。例如，福州利用虚拟现实技术展示海丝古街区，让游客身临其境地感受历史文化。

16. 坚持整体推进和重点突破

全面推进海丝物质文化遗产保护工作，实现全省范围内的整体保护。同时，突出重点，对具有重要历史、文化和艺术价值的物质文化遗产进行重点保护和开发。例如，福建省确定泉州古港、福州三坊七巷等为重点保护对象，加大保护力度。

在整体推进的过程中，注重解决重点问题和难点问题，以点带面，推动物质文化遗产保护工作的全面开展。例如，针对海丝古港口遗址的保护，重点解决遗址保护与城市建设的矛盾，为其他物质文化遗产的保护提供经验。

（二）非物质文化遗产保护及传承基本原则

坚持以社会主义核心价值观为引领，坚持创造性转化、创新性发展，坚守中华文化立场、传承中华文化基因，贯彻"保护为主、抢救第一、合理利用、传承发展"的工作方针，深入实施非物质文化遗产传承发展工程。同时，坚持党对非物质文化遗产保护工作的领导，巩固党委领导、政府负责、部门协同、社会参与的工作格局；坚持马克思主义祖国观、民族观、文化观、历史观，铸牢中华民族共同体意识；坚持以人民为中心，着力解决人民群众普遍关心的突出问题，不断增强人民群众的参与感、获得感、认同感；坚持依法保护，全面落实法定职责；坚持守正创新，尊重非物质文化遗产基本内涵，弘扬其当代价值。

1. 坚持以社会主义核心价值观为引领

社会主义核心价值观是当代中国精神的集中体现，在海丝非物质文化遗产保护及传承中，应将其贯穿始终。

(1) 价值导向明确

非物质文化遗产保护、保存应当以社会主义核心价值观为引领，确保非物质文化遗产的传承和发展符合国家的价值导向和文化发展方向。在对海丝非物质文化遗产的挖掘、整理和展示过程中，注重体现爱国、敬业、诚信、友善等价值观念，让民众在感受传统文化魅力的同时，增强对社会主义核心价值观的认同。例如：在泉州南音的传承活动中，通过讲述南音在历史上促进中外文化交流的故事，激发民众的爱国热情和文化自豪感；在福州的脱胎漆器制作技艺展示活动中，工匠们展现出的敬业精神和对传统技艺的执着追求，激励民众在工作和生活中秉持敬业、专注的态度。在非物质文化遗产项目的申报、评审和扶持过程中，对积极传播正能量、弘扬爱国主义精神的厦门漆线雕工艺项目给予了更多的政策支持和资金扶持。

(2) 教育活动融入

结合非物质文化遗产的特点，开展社会主义核心价值观教育活动。可以将海丝非物质文化遗产与公民道德建设相结合，通过举办非物质文化遗产技艺展示、传统民俗活动等，引导民众树立正确的价值观和道德观。福州将海丝非物质文化遗产与公民道德建设相结合，举办了脱胎漆器技艺展示和传统民俗活动，引导民众树立正确的价值观和道德观。

2. 坚持创造性转化、创新性发展

在保护非物质文化遗产的基础上，不断推动其适应现代社会的需求和发展。

(1) 与现代设计结合

将非物质文化遗产与现代设计相结合，开发具有时尚感的文化产品。例如：厦门的漆线雕工艺可以与现代家居装饰设计相结合，推出符合现代审美需求的装饰品；漳州的布袋木偶戏形象可以设计成卡通形象，制作成文创产品，如文具、饰品等，既保留了传统艺术的魅力，又具有现代时尚感，满足不同年龄段消费者的需求。

（2）拓展传播渠道

利用互联网、大数据等技术，拓展非物质文化遗产的传播渠道和市场空间。通过建立非物质文化遗产数字博物馆、线上展示平台等，让更多的人了解和认识海丝非物质文化遗产。同时，利用社交媒体、短视频平台等进行宣传推广，吸引年轻一代的关注。例如，泉州的高甲戏可以通过录制精彩片段并在短视频平台上发布，吸引年轻人的观看和分享，扩大其影响力。创新非物质文化遗产的传承方式，鼓励家族传承、师徒传承、社会传承等多种传承方式，拓宽非物质文化遗产的传承渠道。建立非物质文化遗产传承人名录，给予传承人政策支持和资金扶持，鼓励他们招收学徒，传授技艺。同时，通过学校教育、社会培训等方式，培养更多的非物质文化遗产传承人。例如，福州在中小学开设非物质文化遗产课程，邀请非遗传承人走进校园，为学生们传授传统技艺，培养学生们对非物质文化遗产的兴趣和热爱。泉州在小学开设南音课程，在中小学引入五祖拳作为课间操，激发学生学习兴趣。

3. 坚守中华文化立场、传承中华文化基因

海丝非物质文化遗产是中华文化的重要组成部分，我们应坚守中华文化立场、传承中华文化基因。

（1）深入挖掘内涵

深入挖掘非物质文化遗产的文化内涵和价值，弘扬中华优秀传统文化。对福建的海丝非物质文化遗产，如泉州的梨园戏、莆田的莆仙戏、漳州的锦歌等进行深入研究，挖掘其历史价值、艺术价值和文化价值。通过举办学术研讨会、出版研究专著、制作纪录片等方式，向公众展示这些非物质文化遗产的独特魅力和深厚内涵。例如，组织专家学者对梨园戏的历史渊源、表演特色、音乐唱腔等进行深入研究，出版相关研究成果，为梨园戏的传承和发展提供理论支持。

（2）保持原真性

在非物质文化遗产的保护和传承过程中，注重保持其原真性和独特性，不随意篡改、歪曲或异化。对于传统的表演艺术、手工艺等非物质文化遗产，严格遵循传统的表演方式、制作工艺和传承脉络。例如，在

泉州木偶戏的传承中,坚持使用传统的木偶制作工艺和表演技巧,确保木偶戏的原汁原味。同时,加强对非物质文化遗产传承人的培训和指导,如福州为脱胎漆器传承人举办专业培训班,提高他们的传承能力和水平,确保非物质文化遗产的原真性得以传承。

4. 贯彻"保护为主、抢救第一、合理利用、传承发展"的工作方针

（1）保护为主

树立正确的保护理念,将保护放在非物质文化遗产工作的首要位置。加大对海丝非物质文化遗产的保护力度,建立健全保护体系,确保非物质文化遗产得到有效保护。加强对非物质文化遗产项目的普查、登记、建档等基础工作,全面掌握非物质文化遗产的现状和分布情况。例如,莆田对莆仙戏进行全面普查,建立详细的档案资料,包括戏班情况、演员信息、剧目内容等,为莆仙戏的保护提供依据。制定非物质文化遗产保护名录,对具有重要历史、文化和艺术价值的项目进行重点保护。福建省可以公布省级海丝非物质文化遗产保护名录,对入选项目给予政策支持和资金扶持,确保其得到妥善保护。

（2）抢救第一

对于面临失传、消失威胁的海丝非物质文化遗产项目,优先采取抢救性保护措施。组织专家学者和传承人对濒危项目进行抢救性记录、整理和传承,尽可能保留其原始形态和文化内涵。设立专项抢救资金,支持濒危非物质文化遗产项目的抢救工作。建立濒危项目预警机制,及时发现和处理濒危项目的保护问题。例如,漳州对一些濒临失传的传统民间音乐进行抢救性保护,通过录音、录像等方式记录老艺人的表演,整理曲谱和歌词,并组织年轻一代的音乐爱好者进行学习和传承。

（3）合理利用

在保护的基础上,对海丝非物质文化遗产进行合理的开发和利用,发挥其文化价值、经济价值和社会价值。鼓励非物质文化遗产与文化旅游、创意产业等相结合,开发具有市场竞争力的文化产品和旅游产品。例如,泉州将南音表演与旅游相结合,在旅游景点设置南音表演场所,让游客在欣赏美景的同时,感受南音的独特魅力。建立非物质文化遗合理利用的评估机制，对利用项目进行严格的审核和监管，确保利用不损害非物质文化遗产的核心价值和文化内涵。

（4）传承发展

注重海丝非物质文化遗产的传承，鼓励非物质文化遗产传承人开展传习活动，培养新一代传承人。建立非物质文化遗产传承人名录，给予传承人政策支持和资金扶持。例如，厦门为漆线雕传承人提供工作室和资金支持，鼓励他们招收学徒，传授技艺。推动非物质文化遗产的创新发展，在尊重传统的基础上，结合现代科技和文化创意，对非物质文化遗产进行创新和发展，使其适应时代需求。例如，将现代舞台技术应用于高甲戏的表演中，增强舞台效果，吸引更多观众。

5. 坚持党对非物质文化遗产保护工作的领导

坚持党对非物质文化遗产保护工作的领导，确保非物质文化遗产保护工作的正确方向。

（1）领导重视

各级党委和政府要高度重视非物质文化遗产保护工作，将其纳入重要议事日程，加强组织领导和协调。例如，福建省委召开专题会议，研究部署海丝非物质文化遗产保护工作，明确各部门的职责和任务，为非物质文化遗产保护工作提供坚强的政治保障。

（2）党员带头

发挥党员干部的先锋模范作用，带头参与非物质文化遗产保护工作。组织党员志愿者队伍，参与非物质文化遗产的普查、宣传、保护等工作。例如，在泉州的非物质文化遗产保护活动中，党员干部积极参与南音、高甲戏等非物质文化遗产的宣传推广，为保护工作贡献力量。

6. 巩固党委领导、政府负责、部门协同、社会参与的工作格局

（1）明确职责分工

巩固党委领导、政府负责、部门协同、社会参与的工作格局，明确各方面的职责和任务。党委发挥领导核心作用，制定非物质文化遗产保护工作的方针政策；政府负责具体实施，加大资金投入和政策支持力度；各部门协同配合，共同做好非物质文化遗产的保护、传承和发展工作。

例如：文化部门负责非物质文化遗产的普查、登记、保护和传承工作；旅游部门负责将非物质文化遗产与旅游相结合，开发文化旅游产品；教育部门负责将非物质文化遗产纳入学校教育体系，培养学生的文化素养。同时，鼓励社会各界参与非物质文化遗产保护工作，形成全社会共同参与的良好氛围。

（2）协同合作机制

建立健全部门间协同合作机制，加强沟通与协调。定期召开联席会议，研究解决非物质文化遗产保护工作中的重大问题。例如，针对海丝非物质文化遗产与城市建设之间的矛盾，通过文化、建设、规划等部门的协同合作，制定合理的解决方案，既保护了非物质文化遗产，又促进了城市的发展。

7. 坚持马克思主义祖国观、民族观、文化观、历史观，铸牢中华民族共同体意识

在海丝非物质文化遗产保护及传承中，坚持马克思主义祖国观、民族观、文化观、历史观，增强民族自豪感和文化认同感。

（1）文化交流融合

海丝非物质文化遗产是中外文化交流融合的产物，通过对这些遗产的保护和传承，展示中华民族开放包容、兼收并蓄的文化品格。例如，泉州的伊斯兰教圣墓、清净寺等海丝文化遗产，体现了不同民族、不同文化在泉州的交流与融合。在保护和传承这些遗产的过程中，要强调中华民族的多元一体性，铸牢中华民族共同体意识。

（2）教育宣传引导

通过教育和宣传活动，引导民众树立正确的国家观、民族观、文化观、历史观。可以在学校教育中加强对海丝非物质文化遗产的介绍和讲解，让学生了解中华民族的悠久历史和灿烂文化。同时，利用博物馆、文化馆等文化场所，举办主题展览和讲座，向公众宣传马克思主义祖国观、民族观、文化观、历史观，增强民众的民族自豪感和文化认同感。

8. 坚持以人民为中心，着力解决人民群众普遍关心的突出问题，不断增强人民群众的参与感、获得感、认同感

（1）满足群众需求

坚持以人民为中心，非物质文化遗产保护及传承工作要充分考虑人民群众的需求和利益。例如，在非物质文化遗产的展示和表演中，要注重与观众的互动，让观众参与其中，增强他们的体验感。同时，根据人民群众的文化需求，开发多样化的非物质文化遗产文化产品和旅游产品，满足不同层次、不同类型的消费需求。

（2）群众参与保护

着力解决人民群众普遍关心的突出问题，鼓励人民群众参与非物质文化遗产保护工作。建立健全公众参与机制，通过举办非物质文化遗产保护志愿者活动、社区文化活动等，让人民群众积极参与非物质文化遗产的保护和传承。例如，福州组织社区居民参与传统手工艺的保护和传承，通过举办手工艺培训班、作品展览等活动，提高居民的参与度和获得感。不断增强人民群众的参与感、获得感、认同感，让非物质文化遗产保护及传承工作真正成为人民群众自己的事业。

9. 坚持依法保护，全面落实法定职责

（1）完善法律法规

加强非物质文化遗产保护法律法规建设，完善相关政策措施。根据国家法律法规，结合福建省实际情况，制定出台非物质文化遗产保护条例和实施细则，明确非物质文化遗产的保护范围、保护措施、传承人的权利和义务等。例如，福建省可以制定相关保护条例，为海丝非物质文化遗产的保护提供法律依据。

（2）严格执法监督

坚持依法保护，全面落实法定职责，严格执法监督。加强对非物质文化遗产保护法律法规的宣传教育，提高公众的法律意识。同时，加大执法力度，严厉打击破坏非物质文化遗产的违法行为。例如，对非法倒卖非物质文化遗产、破坏非物质文化遗产传承环境等行为进行严肃查处，维护非物质文化遗产的合法权益。

10. 坚持守正创新，尊重非物质文化遗产基本内涵，弘扬其当代价值

（1）守正与创新平衡

坚持守正创新，在尊重非物质文化遗产基本内涵的基础上，进行创新发展。既要保持非物质文化遗产的传统特色和文化价值，又要结合现代社会的需求和发展趋势，进行创新和转化。例如，在莆仙戏的传承中，既要保留传统的剧目和表演形式，又要结合现代舞台技术和艺术表现手法，进行创新和改编，使其更符合现代观众的审美需求。

（2）当代价值弘扬

弘扬非物质文化遗产的当代价值，将其与现代社会的价值观和生活方式相结合。通过非物质文化遗产的展示和传承，传递积极向上的价值观和生活态度。例如，泉州南音所传达的和谐、优雅的音乐文化，可以引导人们在现代快节奏的生活中寻找内心的宁静和平衡。同时，将非物质文化遗产融入现代文化创意产业，开发具有时代特色的文化产品和服务，为现代社会的发展注入新的活力。

三、福建省海丝文化遗产保护及传承挑战

（一）自然环境影响

福建省的海丝文化遗产在面对自然环境影响时，面临诸多挑战。这些影响不仅直接威胁到物质文化遗产的保存状态，也间接影响到文化遗产的传承和弘扬。具体而言，主要的自然环境影响包括气候条件、地质灾害和海洋因素等方面。

一是气候条件。福建省的气候特点是高温高湿，尤其是沿海地区。这种气候条件使得采用木质、纸质和纺织品等有机材料的文化遗产容易受到霉菌和昆虫的侵害。例如，木质结构的古建筑在长期潮湿环境中容易腐烂、变形，甚至坍塌。纸质文物则可能因湿度过高而变质、褪色。台风带来的强风和暴雨常常导致洪涝灾害，这对位于沿海和河道附近的文化遗产造成了巨大的威胁。强风可能直接损毁建筑结构，暴雨和洪水

则可能侵蚀地基,冲毁遗址,导致不可挽回的损失。例如,泉州港作为海上丝绸之路的重要节点,每年台风季节都面临着严重的自然灾害威胁。福建省的温度变化幅度较大,夏季高温,冬季低温。这种温度变化会引起文物材料的热胀冷缩,从而导致裂缝、变形和损坏。尤其是石质和金属文物,在经历多次温度变化后,表面容易出现风化和氧化现象,影响其保存状态。

二是地质灾害。福建省地处环太平洋地震带,地质活动频繁,地震和滑坡等地质灾害时有发生。地震对文化遗产的破坏性极大,尤其是对古建筑和遗址而言。强烈的地震不仅会直接导致建筑物倒塌,还可能引发次生灾害,如火灾和泥石流,进一步加剧对文化遗产的损害。例如,福州的古建筑群和泉州的古港遗址都面临着地震带来的潜在威胁。在山地和丘陵地区,尤其是在暴雨季节,滑坡和泥石流频发。这些地质灾害会直接掩埋遗址,破坏地面建筑和设施,使得考古发掘和保护工作变得更加困难。例如,福建省的一些古代墓葬和山地遗址在泥石流灾害中受损严重,修复和保护工作难度极大。

三是海洋因素。作为沿海省份,福建省的海丝文化遗产还面临海洋因素的影响。沿海地区的文化遗产,如古代港口和码头遗址,常年受海水侵蚀,盐分的积累会加速石质文物的风化和金属文物的锈蚀。海水侵蚀不仅破坏了文物的外观,还影响其结构稳定性,增加了修复难度和成本。海潮的涨落和海浪的冲击,对位于沿海的文化遗产构成了持续的威胁。特别是在风暴潮期间,海水可能涌入遗址区,造成洪水淹没和冲刷,破坏遗址的完整性。例如,宁德三都澳的古代海防遗址多次受到海潮和海浪的侵袭,部分墙体和设施已遭受严重损毁。

(二)城市化进程

福建省的城市化进程在促进经济发展的同时,也对海丝文化遗产的保护和传承带来了巨大的挑战。一是土地开发和建设。随着城市扩张,许多古老的建筑和遗址面临拆迁和改建的威胁。一些地方为了腾出更多土地进行商业开发，可能忽视了文化遗产的保护，导致古建筑被拆除或移位。城市用地的需求增加，导致文化遗产保护用地不足。例如，考古遗址的保护范围可能被压缩，周边的建设活动增加了对遗址的破坏风险。二是基础设施建设。道路、桥梁和地铁等基础设施的建设，可能直接侵占或破坏文化遗产。例如，修建公路时如果经过遗址区域，可能需要挖掘和改造，导致文物被破坏。城市的地下管线、排水系统和地铁工程，可能对地下遗址造成影响，尤其是对尚未发掘的遗址，施工过程中的震动和挖掘会带来不可逆的破坏。三是人口密集和环境污染。随着城市化进程，人口大量涌入城市，文化遗产周边的人口密度增加，导致文物的承载压力增大。游客和居民的活动可能对文物造成磨损和破坏。工业化带来的空气污染、水污染和噪声污染，也对文化遗产的保存环境造成不利影响。例如，酸雨对石质文物的腐蚀，工业废气对古建筑材料的侵蚀。

（三）资金不足

资金不足是福建省在海丝文化遗产保护和传承过程中面临的重大挑战之一。文化遗产的保护、修复和管理都需要大量的资金支持，资金短缺会直接影响保护工作的效果和持续性。一是修复和维护不足。许多文化遗产由于缺乏资金支持，得不到及时的修复和维护。长期暴露在自然环境中的遗址和文物，会因为风化、腐蚀和人为破坏等因素而逐渐损毁。缺乏资金也意味着无法进行定期的维护和保养，这会加速文化遗产的老化和损毁。例如，古建筑需要定期检查和修缮，木质结构需要防虫处理，但这些工作都需要持续的资金投入。二是保护设施不完善。文化遗产保护区内的基础设施建设需要大量资金。包括防洪设施、防潮设施、防火设施以及监控系统等。如果资金不足，这些设施可能无法及时建设和完善，增加了文化遗产受损的风险。资金不足还会影响文化遗产区的安保措施，盗窃和破坏行为可能得不到有效遏制。例如，泉州港的古代港口遗址，如果没有足够的资金投入到安保系统建设中，遗址的安全将难以保障。三是科研和技术支持不足。文化遗产保护需要大量的科研投入，用于研究保护技术和方法。资金不足会限制科研项目的开展,影响保护工作的科学性和有效性。现代科技在文化遗产保护中起着重要作用,如3D扫描、虚拟现实、数字化保护等,但这些技术的应用需要大量资金支持。资金短缺会限制先进技术在保护工作中的应用,影响保护效果。

(四)专业人才缺乏

福建省在海丝文化遗产保护和传承过程中面临的一个重要挑战是专业人才的缺乏。文化遗产的保护、修复和管理都需要专业知识和技能,而专业人才的不足将直接影响保护工作的质量和效果。一是修复和维护工作质量下降。文化遗产的修复工作需要高超的技术和丰富的经验,缺乏专业人才可能导致修复质量不达标。例如,古建筑的修缮需要将传统建筑技艺和现代工程技术相结合,如果缺乏这方面的专业人才,修缮工作可能出现问题。文化遗产的日常维护和管理需要专业的知识和技能,缺乏专业人员可能导致维护管理工作不到位,文物损坏和老化的问题得不到及时解决。二是科研和技术支持不足。文化遗产保护需要大量的科研工作,如考古发掘、文物保护技术研究等。缺乏专业科研人员会限制这些工作的开展,影响保护工作的科学性和系统性。现代科技在文化遗产保护中起着重要作用,如3D扫描、虚拟现实和数字化保护等。缺乏掌握这些技术的专业人才,可能导致先进技术在保护工作中的应用滞后,影响保护效果。三是教育和培训不足。文化遗产保护领域的人才培养需要系统教育和培训,但由于专业教育资源有限,许多从业人员缺乏系统的专业知识和技能。由于文化遗产保护领域的薪资待遇普遍较低,许多受过专业培训的人才可能选择离开,转向收入更高的行业,这进一步加剧了专业人才短缺的问题。

(五)社会认知不足

福建省的海丝文化遗产承载着丰富的历史和文化信息,但社会认知不足对其保护和传承造成了诸多不利影响。社会认知不足不仅体现在普通公众对文化遗产的了解和重视程度不够，还表现在相关利益群体、企业和政府部门对文化遗产保护的认识不足。一是文化遗产保护意识薄弱。很多人对海丝文化遗产的历史价值和文化意义缺乏深入了解，甚至对其存在和重要性缺乏基本认识，导致其在日常生活中对文化遗产保护的重视程度不高，缺乏主动参与的意识。学校教育中关于文化遗产保护的课程和活动较少，学生对文化遗产的认识停留在表面，未能形成系统的认知和价值观。二是社会参与度低。许多社区居民对文化遗产保护的热情不高，参与保护活动的积极性不足。这使得一些基层保护工作无法有效开展，文化遗产保护缺乏广泛的社会基础。由于社会认知不足，文化遗产保护领域的志愿者数量有限，且多为临时参与，缺乏长期投入和系统培训，志愿者队伍的专业水平和稳定性较低。三是政府和企业支持不够。部分政府部门对文化遗产保护的重要性认识不足，政策支持和资金投入不到位，导致保护工作推进缓慢。一些企业在开发和建设过程中未能充分考虑文化遗产保护的问题，追求经济利益最大化，导致文化遗产受到破坏。

（六）法律法规不完善

对于福建省海丝文化遗产保护而言，法律法规不完善是一个严峻的挑战。虽然文化遗产的保护已经得到了国家和地方政府的高度重视，但在法律法规体系建设和执行方面仍存在许多不足之处，这直接影响到了海丝文化遗产的有效保护和管理。一是法律保护不到位。目前的法律法规体系中，涉及文化遗产保护的具体法律相对薄弱，特别是对于具体的海丝文化遗产的保护措施和标准缺乏明确规定。这导致在实际保护过程中，难以有效依法行政和进行司法保护。由于文化遗产具有多重属性，既涉及历史、文化价值，又牵涉地域发展和经济利益，法律界定和适用上存在模糊不清的情况。例如，在文物保护与经济发展的平衡问题上，缺乏明确的法律指导，导致执行上出现困难和冲突。二是法律执行困难。

在地方政府中，专门从事文化遗产保护工作的执法部门和人员相对匮乏，缺乏专业性和执行力。这导致即便有一定的法律保护措施，也难以落实到位。监督和评估文化遗产保护工作的法律机制和监管措施不完善，使得违法行为难以被及时发现和纠正。缺乏有效的法律监督和反馈机制，降低了法律法规的执行效果和社会的满意度。三是法律与科技的脱节。随着科技的发展，文化遗产保护涉及的技术手段和方法不断更新，而相关法律法规未能及时跟进。例如，数字化技术在文物保护中的应用缺乏法律规范和指导，使得文物数字化保护工作面临法律风险和不确定性。

四、福建省海丝文化遗产保护及传承策略

（一）多种措施并举

福建省在应对自然环境对海丝文化遗产的影响方面，需要采取多方面的策略。这些策略不仅包括短期的应急措施，还需要有长期的规划和持续的努力，结合科技、教育、法律和社区参与等多方面的资源，才能有效保护和传承海丝文化遗产。一是监测与预警。在气候变化、地质活动频繁的背景下，福建省应建立完善的气象和地质灾害监测与预警系统。例如，可以在重要的文化遗产区域安装气象监测设备，实时监控气温、湿度、风速和降水量等气象数据，及时预警台风、暴雨等极端天气。针对地震、滑坡等地质灾害，可以通过建立地震监测台网和滑坡监测系统，及时发布预警信息，减少灾害对文化遗产的破坏。在易发地质灾害的区域，设立防护设施和应急避险通道，提高防灾减灾能力。二是加强基础设施建设。福建省应在沿海和河道附近的文化遗产区，建设防洪堤、防波堤等防护设施，减少洪水和海潮对遗址的侵蚀。例如，可以在泉州港等重要港口遗址周边建设防波堤，有效抵御台风和海浪的冲击，保护遗址不受破坏。针对雨季洪涝问题，改善文化遗产区的排水系统，确保暴雨期间积水能够迅速排出，避免水浸对遗址的破坏。同时，定期清理排水沟渠，确保其畅通无阻。三是科学修复与保护。利用现代材料科学技

术，对文化遗产进行科学修复。例如：对于木质和纸质文物，可以采用防霉防虫处理，延长其保存寿命；对于石质文物，可以使用防风化涂层，减少风化和盐害的影响。在古建筑修复中，应用现代工程技术，加固房屋结构，确保建筑在地震和风暴中不易倒塌。例如，可以在古建筑中加入抗震支撑结构，提升其抗震能力。利用数字化技术对文化遗产进行记录和展示。例如，可以通过三维扫描技术，建立遗址和文物的数字模型，进行虚拟修复和展示。这样不仅能为修复工作提供科学依据，还能在遭受灾害后进行原貌重建。

（二）科学规划和合理布局

在城市发展的科学规划中，必须充分考虑海丝文化遗产的保护需求，通过合理布局城市功能区，避免将重大基础设施建设安排在海丝文化遗产保护区内，以确保海丝文化遗产在城市扩张中的安全和长远保存。首先，城市总体规划应明确将海丝文化遗产保护纳入考量范围。通过综合考虑历史海丝文化区域的保护需求和城市发展的实际情况，确立保护原则和措施。例如，在规划过程中，可以划定海丝文化遗产保护区域的界限和特定的保护政策，明确禁止或限制高强度的商业开发和大规模建设活动，从而保障海丝文化的持续性和完整性。根据文化遗产的重要性和状态，确定不同级别的保护区域，分别制定相应的保护政策和管理措施。其次，建立专门的海丝文化保护区是保护文化遗产的重要举措。特别是在海丝文化遗产密集的区域，应设立专门的保护区域，严格控制新建和改建活动，保护其独特的历史街区和古建筑群。这些区域可以设立专门的管理机构，负责制定详细的保护规划和实施措施，确保文化遗产的可持续管理和保护。严格限制高层建筑、大型商业设施和交通干道等对文化遗产的影响，保持区域内的历史原貌和文化氛围。通过以上措施，能够有效实现城市发展和海丝文化遗产保护的有机结合，保障海丝文化的传承和城市空间的持续健康发展。这不仅有利于提升城市的文化软实力和旅游吸引力，也能够促进城市经济的可持续发展和社会的和谐稳定。

（三）多种渠道筹措资金，提升资金利用率

为了解决福建省海丝文化在保护与传承过程中的资金不足问题，需要采取以下措施：一是增加政府投入。政府应加大对文化遗产保护的财政拨款力度，确保有足够的资金支持修复和维护工作。例如，可以通过设立专项基金，专门用于文化遗产保护和修复。制定鼓励政策，推动各级政府在文化遗产保护方面增加投入。通过税收优惠、财政补贴等方式，激励地方政府和相关部门积极参与文化遗产保护工作。二是社会捐助和公众参与。鼓励企业和个人捐助文化遗产保护资金。可以通过设立捐助平台、组织募捐活动等方式，吸引社会资金投入。例如，可以设立"海丝文化遗产保护基金"，接受社会各界的捐款。加强公众对文化遗产保护的意识，鼓励公众积极参与到保护工作中来。例如，通过举办文化遗产保护宣传活动、教育项目等，提高公众对文化遗产保护的关注度和参与度。三是国际合作和多渠道筹资。通过与国际组织、外国政府和非政府组织的合作，争取国际资金支持。例如，可以与联合国教科文组织合作，申请文化遗产保护项目的资助。探索多种筹资渠道，如通过文化旅游开发、遗产区的合理利用等方式，创造资金来源。例如，可以在文化遗产区内开发文化旅游项目，利用门票收入支持保护工作。四是提高资金使用效率。加强资金管理，确保每一笔资金都用在刀刃上。建立透明的资金使用和监督机制，确保资金使用的合理性和有效性。根据文化遗产的重要性和急需资金程度，合理分配有限的资金资源，优先保护那些面临紧急威胁的遗址和文物。五是引入市场机制。引入市场机制，通过市场化运作提高资金使用效率。例如，可以通过政府和社会资本合作模式，引入社会资本参与文化遗产保护项目。发展与文化遗产相关的文化创意产业，通过文化产品的开发和销售，获取资金支持。例如，可以开发与海丝文化相关的文创产品，利用其销售收入支持文化遗产保护工作。

（四）多种方式引进和培养专业人才

福建省海丝文化在保护与传承过程中专业人才短缺，导致无法对海丝文化更好地进行保护和传承，为此，需要采取一系列措施：一是增加教育和培训投入。在高校和职业学校开设文化遗产保护相关的专业课程，培养专业人才。例如，政府可以与知名大学合作，设立考古学、文物保护与修复等专业，系统培养文化遗产保护人才。定期举办专业培训班，对从业人员进行系统培训，提高他们的专业知识和技能水平。例如，可以邀请国内外专家学者，开展有针对性的培训课程，提高从业人员的专业水平。二是政府支持和政策保障。政府应制定鼓励政策，吸引和留住专业人才。例如，通过提供住房补贴、增加薪资待遇和设立奖学金等方式，吸引更多的人才投身文化遗产保护事业。政府应加大对文化遗产保护科研项目的支持力度，提供充足的科研经费，鼓励科研人员开展相关研究。例如，可以设立文化遗产保护专项科研基金，支持重点科研项目的开展。三是国际合作和交流。通过国际合作，引进国外的专业人才和先进技术。例如，可以与联合国教科文组织、国际文化遗产保护机构合作，邀请国际专家参与福建省的文化遗产保护工作。组织专业人员出国交流学习，学习借鉴国外先进的保护经验和技术。例如，可以派遣考古学家、文物修复专家等到国外进行学术交流和技术培训，提高他们的专业水平。四是提升职业吸引力。提升文化遗产保护从业人员的薪资待遇，提高职业吸引力，吸引更多人才加入。例如，可以通过增加工资、提供奖金和津贴等方式，提高从业人员的收入水平。为文化遗产保护从业人员提供明确的职业发展路径和晋升机会。例如，可以设立专业技术职称评定制度，为从业人员提供职业晋升的机会和空间。

（五）提升社会公众认知

为了提高社会各界对海丝文化遗产的认知和重视程度，有助于文化遗产的妥善保护和传承，福建省相关部门应采取以下几方面的措施：一是加强教育和宣传。在中小学和高校开设文化遗产保护相关课程，组织学生参观文化遗产地，开展文化遗产主题的讲座和活动。例如，可以设置专门的课程，教授学生海丝文化的历史背景和重要性，增强他们的保护意识。通过电视、报纸、广播、网络等媒体平台，广泛宣传海丝文化遗产的重要性和保护成果。例如，可以制作专题纪录片、新闻报道和科普节目，让更多公众了解海丝文化遗产。二是促进社区参与。在社区中开展文化遗产保护主题的活动，如讲座、展览和参观等，增强社区居民的参与感和责任感。例如，可以组织"社区文化遗产日"活动，邀请专家讲解文化遗产知识，并开展相关的互动活动。建立文化遗产保护志愿者队伍，定期开展专业培训，提高志愿者的专业知识和技能，确保志愿活动在保护工作中的有效性和持续性。例如，可以设立志愿者培训基地，开展系统的培训课程和实践活动。三是增强政府和企业的责任感。政府应加强对文化遗产保护的政策引导和资金投入，制定明确的保护措施和责任机制，确保政策落实到位。例如，可以设立文化遗产保护专项基金，支持保护项目的实施，并加强监督和评估。鼓励企业在经济活动中考虑文化遗产保护，履行社会责任。例如，可以通过税收优惠、奖励机制等方式，激励企业参与文化遗产保护工作，并在企业宣传中强调其对文化遗产保护的贡献。四是构建多元合作机制。推动政府、企业、学术机构和社会组织的合作，共同开展文化遗产保护工作。例如，可以成立"海丝文化遗产保护联盟"，汇集各方资源和力量，开展联合保护行动。加强与其他国家和地区的文化遗产保护合作，学习借鉴国际先进经验和技术。例如，可以与联合国教科文组织合作，开展国际文化遗产保护项目，共同提升保护水平。

（六）健全法律法规体系

为了提升文化遗产保护工作的法律保障水平和执行效果，确保海丝文化遗产得到有效的保护和传承，为地方经济和社会发展提供持久的文化支撑和动力，福建省相关部门应采取以下几方面措施，健全法律法规体系。一是加强法律法规建设。针对海丝文化遗产的特殊性和重要性，立法机构应出台专门的文化遗产保护法律或者修订现有法律，明确海丝文化遗产的保护范围、保护标准和保护措施。这些法律应具体明确文化遗产保护的义务主体、权利和责任，以及违法行为的处罚措施。在法律体系中完善文化遗产保护相关的法律框架，包括立法、行政法规和地方性法规等，形成科学合理的法律体系。应当充分考虑地方文化遗产的多样性和特殊性，确保法律的适用性和可操作性。二是强化法律执行力度。增加专门从事文化遗产保护执法工作的人员和机构，提升执法部门的专业水平和执行力度。通过招聘和培训，建立一支高效专业的执法队伍，确保法律的有效实施。设立文化遗产保护工作的监督机制和评估体系，对法律执行情况进行定期评估和检查。通过加强监督，及时发现问题和弊端，并采取有效措施加以整改和改进。三是利用科技手段支持法律保护。加强科技手段在文化遗产保护中的应用和探索，形成科技与法律相互支持、相互促进的良好局面。例如，推广数字化技术在文物保护、修复和管理中的应用，同时制定相应的法律规范和操作指南，保障科技手段的合法性和安全性。

第四节 福建人在海外的群体与文化影响

一、福建人去海外的历史

（一）古代时期

福建因地处东南沿海，拥有漫长海岸线和众多优良港口，在海上丝绸之路的推动下，泉州、福州等港口城市繁荣昌盛，吸引众多国内外商人。唐代贾耽所著的《皇华四达记》记载，以广州为起点的"广州通海夷道"航线经过福建沿海,泉州等港口成为重要中转站,可见福建在唐代海上贸易中已占据重要地位。当时,福建商人凭借先进的造船技术和航海技术,积极参与海外贸易,主要出口丝绸、瓷器、茶叶等中国特产,进口香料、珠宝、药材等海外商品。一些商人在海外停留时间较长,逐渐建立商业据点和定居点,成为早期的福建海外移民。例如,泉州港在当时是"东方第一大港",众多福建商人从这里出发,将德化瓷器等特产运往海外,同时带回异域香料等商品。随着商业往来增加,福建的陶瓷工艺、造船技术、航海知识等在海外得到广泛传播和应用,海外文化也传入福建,丰富了福建的文化内涵,如阿拉伯的建筑风格在福建一些地区有所体现。

唐代高僧鉴真东渡日本时,有福建的僧人随行,促进了福建与日本的文化交流。据《唐大和上东征传》记载,鉴真第六次东渡时,从扬州出发,经福州等地,其间有福建的僧人加入东渡队伍,福建的佛教文化也随着这些交流传播到海外。此外,福建的南音在东南亚地区也有广泛传播。据《泉州府志》记载,泉州南音在唐代就已形成,并随着海外贸易传播到东南亚各国。在马来西亚、新加坡等地,至今仍能听到南音的演奏。福建的艺术、宗教、科技等方面的成就引起了海外国家的关注和学习,宗教方面,福建的佛教、道教在海外有一定影响,海外一些寺庙建筑风格受福建寺庙启发;科技方面,福建的造船技术和航海知识为海外国家的航海事业发展提供了重要支持。

(二)宋元时期

福建的海外贸易逐渐繁荣,许多福建商人和水手开始侨居东南亚各国,逐渐形成东南亚的华侨社会。据《诸蕃志》记载,当时福建与东南亚各国贸易往来频繁,泉州成为重要贸易港口,众多福建商人从这里出发,前往占城、真腊、三佛齐等国进行贸易活动,为后来的海外移民奠定了基础。宋代,福建经济快速发展,尤其是海外贸易,泉州港成为当时世界上最大的贸易港口之一,被称为"东方第一大港"。据《宋史·食货志》记载,福建的海外贸易税收占全国很大比例,可见其海外贸易的繁荣程度。在海外贸易的推动下,越来越多的福建人前往海外经商,在海外建立商业网络,逐渐形成华侨社会的雏形。元代,福建的海外贸易继续保持繁荣,元朝政府实行开放的海洋政策,鼓励海外贸易,福建的泉州、福州等港口依然是重要的对外贸易口岸。据《元史·世祖本纪》记载,元朝政府多次派遣使者前往海外各国,其中有不少福建籍的官员和商人随行。

（三）明朝初期

明朝初期有2000多名永春人被征入伍,随郑和下西洋,他们中许多人随郑和出洋后便留居海外。据《明史·郑和传》记载,郑和率领的船队规模庞大,其中不乏福建籍的水手和工匠。他们在航海过程中不仅展示了福建的造船技术和航海知识,还与海外各国进行了广泛的交流。例如,在郑和下西洋期间,福建的瓷器、茶叶等特产被带到了海外各国,受到当地人民的喜爱。同时,海外的文化也传入了福建,丰富了福建的文化内涵。由于严苛的海禁政策,福建人不得不在海外长期居住。据《永春州志》记载,明初由于海禁政策,福建人被迫在海外长期居住。明朝的税役繁重,民生艰难,朝廷明令严禁私自出海经商,违者处斩,枭首示众,全家发配边疆。这使得福建人回国的勇气受到极大影响,只能长期流寓海外,逐渐在当地形成华侨社会。

（四）明代中后期

隆庆元年（1567年）开海后,福建的私人海上贸易迅速发展,漳州的月港成为连接南洋和东洋、闻名海外的外贸大港。《东西洋考》中详细记载了月港的贸易盛况以及福建商人下南洋的航线和贸易商品。1511年,葡萄牙殖民者占领马六甲，此后西方列强陆续将东南亚变为殖民地。全球海洋贸易网络日益复杂，福建人在东南亚各国建立了繁荣的华侨社会，并在许多地方占据重要的经济和文化地位。西班牙殖民者占领菲律宾后，采取鼓励中国商船到马尼拉通商和在此定居的政策。大批福建闽南人前往菲律宾谋生和定居。但西班牙殖民者多次对华人进行大屠杀，后又因经济需求放宽限制，然而当华人势力发展到一定程度时又大开杀戒。据《菲律宾华侨史》记载，1603年10月的半个月内，就杀死华人24000人[①]，这些大屠杀给华人带来了巨大的灾难。福建人随同贸易商船到爪哇的下港（万丹）、巴达维亚（雅加达），苏门答腊的旧港（巨港）、亚齐，加里曼丹的文莱，马来西亚的马六甲以及暹罗的北大年等地谋生。同安人苏鸣岗成为巴达维亚第一任华侨甲必丹[②]。荷兰殖民者占领巴达维亚港后，鼓励中国人定居。《明史·外国传》中对福建人在这些地区的活动有一定的记载。

（五）台湾归清后

清政府于1684年废止禁海令，设立厦门海关，福建与南洋的海外贸易和人口迁徙进入更加繁荣时期。以西爪哇的巴达维亚为例，甘蔗丰收、蔗糖业繁荣急需大批廉价劳动力，福建开往巴达维亚的商船增多，还载运了大量劳动者。据闽南一带许多家族的族谱记载，这一时期福建人的海外谋生地主要是菲律宾和印度尼西亚等国。1824年，英国统治马来亚后，福建移民又开始转向马来西亚、新加坡、泰国等国进行贸易和定居，随后逐渐扩展到整个东南亚地区。

---

① 陈台民.中菲关系与菲律宾华侨[M].香港：朝阳出版社，1985.
② 胡沧泽.闽南文化中的海洋文化因素[C].海洋文化与福建发展会议论文集，2011：30-35.

（六）近代，鸦片战争后

中国被迫开放通商口岸，西方列强的势力逐渐渗透到中国沿海地区。福建作为重要的沿海省份，受到西方列强的直接影响。一些福建人被招募为劳工，前往东南亚、美洲、澳洲等地，从事苦力劳动。例如，在美国修建铁路的过程中，就有不少福建劳工挥洒汗水。这些劳工在海外遭受了残酷的剥削和压迫，但他们也通过自己的努力和奋斗，为当地的经济建设和社会发展做出了贡献。近代以来，中华民族意识逐渐觉醒，一些福建人怀着救国救民的理想，前往海外寻求革命真理和支持。他们在海外积极参与反清革命、抗日战争等活动，为中国的独立和解放做出了贡献。同时，他们也将海外的先进思想和文化带回国内，推动了中国的现代化进程。如孙中山领导的革命中，就有许多福建籍海外华侨积极捐款捐物，支持革命事业。

二、福建人去海外的原因

（一）地理因素方面

福建地处中国东南沿海，拥有漫长的海岸线和众多优良港口，这种地理优势使得福建人自古以来就与海洋有着密切的联系，具备了出海的便利条件。据《福建通志》记载，福建"滨海之地，舟楫之便，通于四方"。泉州、福州等港口城市为福建人出海提供了重要通道。此外，福建沿海分布着众多岛屿，如厦门岛、鼓浪屿、平潭岛等。据《厦门志》记载，厦门"岛屿罗列，为海舶往来之要冲"。这些岛屿为福建人提供了出海的中转站和避风港，也促进了他们与海外的交流和联系。

（二）经济因素方面

福建多山少地，土地资源相对紧张。随着人口的增长，人均耕地面积不断减少，农业生产难以满足人们的生活需求。如《福建通志》中记载，福建多山少田，随着商品经济的发展，土地兼并严重，许多农民失去了土地，不得不寻找其他出路。福建有着悠久的商业传统，福建商人在历史上以善于经商而闻名。海外贸易的利润丰厚，吸引了许多福建人前往海外开拓市场。据《闽书》记载，福建人"多务贾，四方货利，皆趋之若鹜"。在一些历史时期，福建地区遭受自然灾害、战乱等影响，经济陷入困境，人民生活贫困。为了摆脱贫困和生计压力，一些福建人不得不选择出海移民。例如，在明清时期，福建地区经常遭受台风、洪水等自然灾害，加上战乱频繁，人民生活困苦。据《永春州志》记载，"明季以来，兵燹屡作，民不聊生，多有流亡海外者"。

（三）社会因素方面

福建人重视家族和宗族观念，家族和宗族在社会生活中起着重要的作用。一些家族和宗族为了扩大势力范围和经济利益，鼓励成员出海移民，在海外建立分支。在福建的一些家族族谱中，经常可以看到家族成员前往海外经商、定居的记载。福建有着丰富的文化传统，如闽南文化、客家文化、妈祖文化等。福建人在向海外移民的过程中，也将这些文化带到了海外，促进了中外文化的交流与融合。例如，妈祖信仰在海外传播，成为海外福建人的精神寄托。据《湄洲祖庙志》记载，妈祖信仰随着福建人的海外移民传播到东南亚、日本、韩国等地，成为海外华人的重要信仰之一。

（四）政治因素方面

历史上，福建地区多次遭受战乱和动荡的影响，人民生活不安定。为了躲避战乱和政治迫害，一些福建人选择出海移民。例如，在宋元时期，福建地区经常遭受外敌入侵和内部战乱，许多人选择出海避难。据《宋史·地理志》记载，"福建路，多山少田，土狭人稠，岁有水旱，民多流亡海外"。在不同的历史时期，政府的政策对福建人向海外移民也产生了一定的影响。例如，清朝时期的海禁政策限制了福建人的海外贸易和移民，但也有一些人通过非法途径出海。据《清实录》记载，清朝政府多次颁布海禁政策，严禁人民出海经商和移民。然而，由于福建人对海外贸易的需求和自身面临的生存压力，仍有许多人冒险出海。

三、福建人在海外的群体分布情况

福建人作为海外移民的重要群体之一，凭借其勤劳勇敢、团结互助和善于经商的特质，在世界多个地区广泛分布并形成了具有重要影响力的群体。他们在海外的分布呈现出多元化和广泛性的特点，不仅在东南亚地区有着深厚的历史根基和庞大的群体规模，还在北美、欧洲和澳洲等地不断拓展生存空间和发展领域。福建人在海外的群体分布情况不仅反映了他们对经济机遇的敏锐把握，也体现了其文化传承的坚韧精神，他们为所在国家和地区的经济发展、文化交流以及社会多元化作出了卓越贡献。

（一）东南亚地区

1. 菲律宾

大量福建裔华人集中在马尼拉，特别是比农多（Binondo），这里作为世界上最古老的唐人街之一，见证了福建人在菲律宾的悠久历史。菲律宾约有135万华人，大多来自广东和福建，当地有90%的华人华侨都是福建人。当地的福建人主要来自福建的泉州、厦门等地。他们在菲律宾主要从事房地产、商业、金融、制造业等行业。福建文化与菲律宾本土文化相互融合，在语言、饮食、宗教等方面都留下了深刻的印记。

2. 马来西亚

福建人早在15世纪就移居到大马，是大马最早的中国移民之一，现在约占大马华裔人口的三分之一。槟城是福建人分布最多的城市，吉隆坡和马六甲等地也是马来西亚的福建人主要的居住地，当地的福建话已经融入了大马文化和一些马来语。当地的福建人主要来自福建的泉州、福州、龙岩等地。福建人是马来西亚经济的重要参与者，特别是在房地产、制造业、服务业和金融业等领域。马来西亚的一些著名企业背后都有福建裔商人的身影，他们为马来西亚的经济增长作出了巨大贡献，特别是槟城的福建裔商人对当地的经济发展起到了重要推动作用。

3. 新加坡

新加坡是福建人早期移居海外的主要聚居地之一，当前新加坡的闽籍华人华侨约有163万人。福建人在新加坡的行业分布广泛，在商界、政界、文化界都较为活跃。比如在商界有黄廷芳家族（新加坡远东机构）、郭令明家族（丰隆集团，有"新加坡地王"之称）、黄祖耀家族（大华银行）、邱德拔家族（马来亚银行）等；政界有第二任总理吴作栋，第四任总统黄金辉，第五任总统王鼎昌，第七任总统陈庆炎等；文化界也有不少福建人的身影。身处新加坡的福建人主要来自福建的厦门、泉州、漳州等地。福建文化在新加坡得到了很好的传承和发扬，增强了福建裔华人的文化认同感和凝聚力。

4. 印度尼西亚

大量福建裔华人居住在雅加达、泗水和棉兰等城市，其中印尼的第二大城市泗水有100多万华人，其中60%是福建人。福建人主要从事商业和贸易活动，在纺织、食品、房地产和制造业等领域具有重要影响力。雅加达的草埔（Glodok）是著名的华人商业区，福建人占有重要比例。福建商人在印度尼西亚的贸易活动可以追溯到古代，他们通过海上丝绸之路将中国的商品带到印度尼西亚，同时也将印度尼西亚的特产带回中国。

5. 泰国

泰国的福建裔华人主要集中在曼谷、普吉岛和宋卡等地。曼谷以潮州人和客家人为多。福建人主要来自福建的泉州、漳州等地。他们在泰国主要从事商业、服务业等，比如经营商店、餐馆等。福建文化与泰国文化相互交融，形成了独特的文化景观。

6. 缅甸

缅甸的华人中有相当一部分人都来自福建省，他们主要居住在缅甸北部地区。当地的福建人主要来自福建的泉州、厦门等地。这里的福建人积极参与当地的经济活动，经营小生意，如开设店铺、从事小型加工厂等。

在东南亚各国的福建人，不仅在经济上取得了巨大的成就，还通过文化、语言和传统的传承，深深影响了当地社会。福建文化与东南亚各国的文化交流和融合，形成了独特的多元文化景观。

（二）北美地区

1. 美国

福建裔华人在美国分布广泛，主要集中在纽约、加州和新泽西等地。纽约市的唐人街和布鲁克林区有大量的福建裔居民。福建裔华人在美国经济中涉足广泛，特别是在餐饮业、零售业、房地产和技术领域。许多福建裔企业家和商人在美国建立了成功的企业和商业帝国，成为当地经济的重要组成部分。

在美国的福建人主要来自福建的福州、福清、泉州、厦门等地。早期，福建人在美国从事的行业较为多样，包括在中餐馆打工、经营洗衣店等服务业，也有一些人进入制造业等领域。随着时间推移，福建人逐渐在商业、科技等领域也有一定发展，比如在一些科技企业中也能看到福建人的身影。福建裔美国人积极参与社区建设和社会公益活动，为当地社会的发展做出了贡献。

2. 加拿大

加拿大的福建裔华人主要集中在温哥华和多伦多等大城市。温哥华的福建裔社区尤其活跃，形成了独特的文化和社会群体。福建裔华人在加拿大的经济中发挥重要作用，涉足房地产、制造业、服务业和教育等多个领域。他们积极参与当地社区建设和商业发展，为加拿大经济增长和多样化做出了贡献。同时，福建裔加拿大人积极推动中加教育交流与合作，为培养国际化人才做出了努力。

福建裔华人在北美社区中的蓬勃发展和广泛影响，不仅体现了他们在经济上的实力和创造力，也展示了他们对文化传统的珍视和传承。他们通过各种形式的社会参与和文化交流，丰富了北美多元文化的面貌。

（三）欧洲

1. 英国

英国的福建裔华人主要集中在伦敦、伯明翰和曼彻斯特等城市。伦敦的唐人街是福建裔社区的主要聚集地之一。福建裔华人在英国的经济中扮演重要角色，涉足餐饮业、零售业、房地产和金融服务等多个领域。许多福建裔企业家和商人在英国建立了自己的企业，为当地经济发展贡献力量。福建文化在英国的福建裔社区中得到传承和发扬，同时也与英国本土文化进行交流和融合。

2. 意大利

意大利的福建裔华人主要集中在普拉托、佛罗伦萨和米兰等地。普拉托市的福建裔社区规模较大，以纺织和服装制造业为主要经济活动。福建裔华人在意大利的经济中主要从事制造业和小型企业经营，例如纺织、服装和餐饮业等。他们在当地社区中建立了自己的商业网络和社会群体。

在欧洲，福建裔华人社区的特点是多样化和分散化，他们通过自己的努力和社区组织，保留和传播福建文化，同时也与当地的文化进行交流和融合。他们的经济活动和文化传承对当地社会的多元化发展有一定的促进作用。

（四）澳洲

澳大利亚的福建裔华人主要集中在悉尼、墨尔本和布里斯班等大城市。悉尼的唐人街和墨尔本的博士山（Box Hill）等地区是福建裔社区的主要聚集地之一。当地的福建人主要来自福建的福州、厦门等地。福建裔华人在澳大利亚的经济中扮演重要角色，涉足餐饮业、零售业、房地产、教育和医疗服务等多个行业。他们不仅在大城市中经营着各种企业，还在乡村地区开发了农业和畜牧业。澳大利亚的福建裔社区活跃，并且有多个社团和组织致力于维护福建文化、推广教育和促进社区互动。

福建裔华人在澳大利亚的社区中发挥着重要的经济和文化作用，他们通过自己的努力和创业精神，不仅为澳大利亚的多元文化增添了色彩，也为经济发展贡献了力量。他们保留和传承的福建文化元素，丰富了澳大利亚社会的文化多样性。

四、福建人在海外的文化影响

福建人在海外的文化影响非常深远且多样化。历史上他们以商业活动和海上贸易闻名，特别是在宋、元、明、清等历史时期，福建人成为重要的海外商人和移民群体。他们不仅带去了商业上的影响，还将福建的饮食、语言、宗教、建筑风格和文化习俗传播到世界各地。

（一）饮食文化

福建省以其丰富的自然资源和悠久的历史文化著称。福建的饮食文化在海外广泛传播，并且深深影响着世界各地的美食版图。福建菜系，包括福州菜、闽南菜和莆田菜，以其独特的风味和精致的烹饪技巧而闻名。

首先，福建菜在全球范围内的传播和影响力不容小觑。福建菜以其清淡、鲜美、注重原汁原味的特点吸引了许多食客。例如，福州菜中的经典菜品"佛跳墙"，因其丰富的用料和复杂的烹饪过程，被誉为中国名菜。这道菜不仅在中国本土受到欢迎，也在世界各地的高级中餐馆中占据重要地位。此外，闽南菜系中的沙茶面、土笋冻等，也因其独特的风味，获得许多海外华人和当地居民的喜爱。

其次，福建人开设的餐馆遍布全球，成为传播福建饮食文化的重要窗口。在东南亚、北美、欧洲等地区，福建人的餐馆不仅提供传统的福建菜品，还结合当地的食材和口味进行创新，满足不同消费者的需求。例如，在美国的中国城，许多福建餐馆不仅提供正宗的福建菜，还推出了一些符合当地人口味的改良版菜品，如用当地海鲜制作的沙茶面、加入本地特色的鱼丸汤等。这种融合不仅丰富了当地的饮食结构，也促进了中外饮食文化的交流与融合。

再次，福建人通过各种渠道传播和推广福建饮食文化。在海外，福建人积极参与和组织各种美食节、文化节等活动，通过展示和品尝传统菜品，让更多人了解和喜爱福建菜。例如，每年的中秋节、春节期间，福建人在海外的华人社区会组织各种美食活动，制作和分享月饼、年糕、八宝饭等传统食品，让当地居民也能体验到浓浓的节日氛围和独特的美食文化。此外，随着网络和社交媒体的发展，越来越多的福建人通过网络平台分享他们的烹饪经验和美食故事，让福建饮食文化传播得更加广泛和迅速。

此外，福建人的饮食文化还体现在对食材和烹饪方法的独特追求上。福建地处沿海，海鲜资源丰富，因此海鲜菜肴在福建菜中占有重要地位。福建人善于利用新鲜的食材，采用蒸、煮、炖等健康的烹饪方法，最大限度地保留食材的原汁原味和营养价值。例如，福州的鱼丸汤以其鲜美的汤底和嫩滑的鱼丸著称，成为许多海外福建人思乡的味道。而闽南的土笋冻，则以其清凉爽口、营养丰富而备受欢迎。

最后，福建人在海外的饮食文化影响还体现在他们对饮食文化的传承和创新上。许多福建人在海外不仅经营餐馆，还开设了烹饪学校和培训班，教授传统的福建菜烹饪技巧，培养了大批对福建菜感兴趣的学员。这些学员中不仅有华人，还有许多来自不同国家和地区的美食爱好者，他们通过学习福建菜，进一步推动了福建饮食文化的传播和发展。

（二）宗教和信仰

福建人在海外的宗教和信仰对所在社区和文化产生了深远的影响。他们不仅带去了中国传统的宗教信仰，还在海外建立了许多庙宇和宗教组织，丰富了当地的文化多样性。

首先，福建人带去了丰富的传统宗教信仰，其中最为显著的是妈祖信仰。妈祖，原名林默，是福建莆田人，被尊为海上保护神。随着福建人的迁徙，妈祖信仰传播到了东南亚、北美、欧洲等地。在这些地方，福建人建立的许多妈祖庙，成为当地华人社区的重要信仰中心。例如，马来西亚、新加坡、泰国等地都有著名的妈祖庙，这些庙宇不仅是宗教活动的场所，也是福建人聚会和传承文化的重要空间。

其次，福建人还给海外带去了佛教和道教信仰。在东南亚，福建人建立了许多佛教寺庙和道教宫观，这些宗教场所不仅是福建人进行宗教活动的场所，也是他们精神寄托的重要场所。例如，新加坡的龙山寺、马来西亚的东禅寺等，都是由福建人建立的著名佛教寺庙。这些寺庙不仅供奉佛祖，还常常供奉一些福建的地方神明，如关帝、妈祖等，显示了福建宗教信仰的多样性。

再次，福建人通过各种宗教活动和节庆活动，传播和弘扬他们的宗教信仰。在海外，福建人积极组织和参与各种宗教节庆活动，如妈祖诞辰、清明祭祖、春节拜神等。这些活动不仅是宗教仪式，也是福建人表达对祖先和神明敬仰的重要方式。例如，每年妈祖诞辰，东南亚各地的妈祖庙都会举行盛大的庆祝活动，吸引了大量信众和游客。这些活动不仅增强了福建人社区的凝聚力，也让更多当地人了解和体验到了福建的宗教文化。

此外，福建人的宗教信仰还体现在他们的生活习俗和日常行为中。许多福建人无论身处何地，依然保持着一些传统的宗教习惯，如烧香拜佛、供奉祖先牌位、参与庙会等。这些习俗不仅是宗教信仰的体现，也是他们保持文化认同和传承的重要方式。例如，在美国的华人社区，许多福建人都会在家中设立神龛，供奉妈祖、观音等神明，表达对神灵的敬仰和祈求平安的心愿。

最后，福建人在海外的宗教信仰也在一定程度上影响了当地社会和文化。福建人通过建立宗教场所、举办宗教活动，不仅丰富了当地的宗教文化景观，也促进了中外文化的交流与融合。例如，许多妈祖庙、佛教寺庙不仅是福建人宗教信仰的中心，也是当地居民了解中国文化的重要窗口。通过参观和参与这些宗教活动，许多外国人对中国的宗教信仰和文化有了更深入的了解和认识。

（三）节庆活动

福建人在海外积极传承和举行各种节庆活动，这些活动不仅是文化传统的延续，也是社区凝聚力和文化认同的重要表现。

首先，春节是福建人最重要的传统节庆之一，也是在海外最为盛大的庆祝活动之一。无论是在东南亚、北美还是其他地区的华人社区，春节都被视为重要的家庭团聚和文化传承时刻。福建人通过举行舞龙舞狮、放鞭炮、拜年、赏花灯等传统习俗，欢庆新春佳节。例如，新加坡的牛车水春节庆典、马来西亚的吉隆坡春节庆祝活动等，都吸引了大量当地居民和游客参与，展示了丰富多彩的福建文化。

其次，清明节也是福建人重要的传统节日之一，在海外也有着深厚的文化底蕴和丰富的庆祝活动。清明节是祭祖和扫墓的节日，福建人会整装前往墓地祭扫祖先，祈求祖灵保佑和安宁。在一些华人社区，福建人会举行集体祭祖和扫墓活动，通过烧纸钱、供奉祭品等方式表达对逝去亲人的怀念和敬意，同时也增强了社区的凝聚力和归属感。

再次，中秋节是福建人另一重要的传统节庆，被视为家庭团聚和感恩的时刻。在海外，福建人会通过赏月、吃月饼、赠送月饼等活动来庆祝这一节日。中秋节不仅是对丰收和家庭团聚的庆祝，也是对传统文化和精神生活的重视。例如，美国的旧金山、加拿大的多伦多等地，都会举行大型的中秋节庆祝活动，吸引众多华人及当地居民参与，共同感受中秋节的温馨和祥和。

最后，福建人在海外还通过一些地方性的传统节庆来弘扬和传播福建文化，如端午节、春节等。这些节庆活动不仅丰富了当地的文化生活，也促进了福建人社区的互动和文化传承。例如，端午节时，福建人会包粽子、赛龙舟，传承和弘扬屈原精神；而春节时，家家户户会进行祭拜、放烟花等传统习俗，以祈求新年的好运和平安。最后，福建人在海外举行的节庆活动不仅是文化传统的延续，也是社区凝聚和文化认同的重要体现。通过这些活动，福建人不仅能够传承和弘扬祖先留下的文化遗产，还能够在异国他乡建立起自己的社区身份和归属感。这些节庆活动不仅吸引了福建人的参与，也成了当地居民了解和感受福建文化的重要窗口，促进了跨文化的交流与理解。

（四）建筑风格

福建省的传统建筑风格，特别是土楼和传统庭院建筑，随着福建人的移民和贸易活动，成功地传播到了东南亚、美洲等地区，成为当地建筑文化的重要组成部分。

首先，土楼是福建南部独特的建筑形式，主要分布在福建省西南部的南靖、永定等地。这些土楼以其独特的圆形或方形结构、厚重的土墙和独特的防御设计而闻名。土楼主要是福建南部山区客家人的传统居住形式，也是他们社会、经济和文化生活的重要象征。随着福建南部地区人口的迁移，土楼建筑风格也随之传播到了东南亚，特别是马来西亚和印度尼西亚等地。在这些地方，土楼成为华人社区的重要文化遗产，反映了福建人在异国他乡对于家乡文化的深厚情感和认同。

其次，福建传统庭院建筑也在海外华人社区中得到了广泛传播和发展。这种建筑风格以其布局合理、天井明亮、多用途空间利用等特点而著称。传统庭院建筑不仅为家庭提供了私密的生活空间，还体现了福建人重视家族和社区关系的文化特征。在东南亚和美洲等地，许多福建移民通过建造传统庭院式的住宅，不仅保留了家乡的建筑传统，也创造了一个家庭和社区生活的理想场所。

最后，福建传统建筑风格的传播不仅仅是建筑形式的复制，更是文化认同和社区凝聚的表现。在海外，这些建筑不仅为居民提供了实用的生活空间，还通过建筑风格的传承和创新，促进了跨文化的交流与融合。福建移民通过建造土楼和传统庭院式建筑，不仅延续了家乡的建筑传统，也在异国他乡建立了与祖籍地相连的文化纽带，这些建筑也成为当地社区建设和文化遗产保护的重要组成部分。

五、侨批对福建人的影响

侨批作为海外福建人与家乡联系的重要纽带,对海外福建人以及他们的家乡福建都产生了极为深远且广泛的影响。

(一)对海外福建人的影响

1. 侨批是海外福建人寄托对家乡和亲人思念之情的关键载体

在异国他乡,面对陌生的环境与文化,侨批成为他们心灵的慰藉。通过侨批,海外福建人得以与家乡保持紧密联系,了解家人生活状况并分享自己在海外的经历。这不仅有助于他们在海外坚守自身的文化传统和身份认同,还成为他们在异国他乡的精神支柱。例如,在马来西亚、新加坡等地的福建华侨社区,许多老一辈华侨即便在海外生活多年,依然通过侨批与家乡保持联系,传承着福建的方言、习俗。正如《闽南侨批史话》中提到:"一封封侨批,是海外游子对故乡和亲人的深深眷恋,成为他们在异国他乡坚守中华文化根脉的精神支柱。"

2. 侨批中的汇款为海外福建人提供了重要的经济支持,助力他们在海外站稳脚跟并开展创业活动

许多海外福建人初到异国时面临资金短缺和生活困难,而来自家乡的侨批汇款成为他们渡过难关的重要保障。同时,侨批也激励着他们努力奋斗,为给家人提供更好的生活而拼搏。在印度尼西亚、菲律宾等国,一些福建华侨凭借侨批中的资金支持,开始从事商业贸易、制造业等行业,逐渐积累财富,成为当地有影响力的企业家。

3. 侨批不仅传递经济信息,还承载着丰富的文化内涵

海外福建人通过侨批了解家乡的文化动态,传承福建的传统文化,如南音、高甲戏、妈祖信仰等。同时,他们也将海外的文化元素融入侨批中,促进了中外文化的交流与融合。在侨批中可以看到海外福建人对西方文化的介绍和对家乡文化发展的建议，这种文化的互动丰富了福建的文化内涵，也为世界文化的多样性作出贡献。

（二）对福建的影响

1.侨批中的汇款为福建的经济发展和建设提供了重要的资金支持

这些资金被广泛用于家乡的基础设施建设、教育事业、商业发展等方面。在福建的一些侨乡，许多学校、医院、道路等基础设施都是由海外福建人的侨批汇款资助建设的。同时，侨批也带动了福建的商业繁荣，促进了对外贸易的发展。海外福建人通过侨批提供商业信息和建议，帮助家乡的亲友开拓市场，发展贸易。

2.侨批促进了福建传统文化的传承与创新

海外福建人通过侨批传递对家乡的文化需求，激发了家乡人民对传统文化的重视和保护意识。同时，海外的文化元素也通过侨批传入福建，为福建的文化创新提供了灵感和素材。福建的一些民间艺术、建筑风格等在吸收了海外文化元素后，呈现出更加丰富多彩的面貌。

3.侨批维系了海外福建人与家乡的联系，增强了他们对家乡的认同感和归属感，也促进了福建社会的稳定与团结

海外福建人通过侨批关心家乡的发展，积极参与家乡的公益事业，为家乡的社会稳定作出贡献。同时，侨批也成为福建与海外交流合作的桥梁，促进了福建与世界的联系与融合。

总之，侨批对海外福建人和他们的家乡福建都产生了极为重要的影响，是福建华侨历史和文化的重要组成部分，对于研究华侨史、经济史、社会史和文化史具有不可替代的价值。

位于泉州市中山中路的泉州市档案馆侨批分馆
（图片来源：泉州市文旅局）

第五章
福建省海丝文化的现代转型与创新

第一节　福建省海丝文化的现代转型

一、福建省海丝文化的政策环境

福建省是中国"海上丝绸之路"文化的重要发源地，拥有深厚的历史底蕴和丰富的文化遗产。在国家"一带一路"倡议的框架下，福建省积极推动海丝文化的传承与发展，通过制定和实施一系列政策措施，优化政治、经济、社会、文化和技术环境，推动海洋文化与旅游及相关产业的融合发展，助力福建经济高质量发展。

（一）政治环境

福建省是中国"海上丝绸之路"文化的重要发源地和核心区域之一，其丰富的历史文化遗产和独特的地理位置为海丝文化的发展提供了坚实的基础。近年来，福建省政府高度重视海丝文化的传承与发展，通过一系列政策措施和政治环境的优化，推动海丝文化的繁荣与发展。

首先，福建省政府积极制定和实施了一系列促进海丝文化发展的政策法规。这些政策不仅涵盖文化保护和传承，还包括文化产业的发展和文化交流的促进。福建省出台了《福建省21世纪海上丝绸之路核心区建设方案》，明确提出要加强对海丝文化遗产的保护与利用，推进文化产业的发展，提升福建文化的国际影响力。通过出台多项政策措施，繁荣海洋文化事业产业，推动海洋经济与旅游产业的深度融合。

其次，福建省政府积极推动海丝文化的国际交流与合作。福建省作为"21世纪海上丝绸之路"的重要节点，积极开展与海丝沿线国家和地区的文化交流活动。例如，海上丝绸之路国际艺术节（简称"海艺节"），是以"海上丝绸之路"为主题的国家级综合性国际艺术节，是推进"21世纪海上丝绸之路"核心区建设的重要举措，是经批准的国家级对外文化交流平台，是海上丝绸之路沿线国家和地区文化艺术交流合作的一项重大文化活动。2015年11月，经上级批准，海艺节由文化部（现为文化和旅游部）和福建省政府联合主办，每两年一届，永久落户泉州市。同时，福建省还积极参与联合国教科文组织等国际组织的文化项目合作，如联合国教科文组织世界记忆项目、世界遗产项目等。这些合作不仅提升了泉州的国际影响力，也促进了对文化遗产的保护、传承与发展，以及与其他国家在文化、教育、环保等领域的交流与合作。

再次，福建省政府支持对海洋文化资源的全面梳理和深入研究。以圣杯屿为例，福建省政府支持圣杯屿元代沉船水下考古发掘项目，成立了省级海丝文化遗产保护利用专班，持续修改完善打捞方案；推动圣杯屿专题博物馆建设，开展实地调研，制订项目建设方案；成立了圣杯屿沉船出水文物保护小组，开展脱盐保护工作，并联合相关单位对出水文物及考古资料进行系统整理；福建省政府还推动了一系列相关学术研究交流活动，如"海上丝绸之路大月港文化遗产价值"学术研究座谈会，以及《大元遗帆——漳州圣杯屿沉船调查与保护（2010—2020）》《漳州圣杯屿元代沉船考古报告之一：2021年重点调查》等考古成果报告的出版。

福建省启动多项海洋文化研究项目，如"南岛语族起源与扩散研究"，并出版"蓝色福建 向海图强"丛书、《向海》（中英文）、《海上福州》等图书，阐释福建海洋文化时代的内涵和价值；福建社会科学院以省海峡文化研究中心为依托，开展月港文化遗产文献整理与研究等工作。福建省内多所高校和科研机构设立了海丝文化研究中心，开展海丝文化的专题研究，为政府决策提供智力支持。

此外，福建省政府坚持依法治省，加强文化领域的法治建设，保护文化遗产，通过媒体、出版物、展览等方式加强海丝文化的宣传，向公众普及海丝文化知识，增强人们对海丝文化的认同感和自豪感；积极营造开放包容的社会氛围，鼓励各界人士参与海丝文化的保护与传承工作，形成全社会共同关心、支持海丝文化发展的良好局面。

总之，福建省通过制定完善的政策法规、推动国际交流与合作、支持文化研究和宣传、营造良好的政治环境，为海丝文化的发展提供了有力的保障和支持。这不仅有助于海丝文化的传承与发扬，也为福建省的文化建设和经济发展注入了新的动力。

（二）经济环境

福建省是中国"海上丝绸之路"核心区的重要组成部分，其海丝文化的发展不仅得到了政治环境的支持，也受益于良好的经济环境。福建省政府通过多方面的经济政策措施，推动海丝文化与经济发展的深度融合，为海丝文化的繁荣提供了坚实的经济基础。

首先，福建省的经济发展战略为海丝文化的发展提供了强有力的支持。福建省在国家"一带一路"倡议的框架下，积极推进"21世纪海上丝绸之路"核心区建设，实施了一系列促进经济和文化共同发展的政策措施。例如，福建省出台了《关于加快推进文化产业高质量发展的实施意见》，明确提出要大力发展文化产业，推动文化与旅游、科技、金融等产业的深度融合。通过这些政策，福建省不仅为海丝文化的发展提供了充足的资金支持，还为海丝文化产业的发展提供了广阔的市场空间。

其次，福建省的基础设施建设为海丝文化的发展奠定了良好的经济基础。近年来，福建省大力推进交通、物流等基础设施建设，特别是港口、机场、高铁等关键节点的建设和升级。这些基础设施的完善，不仅提升了福建省的综合交通运输能力，也为海丝文化的传播和交流提供了便利。例如，厦门港、福州港等重要港口的现代化建设，极大地促进了与海丝沿线国家和地区的经济文化交流。

再次，福建省的对外贸易和投资政策为海丝文化的发展提供了广阔的经济合作平台。福建省作为外向型经济省份，一直积极推动对外开放和经济合作。通过加强与海丝沿线国家和地区的经贸合作，福建省不断扩大文化产品和服务的出口。例如，福建省在海丝沿线国家设立了一系列经贸合作区和文化交流中心。这些合作区不仅为经贸往来提供了便利条件，也成为文化交流的重要平台。企业在这些合作区内的经济活动，往往伴随着文化元素的传播，促进了福建与海丝沿线国家之间的文化互动与融合。福建省出台了一系列支持政策，鼓励企业"走出去"，参与海丝沿线国家的投资和建设。企业在投资过程中，往往会与当地社会建立紧密联系，推动福建与海丝沿线国家之间的文化交流与合作；随着福建省对外贸易的不断发展，越来越多的福建特色文化产品走向国际市场。通过文化产品的输出，福建文化在海丝沿线国家的影响力得到了显著提升。

最后，福建省政府通过多种金融手段支持海丝文化的发展。福建省政府及相关金融机构出台了一系列专项金融支持政策，以鼓励企业参与海丝文化相关项目的投资和运营；通过设立专项基金、产业引导基金等方式，吸引社会资本参与海丝文化项目的投资，形成多元化的投融资格局，积极引导金融资本投向海丝文化产业，支持海丝文化主题景区、文化场馆建设提升，以及海丝文化资源的保护与开发利用项目；福建省金融机构积极创新金融产品与服务，以满足海丝文化产业发展过程中的多元化金融需求。例如，开发针对海丝文化产业的信贷产品，优化审批机制，执行优惠利率；推广知识产权质押贷款、应收账款融资等新型融资方式，拓宽文化企业融资渠道；提供保险保障服务，降低文化企业运营风险。

总之，福建省通过优化经济环境、完善基础设施、推动对外开放和经贸合作、加强金融支持和发展旅游业等多方面措施，为海丝文化的发展提供了坚实的经济基础。这不仅促进了文化与经济的深度融合，也为福建省的经济社会发展注入了新的活力。

（三）社会环境

福建省作为中国"海上丝绸之路"核心区之一，其海丝文化的发展不仅依赖于良好的政治和经济环境，还需要社会环境的支撑。福建省政府在优化社会环境方面采取了一系列措施，促进海丝文化的传承与发展。

首先，高度重视海丝文化的教育和宣传工作。福建省政府将海丝文化纳入全省文化建设和旅游发展的重要规划之中，明确提出要加强对海丝文化遗产的保护与利用，推动海丝文化的传承与发展。通过制定相关政策措施和实施方案，为海丝文化的教育和宣传工作提供政策支持和制度保障。

福建省政府积极整合全省范围内的海丝文化教育资源，包括历史遗迹、博物馆、图书馆等，为青少年学生提供丰富的学习和实践机会；鼓励和支持学校、教育机构开发具有海丝文化特色的课程和教材，将海丝文化纳入学校教育教学体系，让学生在日常学习中了解和认识海丝文化的历史和价值；福建省政府定期举办各类海丝文化主题的活动，如展览、演出等，通过丰富多彩的形式展示海丝文化的魅力和内涵；利用电视、广播、报纸、网络等媒体平台，加强对海丝文化的宣传报道。通过制作专题节目、发布新闻稿件、开设专栏等方式，向公众普及海丝文化知识，提高公众对海丝文化的认知度和兴趣度。

其次，注重海丝文化的社区参与和群众基础。以泉州为例，泉州海丝文化的社区参与和群众基础深厚且活跃。泉州在基层治理中融入海丝文化元素，如丰泽区东湖街道铭湖社区以"红色海丝"为片区治理"主旋律"，通过完善基础设施、优化网格管理、提升片区改造质量等措施，打造非遗"海丝"、科教"海漾"、时尚"海潮"三个主题街区，增强社区文化氛围。泉州举办了一系列与海丝文化相关的社区活动，如南音表演、春联赠送、古桥宣讲文明实践项目等，这些活动不仅丰富了居民的文化生活，也加深了居民对海丝文化的了解和认同；鼓励居民参与社区治理，通过成立志愿服务队、召开小微议事会等方式，激发居民参与社区事务的热情。在海丝文化传承方面，还有居民自发组织的文化宣传活动，如非遗技艺展示、海丝故事讲述等。泉州海丝文化拥有广泛的群众基础，这得益于泉州长期以来对海丝文化的保护和传承工作，以及对居民文化需求的关注和满足。

再次，积极推动文化旅游的融合发展。福建省文旅融合的发展得到了政策的有力引领和科学的规划布局。福建省文化和旅游厅提出了"11537"发展规划①，明确了打造世界知名旅游目的地的目标，并围绕这一目标制定了详细的发展路径。福建省文旅融合的发展以重点项目为抓手，促进了文旅产业的融合发展，带动了相关产业链的发展，为福建省文旅经济的增长注入了新的活力。福建省丰富的非物质文化遗产资源成为文旅融合发展的重要依托，福建省通过举办各类旅游推介会、参加国内外知名旅游展会等方式，积极推广福建的文化旅游资源；加强与国际旅游胜地的合作，有效提升了"海丝起点、清新福建"等文旅品牌的知名度和影响力；积极推动文化创新，通过引入新技术、新模式，福建省打造了一系列具有市场竞争力的文旅产品，满足了游客日益增长的多样化需求；积极推动文化旅游与农业、工业、科技、体育等其他产业的融合发展，形成了多元化、复合型的文旅业态。

最后，构建开放包容的社会环境，促进海丝文化的多元交流。福建作为海丝文化的重要节点，历史上一直是多元文化交融的地方。福建省政府通过开展多种形式的国际文化交流活动，推动海丝沿线国家和地区的文化互鉴。例如，福建省与东南亚、南亚、欧洲等地的文化机构建立了广泛的合作关系，开展联合展览、学术交流、艺术演出等活动，促进了不同文化的交流与融合。

福建省高度重视海丝文化的教育和宣传，推动社区参与和非遗保护，发展文化旅游和国际交流，为海丝文化的发展营造了良好的社会环境。这不仅有助于海丝文化的传承和弘扬，也为福建省的社会发展注入了新

---

① 新华网."11537"构想出炉·今后来福建这样玩[EB/OL].(2023-09-19)[2024-09-27].http://www.fj.xinhuanet.com/20230919/9f1b64033d274a4881e267e05oce2d35/c.html.

的活力。

(四) 文化环境

福建省，作为古代海上丝绸之路的重要起点，拥有丰富的海洋文化和历史遗产。近年来，福建省积极响应国家关于海洋强国战略和"一带一路"倡议的号召，通过一系列政策举措，不断优化海丝文化政策环境，推动海洋文化与旅游及相关产业的融合发展，助力福建经济高质量发展。

首先，积极推动重大活动的开展与平台的搭建。福建省文旅经济发展大会已成为推动海丝文化发展的重要平台。2024年福建省文旅经济发展大会在泉州举办，以"打造世界知名旅游目的地"为主题，通过一系列活动如开幕式、文旅经济发展大会、文化和旅游项目投融资对接会等，展示福建文旅资源，吸引国内外游客和投资商；积极举办国际交流活动。福建省积极举办各类国际交流活动，如厦门国际海洋周、世界妈祖文化论坛、国际海岛论坛等，邀请国际旅游组织和沿线国家和地区代表参与，推动福建文旅资源走向世界。同时，利用文化和旅游部"中国文化和旅游资源全球发布"品牌项目，推广福建世遗文化旅游资源。

其次，高度重视对世界遗产的保护。福建省高度重视对世界遗产的保护与利用，泉州作为古代海上丝绸之路的重要起点，拥有22处代表性古迹遗址。福建省通过实施整体性保护利用措施，推动遗产点活化利用，让文化遗产焕发新生。

再次，积极推动海洋文旅经济新型业态发展。福建省积极推动海洋文旅经济新型业态发展，构建蓝色海丝等旅游带，重点打造海岛旅游目的地。依托丰富的海洋文化资源，推动海洋文化与影视拍摄融合发展，吸引影视剧、综艺创作团队到福建取景拍摄；强化海洋文化演艺精品创作，推出《围头新娘》《过海》等一批文艺精品。同时，加强海洋文化标识体系建设，通过创作设计宣传主题口号、形象标识等，打响福建海洋文化品牌；实施重大文化产业项目带动战略，推动"1号滨海风景道"、平潭国际旅游岛、泉州蟳埔海洋民俗文化村等重点海洋文化产业项目建设，全方位展现福建向海图强、向海而兴的生动实践。

最后，福建省政府通过营造良好的文化环境，鼓励社会各界参与海丝文化的保护和弘扬。福建省政府坚持依法治文，加强文化领域的法治建设，保护文化遗产，打击文化犯罪行为。同时，福建省政府积极营造开放包容的社会氛围，不遗余力地加强全网宣传的协同效应，开展"海洋文化公开课"全网传播等活动，多维度梳理福建海洋文明发展脉络，讲述福建海洋文化精彩故事，加强海洋文化教育，提升全民海洋意识；鼓励各界人士参与海丝文化的保护与传承工作，形成全社会共同关心、支持海丝文化发展的良好局面。

（五）技术环境

在福建省海丝文化发展历程中，技术环境的优化发挥了重要作用。福建省海丝文化发展的技术环境，是一个融合了传统技艺与现代科技创新的多元化体系。福建省政府通过推动信息技术应用、数字化建设、创新科技应用等手段，为海丝文化的保护、传播与发展注入了新的动力。

首先，信息技术的广泛应用提升了海丝文化的传播和影响力。福建省积极推进互联网、大数据、云计算等现代信息技术在文化领域的应用。例如，通过建立海丝文化数字博物馆，运用虚拟现实（virtual reality，VR）、增强现实（augmented reality，AR）等技术，将海丝文化遗产数字化、虚拟化，方便公众在线参观和体验。这种方式不仅突破了时空限制，扩大了文化传播的范围，还提升了公众对海丝文化的兴趣和认知度。

其次，福建省大力推进文化遗产的数字化保护工作。通过高科技手段对海丝文化遗产进行数字化扫描和建模，建立详细的文化遗产数据库，实现对文化遗产的长久保存和精确修复。例如，对泉州古城的历史建筑进行三维扫描和数字建模，记录建筑的细节和结构，基于GIS（geographic information system，地理信息系统）的三维城市可视化可以使原有城市面貌直观表达，利于历史古城的景观恢复，具有实用价值，为将来的保护和修复工作提供科学依据，更好地帮助有关城市规划部门对古城进行保护开发和管理。此外，通过数字化技术，还可以开展文化遗产的虚拟展示和教育活动，让更多人了解和关注海丝文化。

再次，福建省积极推动文化创意产业与科技的融合发展。福建省政府鼓励文化企业运用新技术进行创新，提升文化产品的质量和市场竞争力。例如，支持文化企业开发海丝文化主题的数字游戏、动漫、影视作品，利用现代科技手段讲述海丝文化故事，增强文化产品的吸引力和感染力。同时，福建省还支持文化企业建立线上平台，通过电商、社交媒体等渠道推广海丝文化产品，扩大文化消费市场。

复次，福建省在海丝文化研究中也积极应用现代科技手段。福建省内的高校和研究机构通过大数据分析、人工智能等技术，开展对海丝文化的深入研究。例如，通过大数据分析，研究海丝文化的传播路径和影响范围，揭示其在中外文化交流中的重要地位和作用。人工智能技术的应用，也为文化遗产的自动分类、识别和管理提供了新的解决方案，提高了研究工作的效率和准确性。

最后，福建省通过技术合作和交流，提升海丝文化的国际影响力。福建省积极与海丝沿线国家和地区开展科技合作，共同开发和利用现代科技手段保护和传播海丝文化。例如，与东南亚国家合作，共同开展海洋文化遗产的数字化保护和研究项目，推动海丝文化的国际化传播和共享。这种技术合作不仅促进了海丝文化的保护和传承，也增进了中外文化的交流与合作。

总之，福建省通过信息技术应用、数字化保护、科技创新和国际合作等多种手段，优化了海丝文化的发展技术环境。这些措施不仅提升了海丝文化的保护和传播水平，也为文化创意产业的发展注入了新的活力，推动了福建省海丝文化的繁荣与发展。

二、习近平文化思想对海丝文化传承与创新的影响

习近平总书记强调坚定文化自信，推动中华文化的保护与创新，使

海丝文化在新时代背景下焕发新生。通过实施文化自信、文化与经济结合、国际文化交流与合作、文化遗产保护与创新等多方面的举措，海丝文化不仅得以有效传承，还在现代社会中实现了创新性发展。这些影响不仅增强了中国文化的国际影响力，也为全球文化多样性作出了积极贡献。

（一）文化自信稳步提升

在2017年10月18日召开的中国共产党第十九次全国代表大会的报告中，习近平总书记强调："文化兴国运兴，文化强民族强。没有高度的文化自信，没有文化的繁荣兴盛，就没有中华民族伟大复兴。要坚持中国特色社会主义文化发展道路，激发全民族文化创新创造活力，建设社会主义文化强国。"这体现了习近平总书记对文化自信的高度重视，以及文化自信在实现中华民族伟大复兴中的重要性。文化自信不仅是国家软实力的重要体现，更是民族凝聚力的源泉。海上丝绸之路（海丝）文化作为中华文化的重要组成部分，承载着中国与世界各国文明交流互鉴的历史，具有丰富的文化内涵和深厚的历史积淀。通过对海丝文化的挖掘与弘扬，增强了国民对中华文化的自信心和认同感，为文化自信的提升提供了有力支持。

首先，对海丝文化的传承与发扬是增强文化自信的重要途径。我们要从历史文化中汲取智慧和力量。在这一背景下，海丝文化的历史价值被重新审视，古老的海丝故事通过现代化的手段得以重现。考古研究、历史文献的整理以及文艺作品的创作，使得海丝文化在当代焕发出新的活力。这种历史文化的再发现，不仅让更多人认识到中华文化的深厚底蕴和独特魅力，也让国人对自身文化有了更深的自豪感。

其次，文化自信的提升激发了海丝文化的创新实践。在全球化的背景下，如何让传统文化与现代社会接轨、如何在国际文化舞台上展现中华文化的独特性，成为新的挑战。习近平总书记提出的文化自信为这一挑战提供了指导思想。在海丝文化的创新传承过程中,文化创意产业蓬勃发展,通过现代设计、数字技术和新媒体等手段,传统的海丝文化被赋予了全新的形式和内容。例如,海丝文化元素被融入影视作品、文创产品以及旅游项目中,更加贴近现代观众和消费者。这种创新不仅让海丝文化得以在当代语境中持续发声,还使其在全球范围内获得了更广泛的认同与传播。

最后,文化自信还推动了海丝文化在国际舞台上的传播。通过"一带一路"倡议,中国积极推动与共建国家的文化交流与合作,海丝文化作为其中的重要内容,成为展示中国文化软实力的重要载体。通过举办国际文化交流活动、开展跨国文化遗产保护合作等方式,海丝文化在全球范围内得到了更为广泛的传播和认可。这不仅提升了中华文化的国际影响力,也增强了国人对中华文化的自豪感和自信心。总之,习近平文化思想为海丝文化的传承与创新提供了强大的思想支撑。在文化自信的引领下,海丝文化不仅得以传承,还通过不断地创新实践,在全球化的背景下焕发出新的生命力。这种文化自信的提升,不仅是中华文化繁荣兴盛的重要标志,也是中国走向文化强国的有力证明。

(二)促进文化与经济的融合

在 2013 年 8 月 19 日的全国宣传思想工作会议上,习近平总书记强调了坚定文化自信的重要性,并提出了建设社会主义文化强国的目标。文化是民族生存和发展的重要力量,在几千年的历史流变中,中华文化为中华民族克服困难、生生不息提供了强大精神支撑。习近平总书记提出文化强国的战略目标,这一理念在海上丝绸之路(海丝)文化的传承与创新中得到了充分体现。在"一带一路"倡议的推动下,海丝文化不仅在文化层面得以复兴,还通过与经济的深度结合,实现了多层次的发展。这种文化与经济的互动,不仅丰富了海丝文化的内涵,也为其可持续发展注入了新的动力。

首先，海丝文化通过文化旅游的开发实现了文化与经济的有效结合。文化强国战略鼓励各地挖掘本土文化资源，发展特色旅游业。作为历史上连接中国与世界各地的重要通道，海丝沿线的众多历史遗迹和文化遗产成为文化旅游开发的重点。通过将这些文化资源与现代旅游产业相结合，海丝沿线国家和地区不仅重现了历史的辉煌，还为当地经济发展注入了新的活力。例如，福建泉州作为海丝文化的重要发源地，通过发展文化旅游，不仅促进了当地经济的繁荣，也让更多的人了解和认同了海丝文化的价值。

其次，文创产品的开发进一步推动了海丝文化的经济化发展。在习近平文化思想指导下，海丝文化的元素被广泛应用于各类文创产品中。这些产品不仅包括传统的工艺品，还涵盖了现代设计、时尚、影视等多个领域。通过创新设计和市场化运作，海丝文化从过去的历史遗产转化为具有商业价值的文化商品。以海丝文化为主题的文创产品既保留了海丝文化的传统精髓，又通过现代化的形式和渠道实现了更广泛的传播，不仅提升了文化附加值，也推动了相关产业的发展。

最后，海丝文化在国际文化交流中为经济合作提供了重要平台。海丝文化作为中华文明对外开放与交流的重要象征，通过"一带一路"倡议得到了广泛的国际关注。中国与海丝沿线国家在文化领域的合作，不仅促进了各国人民之间的文化认同，也为经济合作奠定了坚实的基础。例如，在文化交流活动中，各国通过展示各自的文化特色，促进了文化产品的贸易与投资，同时为跨国企业提供了更多的合作机会。这种文化与经济的交融互动，不仅加深了国家之间的文化联系，也推动了海丝沿线的经济合作与发展。

文化与经济的紧密结合，为海丝文化的传承与创新开辟了新的路径。在文化旅游、文创产品开发和国际文化交流等领域，海丝文化不仅在文化层面得到复兴，也通过与经济的结合实现了可持续发展。这种文化与经济的互动，不仅增强了中华文化的影响力，也为国家经济的高质量发展提供了强大的支持。

（三）推动国际文化交流与合作

习近平总书记高度重视国际文化交流与合作。在 2023 年 3 月 15 日的中国共产党与世界政党高层对话会上，习近平总书记强调要共同倡导加强国际人文交流合作，并探讨构建全球文明对话合作网络；他提出丰富交流内容、拓展合作渠道，以促进各国人民的相互了解和亲密度，进而共同推动人类文明的发展进步。通过文化交流，不仅可以增进不同国家之间的理解与合作，还能推动中国文化的全球传播。在海上丝绸之路（海丝）文化的传承与创新过程中，习近平文化思想的指导作用尤为明显，通过各种国际文化交流活动，海丝文化在全球范围内得到了推广和传播。

首先，国际文化交流活动为海丝文化的传播提供了平台。中国积极举办各种国际性的文化交流活动，以海丝文化为主题的展览、讲座、艺术表演等形式，成为展示中国传统文化的重要途径。这些活动不仅让外国观众了解了海丝文化的历史背景和文化内涵，还促进了各国之间的文化互动。例如，在国际博览会和文化节上，海丝文化的展览展示了海丝沿线的历史遗迹和传统工艺，通过生动的展示和互动体验，加深了国际社会对海丝文化的理解和认同。

其次，建立海丝文化遗产保护合作机制是促进国际文化合作的重要举措。在海丝文化的保护与传承中，中国与沿线国家建立了合作机制，共同推动文化遗产的保护与利用。通过签署双边或多边合作协议，参与各方在海丝文化遗产的考古发掘、修复保护、研究交流等方面展开合作。这种合作不仅有助于对海丝文化遗产的科学保护，也促进了不同国家在文化保护领域的经验共享和技术交流。例如，中国与东南亚国家共同开展了海丝遗址的考古发掘项目，取得了丰硕的研究成果，同时也为相关国家提供了保护和管理的经验。

最后，推动文化遗产的联合保护是国际文化合作的重要方向。海丝文化遗产的联合保护是这一观点的具体体现。通过建立跨国文化遗产保护平台，各国在海丝文化遗产的保护、研究和展示方面形成了紧密的合作网络。例如，中国与其他沿线国家共同申请世界文化遗产认证，推动海丝文化遗产的全球认知与保护。此外，联合保护机制还包括跨国的文化保护技术培训、文化遗产保护法规的对接等，这些合作举措不仅提升了文化遗产保护的整体水平，也促进了国际的文化交流与合作。总之，习近平文化思想通过国际文化交流与合作，为海丝文化的全球传播提供了重要支持。通过各种国际文化交流活动、文化遗产保护合作机制以及文化遗产的联合保护，海丝文化不仅在全球范围内得到了有效传播，还推动了各国之间的文化合作与理解。这种国际文化交流与合作不仅增强了中华文化的全球影响力，也为促进全球文化多样性和国际文化交流作出了积极贡献。

（四）扎实做好文化遗产保护和创新利用

2022年12月12日，习近平总书记对非物质文化遗产保护工作作出重要指示，强调要扎实做好非物质文化遗产的系统性保护，更好满足人民日益增长的精神文化需求，推进文化自信自强。要推动中华优秀传统文化创造性转化、创新性发展，不断增强中华民族凝聚力和中华文化影响力，深化文明交流互鉴，讲好中华优秀传统文化故事，推动中华文化更好走向世界。[①] 这一重要指示在海上丝绸之路（海丝）文化遗产的保护与创新中得到了具体实践。海丝文化作为中华文化的重要组成部分，涵盖了丰富的历史遗迹和文化遗产。通过实施一系列保护措施，如开展海丝文化遗址的考古与保护项目，以及运用数字化手段对文化遗产进行传承与展示，中国不仅有效地保护了海丝文化，还推动了其创新性发展，使这一古老文化在现代社会中焕发出新的活力。

---

① 黄永林.中国非遗传承保护的四重价值[J].人民论坛·学术前沿,2024,(1):76-83.

首先，针对海丝文化中的文化遗产，中国开展了大量的考古与保护工作。海丝文化遗址分布广泛，包括沿海港口、古代商贸路线和重要的文化交流点。这些遗址为海丝文化的研究和展示提供了实物依据。通过系统的考古发掘和科学的保护措施，许多海丝文化遗址得以修复和保存。例如，在福建泉州，考古学家发掘了大量的古代港口遗址和海洋遗迹，这些遗址遗迹不仅为研究海丝文化的历史背景提供了重要资料，也为后代了解海丝文化的辉煌时期打下了基础。

其次，数字化手段的应用为海丝文化的传承与展示提供了新的方式。通过数字化技术，可以对海丝文化遗产进行详细的记录和虚拟重建，使其不仅在实物上得到保护，还能在虚拟空间中得到展示和传播。例如，运用3D扫描技术对古代遗址进行建模，创建数字化的遗址展示平台，使公众能够通过虚拟现实（VR）技术身临其境地了解海丝文化的历史和文化。这种数字化展示不仅提升了文化遗产的可访问性，也为全球观众提供了更为生动的文化体验。

保护与创新并重的策略促进了海丝文化的创新性发展。通过对海丝文化的深度挖掘和现代创意的融入，传统文化得到了新的表达形式。例如，海丝文化的元素被引入现代设计、影视制作中，不仅使传统文化得以保留，还赋予其新的生命力。设计师们将古代的海丝纹样与现代艺术相结合，创造出独具特色的文化产品；影视制作中则通过生动的故事和高科技特效再现了海丝的辉煌时代，这些创新实践不仅吸引了广大观众，也让海丝文化在现代社会中焕发出新的魅力。

通过考古发掘和科学保护、数字化技术的应用以及创新性的文化表达，海丝文化不仅得到有效保护，还在现代社会中得到了广泛传播和发展。这种保护与创新并重的策略，不仅让海丝文化得以更好地传承，还激发了当代人对海丝文化的创造性思考和再发展，推动了文化的持续传承与创新。

（五）文化软实力显著提升

2013年8月19日，习近平总书记在全国宣传思想工作会议上指出：

"中华优秀传统文化是中华民族的突出优势,是我们最深厚的文化软实力。"这体现了习近平总书记对传统文化价值的深刻认识和对其在提升国家软实力中的作用的强调。在这一背景下,海上丝绸之路(海丝)文化作为中华文化对外传播的重要载体,得到了习近平文化思想的系统指导和推广。海丝文化不仅在文化交流与传播中发挥了重要作用,还显著提升了中国的文化软实力,增强了国家在国际上的影响力和话语权。

首先,海丝文化作为中华文化的重要组成部分,通过一系列文化交流活动提升了中国的文化软实力。海丝文化作为历史悠久、内涵丰富的文化体系,通过国际展览、文化交流活动等形式,向世界展示了中华文化的独特魅力。这些活动不仅让外国观众了解海丝文化的历史背景和文化价值,还增进了不同国家对中国文化的认同和欣赏。例如,通过在海丝沿线国家举办的海丝文化展览,外国观众可以深入了解海丝文化的历史遗迹和传统工艺,这种直接的文化体验和互动,提升了中国文化的国际形象和影响力。

其次,海丝文化的推广也体现在国际文化合作项目上。海丝文化作为中国对外文化交流的重要内容,通过"一带一路"倡议和其他国际合作平台,与共建国家建立了紧密的联系。这种合作不仅包括文化交流,还涉及文化遗产保护、文化创意产业的发展等方面。例如,海丝沿线国家共同开展的文化遗产保护项目涉及联合考古、文物展览、合作机制建立、具体项目案例以及数字化保护与传承等多个方面。这些项目的实施促进了对文化遗产的科学保护,也加强了中国与其他国家在文化领域的合作与互动。这种合作模式有效地提升了中国在国际文化合作中的地位和影响力。

最后,海丝文化的推广还增强了中国的国际话语权。通过对海丝文化的系统梳理和推广,中国不仅在全球范围内提升了文化影响力,还在国际文化政策制定和文化交流议题选择中发挥了积极作用。例如,中国积极推动海丝文化的国际认知,通过参与国际文化组织、主办国际文化活动等方式,增强了在全球文化治理中的发言权。这种文化软实力的提升，使得中国在全球文化事务中的话语权得到显著增强，也为国家的整体外交策略提供了有力支持。

习近平总书记强调的文化软实力提升战略，通过对海丝文化的系统梳理和推广，为中华文化的对外传播注入了新的活力。海丝文化不仅在国际文化交流与合作中发挥了重要作用，还显著提升了中国的文化软实力，增强了国家的国际影响力和话语权。这种文化软实力的提升，不仅有助于国家形象的塑造，也为中国在国际舞台上的综合国力提升提供了强有力的支撑。

第二节 福建省海丝文化遗产的保护与实践探索

一、福建省海丝文化遗产的保护与实践概述

福建作为海上丝绸之路的重要起点和核心区，拥有丰富的海丝文化遗产。这些遗产承载着深厚的历史文化价值，见证了福建在古代海上贸易中的辉煌成就。保护和传承海丝文化遗产，对于弘扬福建的历史文化、推动文化旅游发展、促进国际文化交流具有重要意义。近年来，福建省对保护和传承海丝文化遗产进行了实践性的探索，积累了一些经验做法。

（一）政府重视是前提

福建省政府充分认识到海丝文化遗产的重大价值，将对其的保护与传承置于重要位置，出台了一系列政策措施，有力地推动了海丝文化遗产保护工作。同时，精心制定的保护措施如同坚实护盾，为海丝文化遗产抵御各种破坏因素。保护目标的确立则为工作指明方向，确保各项保

护工作有的放矢。此外，政府成立专门的海丝文化遗产保护工作领导小组，加强领导和协调，保障各项政策措施高效落实，为海丝文化遗产保护提供了强有力的组织保障。

（二）资金投入是基础

充足的资金投入是海丝文化遗产保护的重要基础。福建省政府积极加大对海丝文化遗产保护的资金投入。一方面，福建省政府通过设立专项资金，直接支持海丝文化遗产保护项目。例如，根据公开发布的信息，福建省财政厅下发了用于文化保护传承利用工程的中央基建投资专项资金，其中部分资金明确用于支持海丝文化遗产保护项目。这些专项资金为海丝文化遗产的考古发掘、保护修缮、环境整治等方面提供了有力的资金保障。福建省内各地方政府也积极响应省政府的号召，加大对海丝文化遗产保护的资金投入。以福州市为例，近年来，福州市委、市政府高度重视文化和自然遗产保护利用工作，市财政累计投入近3000万元用于海丝史迹点保护修缮和相关文物展陈宣传。相关县区财政也投入大量资金用于对海丝史迹点周边环境的整治和提升，美化史迹点整体面貌。在具体的海丝文化遗产保护项目中，福建省政府也提供了大量的资金支持。例如，福州市罗源县罗源栖云洞造像保护利用项目就获得了专项资金4700万元，用于该项目的保护修缮和展示利用。此外，福建省还积极推动圣杯屿海上丝绸之路专题博物馆建设，并在资金上给予支持，以确保该项目的顺利实施。另一方面，积极争取国家和社会资金的支持。通过申报国家重点文物保护项目，吸引国家文物局的专项资金注入，为重要遗址的保护和研究提供有力保障。同时，与企业合作，借助企业的力量为海丝文化遗产保护筹集资金，实现互利共赢。

（三）考古发掘是关键

深入的考古发掘是海丝文化遗产保护的关键环节。福建省政府在考古发掘工作中注重多学科协作，组织考古、海洋工程、文物保护等方面的专家共同参与，确保发掘工作的科学性和专业性。在考古发掘过程中充分利用现代科技手段，如利用合成孔径声呐、多波束声呐等新型设备对遗址进行高精度测绘，提高了发掘效率和准确性。在考古发掘工作中，福建省政府始终坚持保护优先的原则，确保文物在发掘过程中得到妥善保护，避免二次破坏。对泉州的德济门遗址的考古发掘，犹如打开一扇时光之门。在这里，大量宋元时期的建筑遗迹和文物重见天日，为我们展现了泉州古代城市建设的宏伟画卷和海上贸易的繁荣景象；圣杯屿元代沉船遗址出水大量的元代外销瓷器，这些瓷器多为龙泉窑产品，器型丰富，包括碗、盘、洗、碟、高足杯等。这些文物的出水不仅丰富了人们对元代海上丝绸之路贸易的认识，也为研究元代航海史、造船史等提供了宝贵的实物资料。福州的怀安窑遗址考古发掘则出土了众多瓷器和窑具，这些文物不仅见证了福建古代陶瓷生产的高超技艺，也诉说着海上贸易的辉煌历史。此外，福建省还积极与国内外考古机构合作，开展联合考古发掘工作。与菲律宾、马来西亚等国家合作对海上丝绸之路沿线沉船遗址进行考古发掘，共同推动海丝文化遗产的保护与研究工作，为传承和弘扬中华优秀传统文化作出更大贡献。

（四）修缮保护是核心

精心地修缮保护是海丝文化遗产保护的核心任务。福建省政府高度重视海丝文化遗产的保护工作，制定并实施了多项政策法规，如《福建省"海上丝绸之路：泉州史迹"文化遗产保护管理办法》等，为海丝文化遗产的修缮保护提供了法律保障。同时，福建省还建立了完善的保护机制，明确了保护管理责任，加强了对保护工作的监督和考核，确保海丝文化遗产得到全面、有效的修缮保护。

为确保修缮保护工作的质量和效果，福建省政府在修缮保护工作中注重科学规划，制订详细的修缮保护方案，确保修缮工作的科学性和专业性；在修缮过程中，始终坚持"修旧如旧"的原真性保护原则，注重运用传统的工艺和材料，尊重历史风貌和文化特色。以泉州开元寺为例，在其修缮过程中，采用传统木结构建筑工艺和石材雕刻技术，让这座古老的寺庙恢复昔日风采。同时，加强对海丝文化遗产周边环境的整治和保护，营造出与遗产相协调的文化氛围，以最大程度地保留历史的真实性和完整性。同时，还加强了对修缮过程的监管和评估，建立了严格的文物保护工程管理制度。从设计环节开始严格把关，确保方案符合历史风貌和保护要求；在施工过程中加强监督，保证工艺精湛、质量可靠；对监理工作也提出高要求，确保整个修缮保护工程符合国家文物保护标准。福建省政府还注重调动社会各界的积极性，鼓励社会力量参与海丝文化遗产的修缮保护工作。通过设立公益基金、接受社会捐赠等方式筹集资金，为修缮保护工作提供有力支持。

（五）展示利用是途径

有效地展示利用是海丝文化遗产保护的重要途径。福建省在展示海丝文化遗产方面充分挖掘海丝文化遗产资源的价值，采取了多种方式，开展丰富多彩的展示活动。首先，建设一批高质量的海丝文化博物馆和展示馆，如泉州海丝博物馆、福州海上丝绸之路展示馆等。这些场馆通过精心策划的展览，运用现代科技手段，如多媒体展示、虚拟现实技术等，为观众带来沉浸式的体验，观众可以在这里直观地感受福建海丝文化的魅力，了解其深厚的历史底蕴。其次，积极推广海丝文化旅游，推出多条特色旅游线路，将海丝文化遗产与自然风光、民俗风情相结合，打造具有福建特色的海丝文化旅游品牌。比如泉州的"海丝古城游"让游客在古老的街巷中感受历史的韵味，福州的"马尾船政文化游"则展现了近代海上丝绸之路的重要节点。再次，举办大型展览活动进行推广，比如在中国美术馆举办永春海丝非遗艺术展，展出了永春香、永春漆篮、永春木雕、永春纸织画等多项非物质文化遗产展品近百件，全面展示了永春县独特的文化魅力和精湛的传统技艺；选取寿山石雕、德化瓷烧制技艺、惠安石雕等14项具有浓郁地域特色的福建非遗项目，亮相2024"中国—东盟人文交流年"

开幕式；在宁夏举行侨批档案暨海丝社科文化展，展示侨批文化及泉州作为海上丝绸之路重要起点城市的文化传承与交流。

（六）国际合作是助力

积极的国际合作是海丝文化遗产保护的强大助力。福建省积极开展海丝文化遗产的国际合作，与海上丝绸之路沿线国家和地区携手共进。在联合考古发掘方面，与菲律宾、马来西亚、印度尼西亚等国家开展合作，共同探索海上丝绸之路的历史奥秘。这种合作不仅提升了考古工作的水平和质量，也促进了不同国家和地区之间的文化交流与互鉴。举办一系列海丝文化国际研讨会、展览等活动，如泉州海上丝绸之路国际艺术节，吸引了世界各地的艺术家和学者参与，成为展示海丝文化多元魅力的重要平台。积极开展海丝文化"走出去"活动，组织福建的海丝文化遗产展览到国外展出，传播福建海丝文化，增进国际的文化交流与合作。此外，加强与海上丝绸之路沿线国家和地区在文化遗产保护方面的经验交流和技术合作，共同探讨保护方法和策略，为海丝文化遗产的保护贡献智慧和力量。

二、泉州海丝文化遗产保护与实践情况

泉州，这座古老的城市，承载着丰富的海丝文化遗产。在历史的长河中，泉州以其独特的地理位置和繁荣的海上贸易，成为东西方文化交流的重要枢纽。近年来泉州通过持续推进古城保护提质、加强世界遗产保护和非物质文化遗产保护等多方面的努力，让这些珍贵的文化遗产焕发出新的活力。

（一）持续推进古城保护提质

泉州古城是海丝文化的重要承载地，持续推进古城保护提质对于传

承和弘扬海丝文化具有至关重要的意义。

1. 坚持高位推动，明确保护方向

一是法律为先。福建省政府出台《福建省"古泉州（刺桐）史迹遗址"文化遗产保护管理办法》，有效提高文化遗产保护管理水平。《泉州市海上丝绸之路史迹保护条例》是泉州市获得立法权后制定的第一部地方性法规，于2017年1月1日正式施行。2018年1月以来，颁布实施《泉州市市区内沟河保护管理条例》《泉州市中山路骑楼建筑保护条例》，2021年开展《泉州市历史文化名城保护条例》《"泉州：宋元中国的世界海洋商贸中心"世界遗产保护管理办法》立法。2020年1月，福建省政府将南外宗正司遗址、市舶司遗址、安溪青阳下草埔冶铁遗址、顺济桥遗址等4处新增点增补为省级文物保护单位。目前，泉州的22处代表性古迹遗址中，18处为国家级文物保护单位，4处为省级文物保护单位，所有遗产点均受到《中华人民共和国文物保护法》及其实施条例的法律保护，并同时受到历史文化名城、风景名胜区、海洋保护区、宗教事务等多方面的法律法规保护。

二是规划为先。汇总各遗产点文保单位保护核心区、建设控制范围以及文物埋藏区、历史文化街区保护范围等法定控制线，纳入"多规合一"平台，用心守护好历史文脉根基。同时，由市资源规划局牵头联合市文物局等组织编制《"泉州：宋元中国的世界海洋商贸中心"系列遗产管理规划（2021—2030年）》及其实施细则，科学划定200平方公里遗产区、缓冲区和景观控制区，对管控指标、管理规定等进行分类分级研究并提出相关技术建议。

2. 建筑修缮，恢复历史风貌

对古城内的历史建筑进行全面修缮，加强本体保护。一是坚持"不改变文物原状"原则，"最小干预""修旧如旧"，充分依托世界非物质文化遗产——闽南传统木结构建筑营造技艺以及石雕、木雕等传统工艺开展技术保护，形成地方特色的保护传承体系。高标准完成22处代表性古迹遗址的19项保护修缮项目，天后宫、文庙保护修缮工程分别获评全国十佳文物修缮项目、全国优秀古迹保护推介项目。二是微扰动改造。延续文脉，修旧如旧实施金鱼巷、三朝巷等背街小巷 U 形面微改造，去芜存菁，留存"古早味"，保存历史原貌。以金鱼巷为例，金鱼巷是泉州古城的一条传统街巷。在保护与整治过程中，保留了原有的红砖墙面、燕尾脊等传统建筑元素，同时对建筑内部进行了现代化改造，增加了卫生间、厨房等设施，既满足了居民的现代生活需求，又保留了历史风貌。对巷内的路面进行了重新铺设，采用传统的石板路，恢复了古巷的韵味。此外，还在巷内设置了景观小品、绿化植物等，提升了环境品质；规划重塑小山丛竹书院等历史原貌，制定传统建筑修缮技术导则，开展以危旧房屋修缮为主题的"点亮家园"活动，挂牌保护传统历史建筑，做到"原址、原状、原物、原汁原味"。

3. 街巷整治，功能便利化提升

首先，提升通达功能。转变市民交通出行理念，构建"公交＋慢行"交通出行方式，打造多彩交通。开展基础数据普查，重构古城交通运行模式，逐渐减少机动车辆进入古城，系统解决古城交通问题。盘活国有资产，利用公产和闲置用地新建一批交通接驳系统和旅游集散中心，缓解古城交通压力。结合交通微循环，在奎霞巷、古榕巷打造街头公共空间，实施西街南片区旅游核心区慢行系统提升工程、居民骑行环境畅通工程，对古城旅游核心区交通组织进行优化；实行西街东段、中山中路分时段交通限行常态化，打通"断头路"，完成爱国路拓改工程和奎霞巷打通工程，方便附近片区居民出行。

其次，实施水系和管线梳理。积极推进八卦沟内沟河、笋浯溪等古城水系整治前期工作，打造水清、岸绿、景美的城市地标线。梳理古城街巷的供排水、网络、配电等管线，整修打锡街、西街等多条旧街巷供水旧管网，完成古城内二郎巷、学府路、县后街等 21 条街巷清淤检测工作。

最后，整治街巷面貌。清理垃圾、拆除违建、整治广告牌等，改善街巷的环境卫生和视觉效果。例如，对西街进行了全面整治，拆除了违规搭建的广告牌和遮阳棚，清理了占道经营的摊位，使西街恢复了整洁有序的面貌。

4. 资源活态化利用，促进业态提升

一是盘活房产资源。（1）私房。采取收储租赁、以修代租等方式实施古城私有房产资源整合，完成金鱼巷 5 间店铺、西街宋宅、台魁巷 7 号和奉圣巷 6 号、8 号等 15 处房产物业保护性收储和盘活；鼓励民间团体和个人修缮，运营文创、民宿等文旅产业等。（2）公产。在中山中路 345-1 号陈光纯故居、肃清门周边店铺等公产经常性举办文化主题策展活动；统筹协调将部分古城公房资产划转市文旅集团管理，在西街试点政策扶持适合业态植入。

二是培育古城业态。利用旧厂房、历史文化街区，建设"东亚之窗"文创园、泉州美食城、西街小西埕等旅游休闲文化创意区及大寺逅、通政壹号•巷遇等精品酒店文化体验区。出台扶持试点政策，鼓励支持适合古城文化的旅游业态植入西街东段，吸引人气，使其成为市民和外地游客到泉州古城的最主要打卡点。

三是举办特色活动。成功举办三届泉州海丝古城徒步穿越活动，每届活动均有 5000 人徒步穿越大街小巷，在大幅提升人气的同时，唤起人们心中的"古城情结"。从 2016 年 10 月起至今，先后举办 9 场大型"润物无声"系列文化主题展览，包含 80 多个展项，邀请百余位来自泉州本土、福建地区甚至国际范围的参展人。报名参与展览分享会与互动体验活动的人数 3000 余人，展览先后吸引近 40 万本地市民及海内外游客前往参观，带动 30 多个民间年轻文创团队到古城创业，同时以文创带动旅游。开展古城讲解员培训，吸引数百人参加，从中优选聘请近百位讲解员经常性开展公益导游讲解，推动古城深度游。

5. 培育基层力量参与，探索家园共造

一是鼓励社区居民参与古城保护，成立社区保护组织，共同维护古城的环境和秩序。例如，一些社区成立了志愿者队伍，定期开展环境卫生清理、文物保护宣传等活动。

二是充分听取社区居民的意见和建议，在古城保护项目中考虑居民的实际需求。例如，在街巷整治过程中，为居民增设了休闲座椅、健身器材等设施，提高了居民的生活满意度。

三是营造社区功能。开展"美丽古城、家园共造"活动提升社区自治功能，选出 5 个古城社造试点团队；举办"美丽古城、家园共造"全程影像拍摄大赛获奖作品巡回展，进一步激发社区居民对古城的热情、对美好生活的追求；设立志愿服务驿站，举办"免费奉茶""绿色出行、从身边做起""大手牵小手、感知古城魅力"等志愿服务活动；开展微型交通司机宣传泉州的旅游文化知识培训，方便游客了解古城人文景点和美食，多形式探索自下而上新型社区营造管理方法。

（二）建章立制守护世界遗产

自 2001 年启动申遗工作以来，泉州经历了从单独海丝申遗到牵头海丝联合申遗，再到代表海丝先行申遗的过程。历届泉州市委、市政府始终牢记习近平总书记在福建工作时的殷切嘱托，高度重视、坚持不懈推动申遗工作。泉州"宋元中国的世界海洋商贸中心"系列遗产成功列入《世界遗产名录》，为世界遗产保护提供了宝贵的经验。

1. 建立保护管理体系

泉州成立专门的世界遗产保护管理机构，负责遗产的日常保护、管理和监测工作。制定完善的保护管理制度和法规，明确保护责任和义务。编制申遗工作总体方案和迎接国际专家现场考察、文本编制、环境整治、文物修缮、新增点考古等重点阶段性、专项性工作方案，做到目标任务、工作措施、时间节点、责任单位、责任人"五明确"。将国家文物局、市委市政府、省委省政府及省相关部门、国内外专家等提的意见和要求量化为清单，第一时间进行责任分解，确保落实到位。

建立多部门协作机制。2001 年启动申遗后，市委、市政府就组织开展申遗点遴选，进行大量环境整治、文物修缮、学术交流等工作，为后续申遗推进奠定基础。2016 年以来，市委、市政府把申遗作为"1 号工程"，成立市委书记总协调，市长担任组长，分管文化和住建规划的副市长担任常务副组长，以及市委、市人大、市政协相关领导为副组长的申遗领导小组。市委、市政府主要领导亲自抓、一线推进，召开的市申遗领导小组会议、专题会议、调研达100多次。分管文化的副市长具体综合负责，分管住建的副市长负责环境整治工作。进入世界遗产大会泉州相关工作筹备期间，市委、市政府相关领导参与相关筹备专项工作。申遗领导小组下设申遗领导小组办公室，由分管文化的副市长担任主任，抽调市政府副秘书长及市文旅局、资源规划局负责同志担任副主任，负责具体综合协调、上下联络、统筹组织推进，并设立文本编制组、文物修缮组、环境整治组、规划测绘组、展示组（市文旅局牵头）、宣传组、安保维稳组、利益相关者协调组、档案组等9个职能小组，每个职能小组均由一位分管市领导挂钩协调，组长单位牵头负责，各司其职开展工作。9个遗产相关县（市、区）均成立申遗工作领导小组和申遗办，全力做好辖区工作。

2. 遗产监测与保护

建立科学的遗产监测体系，对遗产的本体、环境、游客流量等进行实时监测。采用先进的监测技术和设备，如无人机、传感器等，及时发现遗产面临的问题和风险。建设完成遗产点监测预警系统平台，建立文化遗产监测制度、巡查和定期通报制度、重大事项专家咨询制度、日常保护记录档案制度。

开展南外宗正司遗址、市舶司遗址、德化窑遗址、安溪青阳冶铁遗址等4个新增点考古发掘，确保满足申遗需要。通过考古，确认了南外宗正司、市舶司两处遗址的性质，揭露了宋元时期大型官式建筑基址；青阳冶铁遗址为国内首个科学考古发掘的块炼铁冶铁遗址，碳14年代测定和陶瓷类型学研究表明其生产集中于宋元时期，形成块炼铁、生铁和钢及独特板的结层处理、垃圾处理较为完整的生产体系；揭示了德化窑宋元龙窑至明清横室阶级窑的发展演变过程，填补了德化窑古代窑业技术史的缺环。对遗产进行全面保护，包括文物修缮、环境整治、安防设施建设等。例如，对九日山祈风石刻进行了保护性修缮，清理了石刻周围的杂草和杂物，安装了防护栏和监控设备，确保石刻的安全。

3. 宣传教育与公众参与

宣传教育方面：泉州市通过举办各类主题活动来宣传世遗文化；创建"海丝泉州推荐官"工作室，承办世遗泉州公益讲解活动，在开元寺、文庙、清净寺、天后宫（德济门遗址）、南外宗正司五个世遗点位开展定时公益讲解服务，让来泉旅客及本地民众能够深度了解体验世遗文化魅力；设置"泉州：宋元中国的世界海洋商贸中心"智慧语音讲解系统二维码，用汉语、闽南语以及英语、日语、韩语等多种语言，讲述22个泉州系列遗产点，方便游客随时随地了解世遗文化。

公众参与方面：泉州市聘请了文物和文化遗产保护领域热心公益事业的人士作为"检察护宝"公益诉讼观察员和遗产义务巡查员，参与公益保护工作。他们的加入，为泉州世遗文化的保护提供了有力支持。泉州市将每年的7月25日定为"泉州世界遗产日"，通过举办丰富多彩的主题活动，动员全社会共同参与、关注和保护遗产，增强全社会的遗产保护意识；鼓励公众参与世界遗产保护，建立志愿者队伍，开展遗产保护宣传和监督活动。例如，组织志愿者在遗产点进行文明劝导、环境清理等活动，增强公众的保护意识。

其他举措：泉州市的13个世遗展馆向公众免费开放，包括泉州海外交通史博物馆的两个展馆、南外宗正司遗址展馆、清净寺展馆等，为公众提供了近距离了解世遗文化的平台。泉州市通过举办文旅推介活动，向世界推介泉州丰富的文化遗存和非遗瑰宝。例如，"和平之舟·向海而兴"北京福建会客厅·世遗泉州北京行文旅推介活动，通过展览、美食品鉴和非遗体验等一系列文化交流活动，让更多人了解泉州、走进泉州。

4. 国际合作与交流

泉州作为古代海上丝绸之路的起点，拥有丰富的世界文化遗产，近年来在国际合作与交流方面取得了显著成果：2024年9月27日，北京成功举办了"走进中华文明——海丝印记 世遗泉州"主题人文交流活动。该活动展示了泉州文化的独特魅力和中华文明的突出特性，促进了泉州与东盟国家的友好往来；为响应《保护世界文化和自然遗产公约》"下一个50年"主题，泉州与联合国教科文组织合作开展世界遗产可持续生计活动新试点，启动"古厝新声"项目；泉州与联合国教科文组织东亚多部门地区办事处共同开展三大类6个子项目，包括闽南传统民居营造技艺基础调查、主办建筑遗产保护培训班及建筑遗产保护国际论坛、遗产教育校内试点工作等，推进世界遗产保护传承、守正创新；在"中国—非洲—联合国教科文组织教育和文化遗产保护合作对话会"上，发布了"中国（泉州）非洲世界遗产能力建设信托基金"项目；2024 世界闽南文化节在印尼雅加达成功举办，展出了泉州精湛的世界非物质文化遗产项目及文创精品，并邀请非遗传承人进行现场技艺展示，进一步扩大泉州"中国工艺美术之都"的影响力和知名度。

（三）强化非物质文化遗产传承

泉州在强化非物质文化遗产传承方面，采取了一系列积极而有效的措施，这些措施不仅保护了泉州丰富的非物质文化遗产，还促进了其传承与发展。

1. 建立保护名录与传承体系

泉州市政府高度重视非物质文化遗产的保护与传承工作，定期组织专家评审并公布市级非物质文化遗产代表性项目名录。例如，第七批市级非物质文化遗产代表性项目名录中包含了 71 个项目，其中新增项目 60 项，扩展项目 11 项。这些项目涵盖了传统音乐、舞蹈、戏剧、曲艺、美术、技艺、医药、民俗等多个领域，全面展示了泉州非遗的丰富性和多样性。泉州还积极推荐市级非遗项目申报省级和国家级非遗名录，进一步提升非遗项目的保护级别和影响力。例如，泉州市文化广电和旅游局组织专家评审并推荐了第六批省级非物质文化遗产代表性传承人名单，共 38 人（含备选），以加强非遗代表性传承人队伍建设。对非物质文化遗产进行全面普查和登记，建立完善的保护名录。明确非物质文化遗产的种类、分布、传承状况等信息，为保护工作提供依据。

建立非物质文化遗产传承体系，认定传承人、建立传习所、开展师徒传承等活动，确保非物质文化遗产的传承和发展。例如，认定了南音、梨园戏、木偶戏等非物质文化遗产传承人，给予他们一定的经济补贴和政策支持，鼓励他们开展传习活动。对于列入非遗名录的项目，泉州市政府及文旅局采取了一系列保护措施，包括制定保护规划、提供资金扶持、建立传习所等。此外,还通过数字化手段记录非遗项目的核心技艺和历史传承情况,为非遗项目的传承和发展留下宝贵的资料。

2. 传承人保护与培养

制定管理办法:泉州市政府及文旅局出台了一系列管理办法,如《泉州市市级非物质文化遗产代表性传承人认定与管理办法(试行)》和《泉州市市级非物质文化遗产代表性项目申报评定(暂行)管理办法》等,明确了非遗项目申报、评定、保护、传承等各个环节的具体要求和程序,为非遗传承提供了制度保障。

认定与管理传承人:泉州市文旅局按照相关管理办法,定期开展市级非遗代表性传承人的认定工作。通过公开、公平、公正的申报、审核、评审、公示等程序,认定一批在特定领域内具有代表性、技艺精湛的传承人。同时,鼓励传承人开展传承活动,传授技艺,培养新人,确保非遗项目的活态传承。重视对非物质文化遗产传承人的保护,为他们提供良好的生活和工作条件。例如,为传承人提供住房、医疗等保障,解决他们的后顾之忧。

3. 文化活动与宣传推广

举办丰富多彩的非物质文化遗产文化活动,如南音大会唱、梨园戏展演、木偶戏比赛等,展示非物质文化遗产的魅力。例如,每年举办的泉州国际木偶节,吸引了来自世界各地的木偶艺术家和爱好者参与,提升了泉州木偶戏的国际影响力。

加强对非物质文化遗产的宣传推广,通过传统媒体、网络、展览等形式,向公众普及非物质文化遗产知识和保护理念。例如,制作非物质文化遗产专题纪录片,在电视台、网络平台播放,提高公众的认知度。

4. 生产性保护与创新发展

泉州建立了 12 个非遗馆(其中市级馆 1 个、县级馆 11 个),166 个非遗传习所,1000 个非遗展示点,为非遗传承人提供了良好的创作和展示空间;泉州发布了濒危非遗项目扶持计划,重点针对已列入国家级、省级、市级等各级非遗名录但处于濒危状态的项目,以及尚未列入名录但具有较高文化价值和濒危风险的项目进行扶持,确保这些珍贵遗产得以延续；泉州鼓励传承人在古城、古街巷、古民居、古建筑等设立传习所，实现"传承进古厝，创新进厂房，展示进街区"，将非遗保护传承与旅游开发、文化产业有机融合，激发非遗的生产力和生命力；泉州积极探索"非遗+创意""非遗+市场""非遗+旅游"等发展模式，通过跨界合作和创新设计，将非遗元素融入现代生活、时尚产品和旅游体验中，拓宽非遗产品的销售渠道和市场影响力；泉州利用数字技术对非遗进行记录和展示，如通过VR、AR等技术让游客身临其境地感受非遗技艺的魅力。同时，泉州还通过线上平台推广非遗文化和产品，扩大非遗的受众群体和传播范围。

泉州还鼓励非遗传承人与设计师、艺术家等合作，将传统技艺与现代审美相结合，开发出具有创意和市场竞争力的非遗产品。这些产品不仅保留了非遗的文化内涵和技艺精髓，还符合现代人的审美和实用需求。

（四）泉州市海丝文化遗产保护实践成效

1. 政策法规与管理体系不断完善

地方立法保障：自2015年获批地方立法权以来，泉州先后出台了多部与文化遗产保护相关的法律法规，如《泉州市历史文化名城保护条例》《"泉州：宋元中国的世界海洋商贸中心"世界遗产保护管理办法》等，从文化遗产保护到文化旅游融合发展，建立起较为完备的法规体系，为海丝文化遗产的保护提供了有力的法律保障。泉州市还制定了世界遗产保护管理规划和工作规程，如《泉州市世界遗产保护管理领导小组工作规程及泉州世界遗产专家咨询管理规定等7份文件的通知》《"泉州：宋元中国的世界海洋商贸中心"系列遗产管理规划（2021—2030年）》等，为海丝文化遗产的保护和管理提供了明确的指导和规范。

部门联动监管：泉州市文物局与泉州市中级人民法院、泉州市人民检察院签订文化遗产保护联合行动备忘录，设立海丝史迹巡回法庭，将遗产保护纳入公益诉讼，形成了多部门协同合作的监管机制，加强了对文化遗产保护的执法力度。

全面纳入考核：在全省率先全面实施遗产保护和安全工作"五纳入"，即纳入领导班子和领导干部政绩考核综合评价体系、财政预算、社会综合治理和平安单位建设、文明城市（县城、城区）和文明乡镇创建考评体系、干部教育体系，从制度层面确保了海丝文化遗产保护工作的落实。

2. 遗产的整体性保护效果显著

划定保护区域：泉州市对海丝文化遗产进行了全面普查和登记，建立了详细的保护名录和档案；划定了近200平方公里的遗产区、缓冲区、景观控制区，对22处代表性古迹遗址及其关联环境进行整体性保护，有效强化了世界遗产文物本体及景观风貌保护，确保了海丝文化遗产的原真性和完整性。

传统建筑修缮：遵循"不改变文物原状"的原则，依托闽南传统技艺，坚持原形制、原结构、原材料、原工艺，对669幢传统历史建筑逐一登记建档、挂牌保护、分批修缮，尽可能真实完整地保存了历史记忆。泉州市实施了多个重点保护项目，如文庙的系统性修缮提升，安平桥、顺济桥、开元寺东西廊等保护修缮工程等，有效保护了海丝文化遗产的真实性和完整性。

特色街巷改造：采用"绣花针"式改造手法推动古城提质，按照"一街一特色，一巷一亮点"的要求，分期分批对29条古城背街小巷进行综合提升。例如，泉州首个古城背街小巷改造示范项目——金鱼巷"微改造"提升工程，在不改变原居民生活形态的前提下，开展立面提升、管线下地、地面铺装、夜景优化、街道绿化等工作，既改善了居民的生活环境，又保留了历史风貌。

泉州市建立了文化遗产保护传承工作协调机构，如考古研究所、文物保护中心等，与国内多家顶尖专业机构合作与交流，形成了覆盖文物保护各环节的长效管理运行机制。

泉州市还创新性地实施了"文物保险+技防+人防"的文化遗产管护新模式，提升了海丝文化遗产的保护水平。

3. 遗产的价值研究与展示阐释深入推进

考古发掘与研究成果丰硕：对市舶司遗址、南外宗正司遗址、德化窑遗址、安溪青阳冶铁遗址等进行了 10 余批次的考古发掘,《泉州城遗址考古发掘报告》《南外宗正司遗址考古发掘报告》《安溪青阳冶铁遗址考古发掘报告》等研究成果相继印发,有效扩大了泉州的学术话语权和影响力。

《世界遗产"泉州:宋元中国的世界海洋商贸中心"突出普遍价值研究报告》《泉州文物(国宝篇)》《泉州市博物馆石质文物集萃》等泉州文化遗产图书相继出版,为海丝文化遗产的研究和传播提供了丰富的资料。

展示点与讲解系统建设:打造了众多遗产展示点,将德化窑、永春苦寨坑窑、晋江金交椅山窑等考古点规划建设成考古遗址公园;推出了汉语、闽南语以及英语、日语、韩语共 5 种语言的泉州世界遗产智慧讲解系统,生动地讲述泉州 22 个系列遗产点,让市民和游客能够更好地了解海丝文化遗产的内涵。

4. 公众参与和文化传承氛围日益浓厚

民间力量积极参与:泉州人民始终怀着赓续历史文脉的朴素愿望,自觉保护文化遗产。众多志愿者参与遗产一线保护管理工作,上千名义务遗产讲解员成为新"讲古人",还有众多华人华侨自发捐赠海外回流的文物,广大乡贤群众、社会团体也以各种方式为遗产保护助力添彩。

文化活动丰富多彩:举办了各类文化活动,如南音大会唱、梨园戏展演、木偶戏比赛、海丝国际艺术节、海丝泉州戏剧周等,让市民和游客能够亲身感受海丝文化的魅力,也为非物质文化遗产的传承和发展提供了平台。

5. 文旅经济融合发展成效显著

旅游品牌影响力提升:以世遗和古城为重点,泉州多层次、全媒体开展"宋元中国·海丝泉州"世遗文旅品牌营销,成立了"泉州海丝国际传播中心",发布"宋元中国·海丝泉州"城市品牌标识。"宋元中国看泉州""簪花围""蟳埔女"等 20 多个"网红"IP(intellectual property,知识产权)陆续涌现,泉州的城市知名度和美誉度不断提高。

文旅产业蓬勃发展:随着世遗 IP 逐步形成,泉州成为生活化、沉浸式体验文化旅游的热门目的地。旅游收入不断增长,2023 年全市实现旅游收入 1002.40 亿元，接待游客 8652.97 万人次，文旅经济迎来了快速发展的时期。同时，新业态、新模式、新项目纷纷落地，如"海上看泉州"旅游线路的推出，为游客提供了更加丰富的旅游体验。

三、福州海丝文化保护实践情况

福州市，作为福建省省会，肩负着传承和推广海丝文化的重要使命。凭借其丰富的历史背景和文化遗产，福州市不仅积极保护和修复海丝文化遗址，还致力于通过多样化的文化活动和国际合作，提升海丝文化的认知度和影响力。通过科学规划与制度保障、历史文化街区的保护与修复、文化遗产的研究与展示、注重国际合作与交流、推动申遗工作、创新活化利用以及政府政策支持等特色做法，福州取得了显著成效。这些做法不仅有效地保护了海丝文化遗产的历史风貌和文化内涵，也提升了福州市的文化软实力和国际影响力。

（一）科学规划与制度保障

1. 专项规划引领

福州市编制了《福州市历史文化名城保护规划（2021—2035）》等 32 项专项规划，对海丝文化遗产保护进行全面布局。这些专项规划明确了海丝文化遗产的保护范围、重点区域以及发展方向，为保护工作提供了系统性的指导。

例如，有关三坊七巷的保护规划，详细划定了各个坊巷的保护界限，对古建筑的修缮、改造以及周边环境的整治都作出了具体规定。对三坊七巷的整体规划，既保留了其历史风貌和文化内涵，又使其适应了现代社会的发展需求，成为福州市的一张文化名片。

2. 法规文件支撑

福州市公布实施了《关于进一步加强古厝保护工作的意见》《福州市历史文化名城保护条例（2021 年修正）》等一系列名城、文物、古厝保护的法规、规范性文件。这些法规为海丝文化遗产保护提供了坚实的法律保障，明确了保护工作的责任主体、保护标准以及处罚措施。

以马尾船政文化遗址为例，相关法规明确了遗址内的船政建筑、文物等的保护要求。对于破坏船政文化遗址的行为，依法进行严厉处罚，确保了遗址的完整性和真实性。

（二）历史文化街区的保护与修复

1. 修旧如旧原则

福州市在历史文化街区的保护修复中，坚持"修旧如旧"和"小规模，微循环"的原则。以上下杭历史文化街区为例，在保护修复工程中，有计划、分阶段进行，避免大拆大建。除维持原有街区的格局与尺度之外，最大限度地保留旧有建筑及历史信息，对古民居、古会馆、古戏台等进行修缮，并对其内部功能进行改造后重新利用。在修缮古民居时，工匠们采用传统的建筑工艺和材料，如榫卯结构、青砖黛瓦等，力求还原建筑的原始风貌。同时，对古民居的内部进行了合理的改造，增加了现代化的设施，使其既符合历史风貌，又能满足现代生活的需求。

2. 文化资源活化

福州市深入挖掘历史文化街区的文化资源，通过举办各种文化活动、引入商业业态等方式，激活街区的经济活力，实现文化保护与经济发展的良性互动。

上下杭历史文化街区定期举办民俗文化节、艺术展览等活动，吸引了大量游客和市民参与。同时，街区引入了知名品牌和大型连锁商业项目，丰富了街区的商业氛围。例如，在上下杭开设了一些特色咖啡馆、文创商店等，既为游客提供了休闲娱乐的场所，又促进了街区的经济发展。

（三）文化遗产的研究与展示

1. 学术研究深入

福州市支持本地高校和研究机构设立专门的海丝文化研究项目。政府通过资助和政策支持，为学者们开展系统的调查、研究和考古工作提供必要的资金和资源。研究项目涵盖海丝文化的多个方面，如历史沿革、贸易往来、文化交流及其对地方经济和社会发展的影响。

福州大学成立了海丝文化研究中心，开展了对福州海上丝绸之路历史的深入研究。研究团队通过查阅历史文献、实地考察等方式，挖掘出了许多鲜为人知的海丝文化故事。例如，他们发现了福州在明清时期与东南亚国家的贸易往来中，茶叶、丝绸等商品的输出对当地经济发展的重要推动作用。

2. 多样展示宣传

福州市通过多种方式展示海丝文化遗产，提升公众对海丝文化的认知和了解。

定期举办海丝文化节，以丰富的形式呈现海丝文化的各个方面，包括传统音乐、舞蹈、手工艺品展览等。海丝文化节吸引了大量游客和市民参与，成为展示福州海丝文化的重要平台。

例如，在海丝文化节上，举办了福州传统闽剧表演、茉莉花茶制作工艺展示等活动。闽剧演员们精彩的表演让观众领略到了福州传统文化的魅力，茉莉花茶制作工艺展示则让人们了解了福州茉莉花茶在海上丝绸之路贸易中的重要地位。

组织海丝文化展览，展示与海丝相关的文物、艺术品和历史资料。通过互动的方式，让观众直观地感受海丝文化的多样性和历史深度。

福州市博物馆举办了"海上丝绸之路——福州历史文化展"，展出了大量与海丝文化相关的文物，如唐宋时期的瓷器、丝绸、茶叶等贸易商品，以及与海外贸易有关的文献资料和历史照片。展览中还设置了互动区域，让观众通过虚拟现实技术体验古代海上丝绸之路的贸易场景。

（四）注重国际合作与交流

1. 跨国合作项目

福州市与国际机构和海丝沿线国家开展联合举办文化展览、艺术表演和学术研讨会等合作项目，展示福州丰富的海丝文化遗产，并通过与外国文化的对比和融合，提升海丝文化的国际影响力。例如，福州市与东南亚国家共同举办的海丝文化节，不仅展示了福州的传统工艺和艺术，还引入了沿线国家的文化元素，增进了文化交流。在文化节上，福州的寿山石雕刻、脱胎漆器等传统工艺与东南亚国家的木雕、蜡染等工艺交相辉映，吸引了众多游客的目光。同时，文化节还举办了文艺演出，福州的闽剧与东南亚国家的传统舞蹈同台表演，为观众带来了一场文化盛宴。

2. 借鉴国外经验

福州市与一些国际文化遗产保护组织建立合作关系，参与国际交流项目，学习国际先进的保护理念和技术。例如，通过与国际文物保护专家的合作，福州市获得了有关古建筑修复和文物保护的专业指导。在三坊七巷的修复过程中，国际专家提出了使用环保材料进行古建筑修复的建议，如采用天然的木材和石材，避免使用对环境有害的化学材料。同时，专家还指导了修复工艺，如采用传统的榫卯结构进行建筑拼接，确保修复后的古建筑具有较高的稳定性和耐久性。

3. 参与国际网络建设

福州市积极参与国际海丝文化网络的建设，与沿线国家和地区共同推动海丝文化的研究和推广。福州市加入了"海上丝绸之路城市联盟"，与沿线国家和地区共同开展海丝文化的研究和交流活动。通过联盟平台，福州分享了自己在海丝文化遗产保护和发展方面的经验，同时也学习了其他城市的成功做法。例如，福州借鉴了意大利威尼斯在水上交通管理和古建筑保护方面的经验，对福州的内河交通和历史街区的保护进行了改进。在水上交通管理方面，福州加强了对内河游船的规范管理，制定了严格的排放标准，减少了对水环境的污染。在古建筑保护方面，福州学习了威尼斯的建筑监测技术，对三坊七巷等历史街区的古建筑进行实时监测，以及时发现和处理建筑的安全隐患。

（五）推动申遗工作

福州市积极推动三坊七巷、海上丝绸之路·中国（福州）史迹和"自强运动工业遗迹：中国传统社会迈入近代化的摇篮（船政文化史迹）"等项目申报中国世界文化遗产预备名单，并制定了《福州市海上丝绸之路保护和联合申报世界文化遗产三年行动方案（2023—2025年）》，明确了申遗工作的目标、任务和措施。为了推进申遗工作，福州市加强了对海丝文化遗产的保护和管理。对三坊七巷、马尾船政文化遗址等重点遗产进行了全面的修缮和整治，提高了遗产的保护水平。同时，加强了对海丝文化的研究和宣传，提高了公众对海丝文化遗产的认识和保护意识。

（六）创新活化利用

1. 文旅融合

福州市探索"非遗+旅游"模式，将海丝文化遗产与旅游相结合，举办非遗展示和体验活动，开发非遗旅游产品，让游客在旅游过程中感受海丝文化的魅力，促进旅游产业发展。

在三坊七巷历史文化街区，举办了"非遗进坊巷"活动，展示了福州的传统技艺，如油纸伞制作、寿山石雕刻等。游客可以亲自参与制作过程，体验非遗文化的魅力。同时，街区还开发了一系列非遗旅游产品，如非遗手工艺品、非遗美食等，丰富了旅游产品的内涵，提高了旅游业的附加值。

2. 科技助力

福州市利用现代科技手段，如 VR 技术等，在海丝文化遗产的展示和体验中增加互动性和趣味性，让游客更加深入地了解海丝文化的内涵。

在马尾船政文化遗址，推出了 VR 云游览项目。游客可以通过佩戴 VR 设备，身临其境地感受船政学堂的历史氛围和船政文化的魅力。同时，遗址内还设置了多媒体互动展示区，通过触摸屏、投影等技术，展示船政文化的历史资料和文物图片，让游客更加直观地了解船政文化的内涵。

（七）政府政策支持

1. 规划政策明确

福州市制定了关于历史遗址保护的规划政策。这些政策包括详细的保护规划、修复标准和管理要求，明确了各类历史遗址的保护范围和等级。政策文件规定了对重要历史遗址进行全面调查和评估的程序，以确保保护工作的科学性和系统性。同时，政策还设定了具体的修复标准和技术规范，确保在修复过程中能够最大限度地保留历史遗迹的真实性和完整性。

例如，在三坊七巷的保护规划中，明确了保护范围涵盖整个三坊七巷历史文化街区，包括各个坊巷、古建筑、古街巷等。对不同等级的古建筑制定了不同的修复标准，对于文物保护单位，要求严格按照历史原貌进行修复，不得改变建筑的结构和风貌；对于历史建筑，则在保留其主要特征的基础上，进行适当的改造和利用，以满足现代生活的需求。

2. 资金技术保障

福州市政府提供了资金支持和技术援助，以保障保护和修复工作的顺利进行。政府设立了专门的文化遗产保护基金，为海丝文化相关的保护和修复项目提供财政支持。除了资金援助，政府还引入了先进的保护技术和专业人才，确保修复工作能够按照国际标准进行。技术援助包括对修复材料的选用、修复工艺的指导和专业技术的培训等，以提高保护工作的质量和效果。

例如，在上下杭历史文化街区的修复过程中，政府从文化遗产保护基金中拨出专项资金，用于古建筑的修缮和环境整治。同时，邀请了国内知名的古建筑修复专家进行指导，引进了先进的修复材料和工艺。在修复材料的选用上，优先选择与原建筑材料相似的传统材料，如青砖、木材等，确保修复后的建筑与历史风貌相协调。在修复工艺方面，采用了传统的榫卯结构和手工砌筑技术，保证了建筑的稳定性和耐久性。此外，政府还组织了专业技术培训，提高了本地工匠的修复技能和水平。

3. 鼓励社会参与

福州市推行了相关政策鼓励社会参与和多方合作。在政策中明确支持社会组织、企业和公众参与历史遗址保护的行动，包括提供赞助、志愿服务和公众教育等方式。政府还积极与国内外文化机构和专家合作，引进先进的保护经验和技术，提升保护工作的整体水平。

例如，福州市鼓励企业参与对历史遗址的保护和开发，通过与企业合作，共同打造了一批文化旅游项目。在三坊七巷，与某知名旅游企业合作，开发了特色民宿和文化体验项目，既为游客提供了优质的旅游服务，又为历史遗址的保护和发展提供了资金支持。同时，政府还积极组织志愿者活动，吸引了大量市民参与历史遗址的保护工作。志愿者们通过义务讲解、环境清洁等方式，为海丝文化遗产的保护贡献了自己的力量。

四、漳州海丝文化保护实践情况

漳州市是海丝文化遗产集中的重要城市，是明代以后的重要海丝文化遗产见证。近年来，漳州市高度重视海丝文化遗产保护，通过多方面的扎实举措全力保护历史风貌，深入传承文化内涵，着力提升城市的文化软实力和国际影响力。

（一）科学规划引领，筑牢保护根基

1. 坚持规划引领

漳州市编制了一系列针对海丝文化遗产保护的专项规划，如《福建省海上丝绸之路漳州史迹文化遗产保护管理办法》等，明确海丝文化遗产的保护范围、重点区域以及发展方向。以月港历史文化街区为例，在保护规划中详细划定了街区内各个重要遗址和古建筑的保护界限，对月港古码头、古街巷、古庙宇等的修缮、改造以及周边环境整治作出具体规定，既保留了月港的历史风貌和文化内涵，又为其适应现代发展提供了指导。

2. 法规文件保障

漳州市公布实施了相关法规文件，如《漳州古城保护条例》等，为海丝文化遗产保护提供法律保障。明确保护工作的责任主体、保护标准以及处罚措施。以漳州海丝史迹中的某重要遗址为例，法规明确了遗址内文物、古建筑等的保护要求，对破坏行为依法严厉处罚，确保遗址的完整性和真实性。

（二）历史街区修复，传承文化风貌

1. 坚持修旧如旧

在历史文化街区保护修复中，坚持"修旧如旧"和"小规模，微循环"原则。以漳州唐宋子城（台湾路—香港路）历史文化街区为例，保留街区 400 多户原商户、1.7 万名原住居民，引导原住居民利用老建筑、传承老字号、延续老生活、展现老营生，其经营商铺占街区总商铺数三分之二。有计划、分阶段进行保护修复，避免大拆大建。最大限度地保留旧有建筑及历史信息，对古民居、古会馆等进行修缮，并对内部功能进行改造后重新利用。工匠们采用传统建筑工艺和材料，如红砖燕尾脊等本地特色元素，还原建筑原始风貌，同时增加现代化设施满足现代生活需求。

2. 活化文化资源

深入挖掘历史文化街区的文化资源，通过举办文化活动、引入商业业态激发经济活力。在漳州唐宋子城历史文化街区以"月月有主题、周周有活动"的社区传统文化氛围营造方式，植入 17 项非物质文化遗产，培育一批木偶头雕刻、剪纸、木版年画等非遗传承人，支持 60 余家非遗、老手工艺店落地，形成古城记忆馆、灯谜艺术博物馆、漳州非遗展示馆等"十一馆二中心",促进了传统优秀文化的活态传承与体验,逐步带动了古城以传统产业为主的业态提升。

(三)文化研究展示,彰显海丝魅力

1. 深入学术研究

支持本地高校和研究机构设立海丝文化研究项目。政府提供资金和资源支持,研究涵盖海丝文化的多个方面。例如闽南师范大学成立了"闽南文化研究院",该中心得到了漳州市政府的资金支持和政策扶持。研究团队通过查阅《海澄县志》等历史文献,以及对月港遗址、东山关帝庙等海丝史迹进行实地考察,深入研究了漳州在明清时期与东南亚、欧洲等地的贸易往来。

2. 多样展示宣传

一是定期举办海丝文化节,展示海丝文化。举办具有漳州特色的活动,如木偶戏表演、八宝印泥制作工艺展示等,让游客领略漳州传统文化魅力,了解漳州特色产品在海丝贸易中的地位。二是组织海丝文化展览,展示与海丝相关的文物、艺术品和历史资料。漳州市博物馆举办"漳州海丝之路历史文化展",展出从漳州海丝史迹出土的贸易商品、历史文献等。设置互动区域,如通过多媒体展示漳州海丝贸易路线和场景,让游客直观感受海丝文化的多样性和历史深度。

(四)国际合作交流,拓宽文化视野

1. 跨国合作项目

与国际机构和海丝沿线国家开展合作项目,展示漳州丰富的海丝文化遗产。例如,与马来西亚马六甲市共同举办了"漳州—马六甲海丝文化交流活动"。在活动中,漳州市展示了漳绣、布袋木偶等传统工艺,马六甲市则展示了马来西亚的传统手工艺品和文化表演。活动期间,还举办了文化论坛,邀请两国的专家学者共同探讨海丝文化的传承与发展。

2. 借鉴国外经验

与国际文化遗产保护组织建立合作关系，学习国际先进保护理念和技术。在漳州海丝史迹的保护中，借鉴国外古建筑修复技术和文物保护方法，如采用环保材料进行古建筑修复，运用数字化技术对文物进行监测和保护。

3. 参与国际网络建设

积极参与国际海丝文化网络建设，与沿线国家和地区共同推动海丝文化研究和推广。加入相关国际组织，分享漳州在海丝文化遗产保护和发展方面的经验，学习其他城市的成功做法，如借鉴国外历史文化街区的管理模式，提升漳州海丝史迹相关街区的保护和管理水平。

（五）创新活化利用，激发文化活力

1. 文旅融合发展

探索"非遗 + 旅游"模式，将海丝文化遗产与旅游相结合。在漳州海丝史迹相关景点举办非遗展示和体验活动，如漳浦剪纸展示、木版年画制作体验等。开发非遗旅游产品，如非遗手工艺品、特色美食等，丰富旅游产品内涵，促进旅游产业发展。例如，在漳州唐宋子城历史文化街区植入 17 项非物质文化遗产，培育非遗传承人，支持非遗、老手工艺店落地，形成多个文化场馆，促进了传统优秀文化的活态传承与体验，带动了古城以传统产业为主的业态提升。同时，在历史文化街区植入非物质文化遗产，提升文化活力。通过举办各种文化活动，让游客在欣赏历史建筑的同时，感受非遗的魅力，在促进旅游产业发展的同时也推动了非遗的传承与保护。

2. 科技助力展示

利用现代科技手段增加海丝文化遗产展示和体验的互动性和趣味性。在月港古街区推出了 VR 游览项目。游客可以佩戴 VR 设备，身临其境地感受月港在明清时期的繁荣景象，如古码头的忙碌场景、商船的进出港等。同时，在月港古街区的游客中心设置了多媒体互动展示区，通过触摸屏、投影等技术，展示海丝文化历史资料和文物图片，游客可以通过点击屏幕，了解不同文物的历史背景和文化价值。此外，工作人员还开发了一款手机软件，游客可以通过手机软件了解月港古街区的历史文化、景点介绍、游览路线等信息，提高了游客的游览体验。

（六）政府政策支持，强化保护力度

1. 加强规划政策支撑

制定历史遗址保护规划政策，明确保护范围、等级和修复标准。例如，对漳州海丝史迹中的不同类型遗址制定详细保护规划，对文物保护单位严格按照历史原貌修复，对历史建筑在保留主要特征的基础上适当改造利用。例如，《漳州市唐宋子城（台湾路—香港路）历史文化街区保护规划（2015—2030年）》获省政府批复同意，明确古城保护范围约53公顷，要求项目坚持"科学规划、综合保护、有机更新"的指导思想，打造集居住、商业、文化、旅游为一体，具有传承历史、展示文化、延续生活等功能的历史文化街区。

2. 强化资金技术保障

政府提供资金支持和技术援助，设立文化遗产保护基金。在漳州海丝史迹的保护修复中，政府从基金中拨出专项资金用于古建筑修缮和环境整治。邀请专业人士进行指导，引进先进修复材料和工艺，确保修复工作符合国际标准。组织专业技术培训，提高本地工匠技能水平。例如，漳州市不断加大文物保护专项经费支持力度，并在全省首创将文物保护工作纳入市政府为民办实事项目。2020年，漳州市完成23座世界文化遗产土楼，部分国保单位、省保单位的保护修缮以及24个文保单位电气线路改造工作。

（七）坚持不断守护，彰显文化底蕴

1986年12月，漳州与福州同时被国务院公布为第二批国家历史文化

名城；1996年11月，漳州香港路、新华东路的四座石牌坊被列为第四批全国重点文物保护单位；1999年12月，漳州府文庙大成殿保护修缮工程被评为全国文物保护修缮四大优秀工程之一；2004年9月，漳州市历史街区荣获"联合国教科文组织亚太地区文化遗产保护项目荣誉奖"；2015年4月，台湾路—香港路历史文化街区被住建部、国家文物局公布为第一批"中国历史文化街区"；2017年10月，漳州古城保护建设（一期）项目荣获中国人居环境领域最高奖——住建部"中国人居环境范例奖"；2021年5月，《漳州古城保护条例》获省人大常委会第二十七次会议批准。

在古城保护更新中，漳州始终遵循保护和延续古城传统格局和风貌，在古城内"多做减法，少做加法"，拆除影响古城风貌的违章建筑，留出场地作为城市公共开敞空间；根据考古发掘成果，恢复文庙泮池的历史原貌；整治提升东宋河环境，使古河沟"河畅、水清、岸绿、景美"。

（八）漳州市非物质文化遗产保护传承实践

1. 完善政策法规，筑牢保护根基

漳州市出台了《关于进一步加强非物质文化遗产保护工作的实施方案》等文件，为非遗保护提供了坚实的法律保障。这些法规明确了非遗项目的保护标准和责任主体，确保了像漳州木版年画、布袋木偶戏等具有浓郁民族特色和地方风格的非遗项目得到完整保存。例如，对于漳州木版年画，法规明确了其历史价值和艺术特色应得到保护，防止随意破坏或篡改。同时，在《〈闽南文化生态保护区总体规划〉漳州市建设提升方案（2021—2025）》中，也对非物质文化遗产代表性传承人保护及人才保障等方面提出了具体要求，进一步推动了非遗保护工作。

2. 加强人才培养，传承非遗技艺

一方面，漳州市与本地高校合作，开设非遗相关专业课程和培训班。例如，闽南师范大学成立了"闽南文化研究院"，得到政府资金支持和政策扶持，为非遗研究和传承培养专业人才。同时，鼓励学校开设非遗相关课程，让年轻一代了解和热爱非遗，为非遗传承储备新生力量。另一方面，对年事已高、身体欠佳的老艺人及传承人群较少的项目进行抢救性记录。像市级非遗传承人郭龙港将制琴手艺传给家人，漳州窑省级非遗传承人林俊的技艺也在师徒传承中延续，有效避免了非遗技艺的断层。在《〈闽南文化生态保护区总体规划〉漳州市建设提升方案（2021—2025）》中，明确提出要丰富完善闽南文化（漳州）生态保护区建设专家库，邀请更多专家参与闽南文化（漳州）生态保护区的研究和建设，根据研究和建设课题，形成年度工作计划，确定专业结构和年龄梯次合理的专家团队。同时，鼓励高校设置非物质文化遗产保护相关专业，培养一批文化遗产保护的高层次人才。

3. 推动创新发展，提升非遗影响力

首先，漳州市推动非遗项目与文创结合，推出具有创新性和吸引力的文创产品。例如，漳州市民间古瓷工艺研究所推出的"漳州窑盲盒"，将传统的漳州窑技艺与现代潮流文化相结合，既展现了古老技艺的魅力，又符合当下年轻人的审美需求，为非遗注入新的活力，拓展了非遗的传播渠道，提高了非遗的经济价值。其次，利用新媒体平台举办活动，扩大非遗的影响力。省级木偶头雕刻传承人杨亚州采用非遗铁枝木偶创作"冰墩墩""雪容融"，并拍摄表演短视频发在社交平台上，吸引了众多年轻人关注非遗，打破了时间和空间的限制，让更多人了解和喜爱非遗技艺。

4. 完善设施建设，增强非遗保护力度

漳州市建成非遗综合展示馆及专题馆12个，包括古城漳州非遗展示馆、片仔癀体验馆、八宝印泥展示馆等，为非遗的展示和宣传提供了专业的场所，增强了群众对非遗的参与感、认同感。例如，在古城漳州非遗展示馆，人们可以通过丰富的展品和多媒体展示，深入了解漳州各种非遗项目的历史渊源和艺术特色。同时，建成项目传习所（传习中心）111个，配置传习设施、设备等，不定期开展传习和展示活动，为非遗的传承和学习提供了良好的环境，促进了非遗技艺的传承和发展。在《〈闽南文化生态保护区总体规划〉漳州市建设提升方案（2021—2025）》中，也对建立健全非遗展示馆、传习所、体验中心等传承体系提出了明确要求，进一步推动了非遗保护设施建设。

五、莆田海丝文化保护实践情况

莆田市作为海丝文化的重要承载地,积极开展海丝文化保护实践,致力于传承历史瑰宝。在保护实践中,莆田市从科学规划、历史街区修缮、文化研究展示、国际合作交流、创新活化利用、政府政策支持以及非物质文化遗产保护传承等多个方面入手,全面推进海丝文化的保护与发展。

(一)坚持规划引领,筑牢保护基石

1. 精心编制专项规划

莆田市制定了《莆田市海丝文化遗产保护专项规划》,明确海丝文化遗产的具体保护范围、重点突出区域以及未来发展方向。以涵江萝苜田历史街区为例,在保护规划中细致划定街区内遗址和古建筑的保护界限,对萝苜田古码头、古街巷等的修缮及周边环境整治作出详尽规定,既完美保留历史风貌,又为适应现代发展提供科学指引。据初步统计,规划中明确了该街区内约20处重要遗址和古建筑的具体保护范围,为后续的保护工作提供了精准的蓝图。

2. 强化法规保障力度

目前,莆田市虽暂未有专门的历史文化名城保护条例,但在海丝文化遗产保护方面积极依据国家和省级相关法律法规,如《中华人民共和国文物保护法》《福建省文物保护管理条例》等,明确保护工作的责任主体,严格保护标准,明确处罚措施。同时,莆田市也在积极探索制定符合本地实际的海丝文化遗产保护办法,对重要海丝史迹中的文物、古建筑明确具体保护要求。以三清殿为例,近年来,依据相关法律法规依法处理了3起破坏古建筑风貌的行为,起到了良好的震慑作用。

（二）历史街区修缮，传承文化风貌

1. 秉持修旧如旧原则

在历史文化街区保护修复中，始终秉持"修旧如旧"和"小规模，微循环"的科学原则。在兴化古城历史街区保留众多原商户和居民，引导他们传承老字号、延续老生活。对古民居、古会馆等进行精心修缮，采用传统工艺和材料还原建筑原始风貌，同时增加现代化设施满足现代生活需求。目前，该街区已修缮古民居 50 栋、古会馆 8 座，保留了原商户 300 户、原住居民 1500 人。

2. 活化文化资源

深入挖掘历史文化街区的丰富文化资源，通过举办各类文化活动、引入多元商业业态来激发经济活力。以"月月有主题、周周有活动"的方式营造浓厚传统文化氛围，植入多项非物质文化遗产，培育非遗传承人，支持非遗和老手工艺店落地，形成多个文化场馆，促进优秀传统文化的活态传承与体验，提升街区业态。例如，在兴化古城历史街区植入了莆仙戏、莆田木雕等 8 项非物质文化遗产，培育了 20 名非遗传承人，支持了 30 家非遗和老手工艺店落地，形成了古城记忆馆、莆仙戏艺术博物馆等"五馆三中心"。

（三）文化研究展示，彰显海丝魅力

1. 深入开展学术研究

支持本地高校和研究机构设立海丝文化研究项目。政府提供充足资金和丰富资源支持，涵盖海丝文化的多个方面。例如，莆田学院成立海丝文化研究中心，得到政府资金支持和政策扶持。研究团队通过查阅历史文献、实地考察海丝史迹，深入研究莆田在海丝贸易中的历史地位。该研究中心已查阅《兴化府志》等历史文献 20 部，实地考察了湄洲妈祖祖庙、平海卫古城等海丝史迹 15 处，发表了关于莆田海丝文化的研究论文 10 篇。

2. 多样展示宣传策略

定期举办海丝文化节，全面展示海丝文化各个方面，举办具有莆田特色的活动，如莆仙戏表演等。组织海丝文化展览，展示与海丝相关的文物、艺术品和历史资料，设置互动区域，让游客直观感受海丝文化的多样性和历史深度。例如，在莆田市博物馆举办的"莆田海丝之路历史文化展"，展出了从莆田海丝史迹出土的贸易商品、历史文献等 200 件，设置了多媒体互动展示区，吸引了游客 5 万人次。

（四）国际合作交流，拓宽文化视野

1. 推进跨国合作项目

与国际机构和海丝沿线国家开展合作项目，展示莆田丰富的海丝文化遗产。例如，与马来西亚槟城共同举办了"莆田—槟城海丝文化交流活动"。在活动中，莆田市展示了莆田木雕、莆仙戏等传统工艺和地方性文化，槟城则展示了马来西亚的传统手工艺品和文化表演。活动期间，还举办了文化论坛，邀请两国专家学者共同探讨海丝文化传承与发展。此次活动吸引了两国观众约 3000 人次，促进了文化交流与合作。

2. 借鉴国际先进经验

与国际文化遗产保护组织建立合作关系，积极学习国际先进保护理念和技术。在莆田海丝史迹保护中，借鉴国外古建筑修复技术和文物保护方法，如采用环保材料修复古建筑，运用数字化技术监测和保护文物。以湄洲妈祖祖庙的保护为例，引进了国外先进的数字化监测技术，对古建筑的结构稳定性进行实时监测，确保了文物的安全。

3. 参与国际网络建设

积极参与国际海丝文化网络建设，与沿线国家和地区共同推动海丝文化研究和推广。加入相关国际组织，分享莆田在海丝文化遗产保护和发展方面的经验，学习其他城市成功做法，提升莆田海丝史迹相关街区的保护和管理水平。目前，莆田市已加入 3 个国际海丝文化组织，与 5

个海丝沿线城市建立了合作关系。

（五）创新活化利用，激发文化活力

1. 探索文旅融合路径

探索"非遗+旅游"模式，将海丝文化遗产与旅游相结合。在海丝史迹相关景点举办非遗展示和体验活动，如莆田木雕展示、莆仙剪纸制作体验等。开发非遗旅游产品，丰富旅游产品内涵，促进旅游产业发展。同时，在历史文化街区植入非物质文化遗产，提升文化活力，推动非遗传承与保护。例如，在湄洲岛举办的非遗展示和体验活动，吸引了游客3万人次，开发的非遗旅游产品销售额达到50万元。

2. 借助科技手段展示

利用现代科技手段增加海丝文化遗产展示和体验的互动性和趣味性。在兴化古城历史街区推出VR游览项目，让游客感受古街区的繁荣景象。设置多媒体互动展示区，展示海丝文化历史资料和文物图片。开发手机APP，方便游客了解古街区历史文化、景点介绍和游览路线。目前，VR游览项目已接待游客2万人次，手机APP的下载量达到1万次。

（六）政府政策支持，强化保护力度

1. 完善规划政策体系

制定历史遗址保护规划政策，明确保护范围、等级和修复标准。对不同类型海丝史迹制定详细保护规划，严格按照历史原貌修复文物保护单位，在保留主要特征基础上适当改造利用历史建筑。例如，莆田市颁布了关于印发《2024全市文物工作要点》的通知，明确了三清殿的保护范围、等级和修复标准，对其进行了严格的保护和修复。

2. 加强资金技术保障

政府提供资金支持和技术援助，设立文化遗产保护基金，从基金中拨出专项资金用于古建筑修缮和环境整治。邀请专业人士指导，引进先

进修复材料和工艺，确保修复工作符合国际标准。组织专业技术培训，提高本地工匠技能水平。目前，文化遗产保护基金已投入 200 万元用于古建筑修缮和环境整治，邀请了 10 位专业人士进行指导，组织了 5 次专业技术培训，培训本地工匠 100 人次。

3. 鼓励社会广泛参与

推行政策鼓励社会各方参与历史遗址保护。支持社会组织、企业和公众通过赞助、志愿服务等方式参与。与企业合作打造文化旅游项目，如开发特色民宿和文化体验项目。组织志愿者活动，吸引市民为海丝文化遗产保护贡献力量。例如，全市各级文旅部门发动社会力量，组建了一支近 500 人的志愿者队伍，主要由各企事业单位、大中小学校、村（社区）文艺骨干及热心文化服务的人士组成，常年从事海丝文化保护、公共文化服务等工作。

（七）守护历史遗产，彰显文化底蕴

莆田历史悠久，其中兴化古城于 1999 年被列为全国重点文物保护单位，充分凸显了其在历史文化传承中的重要地位。在古城保护更新进程中，莆田始终坚守保护和延续古城传统格局与风貌这一原则。坚决拆除违章建筑，为古城保护开拓空间，如在兴化古城某区域，那些私自搭建的简易棚屋，既影响古城美观又威胁古建筑安全，经相关部门努力，共拆除违章建筑 1000 平方米，为后续保护与修复奠定基础。积极恢复历史原貌，工作人员查阅大量历史文献和老照片，对古城内古建筑细致勘察修复，目前已成功恢复 5 处历史原貌，像古城内一座明清时期古宅，经精心修复后，重现当年建筑风格与特色：瓦片重铺、木质结构加固防腐、内部装饰尽量还原历史风貌，让人仿佛穿越时空。同时大力整治提升周边环境，全面治理古城周边 3 条古河沟，清理河道垃圾淤泥、加固河岸、种植绿化植物，让古河沟实现"河畅、水清、岸绿、景美"。例如，其中一条曾污水横流、气味难闻的古河沟，经整治后河水清澈见底、岸边垂柳依依，成为市民休闲漫步佳处。通过这些举措，莆田不仅有力保护

了历史遗产，更充分彰显出深厚的文化底蕴，为后人留存下宝贵的文化财富。

（八）非物质文化遗产保护传承实践

1. 完善政策法规体系

目前，莆田市虽暂未出台单独的非物质文化遗产保护条例，但在非遗保护方面积极落实国家和省级相关政策法规，并结合本地实际，制定了一系列非遗保护措施。在相关规划中对非遗代表性传承人保护及人才保障提出具体要求。

2. 加大人才培养力度

与本地高校合作，开设非遗相关专业课程和培训班。对年事已高、传承人群较少的项目进行抢救性记录，确保非遗技艺得以留存。丰富完善非遗保护专家库，邀请专家参与研究和建设，鼓励高校设置非遗保护相关专业，培养高层次人才。例如，与莆田学院合作开设了莆仙戏、莆田木雕等非遗相关专业课程和培训班，培养了 50 名非遗专业人才。对 10 位年事已高的非遗传承人进行了抢救性记录，邀请了 8 位专家参与非遗保护研究和建设。

3. 推动创新发展步伐

推动非遗项目与文创结合，推出具有莆田特色的文创产品。利用新媒体平台举办活动，扩大非遗影响力。例如，推出了莆仙戏文创产品、莆田木雕文创产品等 10 种具有莆田特色的文创产品，利用新媒体平台举办了 8 场非遗活动，吸引了 2 万人次关注。

4. 完善设施建设布局

建成多个非遗综合展示馆及专题馆，为非遗展示和宣传提供专业场所。建成众多项目传习所，配置传习设施设备，不定期开展传习和展示活动，促进非遗技艺传承和发展。目前，已建成莆田非遗综合展示馆、莆仙戏专题馆等 5 个非遗综合展示馆及专题馆，建成了 10 个项目传习所，持续不断地开展传习和展示等相关活动。

第三节 "一带一路"倡议下的福建海丝文化发展研究

一、"一带一路"倡议概述

"一带一路"这一倡议由习近平总书记在2013年的金秋时节提出,具体为9月7日在哈萨克斯坦纳扎尔巴耶夫大学发表演讲时提出共同建设"丝绸之路经济带",以及10月3日在印度尼西亚国会发表演讲时倡议筹建亚洲基础设施投资银行,与东盟国家共同建设"21世纪海上丝绸之路"[①]。"一带一路"倡议的提出,源于对世界形势的深刻洞察和对历史经验的深刻总结。面对全球经济复苏乏力、国际投资贸易格局深刻调整以及各国发展问题依然严峻的复杂形势,习近平总书记提出通过加强基础设施建设、促进贸易和投资自由化便利化等方式,推动亚洲、欧洲和非洲之间的互联互通与合作发展。这一倡议不仅是对古丝绸之路精神的传承和弘扬,更是对新时代国际合作模式的创新探索。

(一)丝绸之路经济带(一带)

"丝绸之路经济带"强调陆上经济联系,旨在通过连接中国与欧亚大陆的经济合作带来互利共赢。这条"带"通过陆路连接,跨越中亚、西亚、俄罗斯等地区,促进了这些区域在基础设施建设、贸易往来和文化交流方面的合作与发展。通过加强政策沟通、道路联通、贸易畅通、货币流通和民心相通,"丝绸之路经济带"为沿线国家带来了实实在在的合作成果。

---

① 王婵娟.俄罗斯孔子学院发展对策思考:以新西伯利亚国立技术大学孔子学院为例[J].云南师范大学学报(对外汉语教学与研究版),2016,14(1):1-7.

（二）21世纪海上丝绸之路（一路）

"21世纪海上丝绸之路"侧重于海上贸易和海洋合作，旨在通过加强中国与东南亚、南亚、非洲等地区的海上交通和合作关系，促进港口建设、海洋资源开发以及文化交流。这一倡议的实施有助于深化中国与共建国家的经济合作关系，推动海洋经济的可持续发展，并增进各国人民之间的友谊与互信。通过"21世纪海上丝绸之路"的建设，中国与共建国家将共同打造政治互信、经济融合、文化包容的利益共同体、命运共同体和责任共同体。[①]

二、"一带一路"思路

"一带一路"倡议是中国政府提出的重要国际合作倡议，旨在促进共同发展、实现共同繁荣，构建合作共赢的新型国际关系。这一倡议强调和平合作、开放包容、互学互鉴、互利共赢的理念，通过全方位推进务实合作，打造政治互信、经济融合、文化包容的利益共同体、命运共同体和责任共同体。

"一带一路"覆盖亚欧非大陆，连接东亚经济圈和欧洲经济圈。"丝绸之路经济带"的主要方向包括中国通过中亚、俄罗斯至欧洲（波罗的海），中国经中亚、西亚至波斯湾、地中海以及中国至东南亚、南亚、印度洋的多条路线。"21世纪海上丝绸之路"则主要从中国沿海港口通过南海至印度洋，并延伸至欧洲，以及从中国沿海港口通过南海至南太平洋。

根据"一带一路"的走向，陆上合作依托国际大通道和中心城市，重点发展经贸产业园区，构建包括新亚欧大陆桥、中蒙俄、中国—中亚—西亚、中国—中南半岛等多条国际经济合作走廊。海上合作则以重点港口为节点，共同建设通畅安全高效的运输大通道。中巴经济走廊、

---

① 李玲慧."一带一路"倡议下中华优秀传统文化对外传播研究[J].大陆桥视野，2024（9）：19-21，25.

孟中印缅经济走廊与"一带一路"建设关系密切,进一步推动合作将取得更大进展。[①]

这一倡议通过促进基础设施建设、贸易和投资便利化、区域经济一体化以及文化人文交流等多方面合作,为参与国家带来了发展机遇,推动了全球经济增长和区域合作,展现了开放包容、互利共赢的新型国际关系理念。

三、"一带一路"内涵

自"一带一路"倡议提出以来,我国通过不断拓展合作区域与领域,并积极探索新的合作模式,使该倡议得以不断丰富、发展与完善。无论是基础设施建设、贸易便利化还是人文交流,一直以来,"一带一路"倡议始终秉持着开放、包容、合作、共赢的初衷与原则。这一稳定的理念和坚定的信念,不仅为参与国家带来了实际利益,也为全球经济增长注入了新的活力。通过不断深化合作,各国在政治、经济、文化等多领域的交流与互动日益密切,共同构建起更加紧密的命运共同体。

(一)开放合作

"一带一路"倡议是一个开放、包容的区域合作倡议,旨在促进全球经济的互联互通和共同发展,而非简单的中国"小圈子"。在当今世界日益开放的背景下,开放不仅促进了经济增长和创新,也有助于解决全球性挑战,如气候变化和贫困问题。相比之下,封闭则容易导致经济落后和局部主义抬头,无法适应全球化进程和跨国互动的需求。只有通过开放才能够发现和利用全球化的机遇,从而推动国家经济的可持续发展。作为"一带一路"倡议的核心理念之一,开放导向意味着扩展国际合作的广度和深度,为各国创造更多的发展机遇和共享空间。这一倡议通过

---
① 李玲慧."一带一路"倡议下中华优秀传统文化对外传播研究[J].大陆桥视野,2024(9):19-21,25.

加强基础设施建设,特别是交通、能源和信息网络的互联互通,促进了区域经济要素的有序自由流动,优化了资源的高效配置,深化了市场的整合与融合。例如,通过陆海内外联动、东西双向开放,推动了跨国公司和中小企业的合作,助力了全球价值链的升级和优化。"一带一路"倡议的开放包容性体现在多个方面:不仅关注经济合作,还注重文化交流、人文互鉴和社会发展。在文化和教育领域,这一倡议通过学术交流、青年交流、语言学习和文化活动的开展,促进了各国人民的相互理解和信任。在社会发展方面,它致力于推动贫困地区的发展、改善基础设施、提高教育水平和促进可持续发展。"一带一路"倡议的成功与否,不仅取决于项目的数量和规模,更关乎各参与国家的共同努力和合作精神。在这一过程中,中国作为主要推动者之一,强调以开放和互利共赢为原则,与各国平等对话、协商共建,充分尊重和考虑各国的发展愿望和利益诉求。因此,可以说,"一带一路"倡议不仅是促进经济增长和区域一体化的重要平台,更是开放、包容、均衡、普惠的区域经济合作框架。它为全球经济的互联互通提供了新的动力和机遇,推动了世界各国在多元化、包容性和可持续发展的道路上迈出更为坚实的步伐。

(二)互利共赢

"一带一路"倡议是一个务实的合作平台,旨在促进全球各国之间的经济合作与共同发展,而非所谓的地缘政治工具。这一倡议秉承着"和平合作、开放包容、互学互鉴、互利共赢"的丝路精神,将丝绸之路的历史财富延续至今,并在此基础上提出了现代重要的发展倡议。通过加强相关国家间多层面、全方位的交流与合作,"一带一路"倡议旨在充分发掘和发挥各国的发展潜力和比较优势,形成互利共赢的区域利益共同体、命运共同体和责任共同体。在这一合作机制中,各国不仅是平等的参与者和贡献者,更是共同受益者。因此,"一带一路"从一开始就具备平等性和和平性特征,平等是其重要的国际合作准则和基础。只有建立在平等基础上的合作才能持久,也才能真正实现互利共赢。"一带一路"

所具有的平等包容的合作特征降低了合作的阻力，提升了共建的效率，有助于国际合作真正地"落地生根"。同时，这一倡议的推进离不开和平安宁的国际环境和地区环境。和平不仅是"一带一路"建设的本质属性，也是保障其顺利推进的重要因素。因此，"一带一路"是促进国际合作与共同发展的重要平台，为各国间的相互理解、尊重与信任搭建了桥梁，为全球的和平与繁荣贡献了积极力量。在推动"一带一路"倡议的过程中，各国可以通过深化经济合作、加强基础设施建设、拓展文化交流等方式，进一步加强互信与互联互通。例如，通过开展智力丝绸之路、健康丝绸之路等新兴合作模式，不断丰富"一带一路"倡议的内涵和广度。同时，在科技创新、人文交流、教育合作等领域深化合作，不仅能够增进各国民众的友谊与理解，也有助于推动全球治理体系的完善与发展。总之，"一带一路"倡议以其开放包容、合作共赢的理念，不断为全球和平与发展贡献新的动力与可能。

（三）共建共享

"一带一路"倡议是一个共商共建共享的联动发展倡议，旨在通过双边或多边合作，推动参与国家在经济、基础设施和人文领域的联动发展。这一倡议并非中国对外援助计划，而是在充分的政策沟通、策略对接和市场运作基础上形成的具体发展框架和规划。2017年5月，《"一带一路"国际合作高峰论坛圆桌峰会联合公报》明确强调了建设"一带一路"的基本原则，其中包括市场原则。这意味着要充分认识市场的作用，尊重企业主体地位，确保政府在项目实施中发挥适当的角色。政府采购程序应当具备开放、透明和非歧视性，以促进各方公平竞争和参与。"一带一路"建设的核心主体和支持力量不仅仅是政府，更包括企业和市场。其根本方法是遵循市场规律，通过市场化的运作模式实现各方的利益诉求。政府在其中的作用主要是构建平台、建立机制，并通过政策引导和服务性功能来支持参与者的需求。因此，"一带一路"倡议不仅是促进经济合作的平台，更是基于开放、合作与共赢的理念，推动全球经济的互联互通和共同繁荣的重要举措。通过市场化的方式推动项目实施，不仅增强了各方的合作动力，也为可持续发展提供了新的机遇和动力。这一倡议将继续在多领域、多层次上推动参与国家之间的深度合作，为全球经济增长和区域一体化发展贡献力量。

（四）深化合作

"一带一路"倡议作为中国提出的重要国际合作框架，旨在通过促进基础设施建设和互联互通，推动参与国家的共同发展和繁荣。该倡议与现有国际合作机制相辅相成，强调各国优势互补，为深化合作提供了重要机遇。参与"一带一路"的国家具有多样化的资源禀赋、市场需求和基础设施建设需求。例如，一些国家拥有丰富的能源资源却缺乏开发能力，有的国家劳动力充裕但需要更多的就业机会，还有国家市场潜力巨大但产业基础薄弱，以及基础设施建设需求旺盛但资金紧缺。中国作为世界第二大经济体，具备丰富的外汇储备、先进的基础设施建设经验和高效的装备制造能力，可为其他国家提供资金、技术、人才和管理经验等多方面的支持，这些优势为"一带一路"倡议的实施提供了坚实基础。

"一带一路"的核心内容包括推动基础设施互联互通，促进各国政策和发展策略对接，实现共同繁荣。通过与现有国际合作机构的对接与合作，如俄罗斯欧亚经济联盟、印尼"全球海洋支点"构想、哈萨克斯坦"光明之路"新经济政策、蒙古国"草原之路"倡议、欧盟欧洲投资计划以及埃及苏伊士运河走廊开发计划等，共同推动了一系列标志性项目的落地和实施。例如，中哈（连云港）物流合作基地作为新亚欧大陆桥经济走廊的重要成果之一，实现了深水大港、远洋干线、中欧班列和物流场站的高效对接，为区域经济一体化提供了有力支持。哈萨克斯坦的"光明之路"新经济政策在与"一带一路"倡议的深度对接中取得了显著进展，推动了中亚地区乃至全球范围内经济文化合作的拓展，创造了丰富的合作机会和广阔的发展空间。这些合作不仅仅是经济领域的互利共赢，也促进了文化、教育、科技等多领域的交流与合作,为各国人民带来了实实在在的福祉和发展机遇。总之,"一带一路"倡议不是要替代现有的国际合作机制,而是通过互补性的合作关系,为各国带来实际需求和重大发展机遇,推动全球经济的互联互通和共同繁荣。在未来,随着更多项目的实施和合作的深化,相信"一带一路"倡议将继续为世界各国带来更多的发展机遇,促进共同繁荣。

(五)加强交流

"一带一路"倡议作为当今世界上最重要的国际合作平台之一,不仅是促进经济合作的桥梁,更是推动文明交流的纽带。这一倡议跨越不同区域、文化和宗教信仰,强调的不是引发文明冲突,而是各文明之间的交流互鉴与共生。在推进基础设施建设、加强产能合作和发展策略对接的同时,"一带一路"倡议也把"民心相通"作为核心目标之一。通过继承和弘扬丝绸之路的精神,倡导智力丝绸之路、健康丝绸之路等新兴合作模式,在科学、教育、文化、卫生和民间交往等多个领域广泛展开合作。这些合作不仅在相关国家建立了坚实的民意基础,也在社会层面上打下了牢固的根基。倡议的核心目标是通过文明交流超越隔阂,文明互鉴超越冲突,文明共存超越优越,从而为各国民众之间的交流搭建新的桥梁。它不仅促进了不同文化和文明间的对话与交流,也推动了各国之间相互尊重、相互信任的进程。因此,"一带一路"倡议不仅仅是经济合作的平台,更是为全球和平与发展作出积极贡献的重要路径。通过多样化、包容性和互利共赢的合作模式,它引领各国共同迈向更加繁荣与和谐的未来。在全球化进程中,"一带一路"倡议为各国创造了广阔的发展机遇,促进了区域内外的互联互通,推动了全球经济的可持续发展。未来,"一带一路"将继续发挥其桥梁和纽带的作用,为不同文化和文明间的深度交流与合作注入新的活力和动力。

四、"一带一路"倡议的合作机制

(一)加强双边合作

加强双边合作,开展多层次、多渠道沟通磋商,推动双边关系全面发展。在当前全球化背景下,确立并加强合作备忘录或合作规划的签署,成为促进双方合作的重要步骤。这不仅仅是为了加深相互了解和信任,更是为了共同应对全球性挑战,共享发展机遇。在推动签署合作备忘录或合作规划的同时,建设一批双边合作示范项目至关重要。这些示范项目不仅可以展示双方在各个领域合作的成果和潜力,还可以为其他潜在合作提供经验和借鉴。通过实际操作和成果展示,进一步促进双边合作的深入发展。为了有效推动合作项目的实施,建立完善的双边联合工作机制尤为重要。这包括但不限于联委会、混委会、协委会、指导委员会、管理委员会等多种形式的双边机制。这些机制不仅能够协调各方资源和力量,还能够解决合作过程中的问题和挑战,确保项目顺利推进和落地。特别是在推进"一带一路"建设的实施方案和行动路线图时,双边合作更是至关重要。作为全球经济互联互通的重要平台,"一带一路"倡议为各国提供了广阔的合作空间和丰富的发展机遇。通过深化双边合作,可以更好地融入和共享"一带一路"建设的成果和红利,实现互利共赢的局面。综上所述,通过加强双边合作、建立完善的合作机制和推动"一带一路"建设的实施,双方不仅可以在经济、政治、文化等多个领域深化合作,还能够为全球经济发展和全球治理提供积极的贡献。这不仅符合各国长远的发展利益,而且是应对当前全球挑战的重要举措。

(二)强化多边合作机制

强化多边合作机制,特别是上海合作组织(Shanghai cooperation organization,SCO)、中国与东盟领导人会议"10+1"、亚太经合组织

（Asia-Pacific economic cooperation，APEC）、亚欧会议（Asia-Europe meeting，ASEM）、亚洲合作对话（Asia cooperation dialogue，ACD）、亚信会议（conference on interaction and confidence building measure in Asia，CICA）、中阿合作论坛、大湄公河次区域经济合作（great Mekong subregion cooperation，GMS）、中亚区域经济合作（CAREC）等现有多边合作机制的作用，是推动国际合作和共同发展的重要途径。[①] 这些机制不仅促进了各国之间的经济联系和政治对话，还为全球治理提供了多样化和包容性的平台。首先，上海合作组织（SCO）作为涵盖欧亚大陆主要地区的重要合作机制，致力于在安全、经济和文化等多个领域推动成员国之间的务实合作。通过加强成员国间的沟通和协调，SCO不仅为地区稳定和安全作出贡献，还通过其成员国的多样性和资源优势，促进了"一带一路"建设在中亚地区的落实和推广。其次，中国与东盟的"10+1"机制及其在区域全面经济伙伴关系协定（RCEP）框架下的合作，为推动东亚和东南亚地区的经济一体化和区域互联互通发挥了重要作用。通过扩大贸易、加强投资合作和基础设施建设，这一机制不仅促进了区域内部的经济增长，也为更多国家和地区参与"一带一路"倡议提供了机会。亚太经合组织（APEC）作为促进亚太地区经济合作和贸易自由化的主要平台，通过年度领导人会议和各种工作组，推动成员国在经济政策协调、区域经济一体化和创新发展等方面的合作。APEC与"一带一路"倡议共促亚太发展新格局。亚欧会议（ASEM）、亚洲合作对话（ACD）和亚信会议（CICA）等机制，作为欧亚大陆桥梁的重要平台，促进了亚欧间政治、经济和文化交流。这些机制不仅加强了地区内部和跨区域的合作，还为"一带一路"共建国家和地区提供了开展多方合作的广阔空间。中阿合作论坛、大湄公河次区域经济合作（GMS）和中亚区域经济合作（CAREC）等机制，重点促进了中国与阿拉伯国家、海湾合作委员会国家、湄公河流域国家和中亚地区国家之间的经济合作和基础设施建设。这些机制通过项目合作和政策协调，为"一带一路"共建国家和地区提供了更多参与全球供应链和

---

① 李钢，王拓."一带一路"经贸合作发展的现状与前景[J].开发性金融研究，2017,13（3）：45-55.

价值链的机会，推动了区域互联互通和经济发展的全面提升。总之，强化这些现有多边合作机制的作用，加强相关国家之间的沟通和协作，是实现全球合作共赢、促进"一带一路"建设的重要途径。通过深化各种合作形式和机制的互动，不仅可以促进经济发展和基础设施建设，还能够增强各国之间的政治互信和文化交流，为构建开放、包容、均衡的全球发展格局做出积极贡献。

（三）发挥各种平台作用

沿着"一带一路"倡议的路线，各国和地区积极发挥区域和次区域国际论坛、展会等平台的建设性作用，推动经济合作、文化交流和人民友好。这些平台不仅促进了"一带一路"共建国家之间的互动，还为地方政府、企业和民间组织提供了宝贵的合作机会，助力共同发展和文明互鉴。首先，博鳌亚洲论坛作为亚洲地区重要的高层对话平台，已经成为推动亚洲各国经济合作和地区一体化的重要平台之一。论坛每年汇聚各国政商界领袖，讨论亚洲及全球经济的发展趋势和合作机会，为"一带一路"共建国家和地区搭建了促进高水平经济对话与合作的重要桥梁。中国—东盟博览会和中国—亚欧博览会作为两大地区性贸易展会，每年吸引了来自东盟国家、欧洲及亚洲其他地区的数以万计的企业参展。这些博览会不仅展示了"一带一路"共建国家的贸易和投资机会，还通过展会期间的商务洽谈、论坛和文化交流活动，促进了区域内企业之间的合作与交流。欧亚经济论坛作为欧亚地区重要的经济合作平台，致力于推动欧洲和亚洲国家在经济、贸易和基础设施建设方面的合作。论坛聚焦于"一带一路"共建国家和地区的发展需求和合作潜力，通过多边会议、项目对接和投资促进，推动了地区经济的互利共赢。中国国际投资贸易洽谈会、中国－南亚博览会、中国－阿拉伯国家博览会等地区性博览会，为"一带一路"共建国家和地区的企业提供了广泛的贸易合作平台。这些博览会不仅促进了商品和服务的贸易，还为各国之间的投资项目和商业合作提供了契机，增进了地区间的经济联系和合作关系。其次，在文化交流方面，丝绸之路（敦煌）国际文化博览会、丝绸之路国际电影节和图书展等活动，通过展示和传播"一带一路"共建国家的历史文化遗产和现代文化创新成果，加深了人民之间的文化理解和友谊，为"一带一路"共建国家建立起共同的文化认同和精神纽带。最后，倡议建立"一带一路"国际高峰论坛，将有助于各国领导人、企业家和学者在全球舞台上深入探讨"一带一路"建设的策略方向和合作机制，促进更广泛、更深入的区域和国际合作。这样的高峰论坛可以成为解决全球性挑战和推动全球发展的重要平台，为"一带一路"倡议的全球影响力注入新动力。综上所述，通过各种区域和次区域国际论坛、展会及博览会的建设性作用，支持合作伙伴地方和民间力量挖掘"一带一路"历史文化遗产，联合举办专项投资、贸易和文化交流活动，有助于拓展合作的深度和广度，共同实现经济繁荣、社会进步和文化交流的良性互动。

五、"一带一路"的影响意义

（一）探寻经济增长之道

"一带一路"倡议的提出，恰逢全球金融危机后，我国作为世界经济的重要引擎，积极将自身的产能优势、技术资金、经验模式等转化为市场和合作优势，开展全方位的开放合作，这标志着全球经济合作模式的一大创新。这一倡议不仅仅是经济上的合作，更是一种分享我国改革发展红利、经验教训的平台。在"一带一路"框架下，我国致力于推动合作伙伴间的实质性合作与对话。这一倡议的核心理念在于共商、共建、共享，旨在通过共同开发基础设施、促进贸易和投资、扩大人文交流等多方面合作，实现参与国家的共同发展和利益分享。这不仅仅是经济上的合作，更是一种文化、社会和政治层面的交流与融合。通过"一带一路"，我国不仅仅是推动自身经济的发展，更是希望通过分享发展经验与红利，推动全球经济的长期稳定与可持续发展。在这一过程中，我国不仅仅是提供资金和技术支持，更是在建立更加平等和均衡的全球发展伙伴关系方面扮演着重要角色。通过夯实基础设施、增强各国经济互联互通能力，我国促进了参与国家之间更加紧密的经济合作与文化交流，为世界经济的长远发展奠定了坚实的基础。总之，"一带一路"倡议是一种全球合作的新模式和理念。通过此举，我国不仅带动了亚欧非各国的共同发展，也在全球化进程中树立了一个多边合作、共赢发展的典范，为促进全球繁荣与稳定贡献着中国智慧和力量。

（二）实现全球化再平衡

传统全球化以海洋为纽带，使沿海地区和海洋国家先于内陆地区发展，加剧了全球贫富差距和地区不平衡。这种模式由欧洲开创，美国进一步发展，形成了国际秩序的"西方中心论"，导致东方国家长期从属于西方，城市相对于农村发展优势明显，海洋地区相对于内陆地区更为繁荣。这种不平衡局面促使许多国家在全球化进程中被边缘化或忽视。然而，"一带一路"倡议的出现标志着全球发展的新方向。它不仅仅是一个经济合作倡议，更是一种全球再平衡的努力。通过向西开放和推动内陆地区的发展，中国希望通过包容性发展理念改变全球化的局面。这一倡议鼓励西部地区的开发，通过基础设施建设和经济合作，为内陆地区带来新的发展机遇，同时推动西方和东方、城市和农村之间的更均衡发展。"一带一路"不仅仅是中国向西推广产能和产业的倡议，也是对历史上丝绸之路只是贸易和文化交流通道的改变。通过深化与共建国家的合作，特别是基础设施建设和能源资源的共享，这一倡议可以改善沿线地区的基础设施，促进经济增长，提升人民生活水平，从而实现共同繁荣。因此，"一带一路"倡议超越了以往全球化模式的局限性和不平衡效应。它旨在建立一个更加和谐、平衡和包容的全球化发展框架，推动全球持久和平、普遍安全和共同繁荣的愿景成为现实。通过这一倡议，中国不仅仅在推动自身的发展，也在为全球发展贡献着新的方向和动力。

（三）开创地区新型合作

我国改革开放以及"一带一路"倡议是当今世界上的重大创新。我国自1978年改革开放以来，通过经济体制改革和开放政策，取得了巨大的经济发展成就，成为全球经济的重要参与者和推动者。而"一带一路"倡议则是我国在21世纪提出的开放性倡议，旨在促进共建国家之间的经济合作与文化交流。"一带一路"倡议强调共商、共建、共享的原则，超越了过去的援助模式，提倡平等参与和共同发展。经济走廊理论和经济带理论等创新理论，如中蒙俄经济走廊、新亚欧大陆桥、中国—中亚经济走廊、孟中印缅经济走廊、中国—中南半岛经济走廊等，展示了多种区域合作模式和经济增长极的构想，为参与国家带来了更多发展机遇。特别是"丝绸之路经济带"的提出，不同于历史上的其他经济区或经济联盟，它具有高度的灵活性和适应性，各参与国家在自愿和平等的基础上共同推进合作，体现了古丝绸之路的开放和包容精神。总之，中国改革开放和"一带一路"倡议在全球化背景下，为促进全球经济增长、加强区域合作和文化交流提供了重要平台和新的理念，对于推动世界各国共同发展具有深远的意义和影响。

六、福建在"一带一路"倡议中的地位与作用

在当今全球化日益加深的背景下，"一带一路"倡议作为中国提出的重要国际合作平台，旨在促进亚洲、欧洲和非洲等共建国家间的经济合作与文化交流。福建省作为中国东南沿海的重要省份，承载着连接海上丝绸之路历史遗产与现代经济发展的使命。优越的地理位置、丰富的海丝文化资源以及先进的港口和物流基础设施，使其成为"一带一路"倡议中的关键节点和重要合作平台。福建省通过多层次、多领域的合作机制，致力于深化与共建国家的经济合作，推动区域经济一体化进程。

（一）地理位置优势

福建省位于中国东南沿海，毗邻台湾，地理位置优越，是中国对外开放的重要窗口之一。福建省的地理位置不仅使其成为中国与东南亚国家以及其他"一带一路"共建国家之间重要的经济合作枢纽，还在全球贸易中占据着重要地位。首先，福建省地处中国东南沿海，拥有3700多公里长的海岸线，与台湾隔海相望，是连接中国大陆与台湾、东南亚及南亚的重要通道之一。这一地理位置使福建省成为自古以来海上丝绸之路的重要起点和贸易交流的重要节点。其次，福建省拥有众多现代化的国际港口，如福州、厦门、泉州、漳州等，这些港口不仅服务于国内外贸易，还是连接"一带一路"共建国家的重要枢纽。福州港作为中国东南沿海最大的综合性港口之一，承载着大量的国际航运和物流运输任务；厦门港作为全球集装箱航运中心之一，连接着世界各地的主要港口和贸易节点。这些港口的发展不仅提升了福建省的国际贸易能力，也为"一带一路"共建国家之间的贸易往来提供了高效便捷的物流支持。最后，福建省在航空运输方面也具备优势，拥有福州长乐国际机场、厦门高崎国际机场等多个国际机场，为国内外客货运输提供了重要的空中交通支持。这些现代化的交通基础设施不仅极大地促进了福建省与"一带一路"共建国家之间的人员交流和经济合作，还为全球经济一体化提供了重要的便利条件。

（二）文化交流重要节点

福建省作为海丝文化的发源地和重要节点，不仅在经济上扮演着重要角色，还在文化交流方面具有深远影响和重要意义。海丝文化源远流长，是古代中国与东南亚、南亚甚至非洲等地区进行贸易和文化交流的历史见证。福建省作为海丝文化的核心地带，拥有丰富的历史文化遗产，这些遗产不仅承载了丰富的文化底蕴，也是推动"一带一路"共建国家之间人文交流的重要纽带。

首先，福建省以其独特的地理位置和历史背景，孕育了丰富多彩的海丝文化。自古以来，福建省就与东南亚、南亚等地区通过海上丝绸之路进行频繁的贸易和文化交流。这些交流不仅促进了商品的流通，也促进了宗教、语言、艺术等各个领域的交流与融合。福建省的泉州、厦门、漳州等城市，作为重要的海港和商贸城市，承载着大量海丝文化的历史遗存，如海外华人建筑、寺庙、传统工艺等。这些都是宝贵的文化遗产，反映了海上丝绸之路的繁荣和多元文化。

其次，福建省通过多年来的文化保护和传承工作，有效地保护和利用海丝文化资源。例如，泉州的世界文化遗产"泉州：宋元中国的世界海洋商贸中心"以及厦门的"鼓浪屿"等，都是海丝文化的典型代表。这些文化遗产不仅吸引了大量国内外游客，也成为推动福建与"一带一路"共建国家进行文化交流的重要平台和纽带。

最后，福建省通过举办国际性的文化交流活动和展览，进一步扩大了海丝文化的影响力。例如，泉州举办的"海上丝绸之路国际艺术节"、福建省博物院举办的"海丝文化展"等活动，吸引了来自世界各地的艺术家、学者和文化爱好者，促进了文化的跨国交流与合作。总体而言，福建省以其丰富的海丝文化遗产和积极的文化交流活动，成为中国与"一带一路"共建国家之间人文交流的重要节点和桥梁。通过挖掘和传承海丝文化的精髓，福建省不仅丰富了自身的文化内涵，也促进了国际社会对中国传统文化的理解和认知，为构建人类命运共同体作出了积极贡献。

（三）经济合作先行者

福建省作为中国东南沿海经济发达地区，不仅在国内经济中占据重要位置，还通过积极推动与东南亚国家及其他"一带一路"共建国家的经济合作，成为区域经济一体化的先行者和重要推动者。

首先，福建省通过建设 21 世纪海上丝绸之路，加强了与东南亚各国的贸易往来和投资合作。海上丝绸之路自古以来就是连接中国与东南亚、南亚及非洲的重要贸易通道，而福建省作为这一通道的起点和重要节点，其港口、物流等基础设施优势使其在当前"一带一路"倡议下显得尤为重要。福建的港口城市，如厦门、泉州等，不仅拥有先进的港口设施和物流网络，还通过举办国际经贸合作交流会、推动跨境电子商务等形式，促进了与东南亚国家的经济合作。例如，福建省积极推动与东盟国家的区域合作，通过建立共同市场，加强物流、电力和信息技术的互联互通，推动了区域经济的一体化发展。

其次，福建省在促进与"一带一路"共建国家的投资合作方面也取得了显著成效。福建省不仅鼓励本地企业走出去，积极参与到共建国家的基础设施建设、能源资源开发和制造业合作中，还吸引了大量外资企业来福建投资兴业。例如，泉州台商投资区、厦门自贸试验区等地，通过提供便利化的投资环境和政策支持，吸引了大量国际知名企业的投资，推动了产业结构的升级和经济的多元化发展。

最后，福建省还通过建设跨境经济合作区、推动互联互通和人员交流等措施，进一步加强了与"一带一路"共建国家的经济联系和合作。例如，福建省与东南亚国家在跨境电子商务、旅游文化交流、教育科技合作等领域展开广泛合作，推动了双方在经济、文化、教育等多个领域的深度交流与合作。

（四）政策支持和国际合作平台

福建省作为中国对外开放的重要窗口和"一带一路"倡议的重要实施地，通过建立国际合作平台和开展经贸合作对接会等方式，积极促进了与"一带一路"共建国家的政策对接和合作交流，为企业和投资者提供了丰富的合作机会和政策支持。首先，福建省通过建立"一带一路"国际合作平台，为地方政府、企业和投资者搭建了重要的沟通桥梁和合作平台。

这些平台不仅包括政府间的合作机制，还涵盖了企业间的商贸合作对接和交流。例如，福建省政府积极参与和推动了中国与东南亚国家、南亚国家以及中东欧等地区的多边合作机制，通过政府间高层次的交流和对话，推动了"一带一路"倡议在地方层面的深入实施和合作项目的落地。其次，福建省定期举办经贸合作对接会、投资推介会等活动，通过集中展示福建省在经济、贸易、投资等领域的优势和机会，吸引了大量国内外企业和投资者参与合作。这些对接会不仅是双方洽谈合作项目的平台，也是政策解读和信息交流的重要场所，为企业和投资者提供了全方位的服务和支持。再次，福建省还通过推动跨境电子商务、区域物流、科技创新等多个领域的合作项目，加强了与"一带一路"共建国家的实际合作与交流。例如，在电子商务领域，福建省通过建设跨境电商示范区和推动电子商务跨境支付体系的建设，为福建省的企业和东南亚国家的消费者提供了更便捷、高效的贸易服务。最后，福建省还通过政策支持和优惠政策措施，鼓励本地企业走出去，积极参与"一带一路"共建国家的基础设施建设、能源资源开发和制造业合作。例如，通过建立企业海外投资服务中心、提供财税支持和风险保障等措施，帮助福建企业在国际市场上更好地开展业务，同时也吸引了更多外资企业来福建投资兴业。

七、"一带一路"倡议对福建海丝文化发展的影响

"一带一路"倡议自提出以来，作为中国对外开放和国际合作的重要举措，取得了显著的成就。福建省，作为中国古代海上丝绸之路的重要起点，在这一倡议的推动下，焕发出了新的活力。福建省不仅在文化、教育、经济等领域与"一带一路"共建国家建立了广泛而深入的合作关系，而且在基础设施建设方面取得了重大突破。通过与共建国家在港口、铁路、公路等基础设施领域的紧密合作，福建省不仅改善了自身的交通条件，而且大幅提升了与共建国家的互联互通水平，促进了区域经济的一体化发展。

（一）促进文化的理解和融合

"一带一路"倡议作为新时代的伟大构想，为福建省与共建国家在文化领域的交流提供了前所未有的机遇。福建省作为中国古代海上丝绸之路的重要起点之一，凭借其丰富的海丝文化，通过一系列文化节、展览和交流活动，向世界展示了其独特的文化魅力，同时也积极吸收了其他国家的优秀文化，促进了多元文化的融合与发展。

首先，福建省通过举办多种形式的文化节庆活动，深化了与"一带一路"共建国家的文化交流。例如，泉州作为海上丝绸之路的重要节点城市，每年都会举办海丝国际艺术节，邀请来自东南亚、南亚、中东等地的艺术家和文化使者参与其中。这些活动不仅展示了福建省丰富的历史文化遗产，如南音、茶文化、妈祖信仰等，也让海外友人亲身体验到福建独特的民俗风情和传统技艺。

其次，福建省积极组织和参与各类国际展览，促进了海丝文化的传播与交流。通过在国外举办福建文化展览、非遗展等活动，将福建的传统工艺品、书画作品、古代文物等带到世界各地。例如，福州、厦门等城市曾多次在欧洲、东南亚等地举办海丝文化展览，展现了福建在海上丝绸之路历史中的重要地位和贡献。这些展览不仅吸引了大量观众，也得到了国际社会的高度评价，增强了福建与"一带一路"共建国家的文化认同感。在交流活动方面，福建省积极开展与共建国家的文化交流项目，推动民间文化的互动与融合。例如，福建省与东南亚多国共同举办民间艺术交流活动，通过互派艺术团体、联合演出、合作创作等形式，促进了对彼此文化的深度了解和友谊的加深。

此外，福建省还与"一带一路"共建国家的文化机构建立了长期合作机制，定期举办学术研讨会、文化论坛等，围绕海丝文化的保护与传承、创新与发展等主题展开深入探讨，为推动多元文化的交流互鉴提供了重要平台。

（二）推动文旅经济发展

"一带一路"倡议不仅是经济合作的蓝图，也是文化交流和旅游发展的桥梁。福建省借助这一契机，充分发挥其丰富的海丝文化资源，推动了文化旅游业的发展。众多历史文化遗址，如泉州的古港口、寺庙等，成为国内外游客的热门景点，为福建省注入了新的经济活力。首先，泉州作为古代海上丝绸之路的起点城市，拥有许多重要的历史遗迹。泉州的洛阳桥、清源山、开元寺等都是具有深厚历史底蕴的景点。这些地方不仅记录了古代海上丝绸之路的繁荣，也展示了福建丰富的文化遗产。通过"一带一路"倡议的推广，这些景点得到了更好的保护和开发，吸引了越来越多的游客前来参观和体验。例如，洛阳桥是中国现存最古老的跨海梁式大石桥之一，其精湛的建筑技艺和历史价值吸引了大量的中外游客。其次，福建省通过举办各种文化旅游活动，进一步推动了海丝文化旅游的发展。例如，福建省每年都会举办"海丝国际旅游节"，吸引了大量的国际游客。通过一系列的文化演出、展览和旅游推介活动，游客可以深入了解福建的海丝文化和传统习俗。此外，福建省还积极组织文化旅游线路，将海丝文化遗址与自然景观、现代都市等结合起来，打造具有独特魅力的旅游产品。这些活动和线路不仅丰富了游客的体验，也带动了当地的旅游消费，促进了经济发展。最后，福建省大力推动旅游基础设施的建设和升级，为游客提供更好的服务和体验。通过"一带一路"倡议的支持，福建省加大了对景区的投资，改善了交通、住宿、餐饮等配套设施。例如，泉州机场的扩建和福厦高铁的开通，大幅缩短了游客的旅行时间，提高了旅游的便利性。同时，福建省还加强了对景区的管理和保护，提升了旅游服务的质量，确保游客在参观游览过程中获得良好的体验。

（三）深化区域经济合作

"一带一路"倡议作为一项国际合作倡议，不仅在文化交流方面取得了丰硕成果，而且在经济合作方面展现出巨大的潜力。福建省凭借其在海上丝绸之路中的重要地位，与"一带一路"共建国家在经济上加强了合作，通过建立合作区和经济特区，推动企业在共建国家开展投资和贸易，促进了双边经济的共同发展。首先，福建省与"一带一路"共建国家在贸易领域的合作日益密切。福建省利用其地理优势和丰富的海洋资源，加强了与东南亚、中东、非洲等地的贸易往来。通过发展海运物流和建立国际贸易港口，福建省与共建国家的货物贸易量逐年增加。例如，泉州、厦门等地的港口设施不断升级，成为连接中国与共建国家的重要贸易节点。这些港口不仅提高了货物的运输效率，还为当地企业提供了便捷的出口渠道，推动了福建省对外贸易的快速发展。其次，福建省积极推动与"一带一路"共建国家的投资合作。通过建立合作区和经济特区，福建省的企业在海外开展了一系列投资项目，涵盖制造业、农业、能源、基础设施等多个领域。例如，福建企业在东南亚国家投资设立工厂，不仅带动了当地的经济发展，也创造了大量的就业机会。此外，福建省还在一些"一带一路"共建国家参与了港口、铁路、公路等基础设施建设项目，提升了这些国家的基础设施水平，促进了区域经济的互联互通。福建省在与"一带一路"共建国家的经济合作中，注重互利共赢的原则，推动了双边经济的共同发展。福建省政府积极制定和实施了一系列支持政策，为企业"走出去"提供了政策保障和资金支持。例如，通过设立专项基金、提供出口信贷、简化审批流程等措施，福建省鼓励和支持企业在"一带一路"共建国家开展投资和贸易。此外，福建省还加强了与"一带一路"共建国家政府的沟通和协调，签署了一系列经贸合作协议，建立了稳定的合作机制，确保经贸合作的顺利进行。最后，福建省在推进与"一带一路"共建国家的经济合作过程中，注重文化交流与经济合作的融合发展。通过文化经贸论坛、展览会等形式，福建省展示了其丰富的海丝文化，增强了与"一带一路"共建国家的文化认同感，为经济合作创造了良好的氛围。例如，每年在厦门举办的中国国际投资贸易洽谈会，吸引了大量"一带一路"共建国家的参展商和投资者，促进了双边经贸交流与合作。

（四）推动学术研究和传播

"一带一路"倡议不仅在经济和文化交流方面取得了显著成效，也为教育和学术交流提供了广阔的平台。福建省凭借其独特的地理位置和丰富的海丝文化，与"一带一路"共建国家的高校和科研机构建立了密切的合作关系，共同开展海丝文化的研究和保护工作，培养了大量的国际化人才。

首先，福建省的高校积极与"一带一路"共建国家的高校开展合作，推动教育交流与合作。福建师范大学、厦门大学、福州大学等多所高校与东南亚、中东、非洲等地的高校签署了合作协议，开展了多种形式的合作项目。例如，福建师范大学与泰国、马来西亚等国家的高校合作，设立了多所孔子学院，推广中文教育和中国文化。此外，福建省的高校还与共建国家的高校共同开设双学位项目、交换生项目，让学生有机会在不同的文化环境中学习和生活，提升了学生的国际视野和跨文化交流能力。

其次，福建省的科研机构与"一带一路"共建国家的科研机构开展了广泛的合作研究，特别是在海丝文化的研究和保护方面取得了显著成果。福建博物院、福建省文物局等机构与共建国家的文化遗产保护机构合作，共同开展海丝文化遗址的考古发掘和研究工作。例如，在泉州的古港口遗址考古项目中，福建省的考古团队与斯里兰卡、印度尼西亚等国的考古专家合作，发现并保护了一批重要的历史遗迹，进一步揭示了古代海上丝绸之路的繁荣景象。福建省还通过举办国际学术会议和论坛，促进与"一带一路"共建国家的学术交流与合作。例如，福建省举办"海洋文明与海上丝绸之路建设论坛"，邀请来自世界各地的专家学者共同探讨海丝文化的历史价值和现代意义。通过这些学术交流活动，福建省不仅提升了自身的学术研究水平,也加强了与国际学术界的联系,推动了海丝文化的研究和传播。

最后,福建省还通过加强师资交流与合作,提升教育教学水平。福建省的高校和科研机构通过派遣教师和科研人员赴"一带一路"共建国家讲学、访问和合作研究,提升了教师的国际化教学和研究能力。同时,福建省还邀请共建国家的专家学者来闽访问讲学,开展学术交流,促进了教育教学理念和方法的更新。

(五)加强基础设施建设

"一带一路"倡议作为一项国际合作倡议,不仅在经济、文化和教育方面取得了显著成效,也在基础设施建设方面发挥了重要作用。福建省借助这一契机,加强了与共建国家在港口、铁路、公路等基础设施方面的合作,极大地改善了自身的交通条件,并促进了与共建国家的互联互通,推动了区域经济的一体化和共同繁荣。

首先,福建省在港口基础设施建设方面取得了显著进展。作为海上丝绸之路的重要节点,福建省的港口在"一带一路"倡议下迎来了新一轮的发展机遇。福建省加大了对泉州、厦门、福州等重要港口的投资力度,进行港口设施的升级改造,提高了港口的吞吐能力和服务水平。例如,厦门港通过引进先进的港口设备和技术,优化了港口运营流程,成为连接中国与东南亚、南亚、中东等地区的重要枢纽。这些港口不仅为福建省的进出口贸易提供了便捷的物流服务,也为共建国家的货物运输提供了高效的通道,促进了国际贸易的繁荣。

其次,福建省在铁路基础设施建设方面也取得了重要成果。在"一带一路"倡议的支持下,福建省加快了铁路网络的建设和完善,进一步提升了区域内外的交通便利性。福厦高铁作为福建省的重点项目,不仅缩短了福州与厦门之间的旅行时间,也连接了沿海城市与内陆地区,促进了人员和货物的流动。此外,福建省还与"一带一路"共建国家合作建设了一些跨国铁路项目，通过铁路运输的互联互通，提升了区域间的物流效率。例如，中欧班列福州—汉堡线路的开通，为福建省与欧洲国家之间的货物运输提供了新的选择，缩短了运输时间，降低了物流成本。

最后，在公路基础设施方面，福建省也积极推进与"一带一路"共建国家的合作。通过修建和改造高速公路、国道等重要交通干线，福建省进一步提升了公路交通的通达性和便利性。例如，福泉高速公路、泉厦高速公路等项目的建设，不仅改善了福建省内部的交通网络，也为共建国家的货物运输提供了便捷的通道。此外，福建省还参与了一些共建国家的公路基础设施建设项目，通过技术援助和工程承包，提升了这些国家的公路建设水平，促进了区域的互联互通。

第六章 福建省海丝文化保护传承与城市文化旅游开发

第一节 福建省海丝文化保护传承
——以泉州为例

一、海丝文化保护传承现状

泉州市关注海丝文化保护工作。近年来，通过多措并举，协同发力等多元路径，在海丝文化保护传承方面取得了一系列显著成效。

（一）遗产保护利用成效显著

1. 文物保护全面加强

泉州市拥有全国重点文物保护单位44处、省级文物保护单位104处，国保数量位居全省第一、全国设区市前列。2020年以来，泉州市新增全国重点文物保护单位13处。2021年7月25日，"泉州：宋元中国的世界海洋商贸中心"正式列入《世界遗产名录》。泉州市文物局获评全国文物系统先进单位。泉州市组织开展革命文物和名碑名刻文物遴选，加强遗产保护利用，高标准完成遗产点保护修缮，泉州府文庙工程获评国家优秀古迹遗址保护项目。泉州市于2022年6月建成世遗泉州馆，展示泉州作为宋元时期中国重要的世界海洋商贸中心的历史地位和文化特色为主题，突出世遗、古城、海丝、闽南文化特色。

2. 考古发掘取得突破

泉州市磁灶窑金交椅山窑址入选省级考古遗址公园（第二批），德化窑考古遗址公园、永春苦寨坑窑考古遗址公园获国家考古遗址公园立项（第四批），南外宗正司遗址、安溪青阳冶铁遗址获省级考古遗址公园立项（第二批），数量位居全省第一。泉州市海上丝绸之路申遗中心与中国社会科学院考古研究所等单位联合编著出版《泉州城遗址考古发掘报告》。

3. 非遗传承持续深化

泉州市建成"四级非遗"保护体系，目前全市共有县级以上非遗项目726项。其中，国家级36项、省级128项，共有6项列入联合国教科文组织人类非物质文化遗产名录（名册），成为全国唯一拥有联合国三大类非遗项目的城市，共有各级非遗项目保护单位388个。全市拥有国家级非遗传承人36人，省级128人，市级472人，县级1121人，形成了家族传承、师徒传承、学校教育传承等传承模式。在非遗生产性保护方面，全市共认定非遗工坊184家，居全省前列。泉州市大力推进"万千百十"工程。截至目前，全市共建有非遗馆12个、市县级非遗传习所370个、非遗展示点1000个。

此外，闽南文化生态保护区于2019年12月顺利通过文化和旅游部验收，正式成为首批国家级生态保护区。泉州市出台《闽南文化生态保护区泉州市行动方案（2021—2025年）》，修订《泉州市闽南文化生态保护区促进办法》，完成国家级非遗代表性传承人评估，推动非遗传承"扩编"。颁发《泉州市闽南文化生态保护区管理办法》，泉州古城策划重点片区规划研究，以"绣花"功夫分片区开展古城背街小巷综合提升及古城风貌建筑修缮利用，推动丰泽区蟳埔社区民俗文化村保护提升。新认定一批"非遗工坊"。开展一系列新媒体非遗焕新传播，发布《泉州市非遗电子地图》，对泉州市300多个非遗展示展览点进行直观呈现。非遗宣传展示更加广泛，在中国非物质文化遗产馆成功举办"中国巧手·泉州非遗项目体验专场"，常年举办"文化和自然遗产日"、非遗进校园、非遗小剧场演出、非遗志愿者讲解员培训班等，不断释放非遗文化传承新活力。

（二）海丝文旅品牌持续打响

1. 持续塑造海丝文旅品牌

泉州市聚焦"海丝文化""闽南文化"，结合"泉州：宋元中国的世界海洋商贸中心"世界文化遗产金字招牌，发挥"民营经济发达、世界文化遗产城市历史厚重、在外泉商和侨港澳台资源丰富"三大比较优势，全力塑造打响"宋元中国·海丝泉州"世遗城市品牌；整合各县（市、区）品牌资源，聚合全市力量，系统构建"宋元中国·海丝泉州"营销体系，借助国家级、省级平台及海外交流平台扩大传播。"泉州古城""郑成功""德化白瓷""妈祖信俗"等入选13大"福建文化标识"。泉州注重打好城市IP形象牌，加快IP授权、IP衍生品孵化、IP业态应用，加大城市IP推广力度。此外，各县（市、区）大力塑造地区城市品牌，"悠游洛江""风情惠安""茶韵安溪""有一种生活叫永春""世界瓷都·自在德化"等一批地区品牌塑造初见成效。

2. 持续提升海丝品牌宣传

泉州加强市县两级联动，推进线上线下聚力，构建以"宋元中国·海丝泉州"为核心的品牌营销矩阵，全方位唱响泉州文旅品牌。打造了闽南美好生活嘉年华、泉州古城徒步穿越、元宵灯会、海上泼水节等节事品牌活动，推出"宋元海丝宴""宋元'泉'席""泉州有礼""泉州有戏""世遗泉州·全域旅游卡"等IP。媒体营销持续发力，央视等各级主流媒体持续关注报道泉州，策划"宋元中国看泉州""世遗泉州推荐官"等多个话题播放量过亿的营销热点。其中，蟳埔簪花围形成现象级传播，火遍全国、走向海外，相关话题全网曝光量超150亿次。近年来，泉州被《中国新闻周刊》评为"2021年度活力城市""2021年度城市"，入选2021年携程·目的地年度口碑榜"中国人爱去的20城"（最佳新晋目的地城市之一）；2022年，泉州成为国庆黄金周全国十大"本地游新锐目的地"榜首、入选携程"年度新晋美食目的地"、穷游网"2022最佳文旅融合之城"；2023年，成功入选央视总台评选的全国"十大旅游向往之城"、中国旅游研究院"中国十大美食旅游城市"等。

（三）海丝文化展陈不断提质

对"泉州：宋元中国的世界海洋商贸中心"世遗总展示馆、遗产点系列展示馆以及"中国舟船世界"陈列馆、"阿拉伯—波斯人在泉州"等展厅进行提升改造。泉州世界遗产总展示馆获"全国博物馆十大陈列精品推介"优胜奖，泉州海交馆获评"2021—2025年全国科普教育基地"。加强博物馆馆际交流，推动"走出去""请进来"，通过藏品数字化、线上线下同步展、线上智慧导览系统、"云赏博物馆"等方式，不断提升文物传播力、影响力。举办世界遗产地博物馆城市学术研讨会、红色记忆——中共泉州革命历史专题展览及VR云展览。

二、海丝文化保护传承路径

泉州结合海丝文化保护传承实际，提出了"六位一体"的海丝文化保护传承路径。

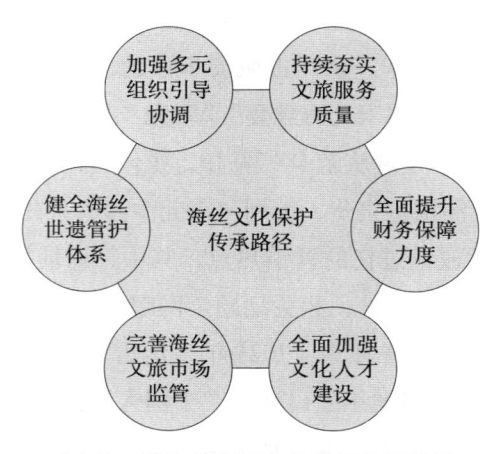

"六位一体"的海丝文化保护传承路径
（图片来源：泉州市文旅局）

（一）加强多元组织引导协调

泉州重点调整充实泉州市文化改革发展工作领导小组，市政府主要领导担任组长；在"八大优势产业＋四大经济"12个产业小组中专设文旅经济小组，市领导挂帅统筹协调全市跨区域、跨行业文旅发展工作。市文改办出台文件，进一步明确了全市十大类文化产业各行业牵头部门职责，牵头部门负责推动研究解决本行业文化产业发展的重大问题，组织拟定本行业文化产业发展规划，协调推进产业规划组织实施，制定出台相关配套政策。

泉州市委、市政府印发《关于深入学习贯彻习近平总书记重要论述加强新时代文化和自然遗产保护利用工作的实施意见》《关于加强文物保护利用改革的工作方案》《泉州市人民政府关于进一步加强文物保护和安全工作的通知》《泉州市政府办公室关于进一步加强全市文物消防安全工作的通知》，为全市文化遗产保护利用提供强有力的政策支撑。编制出台《泉州市"十四五"文化和旅游改革发展专项规划》，深化"把握申遗历史性机遇，推动文化旅游高质量发展"课题研究，进一步厘清思路、优化布局、强化顶层设计。推动出台《关于加快推进旅游业高质量发展的实施意见》《泉州市新形势下促进文旅经济高质量发展若干激励措施》，配套奖励扶持措施，新增专项奖补资金，进一步强化文旅产业发展政策支撑。

（二）健全海丝世遗管护体系

对照世界遗产大会审议泉州项目的决议要求，理顺世界遗产保护管理机制体制，制定出台系列专项规划（世界遗产保护专项规划、旅游发展专项规划等），建立监测巡查、专家咨询、技术审查、联合执法检查等六项制度，成立泉州世界遗产保护管理领导小组，构建"市—县—遗产点"三级管理体系，组建世界遗产义务巡查员队伍，出台《"泉州：宋元中国的世界海洋商贸中心"系列遗产管理规划（2021—2030年）》，制定泉州世界遗产影响评估等 6 项管理制度，进一步理顺机制，强化综合统筹。同时，推动中国海上丝绸之路博物馆和南外宗正司遗址、德化窑考古遗址公园、磁灶窑金交椅山窑址、安溪青阳下草埔冶铁遗址、永春苦寨坑窑考古遗址公园等考古遗址公园有实质性进展。

（三）完善海丝文旅市场监管

健全"1+3+N"旅游市场综合监管体系，实现旅游纠纷人民调解委员会各县（市、区）全覆盖，进一步提高行政执法效率，简化投诉程序，快速调解纠纷。实施"互联网+"文化综合执法，推广运用远程监控、移动执法、在线监管监测；改造升级全市互联网上网服务营业场所技术监管平台，启用双随机抽查与分级分类管理系统；投用"无人机"执法，助力文保单位日常巡查。建立"纵向到底、横向到边、不留死角"的执法监管机制，不断创新无缝衔接监管执法联动体系，不断推动文旅市场繁荣稳定，努力为全市经济社会发展做出更大贡献。

（四）全面加强文化人才建设

通过岗位练兵、技能大赛、专题培训等方式，不断提升人才队伍素质。树立人才意识，提升服务理念，落实市委"港湾计划"行动部署要求，围绕文旅发展抓队伍，不断完善机制、叠加措施、岗位练兵，聚焦艺术人才、文博人才、广电人才、规划人才、经营管理人才等核心内容，实施文旅人才"培育工程""引进工程""使用工程"，不断建强队伍，引领文旅发展。组织导游技能提升培训、全国导游资格考试，全面提升导游职业水平。

（五）全面提升财务保障力度

泉州市文旅局联合市财政局出台《市级公共文化和旅游专项资金管

理暂行规定》《市级海上丝绸之路史迹和文物保护专项资金管理暂行规定》，修订下发《财务管理制度》《固定资产管理规定（试行）》《采购管理规定》《进一步规范"三公经费"等支出管理的通知》等内控制度，进一步规范资金资产使用管理和监督。

（六）持续夯实文旅服务质量

泉州市持续梳理编制行政审批事项权责清单，压缩审批环节，开辟免费邮寄服务，推行"一趟不用跑、最多跑一趟"，深化"放管服"改革，简化审批事项，开展"局长走流程"活动，全年受理行政审批件提前办结率100%，进一步优化营商环境。开展"十佳"诚信旅行社和导游评选，以评促建，提升服务水平。加强与财政、金融部门沟通，向上争取文旅企业纾困补助，争取并兑现省级骨干旅行社纾困、旅行社省域内旅游经营业务、金牌导游（讲解）员及市级旅行社地接奖励资金补助。

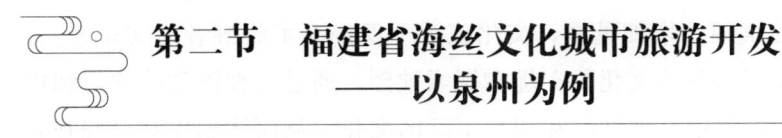

第二节 福建省海丝文化城市旅游开发
——以泉州为例

一、海丝文化旅游概述

（一）文化旅游

1. 文化旅游的定义

文化旅游，简称"文旅"，是指重视游客的文化体验感，让游客沉浸式体验旅游目的地独特的文化遗产、风土人情，和自己生活所在地不一样的文化，在收获文化知识的同时也能感受到精神愉悦的旅游形式。

文化旅游者往往对目的地的历史、艺术、宗教、节庆活动等有浓厚的兴趣，并希望通过亲身体验来增进对不同文化的理解和尊重。

2. 文化旅游的特点

（1）深度体验

深度体验强调旅游者不仅是观光者，更是文化的参与者。文化旅游者在旅途中通过参观博物馆、历史遗址、艺术展览等，获取丰富的历史和文化知识，增加对当地文化的理解和认同。此外，参与传统节日和民俗活动，如节庆庆典、民间舞蹈、手工艺制作等，更能使旅游者亲身感受和体验当地的文化氛围。这种深入的参与方式，不仅能够让旅游者获得更为真实和全面的文化体验，还能与当地居民互动交流，增进对不同文化的理解和尊重。通过深度体验，旅游者能够更好地了解和欣赏当地独特的文化魅力，从而使文化旅游的价值更加凸显。

（2）知识性和教育性

文化旅游以其独特的知识性和教育性著称，使其区别于普通观光旅游。旅游者在旅行过程中，不仅能够欣赏到自然美景和人文景观，还能通过参观博物馆、历史遗址、文化展览等，学习到丰富的历史文化知识。这些知识涵盖了艺术、历史、建筑、传统习俗等多个领域，使旅游者在轻松愉快的氛围中增加见闻。文化旅游不仅提高了旅游者的文化素养，还激发了他们对其他文化的兴趣和探索欲望。通过这种深度的学习和体验，旅游者能够更好地理解和尊重不同的文化，从而达到提升自我和开阔眼界的目的。

（3）个性化和差异化

文化旅游强调个性化和差异化，个性化和差异化使其成为一种独特而富有吸引力的旅游形式。每个旅游目的地都有其独特的文化魅力，从历史遗址到传统节庆，从手工艺品到地方美食，皆展现出不同的文化特色。旅游者可以根据自己的兴趣和喜好，选择适合自己的文化旅游路线。例如，有人可能对古代文明感兴趣，选择参观历史遗址和博物馆；有人则可能偏爱美术和音乐，选择参加当地的音乐节和美术展览。这种个性化的选择，使每一次文化旅游都充满了新鲜感和独特性。通过这种差异化的旅游体验，旅游者不仅能深入了解当地文化，还能享受到量身定制的旅游服务，满足个人的特殊需求和兴趣，从而获得更加丰富和难忘的旅游经历。

（4）可持续性

文化旅游注重文化遗产的保护和可持续发展，通过合理地开发和利用文化资源，实现经济效益与文化保护的双赢。文化旅游在规划和实施过程中，强调保护历史遗址、传统建筑和民俗文化，避免过度商业化和破坏性开发。通过推广绿色旅游理念和环保措施，文化旅游不仅促进了当地经济的发展，增加了就业机会和收入，还为文化遗产的保护提供了资金支持。同时，文化旅游提高了公众对文化遗产保护重要性的认识，增强了当地居民的文化自豪感和责任感。通过可持续的旅游发展模式，文化旅游能够在保护宝贵文化遗产的同时，持续吸引游客，推动地区经济的长期繁荣和稳定发展。

（二）海丝文化旅游

1. 海丝文化旅游的定义

海丝文化旅游是指由于旅游者被海丝相关的有形遗产和无形遗产等独特的文化魅力所吸引，从而进入海丝相关地区了解海丝历史、欣赏海丝遗迹、学习海丝知识、感受海丝精神和体验海丝习俗等，以达到满足自身对海丝文化历史探求欲望的旅游活动。[1] 这种旅游不仅仅是对自然风光的欣赏，更重要的是对"一带一路"共建国家和地区的历史、文化、民俗等方面的深入了解和体验。

2. 海丝文化旅游的特点

（1）历史深厚

海上丝绸之路源远流长，连接了东西方的经济与文化交流。沿线国家和地区拥有丰富的历史遗迹和文物，如中国的泉州、广州古港口，印

---

[1] 王东林. 福建沿海设区市"海丝"文化旅游合作模式研究[D]. 福州：福建师范大学，2019.

度尼西亚的雅加达古船舶遗址，土耳其的伊斯坦布尔古贸易遗址等。这些古代港口、古船舶遗址及贸易遗迹，不仅见证了古代商贸的繁荣与交流，还承载了多元文化的交融与共生。海丝文化旅游以其深厚的历史底蕴和丰富的文化遗产吸引着游客，让人们在探索过程中深入了解古代海上贸易的壮丽画卷，体验历史的沉淀和文化的绚烂。

（2）多样性

海丝文化旅游展现了多样性的文化元素，涵盖了丰富的宗教、艺术、建筑、饮食和传统习俗。在一个旅游线路上，游客可以体验到不同宗教信仰的庙宇与神龛，欣赏到多样化的艺术表现形式，如雕塑、绘画和戏剧。古代海上丝绸之路沿线的建筑风格也多种多样，反映了不同国家文化的独特审美和工艺技巧。在饮食方面，游客可以品尝到来自各地的特色美食，每一口都是对当地传统的美好体验。传统习俗和节庆活动则生动展示了社会生活和文化价值观的丰富多彩。海丝文化旅游不仅是对历史的追溯，更是对文化多样性和人类创造力的赞颂，为游客提供了深入了解和体验不同文化之美的机会。

（3）国际性

海丝文化旅游具有显著的国际性，因为海上丝绸之路连接了多个国家和地区，跨越了东亚、南亚、中东和欧洲等多个文化圈。游客可以在同一旅游线路上体验到不同国家和地区独特的文化特色和历史背景。例如，他们可以在中国的泉州感受到宋元时期的海外贸易的繁荣，到印度尼西亚的爪哇岛探索古代的佛教遗迹，或是在土耳其的伊斯坦布尔领略东西方文化交汇的建筑和艺术。这种国际性的体验不仅丰富了游客的文化视野，还促进了跨国界文化的交流与理解，为世界各地的游客提供了一个全面了解古代丝绸之路历史和文化的机会。

（4）互动性

海丝文化旅游强调互动性，着力为游客提供丰富多样的参与体验。游客可以参与到各种传统手工艺制作活动中，如制作陶器、木偶及编织等，亲身体验古代手工艺的魅力和技艺。文化表演也是重要的互动体验，例如观赏民间舞蹈、音乐、传统戏剧等，深入感受当地文化的生动表现。

美食体验更是不可或缺的互动环节，游客可以品尝到地道的当地特色美食，了解食物背后的文化故事和烹饪技艺。这些互动体验不仅增加了旅游的参与感和趣味性，还促进了游客与当地居民之间的交流与理解，使海丝文化旅游成为一种深入了解和体验多元文化的重要途径。

（5）教育性

海丝文化旅游具有重要的教育意义，通过旅游活动可以向公众传播海上丝绸之路的丰富历史和文化遗产。游客能够亲身体验和探索古代贸易路线的重要地点和文化景观，从而深入了解不同文化之间的交流与影响。这种体验不仅促进了历史知识的传播，还加强了公众对文化遗产保护的意识和重视。同时，海丝文化旅游也有助于培养人们对多元文化的理解与尊重，通过互动体验和参与活动，促进跨文化交流和教育。这种教育性旅游不仅丰富了个体的知识储备，还有助于建立更加包容和开放的社会氛围，推动文化多样性的保护与发展。

（6）可持续性

海丝文化旅游注重可持续性发展，主张在保护文化遗产的同时促进经济发展和环境保护。通过合理开发和利用旅游资源，海丝文化旅游能够保护历史遗迹和传统文化，同时吸引游客参与文化交流和教育活动。这种可持续发展模式不仅促进了沿线地区的经济增长，还带动了当地社区的就业和收入增加。此外，注重环境保护也是关键，通过可持续的旅游管理和环境保护措施，确保对自然资源的合理利用和生态环境的保护，从而保障旅游业的可持续发展。综上所述，海丝文化旅游的可持续性发展不仅在经济和文化层面上有所贡献，还在环境保护方面展现了责任和关怀。

二、福建省海丝文化旅游资源分析

福建地区因其悠久的历史和丰富多彩的文化遗产而闻名于世。作为海上丝绸之路的重要起点之一，福建不仅承载着千年商贸往来的历史记忆，还孕育了独特而精湛的传统手工艺和口味独特的美食文化。闽南文化和客家文化在这片土地上融合交汇，形成了独具特色的民俗活动和节庆庆典。探索福建，就是走进一个古老而充满活力的文化宝库，体验历史的深厚底蕴和人文的独特魅力。

（一）海丝遗迹

福建作为海上丝绸之路的重要起点之一，拥有着丰富而深厚的历史遗产和文化传承。福州、泉州、厦门等城市在古代丝绸之路的发展中扮演了重要角色，它们不仅仅是商贸的枢纽，更是东西方文化交流的重要桥梁。首先，福州作为福建省的省会城市，历史悠久，自古以来就是中国东南沿海的重要港口之一。在古代丝绸之路的框架下，福州作为海上丝绸之路的起点之一，承载了大量的商品贸易和文化交流。作为一座古老的海港城市，福州留存有许多古代的文化遗迹和历史建筑，如三坊七巷、福州西湖等，这些都是体现海丝文化影响的重要象征。

其次，泉州作为福建省的南部重镇，曾经是宋元时期中国的世界海洋商贸中心，也是海上丝绸之路的重要起点之一。泉州在宋元时期经济繁荣，海外贸易活跃，成为中国与东南亚、南亚以及中东地区进行贸易的重要港口之一。泉州的文化遗产尤为丰富，不仅有世界文化遗产"泉州：宋元中国的世界海洋商贸中心"，还有众多保存完好的古建筑群，如开元寺、清源山等，这些都是泉州海丝文化的重要代表。

最后，厦门作为福建省的另一重要城市，也在古代丝绸之路的历史上扮演了不可或缺的角色。厦门因其优越的地理位置，成为东南亚与中国之间的重要贸易港口。厦门保留了许多海丝时期的历史建筑和文化遗产，如南普陀寺和鼓浪屿的西式建筑等，这些都展示了厦门在海上丝绸之路发展中的独特贡献和地位。总体而言，福建作为海上丝绸之路的重要起点，通过福州、泉州、厦门等城市，展示了中国古代商贸文化的繁荣和东西方文化交流的深度。这些城市不仅仅是历史的见证者，更是今天理解和传承海丝文化的重要窗口和平台。随着文化旅游的兴起，福建的海丝文化遗产必将继续吸引世界各地的游客和学者，共同探索和传承这段重要的历史记忆。

（二）世界遗产

泉州，作为福建省的重要城市，曾在宋元时期扮演着中国海洋贸易的中心角色，其历史和文化深深地植根于海上丝绸之路的发展与繁荣。"泉州：宋元中国的世界海洋商贸中心"标志着其在海丝贸易中的重要性和影响力，这一荣誉也凸显了泉州作为一个文化交流与经济繁荣的历史见证者。泉州作为中国古代最重要的港口城市之一，自宋代起便成了中国与东南亚、南亚以及中东地区进行贸易的重要节点。其地理位置优越，港口设施完善，是当时东南亚至中国之间海上贸易的中心，大量的丝绸、瓷器、茶叶等商品在这里进出，促进了文化、宗教、科技等多方面的交流与传播。"泉州：宋元中国的世界海洋商贸中心"被列入《世界遗产名录》，这一遗产涵盖了泉州历史城区及其周边地区的多个文化遗址和建筑群，如清源山、开元寺、泉州城墙遗址等，这些遗址和建筑不仅展示了泉州在经济与文化上的繁荣，也反映了其作为海上丝绸之路重要节点的历史地位和影响力。清源山，位于泉州市区东北，是泉州古老的宗教中心之一，保存有众多古代建筑和文化遗迹，是泉州在海上丝绸之路时期宗教交流与文化传播的重要场所。开元寺则是泉州现存最古老的佛教寺院，见证了佛教在泉州地区的发展与传播，反映了泉州作为宗教交流中心的历史地位。泉州城墙遗址则是泉州古代城市防御体系的重要组成部分，其建造始于唐代，经宋元时期的多次修建，是泉州古代城市规划和防御工程的重要遗存，反映了泉州作为海上贸易重镇的历史面貌和城市发展的演变。总体而言，"泉州：宋元中国的世界海洋商贸中心"的世界文化遗产地位，不仅仅是对泉州丰富历史文化的肯定，更是对海丝文化在全球范围内重要性和影响力的承认。这一荣誉不仅推动了泉州文化遗产的保护和传承，也吸引了世界各地的游客和学者来探索、理解这个重要的历史遗产，共同为全人类的文化多样性贡献力量。

（三）古建筑群

泉州、厦门、福州等地的古建筑群，如开元寺、南普陀寺、三坊七巷等，是中国古代文化遗产中的重要组成部分，不仅展示了当时的宗教信仰和文化交流，还反映了这些地区在海丝贸易中的重要角色和影响力。

首先，泉州拥有众多保存完好的古建筑。其中最著名的是开元寺。开元寺建于唐代，是福建省内规模较大的佛教寺院，其建筑风格融合了唐代建筑的特点，体现了当时的建筑工艺和宗教信仰。寺内的文物和壁画，展示了泉州在佛教文化传播和交流中的重要角色，吸引了众多信徒和游客前来参观。

其次，南普陀寺作为厦门的重要古建筑之一，承载着深厚的历史与文化底蕴。它始建于宋代，历经岁月的洗礼，如今依然屹立，散发着浓厚的佛教文化氛围。寺内收藏了众多珍贵的文物，其中佛像、石刻等尤为引人注目，它们不仅展示了古代工匠的精湛技艺，也反映了佛教文化的独特魅力。南普陀寺不仅仅是一个宗教活动的场所，更是一个促进文化交流与学术研究的重要据点。它吸引着无数学者、文化爱好者以及游客前来探访，他们在这里探寻历史的足迹，感受佛教文化的博大精深，也让南普陀寺成为厦门一张独特的文化名片。除了泉州和厦门，福州作为福建省的省会城市，也拥有丰富的古建筑遗产。福州西湖是福州著名的风景区之一，其周围分布着许多历史悠久的古建筑，如三坊七巷等。三坊七巷保存了大量明清时期的传统民居和宗祠，这些建筑不仅展示了福州古代城市规划和民居建筑风格，还反映了当时商业活动和文化交流的繁荣景象。在这些古老的街巷中，游客可以感受到古代福州城市生活的气息，探索历史。总体而言，泉州、厦门、福州等地的古建筑群，不仅是中国古代建筑艺术的重要代表，更是海丝文化在福建地区传承的生动见证。这些古建筑通过其独特的建筑风格、宗教信仰的体现以及与海外文化的交流，为人们展示了当时社会的面貌和发展轨迹，也为今天的文化遗产保护和旅游开发提供了宝贵的资源和参考。

（四）传统手工艺

福建不仅在文化遗产和古建筑方面丰富多彩，还保留了许多海丝时期独特而精湛的传统手工艺，如建盏制作和丝绸织造。这些手工艺品体现了当时商业和文化交流的深度与广度。

首先，建盏制作是福建省独特的传统手工艺之一。建盏，即福建省南平市建阳区出产的特种瓷器，以其制作精良、造型精美而闻名。它起源于唐代，经过宋、元、明、清各朝的发展，尤其在宋元时期，建阳的建盏逐渐成为海上丝绸之路上的重要出口商品。建盏制作技艺包括选择优质的瓷土、制作胎坯、烧制釉色等多个环节，每一个步骤都经过世代传承的匠人精心打磨，体现了中国古代陶瓷制作的高超技艺和精湛工艺。

其次，丝绸织造也是福建省重要的传统手工艺之一。福建的丝绸制作起源于汉代，经过世代传承与发展，在唐宋时期尤为蓬勃发展。丝绸是海上丝绸之路上重要的出口商品之一。福建的丝绸以织工精细、色彩丰富、图案瑰丽而著称，其织造技艺经过数百年的传承和创新，形成了独特的地方风格和文化特色。这些传统手工艺品不仅仅是商品，更是文化和商业交流的重要载体和见证。在海上丝绸之路的繁荣时期，建盏和丝绸通过海上丝绸之路输送到东南亚、南亚、中东等地，同时也传播了中国的艺术和文化。这种文化输出不仅促进了经济的繁荣，也增进了各国之间的文化交流和理解。

至今，福建的建盏制作和丝绸织造仍然保持着活力，成为当地文化遗产保护和旅游开发的重要组成部分。许多工匠和艺术家通过传统的手工技艺，融合现代设计元素，创造出具有生命力和市场竞争力的手工艺品。同时，这些手工艺品也吸引着世界各地的游客和收藏家来到福建，寻觅历史的足迹和文化的魅力。总而言之，福建保留了许多海丝时期的传统手工艺，如建盏制作和丝绸织造。这些手工艺品不仅体现了当时商业与文化交流的兴盛，也是福建文化遗产中不可或缺的重要组成部分。它们对今天的文化传承和经济发展都具有深远的意义和影响。

（五）美食和民俗

福建地区以其丰富多样的美食和独特的民俗文化，吸引着来自世界各地的游客。尤其是闽南文化在福建的传承和发展，不仅体现在口味独特的闽南小吃和客家菜上，还包括丰富多彩的传统民俗活动和节日庆典。

首先，闽南小吃是福建美食的一大特色。这些小吃以其鲜美的口感和独特的制作工艺，吸引着许多食客。比如，泉州的面线糊、肉粽、海蛎煎、石花膏以及厦门的沙茶面等，这些都是以当地特有的食材烹饪而成，传承了闽南地区丰富的饮食文化。

其次，客家菜也是福建地区的重要美食代表之一。客家人在福建的聚居地区，如龙岩、南平等地，保留了丰富的客家菜传统。客家菜注重原汁原味的烹饪方式，以土特产和季节食材为主，如客家梅菜扣肉、客家酿豆腐、客家卤味等。这些菜肴不仅味道鲜美，还蕴含了客家人的淳朴和坚韧精神。除了美食，福建地区的民俗活动和节日庆典也是吸引游客的重要因素。闽南地区的传统节日如元宵节、清明节、端午节等，都有着丰富的庆祝方式和活动。例如，元宵节时会有灯笼展览和舞狮表演，端午节则有龙舟竞渡等传统民俗活动，这些活动不仅是对民间习俗的传承，也是一场场全民参与、共享的文化盛宴。

最后，福建地区还有许多具有代表性的民俗表演和艺术形式，如闽南歌仔戏、客家山歌等，这些艺术形式通过音乐、舞蹈和戏曲表演，展示了当地人民的生活方式，反映了他们的情感表达，深受观众喜爱。总体而言，福建地区以其独特的闽南文化和客家文化为基础，展示了丰富多彩的美食和传统民俗活动。这些特色不仅吸引了大量国内外游客前来体验，也促进了地方经济的发展和文化的传承。随着旅游业的兴起，福建地区的美食和民俗文化将继续为世界各地的游客提供独特而难忘的体验。

三、福建省海丝文化旅游开发的意义

在全球化日益深入的今天，文化交流与理解成为促进各国间相互尊重与合作的重要桥梁。作为世界文化遗产的一部分，海丝文化旅游与开发不仅仅是对古代贸易与文化交流历史的传承与弘扬，更是促进全球文化多样性发展的关键途径。福建省作为海丝文化的核心地区，其丰富的历史遗产和深厚的文化底蕴，为世界各国提供了一个深入了解和体验古代东西方交流的窗口。通过文化旅游的推广与合作，我们可以共同探索和传承海丝文化的宝贵遗产，推动文化多样性的繁荣，促进全世界的进步与发展。

（一）历史遗产的传承与保护

福建省作为海丝文化的重要节点，承载着丰富而厚重的历史遗产。通过文化旅游的开发与推广，不仅可以有效促进海丝历史遗产的保护与传承，还能让人们更深入地了解和感受海上丝绸之路文化交流与经济合作的重要性。海丝，即海上丝绸之路，是古代东西方文明间重要的贸易与文化交流通道。福建省的沿海城市如泉州、厦门等，曾是中国最早与外国进行海上贸易的窗口之一，对海丝文化的发展有着深远影响。众多文化遗迹留存在这些城市，如古代码头、寺庙、古街区等，这些遗迹不仅见证了海丝时代的繁荣与辉煌，也承载着跨文化交流与商业合作的历史记忆。文化旅游的开发可以通过多种方式来促进对海丝历史遗产的保护。

首先，通过考古发掘和历史研究，可以深入挖掘和理解海丝时代的历史背景和文化特征，从而有针对性地保护和修复历史遗迹。建立完善的文物保护与管理体系，加强对历史建筑、文物和遗址的保护力度，确保其长久保存并向公众开放。同时，通过文化教育与传播，向公众普及海丝文化的历史价值和意义，增强社会各界对文化遗产保护的认识与支持。

其次，文化旅游开发还能够让更多的人深入了解和感受海上丝绸之路的文化交流与经济合作。游客通过参观古代码头、贸易市场遗址、古建筑群等，可以亲身感受到海丝时代的商贸活动和文化交流，进而加深对这段历史的理解和体验。这种体验不仅仅是知识的传递，更是文化认同感和历史归属感的建构，有助于增强人们对文化多样性和跨文化交流的尊重与理解。

总体而言，福建省海丝文化的保护与传承，需要文化旅游的开发作为重要手段与载体。通过保护历史遗产、提升公众意识和开展文化教育，可以实现对海丝文化价值的全面挖掘与传播，使其成为当代社会发展与文化进步的重要组成部分。

（二）促进区域经济发展

海丝文化旅游的开发对于福建省及其沿海地区的经济发展具有重要的推动作用。作为海丝的核心区域之一，福建省拥有丰富的历史遗产和文化资源，通过有效开发和利用这些资源，可以带动当地经济的发展，增加就业机会，提升地方经济的活力和竞争力。

首先，海丝文化旅游的开发能够促进旅游业的蓬勃发展。福建省拥有诸多具有历史和文化价值的景点和遗址，如泉州的开元寺、厦门的南普陀寺、福州的三坊七巷等，这些地方吸引了大量国内外游客前来参观和体验。随着旅游业的兴盛，相关的酒店、餐饮、购物等服务业也将得到发展，从而带动当地经济的多方面增长。

其次，海丝文化旅游的开发有助于推动文化创意产业的发展。文化创意产业包括文化旅游、手工艺品制作、文化展览等，通过这些产业的发展，可以提升当地的文化软实力和品牌形象。例如，泉州的陶瓷制作与南音表演、福州的传统手工艺等，都可以成为文化旅游的重要内容，为当地居民提供了更多的就业和创业机会。

再次，海丝文化旅游的开发还能促进基础设施建设和城市规划的提升。为了更好地接待游客和提升游客体验，福建省各地政府和企业通常会加大对基础设施的投入，如道路改善、公共交通建设、景区设施更新等。这些投资不仅促进了地方经济的增长，还提升了居民的生活质量和城市的整体形象。

最后，海丝文化旅游的开发能够带动相关产业链条的发展。除了旅游本身带来的直接经济效益外，还会间接推动周边产业的发展，如农产品加工、手工艺品制作、本地特色美食等。这些产业的发展不仅增加了地方的经济收入，还丰富了当地居民的生活方式和文化体验，形成了良性循环。

总体而言，海丝文化旅游的开发不只是单一产业的发展，更是多领域协同发展的重要动力。通过有效利用和保护海丝文化遗产，福建省可以实现经济增长、就业机会增加和城市形象提升的多重目标，为当地居民和企业带来长期可持续的发展机遇。

（三）文化交流与理解

海丝文化作为世界文化遗产的重要组成部分，不仅承载着古代贸易与文化交流的历史记忆，更是促进不同国家和地区之间文化交流与理解的重要桥梁。福建省作为"21世纪海上丝绸之路核心区"，通过文化旅游的开发与推广，能够有效促进全球文化多样性的发展，并加强世界各地人们对海丝文化的认知与尊重。

首先，海丝文化的开发为不同国家和地区之间的文化交流提供了平台和契机。泉州等福建省的古老城市，以其丰富的历史遗产和多元的文化景观，吸引了来自世界各地的游客和学者前来探访和研究。这些游客不仅可以欣赏古建筑和文物，而且可以亲身体验，增进对海丝时代文化交流与合作的理解和认知。

其次，海丝文化的开发有助于加深不同文化之间的相互理解与尊重。海丝时代，泉州等地曾是东西方商贸和文化交流的重要枢纽，各种宗教、语言、艺术形式在这里交融，形成了独特的文化景观和社会风貌。通过文化旅游的推广，可以向全球传播海丝文化开放包容、互学互鉴的精神，促进跨文化交流和文化多样性的进一步发展。

再次，海丝文化的开发能够促进全球文化遗产的保护与合作。福建省不仅拥有丰富的海丝文化遗产，还积极参与国际文化遗产保护与交流合作。通过与其他国家和地区的文化遗产管理机构合作，共同制定保护政策、开展技术交流和人才培训，实现文化遗产的共享与可持续发展。

最后，海丝文化的开发对于全球文化多样性的发展具有重要意义。在全球化进程中，文化多样性面临着严峻挑战，而海丝文化的跨文化交流与合作经验为促进文化多样性提供了宝贵的实践范例。福建省通过文化旅游的发展，能够推动各国家和地区之间的文化互动与交流，促进不同文化间的对话与包容，为全球文化多样性的繁荣做出积极贡献。综上所述，海丝文化的开发不仅是对古代贸易与文化交流历史的传承与弘扬，更是促进全球文化交流与理解、推动文化多样性发展的重要途径。福建省作为海丝文化的重要代表，通过文化旅游的推广与合作，将继续在全球舞台上发挥重要作用，为构建人类命运共同体贡献智慧和力量。

（四）提升地方形象

通过文化旅游的发展，福建省可以显著提升其在国内外的形象和知名度，从而吸引更多游客和投资，推动地方社会的进步与发展。福建作为海丝文化的重要发源地，拥有丰富的历史遗产和独特的文化资源，这些资源不仅展示了海丝时代的繁荣与交流，也反映了福建在古代东西方贸易中的重要地位和影响力。

首先，文化旅游的发展可以有效塑造福建省的地方形象。通过展示泉州的开元寺、厦门的鼓浪屿、福州的三坊七巷等历史文化景点，福建可以展示其深厚的历史底蕴和独特的文化风貌。这些景点不仅是历史的见证，更是文化的象征，能够向世界展示福建丰富多彩的文化遗产和独特的生活方式。

其次，文化旅游的发展有助于提升福建在国际上的知名度和吸引力。

随着海丝文化的推广和海丝航线的复兴，越来越多的国际游客将目光投向福建，希望探寻其悠久的历史和独特的文化。福建省可以通过文化旅游活动、国际交流展览等方式，扩大其在国际上的影响力，吸引更多外国游客和投资者前来访问和合作。

再次，文化旅游的发展可以促进地方经济的多元发展和社会的全面进步。随着游客数量的增加，相关的旅游服务业和文化创意产业将得到迅速发展，从而带动就业增加和经济收入的增长。同时，文化旅游的推广也有助于增强居民对本土文化的认同感和自豪感，进而促进社会的和谐稳定和进步。

最后，文化旅游的发展可以促进福建与其他地区的交流与合作。通过国际文化交流活动和合作项目，福建可以加强与海外文化机构、旅游企业以及学术界的联系，推动文化产业的跨国合作和交流，进一步拓展福建在国际上的影响力和合作空间。综上所述，通过文化旅游的发展，福建省不仅可以提升其在国内外的地方形象和知名度，还能吸引更多的游客和投资，推动地方经济的发展和社会的进步。这不仅是对福建丰富文化遗产的保护和传承，更是推动地方文化和经济全面融合的重要举措，为福建的可持续发展注入新的动力和活力。

四、福建海丝文化旅游的目标市场定位

福建作为海丝文化的发源地和核心区域，拥有丰富的历史遗产和文化资源，正逐步成为国内外游客探索和了解海丝文化的重要目的地。深入挖掘和有效展示福建海丝文化的独特魅力，不仅能够吸引历史文化爱好者、文化遗产保护者和学术研究者，还能吸引生态旅游和冒险爱好者等。

（一）历史文化爱好者

历史文化爱好者对海丝的历史和文化具有浓厚兴趣。历史文化爱好

者希望通过研究海丝的商业机制、港口城市的兴盛与衰落，以及文化在这一过程中的交流和融合，来理解古代国际关系和经济发展的动态。他们关注海丝贸易如何推动了中国丝绸、瓷器等传统产品的国际传播，同时又将外国的艺术品、宗教和技术带入中国，促进了文化的多元化和创新。这种跨文化互动不仅仅是贸易的结果，更深刻地影响了东西方社会的发展轨迹。历史文化爱好者通过参观博物馆、考古遗址和阅览历史文献，探寻海上丝绸之路上人们的生活方式、思想传播路径和艺术表现形式，以揭示古代文明的多样性和复杂性。他们希望通过对海丝历史和文化的深入了解，为当代社会的跨文化对话和理解提供新的视角和启示。

（二）文化遗产保护者和学术研究者

文化遗产保护者和学术研究者对海丝沿线的文化遗产保护和研究充满兴趣。他们致力于保护和传承海丝时期留下的历史建筑、艺术品、文物和传统工艺。这些学者和研究人员通过考古发掘、文献研究、文化遗产保护技术等手段，深入探索海丝沿线各地的历史遗址和文化现象。他们关注遗产保护的国际标准和最佳实践，与相关机构合作，共同制定和推广保护策略，确保这些宝贵遗产能够持久地为后代留存。除了保护，研究者们也致力于理解海丝文化对当代社会的意义和影响。他们的工作不仅关注过去，也为未来的文化遗产保护提供了宝贵的参考和借鉴。

（三）教育和学术考察团体

教育和学术考察团体，包括学生、教师及其他教育工作者。他们对于通过实地考察来增进对海丝文化的了解充满了热情与兴趣。他们认识到通过亲身体验和实地探访，可以深入了解海上丝绸之路的历史背景、文化传承及其在全球化背景下的重要性。学生们可以通过参观福建省内具有代表性的海丝历史遗迹，如泉州的开元寺、清源山，厦门的鼓浪屿、南普陀寺等，直观感受海丝文化的独特魅力和对地方发展的深远影响。

教师和教育工作者则可以借助这些实地考察，将历史课程与实际场景结合，激发学生对历史文化的兴趣和探索精神。教育和学术考察团体不仅关注海丝贸易路线的地理分布和经济影响，还深入探讨海丝文化如何促进了东西方文明的交流和融合。他们通过考察港口城市、参观博物馆和文化遗址，探索海丝时期的社会结构、宗教信仰和艺术发展，从而理解古代世界贸易体系的复杂性和多样性。教育和学术考察团体的努力不仅有助于学术研究和教学实践的丰富化，还为青年学子打开了通往历史和文化探索之路，培养了他们的跨文化理解能力和国际视野，为未来的文化遗产保护和国际合作奠定了坚实基础。

（四）文化交流和合作的推动者

文化交流和合作的推动者视海丝文化旅游为促进国际文化交流和合作的重要桥梁。他们相信通过分享海丝历史、文化和遗产，可以增进各国人民对彼此文化的理解和尊重。这些机构和个人通过组织跨国游学项目、文化交流活动和国际会议，激发人们对海丝文化的兴趣和热情。他们致力于在海上丝绸之路的重要起点城市如厦门、泉州等地举办文化节庆活动和展览，展示和传播海丝文化的独特魅力。这些推动者强调文化旅游的可持续性和包容性，鼓励各国共同参与海丝文化遗产的保护和管理。他们通过建立国际合作网络和政策框架，推动海丝文化在全球范围内的传播和影响，为构建和谐世界文化秩序贡献力量。

（五）生态旅游和冒险爱好者

生态旅游和冒险爱好者对结合自然美景和历史文化的独特体验充满了兴趣。他们寻求在探险过程中不仅能够享受自然景观的壮丽，还能深入了解当地的历史文化遗产。福建作为海丝文化的重要发源地之一，拥有丰富的自然资源和历史遗迹，为生态旅游和冒险爱好者提供了丰富的探索机会。他们可以在厦门的鼓浪屿漫步，欣赏独特的欧式风情建筑，同时探索岛上多彩的生态系统。在泉州，他们可以登临清源山，感受宗教文化与自然景观的完美结合。这些游客不仅可以享受到自然环境带来的放松和挑战，而且可以通过了解当地的历史和文化，加深对目的地的情感联系和文化体验。他们可以参加由专业导游组织的文化遗产讲解活动，深入了解海丝贸易如何塑造了当地的社会结构和经济活动。生态旅游和冒险爱好者倾向于选择可持续发展的旅游项目，关注生态环境的保护和当地社区的发展。因此，提供结合自然与文化的旅游体验，不仅能够激发他们的兴趣，还能促进地方经济的可持续发展和文化遗产的保护传承。

五、海丝文化利用与城市旅游产品谱系

结合海丝文化旅游的定义和特点、海丝文化旅游资源的类型、目标市场定位，以泉州为例，构建海丝文化利用与城市旅游产品谱系，即提出海丝文化利用的六大文化支撑，形成七大产品类别：

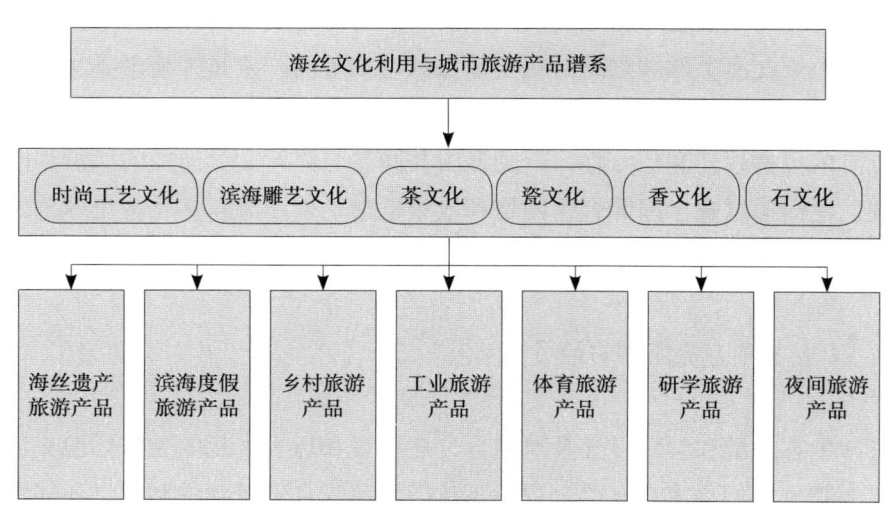

海丝文化利用与城市旅游产品谱系

海丝文化利用与城市旅游产品谱系
├── 时尚工艺文化
├── 滨海雕艺文化
├── 茶文化
├── 瓷文化
├── 香文化
└── 石文化

产品类别：
- 海丝遗产旅游产品
- 滨海度假旅游产品
- 乡村旅游产品
- 工业旅游产品
- 体育旅游产品
- 研学旅游产品
- 夜间旅游产品

海丝文化利用与城市旅游产品谱系
（图片来源：泉州市文旅局）

（一）六大文化支撑

泉州深耕海丝文化，持续发挥"一县一特色"的产业优势，推进旅游与特色产业深度融合，深化发展时尚工艺文化、滨海雕艺文化、茶文化、瓷文化、香文化、石文化等六大特色文旅产业集群，推动一批观光工厂、文化（创意）产业园提质升级，重点推进国家考古遗址公园、文化遗址公园、旅游度假区建设，大力发展红色旅游区及红色旅游示范基地。

（二）七大产品类别

1. 海丝遗产旅游产品

泉州聚焦遗产旅游，全面提高对 22 个世界遗产点阐释、展陈、讲解水平，引入文创产品等相宜业态，策划生成遗产主题游系列旅游产品，做热泉州世界遗产旅游品牌。通过挖掘文化遗产和遗址遗迹内涵，利用移动互联网平台和智能旅游技术，实现旅游互动式和沉浸式体验，推动一批海丝文化遗址遗迹、海丝演艺活动和名镇名村文化旅游融合等深度开发项目。

2. 滨海度假旅游产品

依托泉州滨海资源，合理规划空间发展和海上看泉州线路，建设游艇码头，引进战略投资者，生成大型战略投资项目，打造一批休闲游憩相宜的美丽海湾。推进崇武半岛、月亮湾、白沙湾、泉州台商投资区八仙过海大型旅游项目（二期），石狮十里黄金海岸，晋江深沪湾与围头湾等滨海旅游资源与项目开发，推进旅游度假区和滨海特色村镇建设；加快惠屿、大坠岛、小岞岛生活艺术岛旅游开发，鼓励与支持滨海运动俱乐部和海洋运动基地建设。

3. 乡村旅游产品

泉州举办山地生态旅游发展大会，打造一批品质观光、山地运动、森林康养、温泉度假、中医药养生、人文探索、自然教育等山地生态休闲旅游产品。发展乡村旅游助推乡村振兴，依托自然生态、休闲农业、特色古厝、民俗文化、活态非遗、特色美食等资源，培育一批全国乡村旅游重点镇（村），中国美丽休闲乡村，福建省全域生态旅游小镇、金牌旅游村、休闲农业示范点。完善乡村旅游公共服务配套，构建乡村旅游品牌体系。

4. 工业旅游产品

泉州鼓励工业旅游与城市商贸、文创、会展、节庆融合发展，培育福建省（金牌）观光工厂、福建省工业旅游示范基地，策划工业旅游精品线路。重点支持晋江和石狮鞋服、德化陶瓷、安溪茶叶、永春老醋、永春香、惠安雕艺、南安石材、泉州台商投资区张坂木雕等特色工业企业发展工业旅游，丰富工业旅游的文化内涵，鼓励发展文创旅游商品。

5. 体育旅游产品

泉州依托良好的生态环境和区位优势，持续完善体育设施，积极发展体育旅游，打造一批体育旅游目的地和精品线路，推动运动休闲特色小镇、体育旅游示范基地建设。引导规范航空运动、马拉松、自行车、徒步越野等体育运动大众化产业化发展，引进有影响力的国家级和国际赛事，推动赛事经济和户外休闲装备等制造业延伸产业链条。

6. 研学旅游产品

泉州丰富红色旅游产品供给，发挥红色教育功能，引入特色党建、红色文化体验项目，推进爱国主义研学教育基地建设。依托历史人文和特色产业资源，培育研学旅游基地，开发多主题研学旅游产品，推广一批研学精品线路。依托非遗馆、传习所开展非遗研学游。

7. 夜间旅游产品

泉州打造主题特色鲜明的休闲街区和商圈，集聚观光游憩、文化体验、特色餐饮、时尚购物、网红经济、旅游演艺、康体休闲等文旅消费业态，培育一批夜间文化和旅游消费集聚区。研究出台促进文旅消费的政策，引导"夜游、夜娱、夜食、夜购"，提升夜游服务配套和管理水平。

六、福建省海丝文化旅游可持续性开发的策略

福建省作为海上丝绸之路的重要节点，拥有丰富的海丝文化遗产和独特的自然景观，正积极探索如何在保护文化遗产的基础上，促进旅游业的可持续发展。海丝文化旅游不仅通过展现城市文化与历史魅力来吸引游客，更是连接东西方文化交流的重要桥梁。为了实现这一目标，福建省应加强基础设施建设、优化旅游管理机制、保护生态环境，打造一个融合文化遗产保护、环境保护和经济发展的良好平台。

（一）提升基础设施与配套服务

福建省在海上丝绸之路文化旅游开发方面具有得天独厚的优势。为了实现可持续发展，福建需要提升基础设施与配套服务，以促进文化旅游产业的长期繁荣。

首先，加强基础设施建设。一是福建省应加大对交通基础设施的投资。便利的交通是吸引游客的关键。完善的公路、铁路和机场网络可以提高游客的出行便利性。特别是，提升主要旅游景点与城市之间的交通连接，使游客能够更快捷地到达目的地。例如，福州、厦门等主要城市的机场扩建及高铁线路的增设，都能大幅提升游客的便利性。二是福建省需要提升旅游景点的基础设施建设。这包括景区内部的道路、停车场、游客中心等设施的改造和建设。现代化的设施不仅可以提升游客的体验，还能保护自然和文化遗产，确保景区的可持续运营。

其次，提升配套服务。在基础设施完善的基础上，福建省还应注重配套服务的提升。一是需要提升旅游接待能力，包括酒店、餐饮、购物等服务设施的完善和升级。多样化的住宿选择、特色的美食和丰富的购物体验，可以极大地满足不同层次游客的需求。二是应注重旅游信息服务的提升。现代游客越来越依赖互联网进行旅游规划和体验。因此，建立完善的旅游信息系统，提供多语种的电子导览、在线预订和智能导航

等服务，将大幅提升游客的满意度。

此外，利用大数据分析游客行为，进行精准营销和服务提升，也将为福建旅游带来新的增长点。总之，通过提升基础设施与配套服务，福建省可以打造一个便利、舒适、富有文化底蕴的旅游环境，从而实现海丝文化旅游的可持续发展。

（二）健全旅游管理体制与机制

福建省在海丝文化旅游开发方面，为实现可持续发展，需要健全旅游管理体制与机制，以有效地引导和规范旅游市场，保护文化遗产，提升服务质量，促进经济发展。

首先，建立健全的管理体制。一是福建省应建立多层次、多部门参与的旅游管理体制。这包括政府主导的管理部门、旅游业协会和专业机构的参与，以及社会各界的广泛参与。政府应当加强对旅游市场的监管，建立健全的执法体系，严格执行相关法律法规，防止不合规行为和资源过度开发。二是加强与周边地区和国家的合作与交流。福建省作为海上丝绸之路的重要节点，应与沿线国家和地区加强文化、经济、旅游等多领域的合作，共同推动海丝文化旅游的发展。通过联合举办活动、文化交流等方式，提升福建省在国际旅游市场的影响力和竞争力。

其次，完善旅游管理机制。福建省根据海丝文化的特点和福建省的发展需求，制定长远的旅游发展规划，明确发展方向和重点项目，引导投资和资源合理配置。建立健全的旅游服务评估和认证体系，推动旅游景区和旅游企业提升服务质量和管理水平。鼓励景区进行国际认证，提升国际竞争力。设立专项资金和机构，加大对海丝文化遗产的保护力度，修复和保护历史建筑、遗址和传统文化等，确保文化资源的可持续利用和传承。推动旅游业与农业、手工业、电子商务等产业融合发展，打造特色农庄、工艺品展销中心等，丰富旅游产品供给，增加就业机会，推动经济多元发展。建立旅游市场信息监测系统，及时了解市场变化和游客需求，调整旅游发展策略和措施。

同时，完善旅游信息公开服务，提升市场竞争的公平性和透明度。通过建立健全的旅游管理体制与机制，福建省能够有效应对挑战，推动海丝文化旅游的可持续发展，实现经济、社会和文化的共同繁荣。

（三）加强环境保护与资源利用

在海丝文化旅游开发中，加强环境保护与资源利用至关重要，这不仅有助于保护自然生态和文化遗产，还能提升旅游品质和持续发展能力。

首先，加强环境保护。一是建立生态保护体系。设立自然保护区和生态补偿机制，保护珍稀濒危物种和重要生态系统。对于旅游开发区域，实施严格的环境影响评估和监测制度，确保开发活动对环境影响最小化。二是推广绿色建筑和能源节约。在旅游景区建设中推广绿色建筑标准，采用节能环保的建筑材料和技术。同时推广能源节约措施，如采用智能照明系统、利用太阳能等，降低能源消耗和碳排放。三是管理与保护水资源。加强对水资源的管理和保护，严格控制水污染源，推广节水技术和水资源循环利用。保护旅游区域的水体生态环境，确保供水质量和景观的持续优美。

其次，优化资源利用。一是文化遗产保护与利用。保护和修复海丝文化遗产，合理利用历史建筑和遗址。通过科学规划和开发，提升文化遗产的价值和吸引力，同时避免过度商业化对遗产的损害。二是推广低碳旅游和生态旅游。鼓励游客采用低碳出行方式，如步行、骑行等，减少交通对环境的影响。开发生态旅游线路和项目，引导游客走进自然体验原生态环境，推动旅游业与生态保护的有机结合。三是地方文化与社区参与。通过地方文化资源的整合和社区参与，打造具有地方特色和社区认同感的旅游产品。支持当地居民从旅游业中获益，提高他们对旅游发展的参与度并增强保护意识。通过加强环境保护和优化资源利用，福建省可以实现海丝文化旅游的可持续发展目标，保护珍贵的自然生态和文化遗产，同时推动经济社会的全面发展。

第三节 海丝文化城市旅游营销的路径
——以泉州为例

聚焦"海丝文化""闽南文化"两张牌，综合分析"泉州：宋元中国的世界海洋商贸中心"、古代海上丝绸之路起点、世界多元文化展示中心、首届东亚文化之都、国务院首批公布的历史文化名城、国家级闽南文化生态保护区等金字招牌共性特质，进一步挖掘内涵、提炼统一的形象定位，以"亮点在古城"为重心，全力打造"世界的古城、活着的古城"目的地品牌，加强"宋元中国·海丝泉州"城市营销，提高城市形象品牌辨识度、影响力、吸引力，提升城市文化软实力。

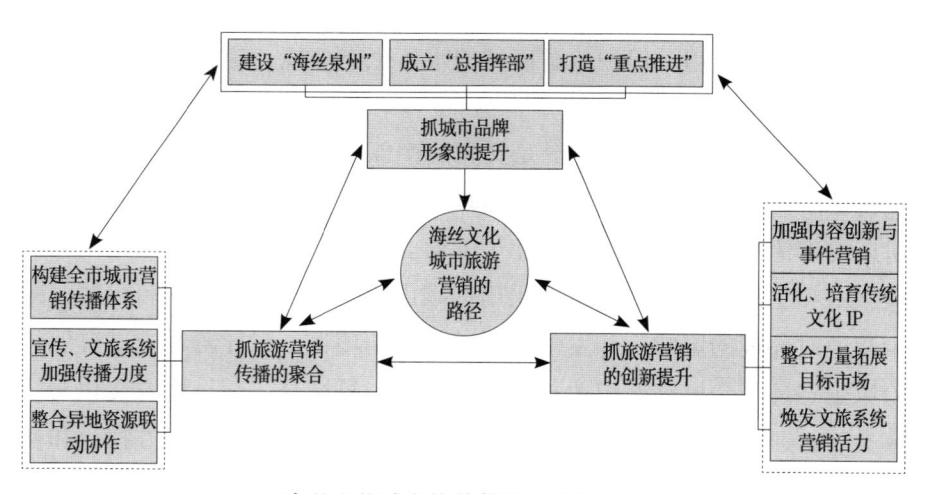

海丝文化城市旅游营销的路径分析
（图片来源：泉州市文旅局）

一、抓城市形象品牌的提升

（一）建设"海丝泉州"

把握"后申遗时代"历史契机，结合遗产主题进一步提炼"宋元中国·海丝泉州"品牌内涵，精准定位形象品牌，系统谋划、统筹推进城市品牌提升。其中，以城市形象品牌的定位为前提基础，直接影响城市营销系统的建立；同时，形象品牌标识系统的设计也很重要，品牌标识不只是一个符号，其直观表达了城市形象的定位、个性与风格，能带给人以具体的想象和期待。

（二）成立"总指挥部"

成立泉州文旅经济发展总指挥部。由市委牵头，市委分管领导任指挥长，市政府分管领导任副指挥长，统筹相关部门与各县区、市属国有企业，联合泉州晚报社、泉州广播电视台等市属媒体，各级驻泉媒体，各级融媒体中心，以及各相关部门，成立常态化运作的工作专班，加强横向联合、纵向联动，充分整合宣传推广资源，同频共振、高效传播。

（三）打造"重点推进"

建立"宋元中国·海丝泉州"城市营销年度重点工作推进机制。由城市营销工作专班每年专项研究调研，以年度会议形式，共同商议制订年度工作重点计划，精心谋划几项重点项目或活动、事件，系统部署、协同联动推进落实。

二、抓旅游营销传播的聚合

（一）构建全市城市营销传播体系

泉州聚集多部门、多层级宣传合力，聚焦提高传播力和精准度，聚力开展"宋元中国·海丝泉州"城市营销。整体谋划、系统部署，按年度按重点主题"责任项目化、项目清单化、清单具体化"推进落实。

（二）宣传、文旅系统加大传播力度

发挥宣传、文旅系统城市营销主力军的引擎作用，不断加大投入，强化营销意识，提高专项策划、综合传播、整合营销水平。开展部门联合协同城市营销。将城市形象品牌标识、宣传推广、文旅资源推介，植入各相关业务部门的各类国际性、全国性、全省性活动（经贸交流、招商、展会、会议、论坛等），如：在海博会、时装周、鞋博会、茶博会、石博会、雕艺节等各类展会结合城市推介；植入各部门（行业）的各类宣传展示媒介、平台（窗口），如：交通系统可在泉州晋江国际机场，火车站，汽车站，公交站点，高速公路出入口、收费站、服务区等窗口，在城际大巴、城市公交、公务车的车身、车内视频等媒介，设置相适宜的城市形象、文化旅游资源展示，打造"行走的泉州风景线"。

（三）整合异地资源联动协作

1. 发挥涉侨涉外平台作用

发挥"海外泉州"、"对岸泉州"、"异地泉州"以及制造业强市（拥有众多全国知名品牌、经销门店遍布全国的企业）的新老泉州人资源优势，在海内外传播"泉州好声音"。依托海外泉籍社团、商协会、宗亲会、国际友城、驻外使领馆，搭建对外交流桥梁纽带，进一步紧密联系和团结

更多泉籍乡亲，广泛汇聚海内外同胞力量，共同发声讲好泉州故事。

在泉州品牌"境外行""海丝行""品牌泉州香江行""海丝品博会"路演以及招商、政策推介会等"走出去"交流活动中，增加城市形象、文旅资源推介内容。在"侨商海丝行""侨商泉州行""海外泉籍精英故乡行""海外泉籍青年精英研修班""海外华裔青少年寻根之旅夏（冬）令营"等"请进来"交流活动中，设计"海丝文化""闽南文化"体验和推介环节。发挥泉籍海外社团以及华侨大学海外校友会作用，定期向泉籍海外社团推送我市城市宣传、文旅推介资料。

2.推进两岸闽南文化溯源交流

不断探索泉台融合发展新路，持续打响泉台"民间信仰、宗亲宗族、传统文化、青年一代"四大交流品牌，深化开展灵活多样的文化交流活动，多方位、多层面推进海峡两岸闽南文化溯源交流工程，促进两岸同胞心灵契合。

3.加强异地商会营销协作

与泉籍异地商会、驻泉异地商会建立常态化联动机制，套餐式提供城市宣传视频、文旅宣传资料、推介展示活动等对接服务，利用泉籍异地商会年会等时机进行文旅宣传、招商推介，协助驻泉异地商会开展在泉文旅体验、考察等活动。

三、抓旅游营销的创新提升

（一）加强内容创新与事件营销

泉州主动借力新媒体、新应用媒介，优化市场营销方式，通过"场景＋内容＋事件"提升营销内容水平，"策划＋生产＋传播"提高曝光率。提升新媒体矩阵的内容创作、专题策划、热点挖掘、传播运营水平，谋划"头条"事件营销，争取生成"爆款"。近年来持续爆火的"赵丽颖的簪花造型"和"跟着陈坤上清源山"千人登山等系列活动便是泉州加强内容创新与事件营销的"产物"。

（二）活化、培育传统文化 IP

在保护传承的基础上，泉州激发传统文化（文化遗产、非物质文化遗产）本身自带的传播属性，让传统文化的传播"活起来"，融入现代生活、消费场景，培育 IP，形成保护研究、内涵挖掘、价值提炼、跨界融合、营销推广、反哺传统的良性循环。

（三）整合力量拓展目标市场

泉州用好目的地客源地市场调研、大数据分析，精准定位目标客源市场、潜在客源市场，抓住营销重点，积极耕耘铁路沿线城市和空中航线直达城市的客源市场，重点巩固"长三角"、"珠三角"、中部地区和台港澳等国内主要市场以及东南亚等国外市场，逐步拓展"一带一路"沿线重要市场。完善市县联动联合"走出去""请进来"营销机制，调动文旅企业开拓市场的积极性，引导市场经营主体深入客源地开展自主营销。

（四）焕发文旅系统营销活力

1. 加强新媒体营销

泉州持续挖掘文旅资源特色、内涵，结合开展短视频、图文海报文案等内容创作；围绕世遗点创作"漫话刺桐"系列内容作品，以生动易懂的极简漫画和动画讲解短视频讲好遗产故事；挖掘泉州特色文化内涵，推出"解密刺桐城""知／道·泉州"等系列新媒体专题；策划开展"发现泉州""抖来泉州游""穿越宋元·寻宝泉州"等新媒体事件营销；与携程、同程等在线旅游平台，《孤独星球》杂志社，"中国国家地理"中文网，《中国国家地理》杂志社以及各类有影响力的自媒体，开展专题项目、内容策划生产合作，提高传播质量，做好口碑营销。

2. 推广专题精品线路

泉州重点策划海丝史迹游、世遗游、非遗游、祈福游、古城游、工业游、乡村游、红色游专题线路产品，通过组织客源地主要旅行商来泉采风踩线、组织泉州文旅企业外出参加专业展会推介会，推动线路产品采购对接。举办"宋元中国·海丝泉州"世遗游主题旅游产品及优惠措施发布会，用好闽西南协同发展区、闽粤赣十三市、浙皖闽赣国家生态旅游协作区等区域合作平台，加强线路串联、客源互推互送。

3. 加强文旅全面推介

泉州积极在海峡两岸旅游博览会、福建旅游生活展进行"宋元中国·海丝泉州"精品馆设计布展，组织参加国际旅交会、闽西南联合营销等。

4. 策划文旅主题活动

泉州重点把握五一、旅游日、博物馆日、遗产日、国庆等重要节点积极推出形式多样的系列文旅主题活动、惠民措施，促进在地文旅消费；办好闽南美好生活嘉年华、海丝泉州古城徒步穿越等节庆活动；引导指导各县（市、区）办好县域特色节庆活动，培育更多品牌活动。

5. 拓宽文化交流平台

泉州借力世界遗产大会、海艺节（国际南音大会唱、国际木偶节、戏剧汇演等）等大型活动平台；积极主动融入"清新福建"营销体系，借力省级平台及福建文化海外驿站、福建旅游海外合作推广中心以及文化和旅游部驻外中国文化中心等海外交流平台；借力各级主流媒体、海外华文媒体、户外广告等宣传媒介；编印"泉州：宋元中国的世界海洋商贸中心"申遗点导游词读本、导览地图以及"寻梦刺桐"系列文旅口袋书。

第七章 福建省海丝文化城市品牌建设

第一节 福建省海丝文化城市品牌建设的价值

一、城市品牌概述

（一）城市品牌概念

城市品牌，是指城市建设者分析、提炼、整合所属城市具有的独特的（地理、人造自然）要素禀赋、历史文化沉淀、产业优势等差异化品牌要素，并向城市利益相关者（包括居民、游客、企业、投资者、政府等）提供持续的、值得信赖的、有关联的个性化承诺，以提高城市利益相关者对城市的认同效应和满意度，增强城市的聚集效应、规模效应和辐射效应。

（二）城市品牌的构成要素

1. 城市定位

城市定位是城市品牌建设的基础。它是根据城市的独特资源和竞争优势，确定城市在国内外市场中的角色和地位。通过明确城市定位，可以突出城市的特点，使其在众多城市中脱颖而出。

2. 品牌核心价值

品牌核心价值是城市品牌的灵魂，是城市独特的文化内涵和价值观的集中体现。它是城市在品牌建设中所传达的最重要的信息，能够引起目标受众的共鸣。

3. 品牌形象

品牌形象包括城市的视觉识别系统（如标志、色彩、口号等）和情感形象（如城市的故事、传说、名人效应等）。通过一致且有吸引力的品牌形象，可以提升城市的辨识度和吸引力。

4. 品牌传播

品牌传播是将城市品牌的各个元素通过各种媒介和渠道传达给目标受众的过程。有效的品牌传播可以增强城市品牌的知名度和影响力，提升城市的整体形象。

二、文化旅游品牌概述

（一）文化旅游品牌定义和重要性

文化旅游品牌，作为文化品牌中的一种，指的是在旅游目的地所形成的，蕴含本土特色文化资源优势且可识别性较高的、能够被广泛传播的旅游形象标识。[1] 这些品牌不仅仅是地方经济的重要组成部分，更是文化传承和发展的载体。通过打造文化旅游品牌，可以有效促进地方经济的发展，增强地方文化软实力，提升城市形象和知名度。

（二）文化旅游品牌特点

1. 文化深度和历史背景

文化旅游品牌通过深入挖掘和展示目的地的历史、文化背景和传统，

---

[1] 李琪.桐乡·最生活：桐乡市宋韵文化旅游品牌整合营销传播策划案[D].杭州：浙江工商大学，2023.

吸引着对历史、艺术和传统文化感兴趣的旅行者。这些品牌不仅仅是旅游景点的集合，更是文化遗产的传承者和守护者。它们通过展示古老的建筑、艺术品和传统手工艺，让游客能够身临其境地体验历史的厚重感和文化的多样性。例如，通过文化节庆、博物馆和艺术表演等形式，游客可以深入了解文化内涵，从而增进对当地社会、价值观和生活方式的理解。这种深度的文化体验不仅丰富了旅行者的视野，也促进了文化交流与理解的全球化进程。

2. 地方特色和独特性

文化旅游品牌通过展示地方特色和独特魅力，如民俗文化、手工艺品和传统节日，吸引寻求真实体验的游客。这些品牌不仅仅是旅游目的地的代名词，更是文化多样性和地方特色的强力宣传者。游客可以通过参与当地的传统手工艺制作、参加民俗文化活动或是亲身体验传统节日庆典，来感受和理解目的地独有的生活方式和价值观。这种深度的互动体验不仅丰富了旅行者的旅游经历，也促进了地方经济的发展和社区文化的传承。通过与当地居民的互动，游客能够获得更为真实和深刻的文化体验。这种体验远比简单的观光更能给游客留下深刻的记忆。

3. 可持续发展和社区参与

许多文化旅游品牌积极推动可持续发展和社区参与，通过多种方式支持当地社区经济、保护自然环境和文化遗产，以提升旅游体验的质量和长期可持续性。它们与当地社区合作，鼓励使用当地产品和服务，促进地方经济的发展和社区居民的收入增长。同时，这些品牌重视保护自然环境，采取措施减少旅游活动对生态系统的影响，如推广可再生能源和环保交通方式。在文化遗产保护方面，它们支持对历史建筑物的修复和文化艺术的保护，确保这些宝贵资源能够被传承和共享。通过这些努力，文化旅游品牌不仅为游客提供了丰富的文化体验，还为社区创造了长期可持续的经济和环境效益，推动了旅游业的可持续发展。

4. 教育和互动体验

文化旅游品牌不仅仅提供观光活动，还通过教育性的体验丰富游客的文化旅行。例如，安排文化工作坊，让游客亲自体验当地传统手工艺，如制作陶艺或编织传统纺织品。导览讲解则为游客提供专业解说，深入介绍历史建筑、艺术品和文化景观背后的故事和意义。这些活动不仅增加了游客对目的地文化的理解，还促进了跨文化交流和学习。通过互动和参与，游客能够身临其境地感受到文化的深度和多样性，同时获得独特的学习体验。这种教育性的旅行方式不仅满足了旅游者的好奇心，还培养了他们对文化遗产和全球多样性的尊重和欣赏。

5. 品牌影响力和知名度

成功的文化旅游品牌通常通过精心策划和持续的品牌建设，建立了强大的影响力和广泛的知名度。它们在市场上通过独特的文化定位和差异化的服务吸引了国际游客群体，如通过推广独特的文化体验、与当地社区合作以及利用社交媒体和数字营销进行有效的品牌传播。这些品牌不仅在旅游业内部树立了良好的声誉和信誉，还通过持续的市场推广和客户反馈机制来不断提升服务质量和客户满意度。成功的文化旅游品牌往往能够在竞争激烈的市场环境中保持领先地位，吸引更多的游客并实现长期的可持续发展。文化旅游品牌不仅仅是旅游产品的提供者，更是文化交流和理解的桥梁，为全球旅行者提供了独特而难忘的旅行体验。

三、福建省海丝文化城市品牌建设的利益相关者分析

在福建省海丝文化城市品牌建设中，品牌相关者的参与至关重要。品牌相关者包括政府部门、文化机构、企业和社会组织等多方面的参与者。

（一）政府部门和文化机构

在福建省海丝文化城市品牌建设中，政府部门和文化机构扮演着至关重要的角色，共同致力于保护、传承和展示海丝文化的丰富内涵和历史价值。首先，政府部门在品牌建设中起着协调和规划的核心作用，通过制定和实施相关政策法规，确保对海丝文化遗产的保护和管理。政府部门负责对历史景点进行修复和维护，保证这些古老的建筑和遗址能够长期保存

并向公众开放。例如，修复泉州的古城墙、古寺庙以及其他重要的历史遗址，以展示海上丝绸之路贸易的繁荣和文化的交融。其次，文化机构在品牌建设中承担着举办文化活动、展览的重要角色。这些机构通过策划丰富多彩的文化节庆活动、主题展览和艺术表演，向公众展示海丝文化的精髓和魅力。例如，举办海丝文化艺术展、音乐会以及传统工艺展示，让游客和当地居民深入了解海上丝绸之路的商贸活动和文化交流。政府部门和文化机构的密切合作，形成了品牌建设的有力支持体系。政府通过资金投入和政策制定，为文化机构的活动和项目提供保障和支持。文化机构则以其专业的能力和丰富的资源，为品牌建设注入创新和活力，吸引更多的游客和文化爱好者前来体验和参与。总体而言，政府部门和文化机构在福建省海丝文化城市品牌建设中的作用不可替代。他们共同努力，为海丝文化的传承与发展搭建起坚实的基础，进一步提升福建海丝文化品牌影响力。

（二）企业

企业在福建省海丝文化城市品牌建设中发挥着关键作用，通过提供多样化的服务和产品，丰富游客的文化体验，同时推动地方经济的发展。首先，酒店业是品牌建设中重要的参与者之一。他们不仅提供舒适的住宿环境，还可以根据海丝文化的主题设计客房和公共区域，如利用传统建筑风格或文化符号进行装饰。这种设计不仅能够增强游客的文化体验，还能提升酒店的独特吸引力，吸引更多文化爱好者和历史学者前来入住。其次，餐饮业在品牌建设中也扮演着重要角色。他们可以开发既符合当地特色又结合海丝文化的美食，如传统的海鲜料理、地道的泉州小吃等，以满足游客的口味需求，同时传承和弘扬地方文化。例如，利用当地特产和传统烹饪技艺，打造出独具特色的海丝美食文化，为游客带来独特的味觉享受。最后，零售业也是品牌建设中不可或缺的一部分。他们可以销售丝绸制品、传统工艺品等地方特产，这些产品不仅是游客纪念海丝之旅的重要方式，同时也促进了地方经济的发展和文化遗产的保护传承。企业通过提供符合海丝文化主题的旅游服务、餐饮体验和特色商品，不仅丰富了游客的旅行体验,还有效推动了福建省海丝文化城市品牌的建设和发展。他们的参与不仅仅是经济上的支持,更是文化传承和旅游吸引力的重要组成部分。

(三)社会组织和志愿者团体

社会组织和志愿者团体在福建省海丝文化城市品牌建设中扮演着不可或缺的角色,通过多方面的活动参与,为品牌建设注入了社会认同感和活力。首先,社会组织和志愿者团体通过举办各类社区活动和文化节庆活动,有效地增强了当地居民和游客的品牌认同感。他们可以组织文化表演、艺术展览、传统节日庆祝活动等,让公众更深入地了解和体验海丝文化的丰富内涵。例如,组织海丝文化主题的社区游园活动、手工艺品展销会等,吸引了大量参与者,增强了社区凝聚力和文化自信心。其次,社会组织和志愿者团体在文化保护和环境保护方面也发挥着重要作用。他们可以参与到历史遗址的保护和修复工作中,监督和落实政府和文化机构的保护措施,确保海丝文化遗产的可持续传承。同时,他们还可以组织环境保护和可持续发展的活动,如清理河道、植树造林等,为保护当地自然环境贡献力量,提升城市的宜居性和旅游吸引力。社会组织和志愿者团体的参与不仅丰富了品牌建设的内容和形式,还促进了社会各界的广泛参与和共同努力。他们通过自发性的行动和专业化的服务,有效地推动了福建省海丝文化城市品牌的深度发展,使之成为文化传承、社区发展和可持续旅游的典范。他们的贡献不仅在于实际行动上的支持,更在于凝聚社会共识和推动品牌建设的整体进程。

(四)学术界和媒体

学术界和媒体在福建省海丝文化城市品牌建设中扮演着重要角色,通过专业知识和广泛影响力,为品牌建设的推进和发展提供了理论支持和广泛宣传。首先,学术界的专家和研究人员通过深入的历史研究和文化解读，为海丝文化的精髓提供了理论支持和学术指导。他们深入探讨海上丝绸之路的商贸往来、文化交流和社会影响，通过专业论文、学术会议等形式，为品牌建设提供了深度和广度。例如，他们可以通过考古发掘、历史文献分析等方法，还原和展示海丝时代的历史场景，为品牌建设注入生动的历史内涵和文化底蕴。其次，媒体在品牌建设中起到了宣传推广的重要作用。他们通过新闻报道、专题节目、社交媒体平台等多种形式，将福建省海丝文化城市的特色和魅力传播给广大观众和潜在游客。媒体的广泛宣传不仅增加了品牌的知名度和影响力，还促进了游客的参与和体验。例如，举办海丝文化特辑、专题报道，以及推广海丝文化主题的旅游线路和活动，吸引了全国乃至国际范围内的游客关注和参与。学术界和媒体的合作，形成了品牌建设的理论支持和广告宣传的双重助力。通过学术研究和宣传推广的深入，福建省的海丝文化城市品牌得以树立和巩固，吸引了更多游客和文化爱好者的关注和喜爱。

四、福建省海丝文化城市品牌建设的价值分析

福建作为中国海上丝绸之路的重要起点和交会处，承载着丰厚的海丝文化历史和深远的文化影响。在当今全球化和文化多样性的背景下，福建省海丝文化城市品牌建设显得尤为重要和具有前瞻性。这一建设不仅是对历史文化的传承和保护，更是提升城市形象、促进经济发展、增强社会凝聚力的重要举措。

海丝文化城市品牌建设的价值，在泉州古城的实践中得到了淋漓尽致的展现。作为 1982 年首批被国务院认定的历史文化名城及联合国教科文组织确认的海上丝绸之路起点，泉州不仅承载着深厚的历史底蕴，更是国家"一带一路"倡议的前沿阵地。这一独特的地位，赋予了泉州在海丝文化城市品牌建设中无可比拟的价值与潜力。

泉州古城，古称"刺桐城"，其 1300 多年的悠久历史孕育了丰富的文化遗产，包括 5 个历史文化街区、多层次的文物保护单位以及璀璨的非物质文化遗产。这些资源不仅是古越文化、中原文化与海洋文化交融的见证,也是泉州作为海丝文化重要节点的独特标识。古城内红瓦坡顶、龙脊燕尾的建筑风格,以及暖色调的民居色彩,形成了鲜明的地方特色,为海丝文化城市品牌增添了独特的视觉魅力。泉州市委、市政府高瞻远瞩,将古城保护工作置于经济发展与新区建设同等重要的战略高度,持续投入并精心规划。从1982年起,一系列历史文化名城保护规划及配套政策的出台,为古城保护提供了坚实的制度保障。政府、社会与市民之间形成了高度共识,共同将古城视为城市的瑰宝与品牌的灵魂,予以精心呵护与传承。在海丝文化城市品牌的建设过程中,泉州不仅注重对物质文化遗产的保护,更深入挖掘与传承非物质文化遗产的价值。南音、梨园戏、提线木偶等地方戏剧艺术,作为晋唐遗风的珍贵遗存,得到了广泛的展示与传播,不仅增强了居民的文化自信,也吸引了国内外游客的目光。同时,泉州还成功保留了老习俗、老字号、老街巷与老手艺,这些活生生的文化记忆,让古城在现代化进程中依然保持着独特的韵味与魅力,成为连接过去与未来的桥梁。综上所述,海丝文化城市品牌建设的价值在于其能够深入挖掘与传承地方历史文化精髓,展现城市的独特魅力与文化底蕴;同时,通过文化与旅游的深度融合,促进城市经济的发展与转型升级;更重要的是,它能够激发居民的文化自豪感与归属感,增强城市的凝聚力与向心力,为城市的可持续发展奠定坚实的基础。在泉州古城保护的生动实践中,这些价值得到了充分的体现与验证。

(一)外修于形,带动旅游业高质量发展

福建省海丝文化城市品牌建设对于带动旅游业的发展具有重要的价值和影响。海丝文化作为福建省独特的文化资源和历史遗产,通过品牌建设可以在多个方面促进旅游业的蓬勃发展。首先,海丝文化品牌建设能够提升城市的旅游知名度和吸引力。福建省作为海丝的重要节点,拥有丰富的历史遗存和文化景观,如泉州、厦门等城市具有独特的海丝文化景观和历史建筑。通过品牌建设,可以系统地整合和推广这些旅游资源,向国内外游客展示福建省丰富多彩的海丝文化遗产,提升城市的旅

游知名度和吸引力，吸引更多游客前来参观和体验。其次，品牌建设能够丰富和多样化旅游产品和服务。海丝文化不仅包括历史遗迹和文化景点，还涵盖了文化表演、传统工艺、地方美食等多个方面。通过打造海丝文化品牌，可以推出丰富多样的旅游产品和服务，如文化主题游、历史考察游、艺术表演游等，满足不同游客的需求和兴趣，提升游客的游览体验和满意度。再次，品牌建设能够促进旅游业的持续发展和经济增长。旅游业是福建省的重要经济支柱产业，海丝文化品牌建设不仅能够吸引更多的游客，还能带动相关产业链的发展，如酒店住宿、餐饮服务等。旅游业的发展，可以增加就业机会，提高居民生活质量，促进地方经济的繁荣和社会的稳定。最后，品牌建设能够推动旅游业与文化保护的有机结合。海丝文化品牌建设不仅弘扬传统文化，还通过对文化遗产的保护和管理，确保文化资源的可持续利用和传承。这不仅有助于保护城市的历史遗产，还能提升旅游目的地的可持续发展能力，为长远的旅游业发展奠定坚实的文化基础。综上所述，福建省海丝文化城市品牌建设通过提升城市的旅游知名度和吸引力、丰富旅游产品和服务、促进经济增长和文化保护的结合，对于带动旅游业的发展具有重要的价值和作用。这将为福建省的经济发展和文化传承注入新的活力和动力。

近几年来，泉州古城生机勃发，宜居宜业宜游，成为年轻人的精神家园、老年人的寻根之地。泉州古城在保护与发展的征途中，以"外修于形"为笔，绘制了一幅幅生动的旅游新画卷，其策略之精妙，令人瞩目。具体而言，古城在以下五个方面深耕细作，实现了旅游业的华丽转身。

1. 设计引领，规划筑基

泉州古城携手中国建筑学会，编制了全面而细致的保护与发展规划体系。从古城保护到市政、交通等专项规划，每一环节都凝聚了名家大师的心血与智慧。这一规划体系不仅为古城建设提供了科学指南，更将规划蓝图精准转化为一个个具体项目，实现了从蓝图到现实的跨越。

2. 绣花功夫，街巷重生

秉持"绣花"般精细的修复理念，泉州古城对背街小巷进行了为期三年的精心整治。以"低冲击、微扰动"为原则，通过"修旧如旧"的方式，173条古街巷重获新生，其中金鱼巷更是成为网红打卡地，以其独特的闽南风情吸引着八方来客。

3. 重点保护，原貌再现

中山路历史街区作为古城的心脏地带，得到了重点保护与修复。通过反复论证、严格审批的修缮方案，中山路不仅保留了其独特的建筑风貌，更在业态上实现了升级，高端文化业态的引入为传统街区注入了新的活力。同时，《中山路骑楼建筑保护条例》的实施，为历史文化街区的保护提供了坚实的法治保障。

4. 基础设施，宜居宜游

泉州古城致力于打造"绿色安全岛"，通过拆除危旧房、新增绿地与公共空间等措施，极大地提升了居民的居住品质与游客的游览体验。此外，对供水、供电、排水等基础设施的全面升级，以及对消防设施的完善，更为古城的可持续发展奠定了坚实基础。

5. 交通优化，畅通无阻

面对居民与游客的双重出行需求，泉州古城在交通方面下足了功夫。通过构建"公交+慢行"出行模式、打通"断头路"、增设交通接驳站等措施，有效缓解了古城的交通压力，提升了交通效率。如今，古城核心区的交通组织更加优化，为居民与游客提供了更加便捷、舒适的出行体验。

泉州古城钟楼
（图片来源：泉州市文旅局）

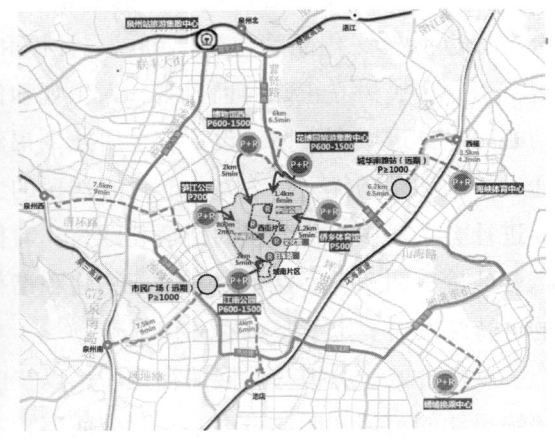

古城交通示意图
（图片来源：泉州市文旅局）

（二）内修于心，推动城市精神文明建设

福建省海丝文化城市品牌建设对推动城市精神文明建设具有深远的价值和意义。海丝文化作为福建省的重要文化符号和历史遗产，通过品牌建设可以在多个方面促进城市的精神文明建设。首先，海丝文化品牌建设有助于传承和弘扬优秀传统文化。海丝文化源远流长，融合了多元的文化元素和历史遗产。通过品牌建设，可以系统地整合和展示这些文化资源，激发居民对传统文化的兴趣和热爱，推动传统文化的传承和发展。居民们通过参与文化活动、学习历史知识，增强了对自身文化根基的认同感和自豪感，促进了精神文明建设的深入发展。其次，品牌建设可以提升城市居民的文化素养和审美情趣。海丝文化不仅是历史的见证，也是艺术和文学创作的灵感源泉。通过推广海丝文化品牌，可以丰富居民的文化生活，引导他们接触和欣赏艺术作品、文学作品，提升他们的审美情趣和文化素养。这种提升不仅体现在个体层面，还通过居民之间的交流和分享，推动了城市整体文化水平的提高，促进了城市的精神文明建设。最后，品牌建设能够促进社会主义核心价值观的传播和践行。海丝文化强调包容性、互信互利和开放合作，这与社会主义核心价值观中的诚信、友善、合作等价值理念相契合。通过海丝文化品牌建设，可以在社区和城市范围内推广这些价值观，引导居民树立正确的世界观、人生观和价值观，增强社会凝聚力和向心力，推进城市文明建设。综上所述，福建省海丝文化城市品牌建设通过传承和弘扬优秀传统文化、提升居民的文化素养和审美情趣，以及促进社会主义核心价值观的传播和践行，对推动城市精神文明建设具有重要的价值和意义。这不仅有助于构建和谐稳定的社会环境，还为城市的可持续发展奠定了坚实的文化基础。

泉州古城在保护与发展的征途中，以"内修于心"为墨，书写了一幅幅灵动的精神文明建设书卷。具体而言，古城在以下三个方面精耕细作，铸就精神高地，推动城市精神文明建设。

1. 功能重构，业态焕新

泉州古城深谙"舍"与"得"之道，逐步剥离与历史文化氛围不符的城市职能，如迁离机关事业单位、优化非基础教育功能布局，释放宝贵空间18公顷。此举不仅为古城减负，更为其注入了新的发展活力。同时，古城对业态进行精心梳理与升级，将传统批发、制造业等非古城功能逐步置换为休闲绿地、文创产业及旅游服务，实现了从"喧嚣"到"雅致"的华丽转身。尤为值得一提的是，古城利用旧厂房、古建筑等资源，打造特色文化地标，既保留了历史记忆，又赋予了其新的生命。此外，通过政策引导与市场机制相结合，古城积极引导年轻创客入驻，为西街等区域注入了新鲜血液，业态活力显著提升。

2. 共筑美丽，你我同心

古城之美，在于其独特的韵味，更在于每一位居民与访客的共同参与。通过举办社区营造竞赛，古城汇聚了居民、热心人士、年轻创业者及规划设计师等多方力量，共同为古城的美化出谋划策。这一过程不仅培育了基层保护力量，更激发了居民对古城的深厚情感与责任感。同时，古城讲解员队伍的建立与培训，让每一位"新讲古人"成为古城文化的传播者，而"小白"驾驶员的古城旅游文化知识培训，则让游客在旅途中也能感受到古城的文化魅力。如此，古城之美，得以被更多人看见、听见、感受到。

3. 深挖文脉，传承精神

泉州古城深知，文化的传承与创新是城市精神文明建设的不竭动力。因此，古城在非遗展示、文化展览及特色活动等方面下足功夫。非遗展示活动不仅让传统艺术得以活态传承，更让居民与游客在参与中感受到传统文化的魅力与温度。文化主题展览的举办，则吸引了国内外众多年轻文创团队的关注与参与，为古城注入了新的创意与活力。古城徒步穿越活动、文化艺术展示空间的建设等特色活动，更是让古城成为一个集历史、文化、艺术于一体的综合性体验地。通过这些活动的开展，古城不仅凝聚了人气，更唤醒了人们心中的"古城情结"，推动了城市精神文明建设的深入发展。

泉州传统文化：蟳埔女服饰、蚵壳厝
（图片来源：泉州医学高等专科学校）

（三）形神兼备，提升城市形象和影响力

福建省作为海丝文化的核心地区，通过海丝文化城市品牌建设，能够显著提升城市的形象和影响力，从而在全球舞台上展现其独特魅力和文化底蕴。首先，海丝文化品牌建设有助于塑造城市的历史文化形象。福建省作为海上丝绸之路的重要起点和交流中心，拥有丰富的海丝历史遗产和文化资源。通过品牌建设，福建省可以系统地整合和展示这些历史遗产，向世界展示其在海上贸易和文化交流中的重要角色和贡献，从而树立起充满历史韵味和文化深度的城市形象。其次，品牌建设能够提升城市的国际影响力和竞争力。海丝文化作为一个跨国交流和合作的历史遗产，具有广泛的国际影响力和吸引力。通过品牌建设，福建省可以在国际舞台上推广海丝文化的价值和意义，吸引更多的国际游客、学者和投资者前来参观、研究和合作，提升城市在全球文化和经济领域的竞争力和影响力。再次，品牌建设有助于促进城

市的可持续发展和文化创新。海丝文化不仅是历史的见证，也是未来发展的重要动力。推广海丝文化品牌，可以激发城市居民和企业的创新精神，推动文化产业的发展和转型，促进经济结构的优化和升级。同时，品牌建设还能够推动文化创意产业的蓬勃发展，为城市注入新的经济增长点和活力。最后，品牌建设能够增强城市居民的自豪感和凝聚力。海丝文化作为福建省的独特文化符号，是居民文化认同感的重要组成部分。海丝文化城市品牌建设可以唤起居民对本土文化的自豪感和认同感，增强居民对城市的归属感和凝聚力，推动社区的和谐发展和共同进步。综上所述，通过塑造城市的历史文化形象、提升国际影响力、促进可持续发展和文化创新，以及增强居民的自豪感和凝聚力，福建省海丝文化城市品牌建设对于提升城市形象和影响力具有重要的价值和深远的影响。这将为福建省在全球舞台上展示其独特魅力和文化底蕴提供坚实的基础和支持。

泉州古城在保护与发展的征途中，以"形神兼备"为基石，稳固并提升了城市形象和影响力。具体而言，古城在文化传承与现代融合、生态环境优化，以及城市品牌塑造三个方面深耕细作，不仅保留了古城的历史韵味，而且注入了新的活力，使得城市形象更加鲜明，影响力日益扩大。

1. 文化传承与现代融合

泉州古城在保护历史文化遗产的同时，积极探索文化与现代生活的融合之道。通过举办各类文化节庆活动，如南音音乐会、梨园戏展演、提线木偶艺术节等，不仅展示了古城深厚的文化底蕴，还吸引了年轻人的关注和参与，让传统文化焕发新生。同时，古城内的历史建筑和街区在保持原有风貌的基础上，引入了现代设计理念和科技元素，如智慧导览系统、数字化展示平台等，为游客提供更加便捷、丰富的文化体验。这种古今交融的尝试，不仅保留了古城的历史记忆，也让其在新时代焕发出更加迷人的魅力。

2. 古城生态环境优化

泉州古城注重对生态环境的保护与提升，致力于打造一个宜居宜游的绿色空间。通过实施绿化工程，增加城市绿地面积，提高植被覆盖率，为古城披上了一件绿色的外衣。同时，加强对古城水系的治理和保护，恢复水体自然生态功能，打造亲水空间，让古城的水系成为流动的风景线。此外，古城还推广绿色建筑和低碳出行方式，鼓励居民和游客共同参与环保行动，共同营造一个清新、舒适、和谐的生态环境。

3. 城市品牌塑造

泉州古城充分利用其独特的海丝文化和深厚的历史底蕴，精心打造城市品牌。通过加强对城市形象的宣传和推广，提升泉州的知名度和美誉度。同时，深入挖掘古城的文化内涵和旅游资源，开发具有地方特色的文化产品和旅游项目，如特色民宿、手工艺品、美食体验等，满足游客多样化的需求。此外，古城还积极参与国际文化交流与合作，举办国际性的文化活动，提升泉州在国际舞台上的影响力和竞争力。通过这些努力，泉州古城成功打造了一个具有鲜明特色和强大吸引力的城市品牌。

泉州古城西街
（图片来源：泉州市文旅局）

（四）全面提升，增强城市居民凝聚力

福建省作为海丝文化的核心区，通过海丝文化城市品牌建设，不仅能够展示城市的历史底蕴和文化魅力，还能够显著增强城市居民的凝聚力。首先，海丝文化作为福建省的重要文化符号，承载着丰富的历史内涵和民族精神。通过品牌建设，可以唤起居民对本土文化的认同感和自豪感，增强他们的文化自信和归属感。居民们会更加珍视和保护本地的历史遗产和传统文化，积极参与文化活动和保护工作，形成共同的文化价值观和行为规范，从而提升社区凝聚力，增强居民归属感。其次，品牌建设可以促进城市居民的文化参与和互动。海丝文化的宣传和推广不止展示历史和遗产，还包括文化艺术表演、庆祝活动和教育项目等多样化的文化活动。这些活动不仅丰富了居民的文化生活，还通过参与和互动增强了居民之间的交流和沟通，加深了彼此的情感联系和社会互动，进一步增强了城市居民的凝聚力和集体认同感。最后，品牌建设为城市居民提供了共同的文化纽带和身份认同。海丝文化作为一个跨国交流和合作的历史遗产，超越了地域和民族的界限，具有普遍的文化价值和吸引力。通过品牌建设，福建省不仅可以与其他海丝沿线地区和国家建立起文化交流的桥梁，还能够让居民感受到自己与全球历史和文化的联系，增强了他们的身份认同和归属感。综上所述，福建省海丝文化城市品牌建设通过唤起居民的文化认同和自豪感，促进文化参与和互动，以及提供共同的文化纽带和身份认同，显著增强了城市居民的凝聚力。这种凝聚力不仅有助于构建和谐社会和稳定社区，还为城市的可持续发展和文化传承打下了坚实的基础。

泉州古城在保护与发展的征途中，以"全面提升"为引擎，驱动城市居民的凝聚力进一步增强。具体而言，古城在公共服务设施完善、社区文化活动丰富，以及居民参与治理机制建立三个方面精耕细作，不仅改善了居民的生活条件，还增强了居民的归属感和认同感，从而有效提升了城市居民的凝聚力。

1. 完善公共服务设施

泉州古城致力于构建一个全面、便捷、高效的公共服务体系，以满足居民日益增长的生活需求。古城加大了对基础设施的投资力度，对道路、桥梁、排水系统等进行了全面的改造和升级，确保居民出行的便利与安全。同时，古城还注重提升公共服务设施的品质，如增设图书馆、博物馆、体育场馆等文化体育设施，以及建设社区服务中心、医疗卫生机构等便民服务设施，为居民提供了更加丰富的精神文化生活和健康保障。这些设施的完善，不仅提高了居民的生活质量，也增强了居民对古城的归属感和满意度。

2. 丰富社区文化活动

泉州古城注重挖掘和传承本土文化，通过举办丰富多彩的社区文化活动，增强居民之间的交流与互动。古城鼓励和支持各社区根据自身特点，开展形式多样的文化活动，如传统节日庆典、文艺演出、手工艺制作等，让居民在参与中感受到文化的魅力，增进友谊。此外，古城还积极推动文化创新，鼓励居民创作具有地方特色的文艺作品，为古城的文化繁荣贡献自己的力量。这些社区文化活动的举办，不仅丰富了居民的精神文化生活，也增强了社区的凝聚力和向心力。

3. 建立居民参与治理机制

泉州古城积极探索居民参与城市治理的新途径，通过建立居民参与治理机制，让居民成为城市治理的主体。古城鼓励居民通过居民会议、社区论坛等形式，对社区事务进行讨论和决策，确保居民的意愿和诉求得到充分表达和尊重。同时，古城还建立了居民监督机制，对社区治理工作进行监督和评估，确保治理工作的公正性和透明度。此外，古城还注重培养居民的自治意识和能力，通过培训和指导，帮助居民掌握治理知识和技能，提高自我管理和自我服务能力。这些机制的建立和实施，不仅激发了居民参与治理的热情和积极性，也提高了城市治理的效率和水平，进一步增强了城市居民的凝聚力和向心力。

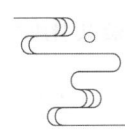

第二节　福建省海丝文化城市品牌建设现状与问题诊断——以泉州为例

一、福建省海丝文化城市品牌建设概况

在海丝文化的背景下，福建省特别是泉州作为海上丝绸之路的重要起点城市，孕育了丰富的历史遗产和文化资源。

（一）历史文化深度

泉州作为海上丝绸之路的重要起点，拥有深厚的历史文化底蕴。其标志性的历史建筑和遗址如清净寺、清源山、中山路等，见证了古代贸易繁荣和文化交流的历史。清净寺作为中国现存最早的伊斯兰教建筑之一，展现了泉州作为多元文化交会点的魅力；清源山则是古代宗教和文化的重要中心，留存着众多宗教建筑和石刻艺术。中山路是泉州的商业街区，保存着大量具有历史价值的建筑和商号。这些历史建筑和遗址反映了泉州作为海上丝绸之路的起点城市的兴盛繁荣，是珍贵的文化遗产，吸引着全球游客和学者来此探寻历史的足迹和文化的精髓。

（二）自然与人文结合

泉州不仅以其丰富的历史文化著称，还以自然美景与人文景观的完美结合吸引游客。西湖以其宁静优美的湖水和周围的绿树成荫的景色而闻名，为游客提供了一个放松身心的理想场所。紫帽山是泉州历史悠久的名山，以其独特的地形和壮丽的自然景观而著称，是徒步和登山爱好者的热门目的地。这些自然美景与泉州的文化景点如开元寺、清源山和中山路等相辅相成，共同营造出一种独特的旅游体验。游客不仅可以沉浸在悠久的历史文化中，还能在自然环境中感受到宁静与和谐。这种自然与人文的结合不仅丰富了旅游体验，也展示了泉州作为一个集文化传承和自然美景于一体的宜居城市的魅力。

（三）创新发展

泉州正在积极开发海丝文化主题旅游产品，借助现代科技手段提升游客的参与感和体验感。例如，通过虚拟现实（VR）和增强现实（AR）技术，游客可以身临其境地体验古代丝绸之路的贸易场景和历史建筑；利用多媒体展示和互动设备，使历史故事和文化传承更生动地呈现给游客。此外，泉州还开发了与海丝文化相关的数字化导览系统和移动应用程序，为游客提供个性化的旅游路线和深度文化解说，增强了游览体验的交互性和教育性。创新发展不仅丰富了旅游产品的形式和内容，也促进了文化遗产的保护和传承，使泉州成为融合传统魅力与现代科技的文化旅游目的地。

（四）区域协同

泉州与福建省内其他具有海丝文化特色的城市，如厦门、漳州等，正在积极展开区域协同，共同推广海丝文化的品牌形象。这些城市不仅历史悠久，而且在海丝文化的传承和发展上各有独特贡献。通过联动合作，它们可以共享资源和经验，共同开发创新的旅游产品和文化活动。例如，可以建立跨城市的文化交流平台，联合举办海丝文化节和展览活动，展示各自的文化遗产和特色景点。此外，还可以推动交通和基础设施的互联互通，方便游客跨城市体验海丝文化之魅力。通过区域协同，泉州及周边城市可以共同打造一个更具影响力和吸引力的海丝文化旅游区域，促进地区经济的可持续发展和文化遗产的保护传承。

（五）国际交流与合作

泉州积极加强与"一带一路"共建国家和地区的国际交流与合作，推动海丝文化的国际传播和认知度提升。通过与东南亚、南亚以及中亚等地区的文化机构和旅游业者合作，泉州可以探索丝绸之路历史的深度和广度，展示多样化的文化遗产和历史贸易路线的重要性。这种合作可以通过联合举办文化展览、国际论坛和学术交流活动，以及共同开发跨国旅游产品和线路来实现。此外，还可以利用数字平台和社交媒体扩大海丝文化的国际影响力，吸引更多来自全球的游客和文化爱好者前来探索和体验泉州的丰富文化遗产。通过国际交流与合作，泉州可以在"一带一路"倡议下，成为一个重要的文化交流和合作枢纽，推动海丝文化的全球传播和认知度提升。

二、福建省海丝文化城市品牌问题诊断

从近三年泉州海丝文化城市品牌建设的实际情况看，泉州市海丝文化城市品牌建设虽然取得了长足发展，但也面临着一些困难和挑战。

（一）产品开发不足，文旅发展动力需培育

文旅项目主要以旅游资源内部整合为主，跨界资源整合、融合偏少，未能够充分发挥"旅游+"效应。缺少竞争力强的大型龙头企业集团和较大规模的旅游综合体项目。大型文旅项目招商困难，缺乏足够启动资金，项目启动推进难度较大。虽有部分4A级、5A级景区等旅游企业，但总体规模小、带动力不足，整体规模及市场影响力较小，竞争能力不强，内在潜力释放不充分。"十四五"期间亟待加快培育有品牌、有实力的龙头旅游企业集团。此外，传统"食住行游购娱"等要素产品打造仍需深化，主题餐饮、特色住宿、多元交通、游览业态、旅游商品与旅游演艺

等全要素产品谱系仍需迭代升级与系统建设。

（二）公共服务不全，文旅发展阻力需削减

一些重点旅游区县、高等级旅游景区缺乏高星级、高品位的酒店和精品民宿；部分区县无大型旅游集散服务中心，旅游导览系统待升级；部分区县旅游交通设施建设较为滞后，通达景区的旅游直通车尚未开通；"智慧旅游"平台建设滞后、智慧旅游服务水平较低、畅游度不高；文化馆（站）、图书馆、剧场等各类文化场馆设施服务效能不够优化；旅游购物、特色餐饮、特色体验性项目等新业态尚需完善，旅游综合配套服务设施有待进一步提升。

（三）文旅融合不深，文旅产业链条需强化

文化资源与旅游、生态等融合联动不够，文物和非物质文化大都停留在保护层面，让文化资源"活"起来的水平有待提高；未将丰富的文化资源转化成产业优势，缺乏具有核心吸引力的文旅产品。文化和旅游融合发展深度不够，旅游与文化、体育、工业、农业、林业、海洋、康养、研学、文创等产业融合没有取得明显的突破，科技、智慧旅游融合滞后，满足游客休闲度假、康体养生需求的业态不足，文旅经济产业链急需建构。

（四）发展环境不畅，要素保障效力需深化

旅游管理体制有待进一步创新，文旅大产业、部门小管理的矛盾尚待破解；公共文化与旅游类专门人才存在编制不足、薪资待遇偏低、人员培养和继续教育跟不上、代际传承等问题，多元化人才激励机制需出台。相关法律法规尚须完善；现代科技，如元宇宙、数字货币、AR/VR等在文旅的运用，亟待成立相关协会给予行业指导，赋能产业健康发展。

第三节　泉州市海丝名城品牌建设的路径

一、泉州海丝名城品牌建设策略

（一）海丝文旅产品品牌主题定位

泉州作为海上丝绸之路的起点城市，历史悠久，文化底蕴深厚。为了充分发挥这一独特资源，泉州的海丝旅游产品品牌主题定位应立足这一优势，将其丰富的多元文化和历史底蕴融入品牌中，以吸引更多游客。首先，泉州的海丝旅游品牌应当突出其作为海上丝绸之路起点的独特地位。泉州在古代就是一个重要的国际贸易港口，连接着东南亚、南亚、中东及非洲等地。这一历史背景赋予了泉州独特的文化魅力和丰富的历史遗产，如开元寺、洛阳桥、少林寺、泉州港等名胜古迹，都是海丝文化的重要见证。其次，泉州的海丝文化旅游品牌应当强调多元文化交流。泉州作为一个国际贸易港口，自古以来就是不同文化、宗教、民族交会融合的地方。佛教、伊斯兰教、基督教、印度教等多种宗教在泉州和谐共存，形成了独特的宗教文化景观。这种多元文化的交融不仅体现在宗教建筑上，还体现在民俗、饮食、艺术等多个方面。通过展示这些丰富多彩的文化元素，泉州可以打造一个独具魅力的文化旅游品牌。最后，泉州的海丝文化旅游品牌定位应当具备个性鲜明、特色彰显的特点。品牌定位不能过高或过低，也不能缺乏个性和特色。泉州应当挖掘自身资源优势，找出与其他旅游目的地的不同之处。总之，泉州的海丝文旅产品品牌主题定位应立足于其海丝起点城市的独特优势，挖掘多元文化的丰富内涵，以个性鲜明、特色彰显的品牌形象吸引游客。通过精炼的广告语和有效的品牌推广，泉州可以在国内外旅游市场上树立独特的品牌形象，吸引更多的游客前来观光旅游，体验其独特的文化魅力。

（二）海丝文旅产品功能塑造

海丝文旅产品的功能塑造是确保产品核心价值和生存基础的关键。高质量的海丝文旅产品需要具备差异化和高品质的特点，以赢得旅游者的长期支持和高度认可。在泉州市海丝文旅产品功能塑造的过程中，品牌定位至关重要，应采用点线面相结合的方法，逐步实现全面的旅游功能体系建设。首先，将单体文旅产品作为功能塑造的基本单元。每个单体文旅产品都应该具备独特的吸引力和价值主张，能够吸引不同类型的旅游者。这种差异化不仅仅体现在产品的内容和形式上，还应体现在服务质量和体验感受上。比如，泉州的古港遗址、海上丝绸之路博物馆等，都应充分挖掘其历史文化价值，通过生动的解说和互动体验，增强游客的参与感和认同感。此外，还可以结合现代科技手段，如虚拟现实（VR）和增强现实（AR），为游客提供更加丰富和沉浸式的体验。其次，以旅游线路为轴线进行组织和整合。通过将单体文旅产品串联成线路，形成完整的旅游体验，增强产品的吸引力和竞争力。例如，可以设计一条涵盖泉州历史文化、宗教信仰、传统工艺等多个方面的旅游线路，让游客在一条线路中感受到多样化的文化体验。这种线路设计不仅可以满足不同游客的兴趣需求，还能通过连点成线的方式，提升整体文旅产品的附加值和吸引力。此外，旅游线路的设计还应注重便捷性和可操作性，确保游客在旅行过程中的舒适和愉悦。最后，逐步实现由点到线再到面的旅游功能体系建设。这意味着不仅要注重单个产品和线路的吸引力，还要考虑如何形成整体的旅游产品体系，以提升整体的品牌效应和市场影响力。总之，泉州市海丝文旅产品的功能塑造需要从单体文旅产品、文化旅游线路和整体文化旅游功能体系三个层面入手，逐步实现差异化和高品质的目标。通过点线面相结合的方法，提升文旅产品的核心价值，赢得旅游者的长期支持和高度认可，推动泉州市海丝文旅产业的可持续发展。

（三）海丝文旅产品品牌忠诚度维护

在"品牌冰山"理论中，水下部分的建设至关重要，因为它是品牌忠诚度、价值观和文化建设的关键所在，支撑着品牌的根本。对于海丝文旅产品品牌而言，品牌忠诚度的维护不仅有助于吸引更多的游客，还能打造强大的核心竞争力。忠诚客户会更积极地进行口碑传播，因此被誉为"企业最有价值的顾客群体"。

首先，品牌忠诚度的建立需要长时间的积累和维护。海丝文旅品牌不仅要注重表面形象的塑造，更要关注深层次的品牌价值和文化内涵。通过不断优化和创新旅游产品，满足旅游者的多样化需求，才能让游客在每次旅游体验中都感受到独特的价值。定期进行市场调研、跟踪调查和回访等，可以了解旅游者的真实需求和反馈，进而不断改进产品和服务，提升游客的满意度和忠诚度。

其次，海丝文旅相关企业应注重企业形象建设。良好的企业形象不仅能提升品牌美誉度，还能增强旅游者的信任感。企业应建造合适的办公场所，确保旅游服务设施的数量和质量都达标，同时注重服务细节的优化。高素质的人才队伍是提供优质服务的保障，企业应加强员工培训，增强员工的服务意识和专业能力，为游客提供更加专业和贴心的服务。

再次，品牌的可持续发展离不开对市场需求的敏锐把握。随着时代的变化和旅游者需求的不断变化，海丝文旅品牌需要不断调整产品内容，赋予品牌新的文化内涵。海丝文化旅游产品品牌可以通过挖掘和推广海丝文化的多元元素，如古代海上丝绸之路的贸易历史、宗教文化交流、民族融合等，让旅游者在体验旅游产品的过程中，感受到深厚的文化底蕴。

复次，品牌忠诚度的提升还需要企业积极打造良好的客户关系。企业可以通过社交媒体、线上线下活动等方式，与客户保持互动，增强客户对品牌的认同感和归属感。定期推出会员优惠、回馈活动等，让忠诚客户享受到更多的专属福利，提升他们的品牌忠诚度。忠诚客户在享受优质服务的同时，也会主动向亲朋好友推荐品牌，形成良好的口碑传播，进一步扩大品牌的影响力。

最后，品牌忠诚度的维护还需要企业不断提升消费者对品牌的满意度。企业应积极响应客户反馈，快速解决问题，提升客户体验。通过不断优化服务流程，提升服务质量，让每一位游客都能感受到品牌的用心和诚意。消费者满意度的提升不仅能增强他们对品牌的信任和依赖，还能使其转化为品牌的忠实粉丝，形成稳定的客户群体。总之，海丝文化旅游产品品牌的建设不是一个短期的过程，而是一个需要长期投入和不断优化的系统工程。只有加强对品牌忠诚度的维护，提升企业形象，优化产品内容，打造良好的客户关系，海丝文旅品牌才能在激烈的市场竞争中脱颖而出，获得长足的发展。

二、泉州海丝名城品牌建设路径

结合泉州海丝名城品牌建设的现状、存在的挑战与问题，泉州市政府提出"建链：培育文旅发展动力""补链：削减文旅发展阻力""强链：夯实文旅发展实力""稳链：提升要素保障效力"等四大路径、十二条措施。

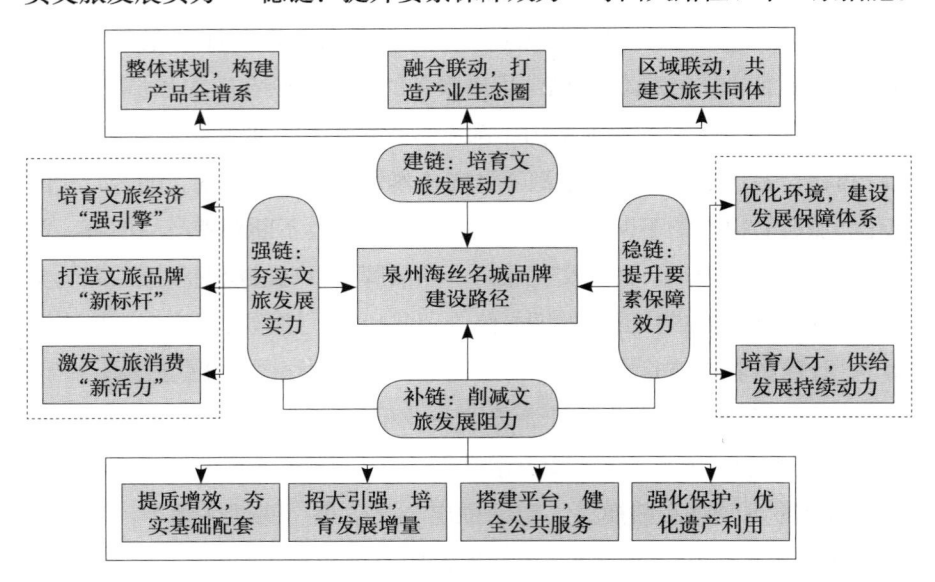

泉州海丝名城品牌建设路径

（图片来源：泉州市文旅局）

（一）建链：培育文旅发展动力

1. 整体谋划，构建产品全谱系

泉州应以"促进文化和旅游高质量发展"为目标整体谋划，推进文旅产品全谱系设计，不断满足多元化的文旅消费需求。依托22处代表性古迹遗址，串联滨海、乡村、民俗、工业、红色、研学等特色项目资源，统筹规划和建设海丝遗产旅游、滨海度假旅游、乡村旅游、工业旅游、体育旅游、研学旅游和夜间旅游等全谱系旅游产品，推动旅游产品相互融合、丰富旅游产品谱系。以"宋元中国·海丝泉州"为品牌统领，以特色旅游产品谱系为支撑，构建城市旅游品牌、旅游产品品牌、旅游节庆品牌、旅游季节品牌、旅游生态品牌等系列子品牌，逐步形成多层次、立体化的文化旅游品牌体系。

2. 融合联动，打造产业生态圈

泉州应深入打造文旅产业融合新模式，推动文化和旅游产业多方位全链条的深度融合，助力"文旅+"系列业态加快发展，实现产业生态的资源共享、优势互补和联动协同。坚持"以文塑旅、以旅彰文"推进文旅深度融合，并链接教育、康养、会展、商贸、文艺、工业、科技和影视等多维产业空间，横向、纵向拓展链接产业资源，以"文旅+"融合发展模式打造泛文旅生态圈。利用数字技术赋能文旅产业融合联动，进一步探索智慧文化和旅游新场景，撬动文旅消费，提振区域市场，加速文旅融合转型升级和产业生态圈形成，助推构建"双循环"新发展格局。

3. 区域联动，共建文旅共同体

泉州应加快破除体制机制壁垒，建立涵盖市、区（县）、乡镇三级的文旅联动共同体，形成常态化沟通协调机制，为区域文旅协同发展保驾护航。以"责任共担、利益共享"为原则，共同开发和整合文旅资源，识别文旅资源的文化根基和市场潜力，重点打造一批具有专属性、代表性的核心文旅产品，共推经典文旅线路、共塑特色文旅品牌、共办知名民俗活动，建立完善健全的文旅宣传营销联动机制。文旅共同体建设需要进一步促进资源共享、客源互送、区域互动，强化市、区（县）、乡镇文旅体系一体化发展的工作机制，明确区域文旅发展思路和平台，共建区域文旅发展新格局。

（二）补链：削减文旅发展阻力

1. 提质增效，夯实基础配套

泉州应注重推动文旅产业提质增效，不断加大文旅基础设施和公共服务设施建设力度，夯实文旅产业发展基础。立足于"高质量推进文化和旅游发展"，完善公共文化设施建设，活化利用乡村文化设施和闲置设施，推动乡村建设主客共享空间，并持续完善乡村旅游、遗产旅游、工业旅游、夜间旅游和研学旅游发展的基础配套设施，从而提高文旅发展的层次和水平。进一步促进文旅基础设施配套的智能化和数字化升级，引入5G网络、数据中心、人工智能等新型基础设施的建设，为文旅公共服务、安全监管、宣传推广、资源整合、数据共享等提供重要保障，为文旅高质量发展增添新动能。

2. 招大引强，培育发展增量

泉州应持续加强建立招商引资项目库，推进旅游用地、用林、用海的扶持政策试点，确保重点项目落地保障。积极研究和解决招商难题，协同用好各类招商优惠政策，吸引文旅企业落地。重点实施重大文旅产业项目带动战略，引育、扶持和壮大一批在国内外具有竞争力、创新力和引领力的文旅龙头企业和品牌运营机构。进一步发挥文旅产业政策的扶持作用，引导私募股权投资基金、创业投资基金、文旅产业基金等投资重大文旅产业项目，提升文旅产业投融资服务平台功能，精准把握重大项目动态，对文旅产业链重大项目实施跟踪。积极争取一批有规模、有品牌、有实力的文旅企业集团落户泉州，精心打造一批高端特色文旅项目，做大做强一批本地优质的文旅产业和成长型文旅企业，鼓励中小微文旅企业特色发展，积极打造文旅全产业链平台，培育文旅产业的发展增量。

3. 搭建平台，健全公共服务

泉州需要持续整合公共文旅资源，搭建统一的文旅公共服务平台，形成有标准、有网络、有内容、有人才的公共文旅服务体系。以"两圈"文化为抓手，通过建设一个综合性文旅公共服务平台，将文化和旅游公共服务有效整合，丰富文旅公共服务供给，并明确各项公共服务内容的提供标准、对象、质量和要素，实现文旅公共服务供需精准对接，提升群众获得感和幸福感。加快建设智慧文旅全域通服务平台，全面整合文化和旅游的信息资源，培育智慧便民场景，实现智能导游、电子讲解、虚拟体验、在线预订、信息推送、智能找厕、智慧停车、云端游览等功能全覆盖，构建"多位一体"的智慧公共服务体系。

4. 强化保护，优化遗产利用

泉州始终秉承"见人见物见生活"的遗产保护传承理念，创新世界文化遗产的保护和利用方式，建立泉州世界遗产交流展示平台，创建世界遗产保护利用典范城市。探索建立文化遗产保护全方位、多层次宣传覆盖体系，推进文物建筑抢救性修缮和非遗传承储备，夯实文化遗产保护基础。制定鼓励文化遗产旅游产品开发的扶持政策，积极促进文化遗产的科学合理利用，打造一批特色鲜明、主题突出、优势明显的遗产旅游品牌，培育以文保单位、博物馆、非遗技艺为支撑的沉浸式旅游、休闲旅游和研学旅游等新兴业态，将文化遗产资源转化为文化和旅游产业的发展优势。

（三）强链：夯实文旅发展实力

1. 培育文旅经济"强引擎"

泉州应持续积极谋划具有强大带动作用的文旅产业发展重点项目，塑造文旅经济发展强劲动力，用重大项目和优势项目为泉州文旅经济高质量发展提供支撑和动能。依托古城国家级旅游度假区创建、景区高质量发展、文化产业园区提质升级、文旅消费示范、文旅深度融合、旅游服务质量提升等文旅产业工程，精准推出一批具有支撑和牵引作用的文旅产业重点项目，打造一批标志性文旅产品、培育一批特色性文旅产品、提升一批体验性文旅产品、推进一批配套性要素文旅产品、形成一批特色鲜明的文旅品牌，不断完善文旅经济繁荣发展的基础要素。

2. 打造文旅品牌"新标杆"

泉州应持续深入挖掘"世遗文化""海丝文化""闽南文化"等特色资源，持续打响"宋元中国·海丝泉州"的文旅品牌，推进世遗泉州的精准品牌营销，打造文旅品牌"新标杆"。围绕世界遗产城市文旅品牌，深挖历史文化内涵，提升城市品牌营销内容创作、专题策划、热点挖掘、传播运营水平，扩大文旅品牌影响力和知名度。进一步加大世遗泉州文旅品牌的创建力度，发挥"一县一特色"的品牌优势，推进世遗文旅品牌与工业、非遗、康养、演艺等地方特色文旅品牌的融合互促与延伸，开展特色文旅主题活动，提升海丝泉州的文旅品牌内涵。

积极推动一批A级旅游景区提升工程；推进乡村旅游升级行动，遴选一批国家、省级特色乡村，健全完善产业链，强化休闲度假功能，进一步推动泉州古城创建国家级旅游度假区，推动创建一批省级旅游度假区、旅游度假小镇，打造乡村旅游示范点；支持建设一批大型的夜间文化和旅游消费项目，激发文旅消费"新活力"。推进国家文化和旅游消费示范城市建设。

3. 激发文旅消费"新活力"

泉州应持续加强塑造文旅消费新场景、新模式和新业态，进一步激发文旅消费潜能，释放假日文旅消费活力，培育一批文化和旅游消费聚集区。充分挖掘世界遗产的文化和旅游消费潜力，策划推出一批文旅消费惠民措施和文旅消费促进活动，提高传统文旅企业的数字化技术应用水平、推进实现数字化转型，拓展无接触式服务和设备应用的文旅消费场景，打造沉浸式文化和旅游体验新项目。打造集聚观光游憩、非遗体验、特色餐饮、时尚购物、网红经济、旅游演艺、线上展播、夜间经济、康体休闲等的文旅消费业态和主题特色鲜明的休闲街区和商圈，加快释放文旅消费潜力。

（四）稳链：提升要素保障效力

1. 优化环境，建设发展保障体系

泉州应进一步深化文旅市场"放管服"改革，以优质营商环境助力文旅高质量发展，真正做到审批更简、监管更强、服务更优，推动泉州文旅经济有序繁荣发展。以"便企服务、简化程序"为原则，搭建智慧服务平台便民惠企，便捷文旅市场的准入与退出审批机制，构筑高效的政务环境。在法治建设上，不断完善文旅执法的刚性执行与柔性关怀，既加强对文旅新业态和新业务的包容审慎监管，也加大对文旅市场违法行为的惩处力度，维护文旅市场秩序，推动优质营商环境建设。严格落实文旅企业安全生产的主体责任制，层层压实责任，防范和遏制重特大安全责任事故发生，不断提高文旅市场安全监管水平和综合执法效能。

2. 培育人才，供给发展持续动力

泉州应持续完善文旅人才的引入、培育和奖评机制，建设一支数量足、结构优、活力强的文旅人才队伍，为促进文旅产业优质供给注入持续动力。进一步深化泉州人才"港湾计划""涌泉行动"和文旅人才"三年行动"等人才培育工程，加快引进一批具有深厚艺术底蕴、国际眼光和丰富管理经验的文旅复合型人才。不断健全和创新文旅人才分类培养模式，"订单式"培养新型文创空间、产品设计、项目运营、曲目编排表演等多类文旅优秀人才，保证人才队伍结构的互补性、梯次性、层次性和全面性。深化文旅人才传承工程，加大对优秀文旅创作人才的奖励，重点培育扎根基层的乡土文化能人、民族民间文化传承人和非物质文化遗产项目代表性传承人，逐步形成创新与传承兼顾的人才培育格局。

第八章
福建省海丝文化创新与发展

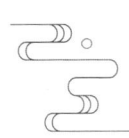

第一节 福建省海丝文化创新与发展的背景和意义

自古以来,福建与东南亚及南亚地区的商贸往来频繁。在唐宋时期,泉州作为海上丝绸之路的重要港口,是中国商人与外国商人进行贸易的枢纽。泉州的"泉州会馆"和"洋行",是当时中外贸易和文化交流的代表性机构。这些商贸活动不仅促进了商品的流通,还带动了文化、宗教以及技术的交流与传播。福建省在海上丝绸之路的贸易活动中,不仅仅是商品的交换,也有文化的交流与融合。随着贸易往来的增加,福建的宗教、艺术、建筑等方面也受到了来自东南亚及南亚地区文化的影响,同时中国的文化、技术与制度也传播到了海外。今天,福建省在全球化背景下,积极利用和传承海丝文化遗产,推动文化创意产业和旅游业的发展。通过保护、挖掘和创新,福建不仅丰富了地方经济,也增强了地方的文化软实力,为地区与世界的交流与合作注入了新的活力和机遇。

一、地区文化产业的阶段需求

（一）历史文化保护与传承的核心构成

海丝文化作为福建省的宝贵文化资源，承载着大量丰富的历史遗产。海丝文化遗产的传承与保护对于福建省这样拥有丰富海丝文化的地区来说，是其发展战略的重要组成部分。海丝文化作为古代海上丝绸之路的一部分，连接了中国东南沿海与东南亚、南亚、阿拉伯半岛等地。这种跨文化的交流与贸易活动，不仅促进了物质财富的流通，更重要的是促进了各地文化的交融和共享。福建省作为海丝文化的发源地之一，在文化领域的贡献与影响不可忽视。通过对考古发掘、文献记载的整理与解读，以及口述历史的搜集，可以逐步还原海上丝绸之路不同历史时期的社会生活、经济状况和文化景观。对众多历史遗址和古建筑，是保护海丝文化不可或缺的一环。其次，海丝文化遗产的保护需要依托法律和政策的支持。福建省通过建立完善的法律法规体系，加强对文物的保护和管理，通过制定海丝文化遗产的保护规划和专项修复方案，有效地保护了海丝文化的物质遗产，使其得以延续至今。再次，对海丝文化遗产的传承与保护不仅仅是为了守护历史记忆和文化根基，更是为了推动当地经济社会的可持续发展。因此，福建省海丝文化的传承与保护不仅是对历史和文化的尊重与珍视，更是一项关乎社会进步和文化自信的重大战略。通过全社会的共同努力和持续投入，福建省可以更好地传承和保护其丰富的海丝文化遗产，为国家文化软实力的提升和文明交流的促进贡献力量。

（二）建立新时代"福建精神"内涵的重要基质

福建地处中国东南沿海，海洋滋生了福建生命，也滋养了福建文化。海洋性是福建文化的最突出特征，它使福建人富于流动性，敢冒风险、爱拼会赢，让福建成为中国早期海外移民的重要出发地。

海洋、开放、商贸等因子早已融入福建人的血液，敢闯敢试、爱拼会赢、创新求变等福建独特精神文化，与千百年来丝绸之路承载的"和平合作、开放包容、互学互鉴、互利共赢"精神一起，融合形成独特的福建"丝路精神"，正在"21世纪海上丝绸之路"建设中发挥着越来越重要的作用。①

（三）满足下阶段文化旅游消费的结构升级

党的十八大以来，以习近平同志为核心的党中央高度重视文化建设和旅游发展，习近平总书记对文化和旅游工作十分关心，作出一系列重要论述和指示批示，推动文化和旅游事业取得历史性成就、发生历史性变革。

从数据来看，2023年，全国规模以上文化及相关产业企业实现营业收入129515亿元，比上年增长8.2%。今年开年以来，我国文化消费延续良好发展势头，在规模增长的同时，结构持续向个性化、多样化升级。②

随着福建省整体经济社会发展水平的提升，民众的文化需求相应地会有量的扩大与质的提升。顺应文化消费新趋势，以满足广大人民群众多样化消费新需求为导向，进一步优化消费环境，激发消费潜能，必将推动文化消费持续扩大，为经济社会发展贡献更大综合效益，提升人民群众获得感、幸福感。

二、国家发展的重要助力

（一）推动海上丝绸之路对外交流合作的重要平台

海洋是各国经贸文化交流的天然纽带。"21世纪海上丝绸之路"，是

---

① 叶飞文. 海上丝绸之路铸就福建"丝路精神"[EB/OL].（2017-05-21）[2024-10-20].http://world.people.com.cn/n1/2017/0521/c1002-29289090.html.

② 人民财评：打造新业态充分满足文化消费需求[EB/OL].（2024-04-27）[2024-10-20].http://opinion.people.com.cn/n1/2024/0427/c1003-40225110.html.

全球政治、贸易格局不断变化形势下，中国连接世界的新型贸易之路，共建"21世纪海上丝绸之路"这种跨文化的交流与贸易活动，不仅促进了物质财富的流通，更重要的是促进了各地文化的交融和共享。在古代，海丝文化促进了丝绸、茶叶、瓷器等商品的跨国流通，带动了沿途各地经济的繁荣与发展。今天，这一历史遗产成为福建推动经济合作与发展的重要资产。在当代，海丝文化象征着古代贸易路线的重要性和广泛性，为福建省在国际经济舞台上找到了独特的文化认同和经济合作机会。尤其是在中国提出的"一带一路"倡议下，海丝文化作为历史上的成功贸易模式，被重新提起，并得到了国家级和地方级的重视和支持。海丝文化的历史背景和象征意义，为福建与共建国家之间的经济合作创造了新的可能性。通过弘扬海丝文化，福建可以加强与东南亚、南亚等地的经济联系，推动跨国贸易和投资的发展。文化的深层次联系不仅仅是经济合作的基础，更是促进跨国企业家和投资者间互信的纽带。

（二）协同粤闽浙沿海城市群战略的区域纽带

对接国家粤闽浙沿海城市群战略，构建福建省沿海海丝文化相关历史文化廊道，在区域层面关注城市网络在海丝文化创新与发展方面的资源交流与合作互通。通过将文化融入城市规划的核心，恢复城市和城乡联系，从文化角度推动城市间的互动协同发展。

（三）促进闽台文化认同与交流

闽南独特的地域人文条件为海上丝绸之路的开辟和繁荣奠定了基础，海丝文化的开放性、多样性和包容性参与了闽南文化的建构；充分发挥海丝文化优势可以联结海峡两岸、促进两岸融合发展、促进国家统一。

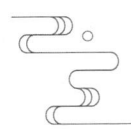

第二节　福建省海丝文化创新与发展的资源优势

一、丰富深远的文化遗产积淀

（一）以港口兴衰为线索的沿海岸历史城市带

福建是海上丝绸之路最重要的参与者与见证者。远在4000多年前，昙石山文化已显现海洋文明的特征，历史考古遗存显示太平洋南岛语族源于福建沿海。从唐宋到明清直至近代，福建都是海上丝绸之路最重要的参与者。福州长乐太平港、泉州后渚港、漳州月港等，都曾在中国不同历史时期的海上丝绸之路上扮演重要角色。宋元时期，泉州成为海上丝绸之路的重要发源地。明代前期，福州港取代泉州港的官方港口地位，郑和从福州长乐太平港开洋远航。漳州月港是明朝中后期海上丝绸之路的始发港。从明朝开始，福建人敢闯敢试、披荆斩棘开拓南洋。近代，福州、厦门位居五口通商之列，马尾船政文化曾经辉煌。改革开放以来，福建是我国最早实行对外开放的先行省份之一。

随着海上丝绸之路的繁荣，福建的泉州、厦门等港口城市成为佛教、伊斯兰教等宗教传播的重要中心。泉州的开元寺、南少林寺等佛教寺庙，以及清净寺等伊斯兰教寺，不仅是宗教信仰的场所，也是文化交流的见证。外来宗教的引入与中国本土宗教的融合，形成了独特的宗教文化景观。

（二）以产销联动为依托的沿内河历史城乡带

沿海港口与山区腹地之间通过若干纵向内河取得联系：突出了福建的瓷器、茶叶、丝绸等传统工艺品、技艺的相关遗存。以宋元中国的世界海洋商贸中心——泉州为例，由中央、本土和海外的世界性多元社群合力开创了特有的产—运—销跨行业整合的海外贸易体系，共同造就了该时期世界海洋贸易与文化交流的辉煌。其22处代表性古迹遗址及其关联环境构成的系列遗产整体分布在泉州境内从山区到海岸的广大空间范围内，坐落于江口平原的核心城区承担着贸易运行中枢的综合性职能；西北面的广袤山区内分布着陶瓷、冶铁产业基地；东向为海港和码头群，以及与之相伴的由桥梁和驿道构成的"滨海大通道"，可以实现与海外及南北向沿海城市和区域的快速联通；陆路、水路运输网络贯穿于海湾与山地之间的河口平原和丘陵地带，将泉州港的生产、集散、交易、消费、商业管理等贸易活动场所紧密联系在一起。德化窑与安溪青阳下草埔冶铁遗址共同展现了宋元泉州强大的产业能力和贸易输出能力，同时显示出宋元泉州海洋贸易对泉州内陆腹地经济发展的积极作用。

（三）多元多维的非物质文化遗产

福建省拥有多元多维的非物质文化遗产，如泉州南音、妈祖信俗、木偶戏等，其承载着丰富的历史记忆、知识和技能，具有悠久的历史和独特的艺术魅力。通过对这些非物质文化遗产的传承和利用，福建省呈现出不同地域的多元形态，可以吸引更多的国内外游客，促进文化旅游产业的发展。同时，也为福建海丝文化的创新发展提供了丰富的文化资源和创新源泉。

二、持续升级的创新利用探索

（一）顶层设计的区域合作与协同发展政策平台支持

福建省通过区域合作与协同发展政策，推动海丝文化在更大范围内的传承与创新。例如，福建省与广东、浙江、上海等地建立了区域文化合作机制，通过资源共享、项目合作、人才交流等方式，推动海丝文化的跨区域发展。政府还积极参与泛珠三角区域合作，推动海丝文化与旅游、经贸等领域的深度融合，提升区域文化综合实力。

政策因素在福建省海丝文化创新与发展中发挥了关键作用。通过"一带一路"倡议、文化遗产保护政策、文化产业发展政策、教育与人才政策、科技创新政策、国际文化交流政策以及区域合作与协同发展政策，政府为海丝文化的传承与创新提供了有力的政策支持。这些政策措施不仅保护了宝贵的文化遗产，促进了文化产业的繁荣发展，也推动了文化的现代化和国际化传播。在政策的引导和支持下，福建省的海丝文化焕发出新的生机，成为推动区域经济和文化繁荣的重要力量。

福建省与国际组织和外国政府合作，开展海丝文化遗产保护与修复项目。例如，福建省与联合国教科文组织合作，推动泉州古城和福州三坊七巷等地的海丝文化遗产保护工作，通过技术支持和资金援助，加强了对这些珍贵海丝文化遗产的保护和管理。这种国际合作不仅提升了福建省海丝文化遗产的保护水平，也促进了福建省与国际社会的良好互动与合作关系。

福建省通过政府间的高层交流与文化外交，拓展了国际合作的深度和广度。福建省政府定期派遣文化代表团访问"一带一路"共建国家和地区，加强与外国政府和文化机构的友好交流与合作。例如，省长、市长级别的文化代表团访问，不仅增进了双方的政治互信，也促进了文化领域的深度合作和项目对接，推动了海丝文化在国际上的广泛传播与认同。

（二）体系完整的文化保护发展法规规划基础

福建省政府出台了一系列文化遗产保护法律法规，如《福建省文物保护条例》《福建省非物质文化遗产保护条例》等，通过立法保护和资金支持，确保文化遗产得到有效保护和传承。

福建省政府高度重视文化产业的发展，通过政策引导和支持，推动海丝文化与现代文化产业的融合发展。例如，福建省发布了《福建省文化产业发展规划》,提出了建设文化强省的目标,明确了文化产业的发展方向和重点领域。

三、广泛深入的技术人才培养

(一)共建共享的教育资源整合

福建省拥有大量的海外特别是东南亚地区的留学生群体。福建省积极开展国际教育交流,与"一带一路"共建国家和地区的高校和研究机构建立了密切的合作关系。例如,福建省的多所高校与东南亚、南亚和非洲等地的高校开展了联合培养、交换生项目和学术交流活动。这些国际教育交流项目,不仅促进了中外学生和学者对海丝文化的了解和研究,也推动了海丝文化在国际上的传播和影响力的提升。

福建省的高等院校积极开展国际教育与学术交流,推动了海丝文化研究的国际化进程。与外国高校的学术合作、联合培养项目和学术交流会议,促进了海丝文化研究的深入和拓展。福建省还设立了海丝文化国际研究中心,邀请国际知名学者担任客座教授,开设相关课程和研讨会,推动了海丝文化研究成果的国际交流与传播。

福建省政府和高校共同成立了多个海丝文化研究机构,这些机构在海丝文化的研究、保护和推广方面发挥了重要作用。例如,福建省社会科学院成立了"海丝文化研究院",专门从事海丝文化的研究和推广工作。研究院通过组织课题研究、出版学术著作、举办国际会议等方式,推动海丝文化的深入研究和国际化传播。这些研究机构不仅为海丝文化的传承和创新提供了智力支持,也为政府制定相关政策提供了科学依据。

福建省通过整合和共享教育资源,提升了海丝文化教育的效果,并通过建设文化教育资源共享平台,将各类海丝文化教育资源进行整合和共享。例如,通过建立"海丝文化数字图书馆",将海丝文化的相关文献、图片、视频等资源进行数字化整理和共享,为师生和研究人员提供了丰富的学习和研究资料。这种资源共享模式不仅提高了教育资源的利用率，也促进了海丝文化的广泛传播。

（二）阶段分明的教育课程设置

福建省拥有较为完善的教育体系，从基础教育到高等教育，涵盖了各个层次的文化教育内容。

在基础教育阶段，福建省各级学校通过教材编写、课程设置和课外活动，将海丝文化的知识融入学生的学习中。例如，泉州、福州等地的大中小学开设了"海丝文化"专题课程，笔者正推动海丝文化融入大思政课程，丰富美育课程内涵等，通过历史故事、海丝文化遗产介绍、手工制作等活动，让学生了解和热爱海丝文化。这种从小培养的文化认同感，为海丝文化的传承打下了坚实基础。

在高等教育阶段，福建省的多所高校开设了与海丝文化相关的课程和专业。例如，厦门大学、福建师范大学等高校设立了"海丝文化研究中心"，开设了"海丝文化与历史""海上丝绸之路经济与贸易"等课程，通过系统的教学和研究，培养了一批海丝文化研究的专业人才。高校还通过举办海丝文化论坛、学术研讨会等活动，推动海丝文化的学术研究和交流，拓展了海丝文化研究的深度和广度。

福建省的高校和职业技术学院开设了文化创意和设计类专业，鼓励学生将海丝文化元素融入现代设计和创意产品中。学生们通过学习传统文化和现代技术，创作出一批具有地方特色的文化创意产品，如文创礼品、时尚服饰、家居用品等。这些创新活动不仅丰富了海丝文化的表现形式，也为文化产业的发展提供了新的动力。

（三）面向公众的教育文化普及

福建省还通过各类社会教育活动，推动海丝文化的普及和传播。例如，福建省的博物馆、文化馆、图书馆等机构通过举办海丝文化展览、讲座、工作坊等活动，向公众普及海丝文化知识。政府还通过媒体宣传、文化节庆活动举办等方式，提升公众对海丝文化的认识和参与度。这些公众教育活动不仅增强了社会对海丝文化的认同感，也为文化的传承和创新提供了广泛的社会基础。

四、坚实有力的经济产业支撑

（一）整体产业繁荣的综合驱动

福建省作为中国经济较为发达的省份之一，拥有坚实的经济基础。2023年，福建省的GDP超过5万亿元人民币，经济总量位居全国前列。经济的繁荣为文化创新与发展提供了充足的财政资金支持。

福建省的许多企业在海丝文化的保护和创新中发挥了积极作用。例如，安踏、七匹狼等知名企业通过赞助文化活动、投资文化项目等方式，积极推动海丝文化的发展。

经济发展为科技创新提供了资金和市场需求，而科技创新反过来也推动了文化的传承与创新。福建省在信息技术领域的科技创新成就显著，这些技术进步为海丝文化的数字化、信息化和现代化提供了技术支持。

新型文化企业和创意团队致力于将海丝文化元素融入现代设计和创意产品中，使传统文化焕发新的魅力。

（二）实体经济合作的影响辐射

福建省通过经济合作促进了文化产业的国际化发展。例如，与"一带一路"共建国家和地区的经贸合作项目中，文化创意产业成为重要的合作领域。福建省的文化企业通过参与国际文化展销会、合作生产文化产品等方式，拓展了海丝文化产品在国际市场的销售渠道，提升了文化产业的国际竞争力。

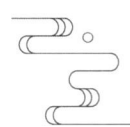

第三节　福建省海丝文化创新与发展的挑战和对策

一、将海丝文化创新与发展纳入城市可持续发展战略

2016年10月18日，联合国教科文组织在厄瓜多尔首都基多发布的《文化：城市未来》报告称，文化具有使城市更繁荣、更安全和更可持续的力量。历史城镇的保护面临着不少经济社会方面的挑战，例如城镇化发展的压力、气候变化的风险、大规模人口增长的负担等。

（一）重塑海丝文化与城市可持续发展关联的政策框架

我们需要意识到可持续发展在经济和文化方面的互补性，城市和文化发展议程的联系越来越紧密。全球近300个城市将文化和创意置于可持续城市发展政策的核心，城市不单纯是作为文化传承的一个载体，同时也是人类创意以及创新能力的一个载体。2022年9月在墨西哥举办的世界文化政策与可持续发展会议，核心议题就是制定全球文化政策路线图。"世界为文化而集结"，大会强调衡量文化在社会中的作用，并发布"文化2030"基准，以衡量文化对环保、教育、性别平等和经济增长的贡献。一些趋势显然正在出现：全球范围内的城市逐渐意识到历史文化地区对均衡和可持续的城市发展进程的重要性；城市文化作为社会凝聚力和身份资产的重要性在增强；城市文化在城市可持续发展的资源开发过程中具有战略作用；城市文化具有较强的经济潜力，这体现在文化在增加城市文化旅游流量所表现出的吸引力，也体现在文化是城市发展创意产业的根源与关键。海丝文化具有坚实的对外交流基础，有利于促进城市社会的发展。

保护文化遗产和提高创造力应成为城市战略从规划到实施的组成部分，应该保护小定居点的有形和无形文化资源，在更广泛的区域范围内提高经济和社会效益。

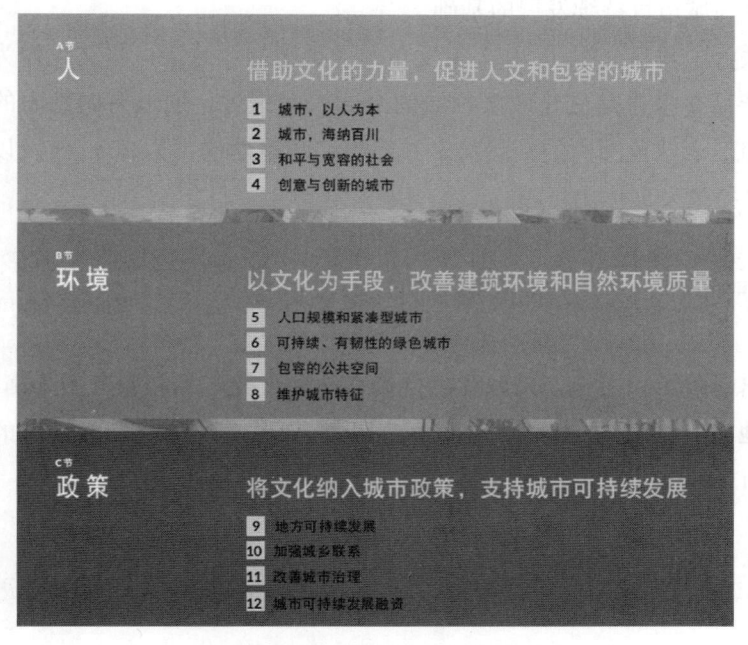

文化促进可持续的城市——专题方法
（图片来源：《文化：城市未来》报告）

（二）加入联合国教科文组织文化与城市可持续发展领域行动

当前联合国教科文组织在文化与城市可持续发展领域的一系列行动项目和热点概念，包括创意城市网络、学习型城市、可持续发展的旅游业以及亚太地区文化遗产保护奖等。福建可积极促进泉州、福州等城市加入教科文组织的一系列行动项目，提高海丝文化的国际影响力。

二、推动海丝文化创新产业经济成果全球性流通

联合国教科文组织研究报告《文化时代：全球文化创意产业总览》

阐明，文化创意产业是全球经济的支柱产业，对世界经济和社会就业做出了巨大贡献，无论在发达国家还是新兴市场经济体都正在成为国家和地区经济的战略性资产。《文化：城市未来》研究报告也倡导以文化与创意产业为城市可持续发展的基础。

联合国教科文组织 2022 年发布的《重塑创意政策：将文化作为全球公共产品》报告是文化政策领域的全球权威报告，通过有洞察力的新数据阐明了全球范围内的新趋势，并提出了政策建议，为 2030 年及以后的世界可持续发展作出贡献。

（一）便利文化产品和服务的均衡流通

出台政策和措施，采取优惠待遇来便利文化产品和服务的均衡流通，更多地向其他发展中国家，如东南亚、南亚、东非、北非等地区的国家开放市场。

（二）发挥数字化对文化创意产业转型的作用

随着数字技术的高速发展，文化产业数字化已经成为全球最主流的发展趋势之一。数字化转型改变了文化和创意产业的运营环境（包括创作、生产、分销和获取形式）及其商业模式，文化数字化领域有迅猛增长的趋势。科技对文化产业的发展具有重要的推动作用，不仅可以改变传统文化产业的经营模式和发展路径，还能提高企业生产效率和创新能力。随着科技水平的不断提高，在互联网、智能制造等领域不断涌现出新的文化产业形态，如数字文化、网络游戏、虚拟现实等，这些新兴产业正在推动着传统文化产业的结构优化与升级。根据《2023 中国文化数字化创新指数（CDI）研究报告》，数字文化新业态特征较为明显的行业营收增速超过传统文化业态平均约 1 个百分点，为推动文化产业向支柱产业迈进提供重要力量。

总排名	省份（直辖市、自治区）	文化数字化创新指数得分	技术创新活力得分	服务创新潜力得分	产业创新效益得分
1	北京	87.82	89.41	81.50	90.51
2	广东	86.16	87.79	89.04	82.24
3	上海	80.54	82.33	75.69	81.96
4	浙江	79.73	81.42	76.27	80.26
5	江苏	76.47	79.27	74.88	74.41
6	福建	76.41	79.79	72.28	75.49
7	海南	75.98	81.89	71.52	72.41
8	四川	75.53	77.18	72.87	75.56
9	湖北	75.41	79.38	73.28	72.38
10	重庆	75.25	75.84	70.30	78.13
11	山东	75.19	79.13	72.85	72.37
12	湖南	74.91	74.42	71.27	78.36
13	陕西	74.15	76.66	70.72	73.74
14	西藏	73.43	77.31	71.49	70.38
15	吉林	73.22	75.82	72.65	70.64
16	辽宁	73.14	75.45	70.70	72.25
17	江西	73.04	72.26	71.44	75.06
18	天津	72.95	76.36	69.91	71.21
19	内蒙古	72.78	74.35	70.84	72.36
20	广西	72.53	72.87	73.15	71.71
21	河南	72.41	74.49	72.83	69.74
22	新疆	72.27	75.40	71.39	69.31
23	安徽	72.23	73.02	72.63	71.04
24	山西	71.82	74.53	69.08	70.67
25	黑龙江	71.73	74.10	70.10	70.19
26	贵州	71.27	72.92	70.08	70.23
27	云南	71.15	74.12	71.32	67.64
28	河北	70.84	73.15	71.46	67.74
29	甘肃	69.95	70.14	70.75	69.16
30	青海	69.61	73.79	69.36	65.02
31	宁夏	68.55	70.99	68.58	65.74

各省的文化数字化创新指数
（图片来源：《2023中国文化数字化创新指数（CDI）研究报告》）

（三）增加文化创意产业领域的多元投资

虽然在保护文化遗产和促进文化创意产业方面的投资创造了收入和就业，但文化产业的融资仍然遇到困难，依然普遍存在投资不足的问题，根据联合国教科文组织的全球报告，文化方面的公共投资已连续下降十年。因此，应该发展金融创新，以支持文化发展，特别是通过财政收益、微型贷款和信贷进行创新。还应鼓励更多的私人投资用于公共部门主导的文化发展项目。拓展资金渠道，建议设立专项资金，对其来源、使用范围、管理等进行明确。鼓励社会力量资金进入历史文化保护领域，鼓励按照市场化原则加大金融支持力度，以项目推落地，以项目促保护。

例如：世界银行贷款1.8亿美元实施甘肃丝绸之路经济带文化传承与创新项目，支持甘肃发展文化和旅游业，是世行独特的项目。该项目将在联合国教科文组织、联合国世界旅游组织、世界银行的支持下，利用丝绸之路（敦煌）国际文化博览会的平台和设施，把甘肃打造成"丝绸之路黄金段"文化交流中心和全球文化中心。

（四）促进艺术家和文化专业人士的自由行动

民间社会组织在应对跨境流动失衡问题、填补资金缺口、管理补助、传播信息、提供培训和举办展览及运营网络平台方面发挥着至关重要的作用。民间社会组织还可根据文化政策战略和法律框架中的艺术国际化原则支持艺术家的外向流动。

（五）提供海丝文化创新产业领域的就业机会

随着"一带一路"倡议的深入推进，海上丝绸之路文化的传承与发展为各地带来了新的经济与文化发展机遇，在文化创意设计、数字文化产业、文化交流与推广等海丝文化创新产业领域提供多样化的就业机会。

三、以海丝文化推动促进国际文明交流互鉴

（一）推动"海丝申遗城市联盟"跨国联合申遗

2021年，世界遗产委员会通过的《福州宣言》突出强调人类命运与共、全球合作保护世界文化和自然遗产，呼吁加强世界遗产教育、能力建设、知识分享和新技术的使用，敦促社会各界更广泛地参与并加强遗产保护与社会经济发展活动之间的联系。《福州宣言》充分反映了广大会员国和国际社会的关切，具有里程碑意义。

2018年4月，在国家文物局的指导下，由广州市、宁波市、南京市共同发起，24个中国城市共同签署了《海上丝绸之路保护和联合申报世界文化遗产城市联盟章程》，在海丝文化遗产保护、研究、申遗、传承等方面达成共识。2019年5月，澳门、长沙也加入其中，联盟成员扩大到26个。2021年11月，青岛、惠州加入"海丝申遗城市联盟"，成员总数增至28个。2022年12月23日，接纳香港、杭州、温州、茂名、佛山、钦州加入，联盟城市总数增至34个。

"海上丝绸之路"国际文化论坛从深化国际合作、夯实学术基础、推动申遗进程、加强保护能力、充实专业队伍、提升数字化水平、探索活化利用等七方面凝聚共识，发布了《关于海上丝绸之路保护与申报世界文化遗产的澳门倡议》（简称《澳门倡议》），该文件将对国际业界共同推进并深化相关工作发挥重要指导作用。

福建省未来需在《福州宣言》《澳门倡议》等系列文件的引领指导下，通过"海丝"申报世界文化遗产工作，推动形成关于"海丝"跨国文化线路的国内和国际共识，发挥"海丝"遗产在促进和支持"一带一路"世界性愿景中的积极作用；总结福建海丝文化遗产传承保护的经验，把福建的案例分享给世界，推动文化保护传承事业共同发展。

（二）建立多层级的政府部门合作模式

2024年9月6日,"中国—非洲—联合国教科文组织教育和文化遗产保护合作对话会"发布了"中国—联合国教科文组织非洲世界遗产能力建设信托基金"和"中国（泉州）非洲世界遗产能力建设信托基金",将于近期签署协议并实施。"中国（泉州）非洲世界遗产能力建设信托基金"项目的开展,将加强泉州在相关部委指导下与联合国教科文组织及其会员国的合作,通过研讨、培训等方式,助力非洲国家开展世界遗产申报等方面的能力建设,为携手共建新时代中非命运共同体贡献泉州力量。

（三）推进海丝文化多学科协同创新

"丝绸之路文化遗产是记录中外文明交流互鉴历史的物质见证,是承载丝绸之路精神历史文脉的重要载体,是新时代推动沿线各国交流合作的重要纽带。推进海丝申遗保护是新时代新征程文化遗产外交工作的重要内容,是推动构建人类命运共同体的必然要求。"国家文物局党组成员、副局长关强表示。"从国际形势上看,西方学界对海丝的认识仍基于地中海是全球海洋文明开端的固有观点,部分海丝沿线国家基于各种原因,陆续推进同类型申遗项目。从国内现状上看,学术研究仍相对薄弱,基础工作尚需提升,国内联动亟待加强。"[1]关强建议继续深入推进海丝申遗策略研究,与海丝沿线各海外城市开展沟通、推动建立海丝跨国申遗协调机制、持续推进海丝保护研究利用工作。

海丝文化遗产的本体是比较脆弱的。海岸的侵蚀、气候变化、地形地貌的变化等因素,对考古、保护和管理都带来了很大的挑战。要保护这些遗产,必须建立完善的保护管理和监测机制。

---

[1] 吕巍.用历史文脉"点亮"城市未来[EB/OL].（2023-06-19）[2024-06-08].http://yj.zgzx.com.cn/2023-06/19/content_9873403.htm.

参考文献

[1] 习近平. 加快推进丝绸之路经济带和21世纪海上丝绸之路建设[N]. 人民日报, 2014-11-07（1）.

[2] 李志英. "泉州海丝文化"园本课程建构的实践与探索[J]. 陕西学前师范学院学报, 2020, 36（2）: 66-70.

[3] 蔡银潇, 文冬妮. "一带一路"背景下福建海丝文化旅游开发对遗产保护的影响研究[J]. 上海商业, 2021（5）: 174-176.

[4] 涂明谦. 关于福建海上丝绸之路文化交流与传播的思考[J]. 福建论坛（人文社会科学版）, 2017（10）: 163-168.

[5] 梅宏. "百年未有之大变局"中21世纪"海上丝绸之路"建设理念与路径[J]. 浙江海洋大学学报（人文科学版）, 2022, 39（4）: 1-8.

[6] 林蓁. 南海水下文化遗产保护合作机制的可行性研究：基于建设21世纪海上丝绸之路视角[J]. 海南大学学报（人文社会科学版）, 2016, 34（2）: 19-28.

[7] 洪小燕. 福建海丝文化旅游合作模式研究[J]. 商业经济, 2021（5）: 116-117, 148.

[8] 郭鹏飞, 李积普, 杨璐, 等. 福建沿海"海丝"文化旅游资源空间结构与开发潜力分析[J]. 世界地理研究, 2022, 31（1）: 214-224.

[9] 王少泉, 谢国财. 福建在海上丝绸之路中地位变迁研究[J]. 福建论坛（人文社会科学版）, 2016（10）: 222-228.

[10] 何姗, 曹梓欣, 谢向英. 福州海丝文化城市品牌建设研究[J]. 福建开放大学学报, 2022（1）: 69-72.

[11] 谢在华. 论福州在古代"海上丝绸之路"中的重要地位[J]. 福建史志, 2015,（2）: 17-21.

[12] 郭鹏飞, 谢红彬. 福州居民对"海丝"文化遗产的认知与保护态度[J]. 海南师范大学学报（自然科学版）, 2019, 32（3）: 315-321.

［13］吴碧英.传承与发展"海上丝绸之路"文化：以福州市为例［J］.济宁学院学报，2017，38（6）：102-105.

［14］叶娟惠.发展"海丝"文化品牌　助力"海上福州"建设［N］.福州日报，2020-07-27（5）.

［15］罗昕宇.鉴古烁今：论福州海丝之路的重要地位［J］.文物鉴定与鉴赏，2019（22）：58-59.

［16］叶钦地."海上福州"船政文化资源产业化开发利用研究［J］.福建省社会主义学院学报，2017（1）：89-98.

［17］陈登源.基于21世纪海上丝绸之路的福州文化产业"走出去"战略研究［J］.河南理工大学学报（社会科学版），2016，17（1）：21-26.

［18］彭志坚.海丝文化的阐释与表现："一带一路"背景下泉州城市品牌建设路径研究［J］.青岛科技大学学报（社会科学版），2018（1）：13-18.

［19］王红豆，陈金华，刘丹丹.泉州"海丝"文化遗产旅游开发［J］.广西经济管理干部学院学报，2018，30（1）：57-63.

［20］马建春.海上丝绸之路的历史贡献［J］.社会科学战线，2016（4）：81-87.

［21］龚缨晏.改革开放以来关于古代海上丝绸之路的研究［J］.国家航海，2021（2）：65-80.

［22］孙光圻.古代海上丝绸之路是东西方共同的文明丰碑［J］.国家航海，2021（2）：206-215.

［23］蔡艺鸣.古泉州：海上丝绸之路起点［J］.地理教学，2021（18）：2-3.

［24］赵云，燕海鸣.海上丝绸之路：一个文化遗产概念的知识生产［J］.故宫博物院院刊，2021（11）：21-29，140.

［25］刘庆柱.海上丝绸之路的起点与特点［J］.广州文博，2020（1）：72-82.

［26］李静蓉，林仪.海上丝绸之路视野中的"泉州时代"（10—14世纪）［J］.文化创新比较研究，2021（22）：129-133.

［27］福建省泉州海外交通史博物馆.泉州湾宋代海船发掘与研究（修订版）［M］.北京：海洋出版社，2017.

［28］李清霞.海上丝绸之路文化的发展与民俗文化的传承：以海上丝绸之路起点泉州为例［J］.哈尔滨师范大学社会科学学报，2018（3）：148-151.

［29］王涵，许淑婷.海上丝绸之路沿线国家经济发展状况研究［J］.北方经贸，2022（11）：24-28.

［30］蓝华东，汪文花，谢红彬.泉州海丝文化旅游资源综合评价［J］.海南师范大学学报（自然科学版），2017，30（2）：213-221.

［31］陈东军，谢红彬.泉州民众的"海丝"文化认同研究［J］.福建农林大学学报（哲学社会科学版），2018，21（5）：83-89.

［32］卢允庆．社会变迁语境下海丝文化的历史嬗变、生成逻辑与时代价值［J］．东南学术，2024（1）：73-80．

［33］李群群，方旭红．文化遗产类旅游产品品牌建设：以泉州"海上丝绸之路"为例［J］．广西经济管理干部学院学报，2016（3）：78-84．

［34］王海峰．新时期福建 21 世纪海上丝绸之路核心区建设思路探析［J］．国际贸易，2019（5）：76-81．

［35］王胜．新时期新征程海上丝绸之路支点建设实践路径［J］．今日海南，2022（7）：46-49．

［36］司徒尚纪，许桂灵．中国海上丝绸之路的历史演变［J］．热带地理，2015，35（5）：628-636．

［37］陈李鹏．泉州海上丝绸之路文化资源数字化发展研究［J］．襄阳职业技术学院学报，2020，19（6）：81-84．

［38］罗景峰．泉州海上丝绸之路文化遗产旅游开发适宜性评价研究［J］．广东外语外贸大学学报，2017（1）：107-115．

［39］周建标．泉州发展海上丝绸之路文化旅游的形式和途径［J］．福建省社会主义学院学报，2016（2）：71-79．

［40］李向阳．论海上丝绸之路的多元化合作机制［J］．世界经济与政治，2014，（11）：4-17，155．

［41］陈冷冷．海丝文化与泉州市文创产业融合的路径［J］．黎明职业大学学报，2021（1）：45-48，68．

［42］张敏敏．海丝文化传承与创新研究［J］．中国港口，2021（8）：55-57．

［43］侯雅丽．泉州海丝文化城市品牌建设研究［D］．泉州：华侨大学，2015．

［44］姜波．海上丝绸之路管窥［J］．秘书工作，2023（11）：73-76．

［45］林小倩．福建省泉州市海上丝绸之路文化传播研究［D］．昆明：昆明理工大学，2020．

［46］李庆新．海上丝绸之路［M］．北京：五洲传播出版社，2006．

［47］徐晓望．中国福建海上丝绸之路发展史［M］．北京：九州出版社，2017．

［48］福建省政协文化文史和学习委员会，福建省炎黄文化研究会．福建海上丝绸之路：史纲［M］．福州：福建人民出版社，2021．

［49］福建省政协文化文史和学习委员会，福建省炎黄文化研究会．福建海上丝绸之路：福州卷［M］．福州：福建人民出版社，2021．

［50］李茜．黑龙江 Z 公司的文化旅游营销策略研究［D］．大庆：东北石油大学，2023．

［51］李琪．桐乡·最生活：桐乡市宋韵文化旅游品牌整合营销传播策划案［D］．杭州：浙江工商大学，2023．

［52］李杨，丁雯菲．可持续理念驱动区域传统文化品牌建设研究［J］．包装工程，2018，39（18）：26-29．

［53］张亚．鸿星尔克市场营销策略研究［D］．济南：山东师范大学，2023．

［54］黄莹．城市品牌与视觉形象设计研究［M］．长春：吉林大学出版社，2022．

［55］宿程晴．习近平关于中外交流文化重要论述研究［D］．大连：大连海事大学，2023．

［56］王叶芹．乡村振兴战略背景下传统村落文化旅游资源开发研究：以昆明市晋宁区夕阳彝族乡为个案［D］．昆明：云南财经大学，2023．

［57］庄为玑，庄景辉，王连茂．海上丝绸之路的著名港口：泉州［M］．北京：海洋出版社，1989．

［58］中国航海学会，泉州市人民政府．泉州港与海上丝绸之路［M］．北京：中国社会科学出版社，2002．

［59］靳浩辉．论马克思主义基本原理同中华优秀传统文化相结合的四重视阈［J］．甘肃社会科学，2023（3）：52-60．

［60］宋才发．向海图强：奋力谱写中国式现代化广西篇章的重要使命与历史责任［J］．东南亚纵横，2024（1）：1-8．

［61］李金枝．资金撬动作用大 福建文旅活力足［N］．中国旅游报，2023-11-23（08）．

［62］李明山．东南沿海疍民与海上丝绸之路：上［J］．广东职业技术教育与研究，2017（5）：76-79．

［63］钟海．古代海上丝绸之路的兴与衰［J］．珠江水运，2015（19）：66-67．

［64］苏文菁．"海上丝绸之路"：名与实［J］．百科探秘（海底世界），2015（Z1），5-9．

［65］许尔君．海上丝绸之路的历史、现实与未来［J］．泰山学院学报，2016，38（5）：107-121．

［66］金秋．海上丝绸之路乐舞艺术研究［J］．民族艺术研究，2016，29（5）：13-22．

［67］梁志明．论东南亚的相对统一性与多样性［J］．社会科学家，2000（5）：4-8．

［68］姜泽华．闽台服务业对接基础与对接方式研究［J］．华侨大学学报（哲学社会科学版），2009（3）：38-45．

［69］赵君尧．古代福州造船航海及海外文化交流史探［J］．闽都文化研究，2006（1）：335-357．

［70］赵君尧．福建古代海洋文化历史轨迹探微［J］．职大学报，2009（1）：59-65．

［71］谢必震．明清时期中国与琉球贸易之研究［D］．厦门：厦门大学，1998．

［72］谢彪．海丝路上运茶忙：19世纪末福州茶港的兴衰变迁与当代思考［C］//上海中国航海博物馆．丝路的延伸：亚洲海洋历史与文化．上海：中西书局，2015．

［73］陈清.论泉州传统建筑装饰的多元化特征［D］.苏州：苏州大学，2006.

［74］陈丽华.略论中世纪泉州港的文化现象［J］.东南文化，1999（4）：49-52.

［75］薛平."新丝绸之路经济带"上的扬州定位：扬州普哈丁墓园研究的微视角［J］.中国穆斯林，2014（6）：40-42.

［76］李柏槐.古代印度洋的交通与贸易［J］.南亚研究季刊，1998（2）：10.

［77］高黎.宋元时期泉州地区海神信仰的变迁：以通远王、妈祖为例［D］.泉州：华侨大学，2011.

［78］郭晔旻.泉州的兴起：从"荒服"到"刺桐"［J］.国家人文历史，2021（20）：36-41.

［79］刘文波.唐五代泉州海外贸易管理刍议［J］.泉州师范学院学报，2005（3）：48-53.

［80］巫大健.海上丝绸之路时期泉州多宗教文化共存现象的原因及特征探析［D］.乌鲁木齐：新疆师范大学，2013.

［81］赵汝适.诸蕃志［M］.上海：上海古籍出版社，1993.

［82］本宫泰彦.日中文化交流史［M］.胡锡年，译.北京：商务印书馆，1980.

［83］林家恒.古代福建对日交往及其影响［J］.福建论坛（文史哲版），1997（4）：68-72.

［84］冯家升.火药的发明和西传［M］.上海：上海人民出版社，1978.

［85］沈立新.中外文化交流史话［M］.上海：华东师范大学出版社，1991.

［86］胡耀辉.浅论马克思眼中的阿拉伯人［J］.渭南师范学院学报，2013，28（5）：36-41.

［87］巩珍.西洋番国志［M］.上海：中华书局，1982.

［88］释静，释筠.祖堂集［M］.香港：天地图书有限公司，2003.

［89］胡沧泽.菲律宾的佛教与华侨华人［J］.世界宗教文化，2011（1）：63-67.

［90］佘悦.多元主体参与下的传统街巷更新实践探索：以泉州金鱼巷改造为例［C］//中国城市规划学会.人民城市，规划赋能：2022中国城市规划年会论文集.北京：中国建筑工业出版社，2023：926-936.

［91］徐峰富.泉州：宋元中国的世界海洋商贸中心［J］.阅读，2022（42）：54-57.

［92］陈台民.中菲关系与菲律宾华侨［M］.香港：朝阳出版社，1985.

［93］温广益.福建华侨出国的历史和原因分析［J］.中国社会经济史研究，1984（2）：75-89.

［94］方宝璋.漫话福建海外移民［J］.文史知识，1995（4）：39-43.

［95］黄永林.中国非遗传承保护的四重价值［J］.人民论坛·学术前沿，2024（1）：76-83.

［96］宋光辉，李静如，丛宁.推进传统文化融入校园文化建设对立德树人教育的重

要性［J］.卫生职业教育，2017，35（19）：7-9.

［97］王婵娟.俄罗斯孔子学院发展对策思考：以新西伯利亚国立技术大学孔子学院为例［J］.云南师范大学学报（对外汉语教学与研究版），2016，14（1）：1-7.

［98］李钢，王拓."一带一路"经贸合作发展的现状与前景［J］.开发性金融研究，2017，13（3）：45-55.

［99］王东林.福建沿海设区市"海丝"文化旅游合作模式研究［D］.福州：福建师范大学，2019.

［100］许欣.IMC理论下节事活动对城市品牌的影响研究［J］.广东开放大学学报，2017，26（6）：27-31.

［101］李振福，李婉莹."郑和学院"倡议及建设构想：以共建21世纪海上丝绸之路为背景的研究［J］.东南亚纵横，2018（5）：22-27.

［102］王标.英美文学的跨文化交流研究［J］.中原文学，2024（19）：57-59.

［103］卞梁.从"走出去"到"走进来"：海上丝绸之路"建设中的德教因素［J］.文化发展论丛，2016（1）：89-101.

［104］陈丽华.略论中世纪泉州港的文化现象［J］.东南文化，1999（4）：49-52.

［105］张振玉.海上丝绸之路与福州丝织品贸易［J］.福建文博，2013（1）：2-6.

［106］耿元骊.五代十国时期南方沿海五城的海上丝绸之路贸易［J］.陕西师范大学学报（哲学社会科学版），2018，47（4）：79-88.

［107］孙佳伟.21世纪海上丝绸之路与中国海权建设［D］.广州：暨南大学，2015.

［108］廖俊宁."海丝视阈下"明清时期福建戏曲南洋传播历史探究［J］.交响（西安音乐学院学报），2018，37（1）：22-30.

［109］胡沧泽.闽南文化在菲律宾的生存与发展［C］.闽南文化的当代性与世界性论文集，2014：170-177.

［110］马杰森.汉传佛典汉英平行语料库建设研究［J］.文化创新比较研究，2023，7（22）：101-105.

［111］粟穗馨.文化自信背景下广西非遗融入广西导游课程的路径研究［J］.旅游纵览，2024（2）：56-58.

［112］王秋彬."一带一路"民心相通的评估体系、影响要素及生成机理探析［J］.南洋问题研究，2023（3）：20-30.

［113］宋贵伦，宋明晏.马克思主义中国化时代化文艺理论百年发展的历史成就［J］.新视野，2024（4）：14-23.

［114］李程.泉州市构建城市品牌的政府行为优化研究［D］.泉州：华侨大学，2016.

［115］张娜娜，谢红彬.福建省海丝文化旅游区的构建［J］.三明学院学报，2018，35（1）：13-19.

［116］林继富.非物质文化遗产保护传承与建设中华民族现代文明［J］.中南民族大

学学报（人文社会科学版），2024，44（7）：91-99，184-185.

［117］张路.“一带一路"视角下埃及汉语教学资源建设研究［D］.泉州：华侨大学，2019.

［118］董邦俊.“一带一路"沿线之安全威胁与警务科技创新研究［J］.中国软科学，2019（3）：174-182.

［119］吕云.基于现代数字技术的书画文物修复与保护研究［J］.收藏，2023（2）：41-45.

［120］张璐，李姗蓉.文学视角下的红色文化旅游资源开发研究［J］.旅游纵览，2024（3）：31-33.

［121］中央党校第49期省部级干部进修班"世界经济与政治格局变化及应对"研究专题（第一组），彭森，刘振民.积极应对世界格局变化 务实推进东亚区域合作［J］.新远见，2011（11）：8-18.

［122］王嘉怡，常健聪.我国数字经济与海洋经济耦合测度研究［J］.中国渔业经济，2023，41（6）：73-81.

［123］黄先锋，黄慧菊，周琥，等.濒危体育文化遗产存续的认知探析［J］.当代体育科技，2023，13（16）：1-4.

［124］福建社科院与福建商务厅联合课题组，全毅，刘京华.福建拓展西亚、非洲经贸的现状、问题及对策研究［J］.东南学术，2015（6）：165-173.

［125］姜守明.世界地理大发现［M］.济南：齐鲁书社，2019.

［126］陈新，马永红.文化碰撞中的个体发展：文化适应理论及研究［J］.心理月刊，2022，17（6）：234-240.

［127］陈戈.论洛特曼的文化互动理论［J］.解放军外国语学院学报，2007（4）：109-113.

［128］崔潇.跨文化传播视角下的认同协商理论［J］.华夏教师，2015（7）：82-83.

［129］袁鑫.当代文化哲学中的文化相对主义［J］.教学与研究，2019（8）：67-75.

［130］福建省地方志编纂委员会.福建省志［M］.北京：方志出版社，2011.

［131］黄子晔，黄安民，方旭红，等.福建特色文化分类及评价研究［J］.福建师范大学学报（自然科学版），2024，40（4）：90-100.

［132］黄茂兴，季鹏.福建积极融入21世纪海上丝绸之路建设的现实基础与战略方向［J］.福建论坛（人文社会科学版），2015，（7）：160-166.

［133］夏秀瑞，孙玉琴.中国对外贸易史：第1册［M］.北京：中国对外经贸大学出版社，2001.

［134］吕文利.开闽三王，重振海上丝路［J］.领导文萃，2016，（3）：90-91.

［135］黄德旺.浅谈福建海上丝绸之路与泉州港［J］.福建文博，2009，（4）：73-75.

［136］李金明.明代市舶司的沿革与市舶司制度的演变［J］.南洋问题，1987，（2）：

42-51.

[137] 陈杰中.明代漳州月港兴衰考[C]//福建省历史学会厦门分会.月港研究论文集.漳州：中共龙溪地委宣传部，1983.

[138] 陈自强.漳州古代海外交通与海洋文化[M].福州：福建人民出版社，2014.

[139] 邹云保.十七世纪初中菲贸易的发展与文化交流[D].厦门：厦门大学，2002.

[140] 张莲英.明清时期福建华侨对中菲经济文化交流的作用[J].福建论坛（文史哲版），1984（3）：75.

[141] 王小甫，范恩实，宁永娟.古代中外文化交流史[M].北京：高等教育出版社，2006.

[142] 陈微.月港开放与世界贸易网络的形成[D].福州：福建师范大学，2006.

[143] 林金水.福建对外文化交流史[M].福州：福建教育出版社，1997.

[144] 郑榕.月港时代漳州之社会生活[J].闽台文化交流，2011（4）：65

[145] 卢承圣.辉煌灿烂的福建海丝文化[M].福州：海峡文艺出版社，2016.

[146] 林仁川.世界大航海时代的漳州月港[J].闽台文化交流，2011（4）：40.

[147] 朱建颂.方言与文化[M].武汉：华中师范大学出版社，2008.

[148] 李未醉.中外文化交流与华侨华人研究[M].成都：电子科技大学出版社，2014.

[149] 郑镛.月港帆影：漳州海商发展简史[M].福州：福建人民出版社，2016.

[150] 龙海政协.月港传奇（五）：漳州月港在明代中外交通的枢纽作用[EB/OL].（2024-09-03）[2024-09-18].https://mp.weixin.qq.com/s/X9TuXg66xhCCG8pMPvmF-A.

[151] 吕巍.用历史文脉"点亮"城市未来[EB/OL].（2023-06-19）[2024-06-08].http://yj.zgzx.com.cn/2023/06/19/content_9873403.htm.

[152] 何乔远.闽书[M].厦门大学古籍整理研究所，厦门历史系古籍整理研究室《闽书》校点组，校点.福州：福建人民出版社，1995.

[153] 怀荫布，黄任，郭赓武.泉州府志[M].乾隆版.上海书店出版社，2000.

[154] 中国与海上丝绸之路研究中心，福建省海上丝绸之路研究会，法国远东学院福州中心.海上丝绸之路研究1：海上丝绸之路与伊斯兰文化[M].福州：福建教育出版社，1997.

[155] 福建博物院.丝路帆远：海上丝绸之路文物精萃[M].福州：福建教育出版社，2013.

[156] 国家文物局.海上丝绸之路[M].北京：文物出版社，2014.

[157] 陈高华，陈尚胜.中国海外交通史[M].北京：中国社会科学出版社，2017.

[158] 福建博物院，晋江博物馆.磁灶窑址[M].北京：科学出版社，2011.

[159] 冯小琦.古代外销瓷器研究[M].北京：故宫出版社，2013.

[160] 唐纳利.中国白：福建德化瓷[M].吴龙清，译.福州：福建美术出版社，2006.

[161] 王新天. 中国东南海洋性瓷业发展史［D］. 厦门：厦门大学，2007.

[162] 泉州港务局，泉州港口协会，泉州港口协会. 泉州港与海上丝绸之路（一）［M］. 北京：中国社会科学出版社，2002.

[163] 泉州港务局，泉州港口协会. 泉州港与海上丝绸之路（二）［M］. 北京：中国社会科学出版社，2003.

[164] 泉州港务局. 泉州港与海上丝绸之路（三）［M］. 北京：中国社会科学出版社，2005.

[165] 李冀平. 泉州文化与海上丝绸之路［M］. 北京：社会科学文献出版社，2007.

[166] 中共广州市委宣传部. 海上丝绸之路：广州文化遗产（全三卷）［M］. 北京：文物出版社，2009.

[167] 刘正刚，乔素玲. 徐闻古港：海上丝绸之路第一港［M］. 广州：广东经济出版社，2015.

[168] 荣新江. 丝绸之路与东西文化交流［M］. 北京：北京大学出版社，2015.

[169] 吴文良，吴幼雄. 泉州宗教石刻［M］. 增订本. 北京：科学出版社，2005.

[170] 杨昌鸣，方拥. 古城泉州［M］. 北京：中国建筑工业出版社，2015.

[171] 泉州市文物局，泉州市文物考古研究所. 泉州文物：国保篇［M］. 北京：九州出版社，2021.

[172] 中国社会科学院考古研究所，福建博物院，泉州市海上丝绸之路申遗中心. 泉州南外宗正司遗址2019年度考古发掘报告［M］. 北京：科学出版社，2020.

[173] 方拥，杨昌鸣. 泉州开元寺［M］. 北京：中国建筑工业出版社，2016.

[174] 林悟殊. 宋元滨海地域明教非海路输入辨［J］. 中山大学学报（社会科学版），2005（3）：67-71.

后　记

　　福建省位于中国的东南沿海，依山傍水，有着得天独厚的地理位置，作为中国古代海上丝绸之路的关键节点，不仅拥有国际贸易的重要港口，更是中外文化交融的"见证者"。丝路上的多元文化已浸入沿海城市的生活，如海洋文化、港口文化、商贸文化、华侨文化等成为"海丝文化"重要的组成部分。古老的丝路文化流光溢彩、千年回甘，勾勒出福建海纳百川、福建人爱拼会赢等特质。如今，福建的"海丝文化"随着"一带一路"倡议的推进再次焕发出新的生机。

　　泉州是"海上丝绸之路"重要的港口城市，历史与文化的积淀使"丝路记忆"融入泉州人的生活，成了绕不开的情愫。自2001年以来，我在不同岗位参与泉州市实施经济、文化、城市一体化发展建设，积极参与建构以"海丝文化"为重点的"泉州文化"建设。2016年至2022年，我参与泉州申遗工作，并兼任泉州古城办主任，负责组织协调世界遗产核心区域泉州古城的保护传承工作。在古城改造中，"海丝遗迹"俯仰可触。当"泉州：宋元中国的世界海洋商贸中心"成功列入《世界遗产名录》后，我萌生撰写此书的想法，希望为"海丝文化"的保护传承尽绵薄之力。

　　本书旨在系统梳理海丝文化的历史脉络，探索其在当代如何进行创新与发展，为学术界提供一项关于福建省海丝文化的综合性研究成果，也为相关决策者提供参考。本书的完成离不开各级政府、科研机构和学校的支持。泉州市文旅局、海交馆、图书馆和一些泉州资深文人提供了大量的历史文献、考古资料和调研数据，使得本书的研究成果更具权威性和实践指导意义。书中关于福州、泉州、漳州等地的海丝遗产，都是通过大量实地考察与访谈积累的宝贵资料。此外，书中还特别提及了古老的海防文化、侨批文化、中医药非遗和"海丝文化"创新与国际交流的内容。福建作为海上丝绸之路的起点之一，与东南亚、西亚、欧洲等地区有着深厚的历史联系。这些国际联系不仅体现在古代的商贸往来中，也体现在当代的文化交流中。通过"一带一路"的框架，福建与相关国家和地区展开了丰富的文化合作与创新，本书在这方面也进行了深入的研究与阐述。我希望通过这本书能够为今后的海丝文化研究提供更多的思路和方向，也希望更多的学者和研究者加入海丝文化创新与发展的研究中来，共同推动福建省以及全球范围内的海丝文化的传承与发扬。

本书是 2024 年福建省社会科学基金项目"习近平在福建工作期间关于历史文化遗产保护传承重要论述的研究"（项目编号：FJ2024B012）的课题成果。在整个撰写过程中，团队成员不断进行讨论、修改和完善，大家克服了种种困难，利用线上交流和远程协作，确保了研究工作的顺利进行。此外，还要感谢家人、朋友和所有支持我们的人，正是他们的理解与鼓励，让我们能够专注于研究工作。

李伯群

2024 年 8 月